이화 의료 이야기

보구녀관에서 이화의료원까지

이화의료원 역사편찬위원회

편찬위원

유경하 이화여자대학교 의무부총장 겸 의료원장
이자형 이화여자대학교 간호대학 명예교수
김영주 이화여자대학교 의과대학 교수, 보구녀관 초대 관장
임선영 이화여자대학교 의과대학 동창회 수석부회장
권복규 이화여자대학교 의과대학 교수
임수미 이대서울병원장

자문위원

백옥경 이화여자대학교 사학과 교수, 이화역사관장

실무위원

정은길 작가
김유림 전 이화의료원 홍보전략팀 홍보파트장
박세련 이화의료원 홍보전략팀 사무원
홍연주 이화의료원 사회공헌부 사무원
강혜림 전 이화의료원 사회공헌부 사무원

이화 의료 이야기

보구녀관에서 이화의료원까지

펴낸날 1판 1쇄 2022년 12월 22일

지은이 이화의료원 역사편찬위원회 **펴낸이** 주소현 **펴낸곳** 이화여자대학교출판문화원
주소 서울특별시 서대문구 이화여대길 52(우 03760) **등록** 1954년 7월 6일 제9-61호
전화 02) 3277-2965 (편집), 02) 362-6076 (마케팅) **팩스** 02) 312-4312
전자우편 press@ewha.ac.kr **홈페이지** www.ewhapress.com
책임 편집 이혜지·민지영 **디자인** 김리영·정혜진 **찍은곳** 한영문화사

ISBN 979-11-5890-477-7 03900

이화 의료 이야기

보구녀관에서 이화의료원까지

이화의료원 역사편찬위원회 지음

History of
Ewha
Womans
University
Medical
Center
since 1887

이화여자대학교출판문화원

유경하

이화여자대학교 의무부총장 겸 의료원장

이화의료원은 어떤 생각을 가지고, 어떤 사람이 만들었을까? 언제 만들어졌고, 어떻게 지켜왔을까? 이런 물음이 이 책의 시작이었습니다. 우리 병원의 시작은 하나님의 사랑을 위해 헌신하셨던 분들이 실천한 먼 나라의 이웃 사랑이었던 만큼 우리가 추구하는 가치도 달라야 한다고 생각했습니다.

가장 미래지향적인 현대식 병원 앞에 역설적으로 위치한 고전적인 한옥, 보구녀관에서 과거의 흩어진 파편을 모으는 작업을 한 지 2년이 지났습니다. '이화의료원의 역사 공부를 한번 해보자'며 시작한 이화의료원 역사편찬위원회는 중간에 포기하고 싶을 정도로 점점 무게를 견디기 힘든 순간들이 있었지만, 이 작업이 이화의료원 가족, 동창, 그리고 학생들의 정신적 기둥이 되는 작업임을 알기에 멈출 수 없었습니다. 또한 이 작업은 이화의료원만의 역사가 아니라 우리나라의 여성 의료사이기도 했고, 여성 선교 역사이기도 했고, 여성 교육의 역사이기도 했습니다.

이화의료원의 뿌리를 기록한 W.F.M.S.(미국 감리교 여성해외선교회)의 각종 보고서 및 사진 자료를 미국 드류대학교 신학대학으로부터 수집하기도 했고, 이화의료원의 역사적 인물들의 자손을 직접 찾아뵙고 우리가 미처 알지 못했던 생생한 이야기를 듣기도 했습니다. 그렇게 독립운동가이자 동대문부인병원의 의사였던 현덕신 선생님을 조명하게 되었고, 이화여자대학교 1호 박사이자 동대문부인병원의 의사 반헌경 선생님의 헌신도 알게 되었습니다. 우리나라 최초의 간호원이자 일제 강점기에 의생면허를 획득했던 이그레이스 선생님에 대한 연구도 진행했습니다. 조선 최초의 여의사를 길러내고 조선 최초의 간호원양성학교를 세우며 여성이 의료 분야에 뛰어들게 만든 업적은 찬란했던 여성의 의료 역사 그 자체였습니다.

구한말 목숨 걸고 다친 의병을 치료했고, 일제 강점기에는 독립운동의 현장이었고, 4·19혁명 때는 다친 학생 환자들을 치료하기 위해 비상사태를 선포하기도 했던 이화의료원이었습니다. 이런 진취적이고 용감한 이화의 정신은 여성이 여성에게 복음을 전하고, 여성의 권리는 여성 스스로 찾아나서야 한다고 생각했던 W.F.M.S.의 정신으로부터 비롯된 것이었습니다.

2년이라는 짧은 시간이었지만 그동안 모아놓은 자료를 정리하고, 새롭게 알게 된 사실들을 고증해가면서 때론 감동하고 때론 흥분하고 때론 반성했습니다. 이 작업을 시작한 것은 저희였지만 이 책을 계기로 후배들이 앞으로도 계속 이화의 의료사에 대해 관심을 갖고 연구를 지속하는 계기가 될 것이라는 희망도 품었습니다. 이러한 마음으로 『이화 의료 이야기: 보구녀관에서 이화의료원까지』라는 한 권의 책을 완성할 수 있었습니다.

이 빛나는 이야기가 세상에 나올 수 있도록 그 무게를 이겨주신 이화의료원 역사편찬위원회 위원분들의 결정에 고개를 숙입니다. 더불어 늦게 합류했지만 이화를 잘 알게 되고 사랑하게 되었다는 정은길 작가님, 책이 책다워질 수 있도록 도와주신 이화여자대학교출판문화원에 감사드립니다.

모쪼록 이화의료원을 사랑하는 모든 분들께 이 책이 과거를 바로 알고 더 힘찬 미래로 나아가는 데 도움이 되길 바랍니다.

장명수

이화학당 이사장

이화여자대학교와 이화의료원은 2019년 이대서울병원과 의과대학을 신축 개원하면서 보구녀관 복원공사를 같이 진행했습니다. 마당 한쪽에 세운 36평 규모의 전통 기와집은 병원 가족들과 의과대학 학생들의 마음에 알게 모르게 스며들어 어느덧 심장에 자리 잡게 되었습니다.

메리 F. 스크랜튼 선생님은 미국 감리교 여성해외선교회가 파견한 선교사로 낯선 땅 조선에 와서 1886년 5월 조선 최초의 여학교인 이화학당을 설립했고, 1년 후인 1887년 10월에는 이화학당 옆에 최초의 여성병원 보구녀관을 세웠습니다. 어려서는 아버지를, 결혼하면 남편을, 남편 사후에는 아들을 따라야 하는 삼종지도의 삶을 살고 있던 조선 여성들에게 그는 교육을 통해 한 인간으로 자각하는 새로운 세상을 열어주었습니다. 그리고 병들어도 남자 의사에게 몸을 보일 수 없었던 여성 환자들을 위해 여성 의료선교사가 진료하는 최초의 여성병원을 선물했습니다.

그 역사를 돌아보면서 130여 년 전 국경과 인종을 초월한 여성들의 강한 연대에 가슴이 뭉클해집니다. 스크랜튼 선생님은 "여자들도 학교에 가서 배워야 한다. 여자들도 병원에 가서 병을 고쳐야 한다. 여자는 남자의 종속물이 아니라 하나님의 귀한 딸이다."라고 외쳤습니다. 여성을 위한 교육과 의료와 선교는 서로 분리할 수 없는 하나의 목표였습니다. 정동에 세운 보구녀관이 자리 잡히자 동대문에 또 하나의 병원을 세운 것은 사대문 밖에 사는 어려운 사람들을 찾아가 치료하기 위해서였습니다.

1945년 의과대학을 설립하고 동대문에 부속병원을 개원했던 이화여대는

1993년 이대목동병원, 2019년 이대서울병원을 개원하여 통합 2,000베드가 넘는 의료원을 갖게 되었습니다. 이화여대가 세계에서 가장 큰 여자대학으로 성장한 것처럼 이화의료원은 세계어서 유례가 없는 대규모의 여자대학 부속병원으로 발전해왔습니다.

대학과 의료원의 눈부신 발전에는 초기의 미국 여선교사 선생님들과 이화가 배출한 걸출한 선구자들의 헌신이 있었습니다. 그들은 이화를 위해 자신의 생을 기꺼이 바쳤습니다. 『이화 의료 이야기: 보구녀관에서 이화의료원까지』는 수많은 선배들의 헌신에 감사하면서 우리들의 헌신을 다짐하는 약속의 징표로 만들어졌습니다. 지난 2년 동안 의료원의 역사를 연구하고 수집하여 새로운 도약의 정신적 토대를 만들어준 편찬위원 여러분의 노고에 감사드립니다.

김은미

이화여자대학교 총장

보구녀관 설립 135주년을 맞아 이화 의료 역사를 집대성한 역사책이 출간된 것에 벅찬 기쁨을 느낍니다. 어려운 작업을 결정하고 출간까지 지원을 아끼지 않은 유경하 이화여자대학교 의료원장 겸 의무부총장님께 축하와 감사 인사를 드립니다.

이화 의료의 살아 있는 역사로서 긴 여정을 함께해주신 이자형 간호대 명예교수님을 비롯한 '이화의료원 역사편찬위원회' 멤버분들에게도 감사 인사를 드립니다. 여러분은 그간 알려지지 않은 이화 의료의 가치를 발굴하고 알려서 미래의 지침으로 삼을 수 있는 이정표를 만들어주셨습니다. 여러분의 사명감이 없었다면 불가능한 일이었습니다.

이화 시작의 근간에는 여성 교육과 여성 의료가 있었습니다. 1886년 5월 31일 메리 스크랜튼 선생님이 학생 한 명으로 교육을 시작하면서 이화학당이 시작되었습니다. 여성 교육과 더불어 여성에 대한 의료가 필요함을 절실히 느낀 스크랜튼 선생님은 미국 감리교 여성해외선교회Woman's Foreign Missionary Society, W.F.M.S.에 여성 의료 선교사 파견을 요청했습니다. 그리하여 1887년, 여의사 메타 하워드가 보구녀관에서 진료를 시작할 수 있게 되었습니다. 이후 조선의 여성들은 보구녀관의 열린 문을 넘어 이화의 품으로 들어와 치유되고 교육도 받을 수 있었습니다. 초기 이화학당 학생들은 보구녀관의 궂은 일을 기꺼이 도왔고 의학 교육을 받았습니다. 그렇게 성장한 대표적인 이화학당 학생이 최초의 조선인 여의사, 박에스더입니다.

보구녀관을 지켰던 의료 선교사인 로제타 홀, 메리 커틀러, 릴리안 해리스, 메리 스튜어트 등은 미국어서의 평안한 삶을 기꺼이 포기하고 이국의 여성들을 위해 삶을 바친 선각자들입니다. 조선 여성들을 구원하기 위해 의료계에 투신한 김마르다, 안수경, 이덕코 선배 등의 삶에도 큰 감동을 느낍니다. 의사일 뿐 아니라 사회의 일원으로서 독립운동과 계몽운동에 앞장섰던 이그레이스, 현덕신 선배의 삶은 감동의 드라마입니다.

의료의 본질은 생명을 구하고 삶을 구원하는, 전인격적인 치료를 행하는 것입니다. 이는 사랑과 헌신으로 인류를 구원하는 기독교 정신을 실천하는 가장 좋은 방안일 것입니다. 130년 넘게 이화가 품고 있는 정신 역시 이와 같습니다.

탄탄한 역사를 기반으로 어떠한 도전에도 주저하지 않고 새로운 길을 개척하고 용기와 믿음으로 앞장서 나가는 이화의료원이 될 것을 기대합니다. 보구녀관이 1887년에 시작했던 것과 같이, 이화의료원이 앞으로도 인류 구원과 의학 과학 발전을 위해 더 많은 일을 해나갈 것임을 믿습니다. 이화를 세워주시고 오늘까지 키워주신 하나님의 사랑에 다시 한번 감사드립니다.

반기문

보다나은미래를위한 반기문재단 이사장(전 유엔사무총장)

이화의료원의 135주년과 『이화 의료 이야기: 보구녀관에서 이화의료원까지』의 출간을 진심으로 축하드립니다.

저는 2015년 5월 20일 유엔사무총장 재직 시에 이화여대를 방문하여 여성의 지위 향상 노력에 대한 공로를 인정받아 "여성학" 명예 박사학위를 수여받았습니다. 대한민국 남성 최초로 이화여자대학교의 여성학 명예박사가 된 것입니다. 저는 이를 매우 영예스럽게 생각하고 있습니다. 그런데 최근 저와 이화의 인연은 이것보다 훨씬 더 위로 거슬러 올라간다는 것을 알게 되었습니다. 1963년 이화여자대학교에서 탄생한 최초의 박사학위 수여자 두 분 중 한 분인 반헌경 박사님이 바로 저의 친척이시기 때문입니다.

반씨 종친회에서는 이러한 사실을 알게 되어 모두 가문의 영광으로 생각했으며 저도 반헌경 박사님을 개인적으로 만나 훌륭한 가르침을 받았습니다. 1987년 외교관으로 워싱턴 주미대사관 총영사로 재직할 당시 미주리주 캔자스시에 살고 계시던 반 박사님을 만났고 그 후 그분의 여동생과 여동생의 자녀들과도 가까이 지낼 수 있었습니다.

이화의료원은 저에게 지난 135년을 한 권의 책으로 정리하는 과정에서 반헌경 박사님에 대한 이야기를 알게 되었다고 전해왔습니다. 그분의 의미 있는 삶을 다시금 들을 수 있어 뛸 듯이 반가웠고, 소중한 과거의 이야기를 바로 세우고 있는 이화의료원에 감사했습니다.

반 박사님은 이대동대문병원에서 근무하셨는데, 여러 지역으로 순회 진료를 다니며 소외된 이웃들을 위해 무료로 개안 수술을 많이 해주셨습니다. 또한 평생을 홀로 지내시며 누구에게나 도움의 손길을 내미는 삶을 사셨습니다.

유엔사무총장으로서 세계 평화와 안전, 인권 증진과 개발을 위해 애썼던 저는 반 박사님이 살아오셨던 과거의 일들을 확인하며 매우 기뻤습니다. 반 박사님의 삶의 궤적이 바로 제가 추구했던 이상과 일치했기 때문입니다.

이화의료원은 1887년 가난하고 소외된 여성들을 위해 무료로 치료를 해주던 여성병원인 '보구녀관'에서 시작되었습니다. 남녀가 유별한 내외법 때문에 남자 의원에게 치료를 못 받던 조선 여성들이 비로소 구원을 받을 수 있게 되었던 것입니다. 그 시절 의료 선교사들은 자신의 삶을 헌신하며 조선 시대의 소외계층이었던 어린이와 여성 등에게 기꺼이 손을 내밀었습니다.

이화의료원은 이 소중한 헌신과 봉사의 가치를 135년에 걸쳐 지켜왔습니다. 병원에서 이루어진 독립운동이나 4·19혁명 부상자 치료에 적극적으로 나섰던 것도, 무상 치료를 위해 무의촌 봉사 활동에 열심이었던 것도 과거로부터 내려온 이 가치를 지키기 위함이었을 것입니다.

이러한 135년의 기록을 한 권의 책에 담은 것은 단순한 작업이 아닙니다. 과거 우리의 어려웠던 삶을 돌아보며 숱한 난관을 극복하기 위하여 헌신한 분들을 기억하고 추모하기 위한 것입니다. 그리고 이를 통하여 오늘을 사는 우리들에게 삶의 좌표를 보다 분명하게 보여주는 일이 될 것입니다.

이화의료원의 무궁한 발전을 기원하며 모든 분들의 노력이 모인 『이화 의료 이야기: 보구녀관에서 이화의료원까지』의 출간을 다시 한번 축하드립니다.

Harriett Jane Olson

CEO/General Secretary, United Women in Faith(W.F.M.S.)

Congratulations!

I want to express my heartfelt congratulations to Dr. Ryu Kyung-Ha and to all the persons who have served at Ewha Womans University Medical Center for its remarkable 135 years. The stories of the many lives touched will, of course, never be fully told, but I also extend my hearty congratulations to all who made possible the publication of this history of the 135 Years of Bogunyeogwan. The publication of a history book is a labor of love, more art than science, requiring deep understanding of the people, their work in a specific historical context and their relationship to those they served. Who better to undertake this work than today's women leaders of Ewha Womans University Medical Center.

Thank you so much for inviting me to contribute via this greeting. We are connected at our very roots! You are in mission in Korea for our present day and time and the mission history of Women's Foreign Missionary Society remains at the heart of our work today as United Women in Faith.

The missionaries that established Bogunyeogwan devoted their lives for the women and children of Korea, and the members of W.F.M.S. all over the United States supported their work with prayer and funding. They were very much concerned with the physical, social, economic and educational well-being of the Korean women and children. This mission work gave them the opportunity to learn about people across the Pacific Ocean, creating a sisterhood of love with Korean sisters that they had never met.

Your book will allow readers to hear the voices of women who corresponded with each other, but did not have much voice in society at their time. What a blessing it is to know that you are continuing to extend the love and work of healing that started 135 years ago! The sisters whose names are mentioned in your book could not have imagined the profound ways that the staff, leaders and supporters of Ewha Womans University Medical Center would respond to God's call and nurture the Medical Center to what it is today.

We are inspired by what you have accomplished over these 135 years, and how God's call to love and heal the world continue through your mission work today.

God bless you as you embark on the next 135 years!

최영훈

전 조선대학교 미술대학 학장(현덕신 선생님 손자)

이화의료원의 역사를 집대성한 『이화 의료 이야기: 보구녀관에서 이화의료원까지』의 완성을 진심으로 축하드립니다.

작년 봄, 갑작스레 이화의료원으로부터 전화를 받았습니다. "이화의료원에서 역사 공부를 하는 중인데 이화 의료의 선배인 우리 할머님, 현덕신 선생에 대해 자세히 알고 싶다"고 했습니다. 얼마 후 저는 가벼운 마음으로 이화의료원 역사 공부 수요 모임에 참석했다가 깜짝 놀랐습니다. 첨단 시설을 갖춘 으리으리한 이대서울병원 옆에 고스란히 복원된 보구녀관이 너무 아름다웠기 때문입니다. 이어 유경하 이화의료원장님부터 이자형 명예교수님, 임선영 부회장님, 김영주 관장님과 이화의 젊은 직원들이 함께 모여 막대한 자료를 펼쳐놓고 토론하는 모습이 마치 대학교 시험기간 때 학생들 모습같이 열정적이어서 또 놀랐습니다.

그 이후 인연이 이어져 저는 2022년 5월 이대서울병원 아트큐브에서 '이화의료원 135주년 기념 초대전시회'를 열게 되었습니다. 1920년대 이화의 전신, 동대문부인병원 한쪽에서 우리 할머님께서 의술을 베풀며 환자들을 돌봤을 텐데 100년 후인 2022년 그 병원에 제 그림이 걸렸다는 사실은 마치 '5월의 꿈'이라는 제 작품명처럼 꿈 같은 일이었습니다.

저희 할머님인 현덕신 의사는 "조선 땅에는 조선인 여의사가 필요하다"는 로제타 홀 의사의 권유를 받아 1921년 일본 동경여자의과대학에서 의사 자격을 취득했고 이후 '동대문 부인병원'을 대표하는 의사로 활동했습니다. 할머님은 도쿄 히비야 만세운동에 앞장서는 등 독립운동, 사회운동, 여성 계몽운동에 참여한 공로로 할아버님인 최원순 전 동아일보 기자와 함께 2020년 건국포장을 받았습니다.

제가 기억하는 할머님의 모습은 광주로 돌아오신 이후 다양한 사회운동, 여성운동으로 사회에 기여하시며 호남 최초의 여성 전문 병원을 세워 여성들을 치료하셨던 모습입니다. 어린 시절 할머니의 청진기를 가지고 놀며, 할머니의 보살핌을 받은 날이 생생히 기억납니다. 이후 할머님의 유일한 자손이자 저희 아버님이신 최상옥 님 역시 교육자로서 지역에 헌신하셨고 그 여섯 자손들 역시 장성했습니다. 할머님을 따라 의사가 된 큰 형님, 화가로서 대학 교단에 선 둘째 저, 그리고 예술가로서 기업인으로 성장한 저희 여섯 자손들은 늘 할머님의 명성에 누가 되지 않기 위해, 할머니가 가르쳐주신 고귀한 정신을 따르며 살아가기 위해 노력했습니다.

이화의료원에서는 “현덕신 선생님은 오늘날 이화의료원의 주춧돌을 놓으신 분”이라고 하십니다. 현재 대한민국을 대표하는 의료기관인 이화의 위상을 생각해보면 정말 영광스러운 말입니다. 하늘에 계신 할머님께서, 본인의 생이 이토록 큰 꽃을 피우는데 일조했다는 것을 얼마나 기뻐하실지 가늠이 되지 않습니다. 늘 조선인, 여성들, 그리고 환자들만 생각했던 할머니의 정신이 이어질 이화의료원의 미래를 항상 응원합니다.

신경림

대한간호협회 회장

한국의 여성 의료 역사가 시작된 보구녀관 135년의 발자취를 오롯이 담아낸 『이화 의료 이야기: 보구녀관에서 이화의료원까지』의 발간을 진심으로 축하드립니다.

1887년에 문을 연 한국 최초의 여성병원인 보구녀관에서는 어린이나 여성 등 조선의 약자를 치료하기만 한 것이 아니었습니다. 1903년 12월 한국 최초의 간호 교육이 시작되었습니다. 이 시기 우리나라는 봉건 사회에서 근대 사회로 넘어가던 과도기로 여성들의 주체적인 활동이 힘들었습니다. 그러나 보구녀관 간호원양성학교에서 정식 교육을 받고 졸업한 최초의 정규 간호원인 김마르다와 이그레이스는 자신의 삶을 개척하고 타인의 삶을 돌본 진정한 근대 여성들이었습니다. 최초의 간호사 김마르다는 남편에게 신체의 일부를 훼손당하고 버림받았으나 병원 일을 하면서 간호 교육을 받았고, 훗날 후배들을 교육하는 일까지 훌륭하게 수행했습니다. 이그레이스는 병에 걸린 후 버림받아 보구녀관에 환자로 실려 왔으나 치료를 받고, 간호 교육을 받은 후 '학업과 일을 계속하는 동등한 반려자의 조건'으로 혼례를 올리고 평생을 의료인으로, 훌륭한 어머니로, 독립운동가 남편을 뒷바라지하는 아내로 살아갔습니다.

초기 보구녀관의 간호원과 간호학생들은 1907년 대한제국 군대 해산 항전에서 부상을 입은 대한의 군인을 간호하며 항일 구국 정신을 키웠습니다. 이후 동대문부인병원에서는 대한민국애국부인회 소속으로 활동하며 일제 강점기 시절 독립운동에 참여했고, 1930년대 이후에는 계몽운동, 위생운동 등을 주도하며 국민들 곁에서 소임을 다해왔습니다. 또한 해방 후 격동의 현장에서도 마찬가지였습니다. 한국전쟁에도 참전했고, 월남 파병 등을 통해 자유민주주의를 수호했고, 파독 간호사들은 국가의 경제 성장에 기여했으며 코로나19의 팬데믹 위기에서도 국민의 건강과 안전을 지켜내고 있습니다.

대한간호협회는 2008년부터 '간호역사 뿌리찾기 사업'을 진행해왔습니다. 그 활동 중 하나로 2014년 서울시 문화재위원회에 한국 여성 의료의 상징인 "보구녀관"의 표석 설치를 신청하여, 2016년 4월 19일 서울 중구 정동 30-1번지 '보구녀관 터'에 표석이 설치되었습니다. 이것은 보구녀관이 조선 여성의 질병 관리뿐 아니라 여성 의료인 양성기관이었다는 점에서 한국 여성 의료의 뿌리를 찾아 기념하고 기억하는 쾌거였습니다. 뿌리찾기의 중요성을 깊이 느끼고 있는 협회로서는 이번 이화의료원의 135주년 책 발간이 더없이 반갑게 느껴집니다.

다시 한번 『이화 의료 이야기: 보구녀관에서 이화의료원까지』의 발간을 축하드리며, 이 책을 통해 135년의 역사를 지닌 이화의료원 구성원 모두가 숭고한 발자취를 오롯이 기억하고 다양한 역사적 경험을 나눌 수 있는 계기가 되기를 기대합니다. 1887년 소외된 조선 여성을 구하고자 복음을 전하고 질병을 치료했던 의료기관이 바로 보구녀관입니다. 그 뿌리에서 시작해 이제는 국민 건강관리의 주역이 된 이화의료원이 더욱 희망찬 미래로 나아가길 기원합니다.

하은희

이화여자대학교 의과대학장

이화의 특별한 이야기 『이화 의료 이야기: 보구녀관에서 이화의료원까지』를 발간하게 된 것을 진심으로 축하드립니다. 아울러 바쁜 의료 현장에서도 이화 의료의 역사 자료 정리에 노고를 아끼지 않으신 유경하 의료원장님을 비롯한 이화의료원 역사편찬위원회분들께 깊은 감사의 말씀을 드립니다.

이번에 발간되는 『이화 의료 이야기: 보구녀관에서 이화의료원까지』는 그동안 이화의료원과 의과대학이 걸어온 길, 그리고 '어떻게' '왜' 현재에 이를 수 있었는지를 한눈에 볼 수 있는 귀중한 자료라고 생각됩니다. 또한 앞으로 이화의료원과 의과대학의 비전을 제시하는 기본 자료가 될 것으로 기대합니다.

135주년을 맞이하는 지금까지의 역사는 단순히 과거에 머물러 있는 사실에 그치는 것이 아닌, 매 순간 역경을 극복하고 앞으로 나아갔던, 살아 있는 여성 의료와 교육의 현장 및 실재였습니다.

보구녀관은 1887년 한국 최초의 여성병원으로 환자 진료뿐만 아니라 의학 교육 활동도 함께 했습니다. 우리나라 여성이 우리나라 여성을 치료할 수 있는 시작이었습니다. 의학 교육은 한국 최초의 여의사인 박에스더를 탄생시키는 토대를 마련했고, 다음 시기로 이어지는 여성 의학 교육의 초석이 되었습니다. 이는 보구녀관이 한국 최초의 여성병원이자 여성 의학 교육기관으로 시작된 현대 의학사의 뿌리였음을 말해주고 있습니다.

이화의료원은 현재 이대목동병원과 이대서울병원 두 곳의 부속병원에서 여성암병원과 여성건진센터를 운영하며 여성의 건강 증진에 중추적인 역할을 하고 있습니다. 또한, 의과대학은 의료계를 선도하는 여성 의사와 의과학자를 양성하는 최고의 의학 교육기관으로 자리매김했습니다. 현재는 임상 및 연구를 기반으로 한 연구 중심 병원으로 융복합 미래 인재를 양성하고 글로벌 헬스케어 국제 허브의 중심이 되고자 나아가고 있습니다.

보구녀관에서 이화의료원까지 이어진 135년의 역사는 한국 여성 의료와 교육의 개화사입니다. 그만큼 고단했지만 '여성을 보호하고 구하라'는 보구녀관의 정신은 현재에도 계속되고 있는 우리의 사명입니다. 이제 우리는 이 장편소설과도 같은 이화의료원의 135년이라는 감명을 뛰어넘어, 국내 최고의 의료원 그리고 의과대학으로 도약해야 할 의무와 다음 세대에 대한 책임감을 갖고 미래를 향해 달려갈 것입니다.

다시 한번 『이화 의료 이야기: 보구녀관에서 이화의료원까지』 발간을 축하드리며, 수고하신 모든 손길 위에 하나님의 영원한 축복과 은혜가 함께하시기를 기원합니다.

강윤희

이화여자대학교 간호대학장

1887년 한국 최초 여성병원인 보구녀관에서 조선 여성의 건강을 보살핀 이화 의료의 첫걸음부터 오늘날의 최첨단 이화의료원에 이르기까지 지난 135년간 쌓아온 이화 의료의 역사를 정리한 『이화 의료 이야기: 보구녀관에서 이화의료원까지』를 발간하게 됨을 진심으로 축하합니다.

이화 의료의 발자취에 대한 성찰은 비단 이화 의료진의 의료 활동에 대한 역사만이 아닌 지난 135년 동안 우리나라 의료가 감당한 역할과 기여한 업적을 집대성한 기록이라는 점에서 우리 사회와 국가에 제시하는 의의가 상당하다고 생각합니다.

이화 의료의 역사는 과거 여성 건강의 수호자에서 현재는 국민 건강의 수호자가 되어 숱한 시련을 극복하고 굳은 사명감으로 맡은 바 책무를 충실히 수행해온 한국 의료의 역사이기도 합니다. 의료 서비스를 통해 '널리 여성을 보호하고 구한다'는 보구녀관의 의미가 135년이 지난 현재까지도 이어져올 수 있도록 보구녀관에서 의료인 교육의 사명이 시발되었다는 커다란 의미도 함께 합니다.

1903년 보구녀관에서 마가렛 에드먼즈 선교간호사가 근대 간호 교육을 개화기 조선 사회에 도입했고 우리나라 최초 간호 교육의 효시로서 이화여자대학교 간호대학이 성장·발전할 수 있는 초석이 되었습니다. 그뿐만 아니라 현재도 진행 중인 COVID-19와 같은 감염병 범유행 상황에서 그 활약상이 돋보인 우리나라 47만 명 간호사가 교육·양성될 수 있는 뿌리였음에 자부심을 느낍니다. 보구녀관에서 이화의료원에 이르기까지 우리나라 유일의 여성 의료인 교육과 임상 훈련을 위한 근원지로서의 선도적인 역할도 지속적으로 조명되리라 확신합니다.

더불어 이화의료원 내부적으로는 이화 의료의 역사를 통해 그간 의료진의 활약상과 파급된 영향 등을 되돌아보고 미래의 도전과 발전을 기약하는 소중한 기록이 될 것이라 믿어 의심치 않습니다. 이화의료원이 이룬 빛나는 업적은 모든 이화 구성원의 자랑이며 우리 모두의 긍지를 뒷받침해주는 힘입니다.

그동안 이화의료원의 역사 출판을 위해 시간과 노력, 재정 등 아낌없는 지지와 리더십을 발휘한 유경하 의료원장님을 비롯한 이화의료원 역사편찬위원회 모든 분들의 노고에 감사합니다.

마지막으로 우리나라 국민 건강 수호자로서의 사명을 굳건하게 이어가는 이화의료원의 무궁한 발전을 기원합니다.

성시열

이화여자대학교 의과대학 동창회장

어둠이 짙어가던 동방의 작은 땅에 빛을 전한 분들이 계셨습니다. 소망도 없이 버려지고, 살아갈 힘이 없던 병든 이들에게 그분들은 생명의 빛이었습니다. 따뜻한 사랑은 죽어가던 사람들을 살렸고, 사람들은 변화되었습니다. 은혜를 입은 사람들이 널리 퍼져, 빛을 전하는 사람들이 되었습니다.

스러져가던 나라에 소망의 싹이 돋아났습니다. 물을 주고 가지를 치며 가꾸는 동안 소망은 뿌리를 내리고 열매를 맺기 시작했습니다. 나라를 잃어 빛을 간직하는 것이 고통이던 때에도, 깊이 내린 뿌리에서는 언제나 새 가지가 올라왔습니다. 믿음으로 심은 소망은 소멸될 수 없었습니다.

이처럼 소중한 우리의 역사 속 보화를 책으로 만날 때 가슴 설레는 기쁨을 느낍니다. 이화의료원의 뉴스레터에 실린 '역사 이야기'를 읽을 때마다 135년이 지난 지금까지도 우리 모두가 한마음 한뜻으로 살고 있음이 참으로 감격스러웠습니다.

사랑의 마음을 품고 환자를 위해 헌신한 분들의 강인한 삶은 제게 도전이 되고 힘이 되었습니다. 그분들이 심은 사랑의 전통이 우리의 삶 속에 단단히 새겨져 있었지만, 지난날 감사 없이 지낸 날들이 부끄러워졌습니다. 자세히 알아갈수록 더 궁금해지고, 감동이 커졌습니다.

지금도 주위를 돌아보면 여전히 배고픔과 외로움과 고통으로 신음하는 사람들이 있습니다. 이러한 세상을 바라보면 낙심하게 되지만, 이화의 역사를 되새기면 희망이 느껴집니다. 이웃과 나라를 위해 목숨을 아끼지 않았던 선배들처럼 각자의 자리에서 빛과 소금의 사명을 이어가고 있는 이화의 딸들을 바라보면 희망이 보입니다. 이화의 소중한 역사와 전통을 나누고 지키며 서로 의지하고 격려하는 것이 이 땅의 희망임을 확신하게 됩니다.

이화의료원의 135년 역사 집필이 이화 부흥의 불씨가 되리라 기대합니다. 어둠 속에 등불을 높이 드는 일이고, 생명을 살리는 일이 되리라 확신합니다. 이 일을 기획하고 이루신 유경하 의료원장님께 감사드립니다. 김영주 보구녀관장님과 긴 시간 함께 준비하신 모든 분들께도 감사드립니다.

이화의 주인이시고, 우리에게 소원을 주시고, 기쁨으로 일하게 하시는 하나님께 감사와 영광을 올려드립니다.

차례

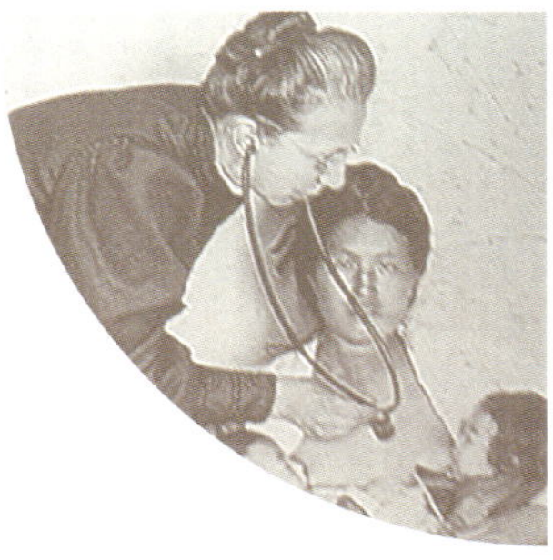

2장.
보구녀관

조선 여성들을 위한
진료 활동과
교육을 시작하다

1887~
1912

1. 조선의 여성들을 위해 헌신적으로 활약하다

2. 조선 여성의 새 미래를 위해 의학 교육을 시작하다

3. 조선 최초의 간호원양성학교가 문을 열다

4. 정동에서 동대문으로 뻗어나가다

역사 속으로

3장.
릴리안 해리스 기념병원 (동대문부인병원)

더 낮은 곳에서 섬기다

1912~1945

4장. 이대동대문병원

전문의료기관으로 도약하다

1945~2008

1. 이대동대문병원, 최고의 여성의료기관이 되다

2. 의료원 체제를 통한 발전과 변화를 거듭하다

역사 속으로

5장.
이대목동병원

새 시대를
열다

1993~

6장. 이대서울병원

더 높은 곳을 향해 비상하다

2019~

스크랜튼 대부인의 편지

> 스크랜튼 의사는 계속 여자 환자들을 위해 왕진을 나가는데 그 환자들을 볼 수도 없고 보지도 못한 채 진료를 합니다. 여성 환자들을 직접 만질 수 있는 여의사에게 이 일을 맡기고자 합니다. 여러분이 여성 의사 한 명을 보내주신다면 그녀는 자신의 능력보다 더 큰 역할을 해낼 수 있을 것입니다.[1]

이화의료원은 스크랜튼 대부인(Mary F. Scranton, 1832~1909)이 쓴 이 편지로부터 시작되었다. 그녀는 이 편지를 1886년 1월 19일 미국 감리교 여성해외선교회(W.F.M.S., The Women's Foreign Missionary Society of the Methodist Episcopal Church)에 보내며 조선에 여의사를 파견해줄 것을 간곡히 호소했다.

스크랜튼 대부인은 W.F.M.S. 소속으로 조선에 파견된 첫 여성 선교사였다. 1884년 10월에 조선 선교사로 임명되었고, 1885년 6월 20일 서울에 도착했다. 또한 1886년 11월 조선 소녀들을 위한 교육기관인 이화학당을 설립했다. 조선에 도착해 처음 생활은 많은 것들이 불편했지만 "조선에 오게 된 것이 기뻤다."[2]고 말했다.

조선의 소외 계층은 여성과 어린이였다. 구한말 조선 여인들은 고된 가사노동에 시달리면서 잘 먹지도 못했다. 게다가 대를 이을 아들을 낳을 때까지 계

**이화학당 설립자
스크랜튼 대부인**

속 출산을 해야 했는데, 산후조리도 어려운 탓에 이런저런 병에 걸리기 일쑤였다. 늘 집안일을 도와야 했던 여자아이들도 건강을 챙길 환경이 아니었다.

아프면 치료를 받아야 하지만 문제는 남녀가 유별한 조선의 내외법이었다. 여의사가 없었던 1880년대는 여자 환자가 남자 의사에게 몸을 내보이느니 혀를 깨물고 죽는 것이 더 낫다고 말하는 시대였다. 참으로 비극적인 일이었지만 스크랜튼 대부인은 절망하는 대신 이러한 상황을 W.F.M.S.에 알리고 여의사 파견을 적극적으로 요청했다.

편지 속에 등장하는 스크랜튼 의사는 스크랜튼 대부인의 아들인 윌리엄 스크랜튼(William B. Scranton, 1856~1922) 의사이다. 그는 어머니, 아내, 자녀와 함께 조선에 들어왔다. 1885년부터 서울 정동에서 '시병원施病院'을 운영하며 남녀노소 구분 없이 몸이 아픈 조선인들을 치료하려는 큰 뜻을 품었지만 조선의 내외법 앞에서는 속수무책이었다. 스크랜튼 대부인의 편지 속 내용처럼 도통 여자 환자를 볼 수 없었기 때문이다. 그가 만날 수 있었던 여자 환자라곤 치료 시기가 너무 늦어버린, 죽음의 문턱에서 가족에게조차 버림받은 이들뿐이었다.

스크랜튼 대부인은 조선 여성들의 생활을 알면 알수록 여의사의 필요성을 절감했다. 이에 시병원 근처에 적당한 터를 확보하여 여성병원을 세우는 구상까지 마친 후 다시 W.F.M.S.에 간절히 요청했다.

> 우리는 임의로 쓸 수 있는 병원용의 자그마한 공간을 마련했습니다. 그곳은 스크랜튼 의사의 병원과 붙어 있으며 여의사가 오면 여성 환자들을 돌볼 수 있도록, 그리고 특별한 경우를 위한 설비를 갖추었습니다. (중략) 여의사 문제에 관해서는 지겨울 정도로 이야기해왔지만, 다시 한번 우리의 필요가 절실하다고 말해야겠습니다. (중략) 우리는 완전한 학교와 병원을 열어 모든 곳에 기회를 주어야만 합니다. 속히 이 세상에서 가장 절실한 이 땅에 여의사와 교사, 지원금을 보내준다는 소식을 듣게 되길 바랍니다.[3]

결국 스크랜튼 대부인의 노력은 현실이 되었다. W.F.M.S.의 전체 아홉 개 지부 가운데 일곱 곳이 조선의 의료 선교를 후원했다. W.F.M.S.는 '의료 선교사 파송 및 의료품' 명목으로 2,000달러를 별도 예산으로 책정했고, 다른 지부들도 병원 사역과 관련한 예산을 보내왔다.[4]

1887년 10월 29일 조선 땅을 밟은 최초의 여의사, 메타 하워드(Meta Howard, 1862~1930)가 서울 정동에 도착했다. 그녀가 첫 진료에 나선 1887년 10월 31일은 이화의료원의 뿌리인 '보구녀관普救女館'이 시작된 날이다. 이는 곧 조선에 최초의 여성병원이 등장했다는 뜻이다.

지난날 방치되고 소외된 여성들을 위한 전문병원이 조선에서 기적적으로 시작될 수 있었던 것은 스크랜튼 대부인의 조선 여성에 대한 사랑과 W.F.M.S.의 도움 덕분이었다. 그 결과 훗날 조선인 최초의 여의사가 탄생할 수 있었고, 조선 최초의 정식 간호원양성학교가 문을 여는 등 척박한 환경 속에서도 의료 교육과 훈련이 계속 이어질 수 있었다. 결국 스크랜튼 대부인이 쓴 조선에 대한 여의사 파견 호소 편지는 우리나라의 의학 역사에서 큰 획을 긋는 시작이었던 것이다.

1장.

조선 최초의 여성병원이 탄생하다

1882~1887

1. 미국 북감리교 여성해외선교회, 조선으로 향하다

조선과 미국의 통상조약 체결

조선은 고요한 아침의 나라였다. 하지만 언제까지 고요한 아침일 수만은 없었다. 대외적으로는 조선에 발을 들이고자 하는 나라들이 줄을 섰고, 대내적으로는 개화를 해야 한다는 개화파와 이럴 때일수록 나라의 문을 굳게 닫아야 한다는 수구파가 대립했다. 조선의 분위기는 평화와 거리가 먼 형국이었다.

일본은 1876년 조선 진출을 노리고 군사력을 끌어들여 고종을 압박했다. 그 결과 일본의 식민주의적 침략의 시발점이 된 강화도조약이 체결되었다. 아시아로 세를 늘리던 유럽과 미국 등도 가만히 있지 않았다. 이에 조선은 1882년 5월 22일 미국과 통상조약을 체결하며 서양과 최초의 교류를 시작했다.

조미수호통상조약은 조선이 서양 국가와 맺은 최초의 조약이었다. 총 14개의 조항 중에는 조선이 다른 나라와의 관계에서 어려운 일을 겪으면 미국이 두터운 우의와 관심을 바탕으로 개입해 도와주겠다는 내용이 있었다. 조선은 이 조약의 내용을 바탕으로 청나라와 일본의 간섭으로부터 벗어나고, 국제 사회에 조선이 자주독립국가임을 알리고자 했다.

조미수호통상조약을 맺은 후 약 1년이 지난 1883년 봄, 미국의 루시어스 푸트(Lucius Foote, 1826~1913) 공사가 조선으로 오게 되었다. 이후 조선은 영국,

독일, 이탈리아, 러시아 등 다른 유럽 국가들과도 외교 관계를 맺게 되었다.

민영익 일행과 가우처 박사의 만남

조미수호통상조약 체결 후 1883년 고종은 미국으로 보빙사를 파견했다. 보빙사는 조선 최초로 미국에 파견된 외교 사절단으로 조선 왕실 권력의 정점에 있는 민영익을 비롯해 홍영식, 서광범과 수행원, 통역관 등 개화파로 구성된 엘리트들이었다. 보빙사의 미국 방문 목적은 조선이 미국과 동등한 위치에 있음을 알리는 것이었다. 보빙사는 배를 타고 샌프란시스코에 도착한 후 시카고, 워싱턴을 거쳐 뉴욕으로 가는 기차를 탔다. 미국 대통령 아서(Chester Alan Arthur, 1829~1886)를 만나 국서를 전하기 위한 여정이었다.

가우처 목사

서양인들의 눈에 보빙사는 어떻게 보였을까? 조선인들에게 푸른 눈의 이방인이 낯설고 신기했던 것처럼 민영익 일행 또한 뉴욕으로 가는 길 내내 미국인들의 눈길을 사로잡았다. 자그마한 동양인들이 갓을 쓰고 도포 자락을 휘날리며 걷는 모습은 생소한 풍경이었을 것이다. 그들의 이야기는 미국 언론에서 대서특필될 정도였다. 사절단 일행은 이동하는 기차 안에서 훗날 볼티모어여자대학을 창설한 미국 감리교의 가우처 목사(John F. Goucher, 1845~1922)와 역사적인 만남을 갖게 되었다. 민영익은 미국 감리교가 조선에 학교를 세우고 병원을 지을 수 있다는 가우처 목사의 이야기에 관심을 보였고, 가우처 목사는 민영익을 통해 조선에서의 선교 가능성을 발견했다.

맥클레이 목사

1883년 11월 가우처 목사는 뉴욕에 있는 감리교 선교부에 조선을 소개하고 조선 선교를 제안하는 편지와 선교 기금 2천 달러를 보냈다. 그리고 일본에서 선교사로 활동하고 있던 맥클레이(Robert S. McClay, 1824~1907)에게 편지를 보내 조선에서의 활동 가능성을 살펴달라고 부탁했다. 맥클레이 목사 부부는 1884년 6월 조선을 방문했고, 조선에서의 선교 활동 허가를 김옥균을 통해 조선 정부에 요청했다.[5]

이미 서양 의학에 관심이 있었던 조선 왕실은 맥클레이의 요청을 받아들

보빙사 일행(1883)
앞줄 가운데가 전권대신으로 임명된 민영익, 그의 왼쪽이 전권부대신 홍영식이다.

였고, 미국 감리교 선교회는 가우처 목사의 2천 달러에 3천 달러를 더해 총 5천 달러를 조선 선교 헌금으로 책정했다.

조선의 마케도니아인 이수정의 W.F.M.S.를 향한 호소

밤에 환상이 바울에게 보이니
마게도냐 사람 하나가 서서 그에게 청하여 이르되
마게도냐로 건너와서 우리를 도우라 하거늘 (사도행전 16:9)

한학자였던 이수정은 격변의 1880년대를 살고 있었다. 1882년 임오군란 당시 목숨을 위협받던 명성황후를 구출한 공을 세웠고, 벼슬을 받는 대신 일본 수신사의 비공식 수행원 임명을 청해 일본으로 건너갔다.

그는 일본에서 선진 농법을 공부하는 한편 동경외국어학교에서 조선어학과 교수로 일했다. 1883년 4월 세례를 받고 일본에서 활동하던 미국 감리교의 맥클레이 목사 등과 가깝게 교류했다. 가우처 목사가 맥클레이에게 조선에 대해 이야기한 시점에 이미 맥클레이는 이수정을 통해 조선에 대해 잘 알고 있었을 것이다.

이수정은 사도행전 16장 9절의 내용처럼 행동했다. 바울에게 마케도니아로 건너와서 우리를 도와달라고 간청했던 마케도니아인과 마찬가지로 미국 선교회에 조선으로 와서 선교해줄 것을 편지로 호소했다.

> 미국 사람들이여, 조선에 선교사를 보내주시오. 조선은 아직도 문이 닫혀 있어 문명의 혜택을 받지 못하고, 예수님을 모르는 채 어둠 속에서 가난과 질병에 시달리고 있습니다. 그러니 조선인들을 생각하여 부디 조선에 선교사를 보내주시오.[6]

그는 일본 여성들이 기독교에 대해 배우는 것을 보며 조선 여성들을 떠올렸다. 조선 여성들도 새로운 복음을 받아들이고 더 나은 세상이 있다는 것을 알아야 한다고 생각하며 W.F.M.S.에도 다음과 같은 편지를 보냈다.

> 전 세계가 복음을 맞이하고 있는 지금 조선만이 복음을 모른다는 사실은 매우 슬픈 일입니다. 제 생각에는 여자 선교사들이 매우 중요합니다. (중략) 저는 여자 선교사들이 조선에 파견되기를 원합니다. (중략) 그래야만 우리나라 여성들도 복음을 받아들여 행복을 알게 될 것입니다.[7]

이수정

이 당시 미국 선교사들은 조선에 대해 잘 알지 못했다. 일본을 먼저 접했고 일본을 통해 어렴풋하게 조선을 알게 되었다. 그들은 조선에서의 선교 활동을 위해 일본에 파견된 선교사나 일본인 선교사를 보내려고 했다. 그러자 이수정은 이를 반대하며 미국 감리교 선교본부와 W.F.M.S.에 직접 편지를 보냈던 것이다.

그는 다른 지역을 거쳐 들어오는 조선의 2차 선교를 원하지 않았다. 조선이 미국 선교사들에게 2차 전파가 아닌 직접 교류해야 할 나라로 인식되길 바랐다. 미국 감리교 선교본부와 W.F.M.S.가 조선에 직접 선교사를 파견한다는 소식을 전했을 때 이수정은 진심으로 기뻐했다. 그리고 스크랜튼 가족 등의 선교사들이 조선에 가기 직전 일본에 머물 때에는 그들에게 조선의 풍습 및 한국어를 가르쳤다.[8]

이수정은 일본에 머물며 조선에 도움이 되는 공부를 하면서도 조선을 위해 자신이 할 수 있는 최선의 노력을 했다. 그의 편지가, 그의 목소리가, 그의 행동이 조선에 미국인 여성 선교사와 여의사를 오게 하는 데 어떤 식으로든 힘을 보탰던 것이다.

W.F.M.S.와 볼드윈 부인이 뿌린 기적의 씨앗

> 여러분, 은둔의 나라 조선에도 선교의 문이 열리도록 기도해주세요. 오늘 저는 얼마 안 되는 돈이나마 선교회에 맡기겠습니다. 때가 되면 조선 여성을 위해 써주세요.

1883년 9월 미국 오하이오주 라벤나시에 모인 W.F.M.S. 멤버들은 인도와 일본 여성을 위한 지원을 논의하고 있었다. 그런데 갑자기 루신다 볼드윈 부인Lucinda Brown Baldwin이 자리에서 일어나 위와 같이 말하는 것이 아닌가? W.F.M.S.의 첫 여성 선교사가 인도 땅을 밟은 지 13년이 지난 시점이었다.

이렇게 당시 예순여덟이었던 고령의 미국 여성이 품은 선한 마음을 통해 동양의 작고 조용한 나라인 조선에 W.F.M.S.의 손길이 닿게 되었다. 아무도 조선이라는 나라와 조선 여성들에게 눈길을 주지 않던 때였지만, 볼드윈 부인은 조선의 이야기를 담은 몇 권의 책 또는 미국을 방문했던 보빙사의 소식 등으로 조선을 알게 되지 않았을까 추측된다.

한 가지 확실한 것은 볼드윈 부인이 내놓은 88달러의 기부금이 어둠 속에 있던 조선 여성들에게 밝은 빛이 되었다는 사실이다. 그 빛은 스크랜튼 대부인으로 하여금 조선에 이화학당과 보구녀관을 세우게 했다. 그 결과 우리가 알고 있는 이화여자대학교와 이화의료원의 모든 역사가 시작된 것이다.

스크랜튼 대부인은 그 당시 서기로 참여하며 다음과 같은 기록을 남겼다.

> 그날 사람들의 머릿속엔 아직 문이 열리지 않은 조선에 대한 생각은 없었습니다. 그런데 하나님께서 한 나이 많은 부인의 눈과 마음을 열어주신 덕분

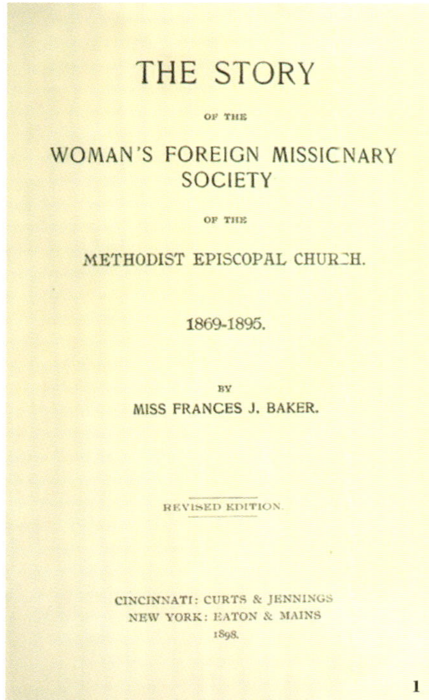

THE STORY

OF THE

WOMAN'S FOREIGN MISSIONARY SOCIETY

OF THE

METHODIST EPISCOPAL CHURCH.

1869-1895.

BY

MISS FRANCES J. BAKER.

REVISED EDITION.

CINCINNATI: CURTS & JENNINGS
NEW YORK: EATON & MAINS
1898.

1 프란시스 베이커가 쓴 W.F.M.S.의 이야기

2 스크랜튼 대부인의 사진(맨 아래에서 왼쪽)

3 라벤나에 있는 볼드윈 부인의 묘소

에 그 자리에 있던 다른 사람들이 잊고 있던 것을 보고 느끼게 해주셨습니다. 그 부인이 일어나 말하기를 자신에게 약간의 돈이 있는데 그것을 하나님께 바치기로 결심했노라 하였습니다. 그 돈을 해외여선교회에 맡겨두어 적당한 때에 조선이 문을 열고 복음을 받아들이게 될 때 사용하기를 바란다고 말했습니다. 그 부인은 그 돈이 기초가 되어 더 많은 기금이 빨리 모아져 조선에 있는 부인과 소녀들이 예수 그리스도 안에 있는 진리를 깨닫게 되는 데 사용되기를 간절히 바란다고 했습니다. 바로 이때부터 이 어두운 땅을 위한 기도가 시작되었습니다.[9]

그날 이후 1년 동안은 조선에 대해 논의하는 일이 없었지만, 볼드윈 부인이 뿌린 하나의 겨자씨와도 같은 헌금과 기도는 1884년 스크랜튼 대부인이 조선의 여성 선교사로 임명되고, 그녀가 조선 땅을 밟은 1885년 이후 점점 널리 퍼지면서 조선의 소외된 여성들에게 등불과도 같은 역할을 해주었다.

훗날 볼드윈 부인은 한 번 더 조선을 위한 기부를 하는데, 그 기금으로 동대문 지역에 1892년 예배당과 진료소를 완공할 수 있었다. 해당 장소의 이름은 그녀의 공적을 기념하기 위해 볼드윈 예배당과 볼드윈 진료소라고 지었다.

스크랜튼 의사, 시병원을 열다

보구녀관의 처음을 이야기할 때 윌리엄 스크랜튼 의사를 빼놓고 말할 수는 없다. 그가 운영하던 시병원의 방 한 켠에서 보구녀관이 시작되었던 데다, 1889년부터 1890년 사이 약 1년간 보구녀관의 2대 병원장을 지내기도 했기 때문이다.

그는 예일대학교를 졸업한 후 뉴욕의학교New York College of physicians and Surgeons[10]에 진학해 의사가 되었다. 1882년에는 클리블랜드에서 병원을 열어 개업의가 되었는데, 이때부터 사별 후 혼자 지내던 어머니 스크랜튼 대부인과 함께 살았다. 아내 스크랜튼 부인과 딸 오거스타까지 스크랜튼 가족은 해외 선교까지는 생각하지 않던 평범하고 신실한 기독교 가정이었다. 그런데 어떻게 이들 가족은 조선에 가서 병원을 운영하고, 교회를 세우며 봉사하는 삶을 살게 되었을까?

여성 선교사의 조선 파송에 대한 필요성을 느끼고 있던 일본 담당 선교사 해리스(Merriman Colbert Harris, 1846~1921)는 안식년 휴가차 미국에 머물던 중 스크랜튼 가족을 찾아 조선에 선교사로 갈 것을 제안했다.

스크랜튼 가족은 처음에는 이 제안을 거절할 수밖에 없었다. 스크랜튼 대부인의 나이가 이미 52살인 고령인데다, 해외 선교에 대해 아는 바가 하나도 없었기 때문이다. 하지만 이들 가족이 조선으로의 선교를 결심하게 되는 일이 생기는데 이에 관한 스크랜튼 부인의 이야기가 다음과 같이 남아 있다.

> 초여름, 스크랜튼 의사가 지독한 장티푸스에 걸렸습니다. 같은 시기에 아이도 심하게 아파서 남편을 돌볼 겨를이 없었어요. 저 대신 어머님이 그를 간호했습니다. 남편이 회복된 후 우리는 드라이브를 갔습니다. 그때 남편이 말하길, 자신은 중앙아프리카를 제외한 어느 곳이든 해외 선교사로 나가 자신을 헌신하기로 결심했다는 것이었습니다. 저는 잠시 시간을 두고 당신이 가는 곳이라면 어디든 함께 가겠다고 대답했습니다.[11]

윌리엄 스크랜튼 의사

그렇게 스크랜튼 가족은 조선에서 선교 활동을 하기로 결정했다. 1884년 스크랜튼 대부인은 W.F.M.S.로부터 조선에 파견되는 첫 여성 선교사로 임명되었고, 스크랜튼 의사는 미국 감리교 해외선교회로부터 목사 안수를 받고 의료 사업 및 선교를 할 수 있는 자격을 갖추었다.

스크랜튼 가족은 1885년 2월 27일 일본에 도착했지만, 1884년에 일어난 갑신정변 때문에 곧바로 조선에 들어갈 수 없었다. 이들은 조선의 상황이 안정될 때까지 일본에서 머물며 한국어를 배웠다. 이후 스크랜튼 의사가 5월 3일에 먼저 서울에 도착했고, 6월 20일에는 어머니 스크랜튼 대부인과 아내 스크랜튼 부인, 딸 오거스타가 제물포를 거쳐 서울로 들어왔다.

스크랜튼 의사는 서울에 온 직후 알렌(Horace N. Allen, 1858~1932)이 운영하던 제중원에서 의사 근무를 시작했다. 알렌은 미국 북장로교 의사 선교사로

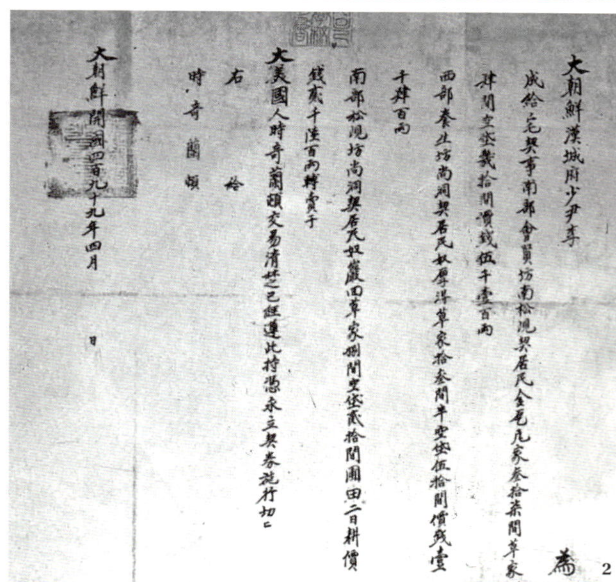

大朝鮮漢城府少尹爲
成給完契事南部會賢坊南松峴契居民金昌允家參拾柒間草家
肆間空垈貳拾間價錢伍千壹百兩
西部養生坊尚洞契居民朴摩淂草家拾參間半空垈伍拾間價錢壹
千肆百兩
南部松峴坊尚洞契居民奴嚴回草家捌間空垈貳拾間圃田二日耕價
錢貳千陸百兩轉賣于
大美國人時奇蘭頓交易清楚已經遵此持憑永立契券施行切切
右給
時奇蘭頓
大朝鮮開國四百九十九年四月 日

1 시병원

2 시병원 부지 토지 계약서

스크랜튼 의사보다 한 해 먼저 조선에 들어왔다. 갑신정변 때 크게 다친 민영익을 치료한 공을 인정받아 조선 정부가 설립한 제중원을 맡고 있었다.

스크랜튼 의사는 제중원에서 일한 지 약 한 달 뒤인 6월 15일부터 정동에 마련한 자택에서 독자적으로 환자를 진료하기 시작했는데, 공간이 너무 협소해 집 인근인 지금의 정동제일교회 예배당 자리에 한옥을 구입한 후 '시병원施病院'을 마련했다. '시병원'이라는 이름은 조선 정부가 1886년에 하사한 것으로[12] '베풀 시施' 자를 써서 '널리 은덕을 베푸는 병원'이라는 뜻도 있고, 스크랜튼 의사의 한자 이름인 '시란돈施蘭敦'에서 따와 '시란돈 의사의 병원'이라는 뜻도 있었다. 영어로는 'Universal Hospital'이었다.

스크랜튼 의사는 한문으로 '미국인 의사 병원'이라는 간판을 달았고, 한글로는 '남녀노소를 불문하고 어떤 병에 걸렸든지 매일 열 시에 빈 병을 가지고 미국 의사를 만나시오.'라고 써 붙였다.[13] 시병원에서는 따로 치료비를 받지 않았기에 가능한 안내였다. 빈 병을 가져오라는 것은 약을 담을 용기를 말하는 것으로 환자들이 약병을 다시 가져오지 않는 경우가 많았던 탓이다.

남녀노소 누구나 가리지 않고 무상으로 치료를 해준다는 소문은 널리 퍼져나갔다. 스크랜튼 의사는 자신의 의료 선교 계획에 따라 가난하고 아픈 조선인 환자들을 헌신적으로 돌보았고, 그가 치료한 환자의 수는 의료 선교를 시작한 후 4년 동안 무려 12,209명에 달했다.[14]

시병원은 넘쳐나는 환자들을 더욱 잘 돌보기 위해 이웃 건물을 구입해 병원을 확장하며 당시로는 최대, 최신 시설을 갖춘 병원으로 거듭났다. 그때 이야기로는 정부의 보조를 받는 제중원도 시병원만 못했다고 한다.[15]

문제는 그 숱한 환자들 속에 조선 여성들이 포함되지 않는다는 것이었다. 스크랜튼 의사가 생각했던 남녀노소는 신분과 상관없이 치료가 필요한 모든 사람이었는데, 조선 여성들은 몸이 아파도 남자 의사를 찾아가지 못했다. 스크랜튼 의사가 치료를 시도한 조선의 첫 여성 환자는 콜레라가 유행하던 1886년 여름, 가족에게 내쳐진 채 서대문 성벽 아래에서 죽음을 기다리던 여인이었다. 그녀 곁에는 함께 버려진 어린 딸도 있었다. 스크랜튼 의사가 마주할 수 있는 조선의 여자 환자라고는 이처럼 죽음의 문턱에 다다라 가족도 포기한 이들뿐이었다.

2. 조선의 첫 여성병원, 보구녀관이 탄생하다

의료 사각지대에 있던 조선 여성들

스크랜튼 대부인은 W.F.M.S.에 조선 여성들을 위해 여의사를 파견해줄 것을 여러 번에 걸쳐 요청했다. 심지어 W.F.M.S.로부터 긍정적인 답변을 듣기도 전에 조선의 여성 환자들을 위한 진료 공간까지 마련해두었다. 도대체 조선 여성들이 어떤 환경에 처해 있었기에 이토록 간절하게 여의사를 원했던 것일까?

조선 시대 여인들은 신분이 높든 낮든 모두 약자이자 소외 계층에 속했다. 양반집 여성들은 낮에 외출이 거의 불가능했는데 보호자를 대동한 경우에만 얼굴을 가리고서야 겨우 이동이 가능했다. 개별적으로 움직일 땐 외부와 철저히 차단된 가마를 이용해야 했다. 이러한 환경은 죽을 만큼 아파도 남자 의사에게 몸을 보이는 것이 얼마나 어려웠는지를 짐작케 한다.

신분이 낮은 여자들은 비교적 외출이 자유로웠는데 그 이유는 노동을 적극적으로 해야 했기 때문이다. 문제는 노동의 현장이 굉장히 비위생적이었다는 점이다. 빨래를 하는 하천은 쓰레기와 오물 등으로 오염된 곳이 대부분이었고, 그로 인해서 세균이나 바이러스 등에 노출되어 수인성 질병에 쉽게 감염되곤 했다.[16]

그나마 지체 높은 여성들은 아랫사람을 통해 의원에게 증상을 전하고 약

1 오염된 하천에서 빨래하는 여인들

2 얼굴을 다 가리고 외출한 양반집 여인

을 타갈 수 있었다. 그러나 정확한 진료가 이뤄지지 않아 그 약을 먹고 병이 호전되는 경우는 드물었다.

신분이 낮은 여자들은 그런 약조차 구하기 어려웠다. 동의보감 「부인문婦人門」에서 확인할 수 있듯, 전통적인 사회에서 여성의 몸은 오직 후손을 얻기 위한 임신과 출산 분야에서만 주목을 받았을 뿐 그 외의 여성 건강은 모두 관심 밖이었기 때문이다.

조선 여성들이 주로 걸렸던 질병은 크게 세 가지로 나뉜다. 첫째는 매독이나 임질 같은 성병이다. 성병의 대부분은 당시 일상화되어 있던 남성들의 매매춘으로 옮곤 했는데, 남자 의원을 통해 치료를 받는다는 것은 말도 안 될 일이었기에 병을 계속 키울 수밖에 없었다. 둘째는 기생충 관련 질환이다. 인분을 비료로 사용하는 탓에 농사를 짓는 사람이라면 누구나 걸릴 수 있는 병이었지만, 늘 영양 상태가 부실한 데다 산후조리도 제대로 못한 여성에게는 특히 취약한 병이었다. 셋째는 티푸스나 콜레라와 같은 전염병이다. 전염병은 남녀노소를 가리지 않았지만, 가족 중 누가 아프기라도 하면 간병을 도맡아야 했던 여성은 제일 먼저 전염병에 감염되었다. 여기에 더해 종기나 피부병도 흔하게 앓곤 했다.

그렇다면 신분이 낮은 여성들은 과연 어떻게 치료를 받았을까? 대부분 약물이나 침술보다 굿과 같은 미신에 의존할 수밖에 없었다. 그 결과 민간요법이라는 이름으로 출처가 불분명한 약재를 먹거나 주문을 외우는 행위 때문에 오히려 병이 악화되거나 목숨을 잃곤 했다.

스크랜튼 대부인은 이화학당을 운영하면서 조선 여성들에게 이런 말도 안 되는 일들이 벌어진다는 것을 알게 되었다. 스크랜튼 의사가 시병원에서 아무리 많은 환자들을 돌보아도 여성 환자들을 제대로 진료할 수 없었기에 결국 조선의 여성병원을 만드는 데 앞장서게 된 것이다. W.F.M.S.는 스크랜튼 대부인의 간절함에 응답하며 1887년 10월 여의사 메타 하워드를 조선으로 파견했다.

조선 땅을 밟은 최초의 여의사 메타 하워드

메타 하워드는 W.F.M.S.가 조선에 파견한 첫 여의사였다. 그녀는 1887년 여름 시카고여자의학교를 졸업한 후 해외 선교에 지원하여 1887년 10월 28일 조선에 도착했다.

그녀는 서울에 도착한 지 3일 후인 10월 31일부터 스크랜튼 의사가 운영하는 시병원의 방 한 칸에서 여성들을 위한 진료를 시작했다. 이화의료원의 역사가 시작된 순간이었다.

> 조선에 도착했을 때 나는 이곳에 온 최초의 여의사임을 알았습니다. 첫 6개월 동안은 한국말을 배우면서 남성병원(시병원)에서 일했는데 그곳에는 여자 환자들이 거의 오지 않았어요. 그 병원의 한 구역은 여성 전용이었지만 대문을 남녀가 함께 써야 했기 때문입니다. 이 문제를 해결하기 위해 한옥 한 채를 구해 여성병원으로 만들고 높은 담을 쳤습니다. 하지만 이것도 완벽한 해결책은 아니었습니다. 남편들은 의사가 함께 있을 때를 제외하고는 자신의 아내들을 잘 믿지 않았는데, 조선에서는 여자의 외출을 금지했기 때문입니다.[17]

메타 하워드

푸른 눈의 외국인이 두렵기는 해도 여의사가 진료를 본다는 말에 조선 여성들은 용기를 내서 병원을 찾아갔다. 조선 여성들이 아픈 몸을 내보일 수 있다는 것은 전에 없던 일이었고, 오랫동안 자신을 괴롭혀온 질병이나 상처가 치료되었을 때의 편안함을 처음 경험한 순간이었을 것이다.

다만 모든 치료가 수월하게 이루어진 것은 아니었다. 칼로 째서 농양을 빼내거나 충치를 뽑는 것 이상의 수술을 하려고 하면 환자들은 소중한 신체의 일부를 잃을 수 없다며 치료를 거부했다. 메타 하워드는 이들을 살리기 위해 최선을 다해 설득했지만 몇몇 환자들은 끝내 치료를 포기하고 집으로 돌아갔다.[18]

하워드 의사는 시병원의 한 공간에서 진료를 보았던 첫 10개월간 무려 1,137명의 외래 환자를 보았다. 독립 건물이 생긴 후 10개월 동안에는 1,423명

정동의 모습(1886).
1번 시병원, 2번 스크랜튼 의사 사택, 3번 미국 공사관, 4번 장로회 건물들로 메타 하워드는 1번 중 한 칸의 공간에서 여성들을 위한 진료를 시작했다. 시병원은 후일 보구녀관이 되었다.

의 환자를 돌보면서 여러 건의 수술을 성공적으로 해냈다. 또한 메타 하워드는 병원을 찾는 외래 환자뿐 아니라 거동이 불편한 여성 환자들을 위해 기꺼이 왕진도 다녔다.

메타 하워드는 조선 여성들과 비교적 수월하게 소통을 한 것으로 보인다. 제2대 제중원 부녀과 담당 의사로 활동했던 릴리어스 호튼(Lillias Sterling Horton, 1851~1921)이 남긴 1888년 7월 기록을 보면 "감리교인들은 더할 나위 없이 훌륭한데, 작년 10월에 온 하워드 양은 스스로 언어를 익혔다."고 언급한 바 있다.[19]

조선 정부의 공식 승인을 받은 여성병원 보구녀관의 탄생

1887년 10월 시병원 한 켠에서 시작된 여성병원은 1888년 11월 이화학당 옆 한옥 한 채를 새로 구입해 병원으로 개조하며 독립된 병원으로 거듭났다. 시병원의 일부 공간으로는 밀려드는 환자를 수용하기도 어려웠던 데다 시병원과 출입구를 같이 쓰다 보니 여성 환자들의 내원이 쉽지 않았기 때문이다.

조선 왕실은 1년 동안 조선의 여성들을 위해 의료 활동을 해온 여의사 메타 하워드와 W.F.M.S.의 활동을 지켜보았다. 그들의 활동이 조선에 이로우며 진심을 다해 봉사한다고 인정한 뒤에는 1888년 12월, 널리 여성을 구하라는 의미의 '보구녀관普救女館'이라는 이름을 하사했다. 친히 기수까지 보내며 공식적인 조선의 여성 전문병원임을 인증해주었다. 보구녀관은 영어로 'Salvation For All Women Institution'[20]으로 표기하며 '모든 여성을 구원하는 기관', 즉 병든 모든 여성을 구하는 곳이라는 의미를 담고 있다. 이로써 메타 하워드는 보구녀관의 1대 병원장이 되었다.

메타 하워드는 조선 정부로부터 '보구녀관'이라는 이름을 받은 것과 관련해 1890년 1월 다음과 같은 기록을 남겼다.

> 조선 왕은 이 장소가 이 나라의 고통받는 여자를 위해서 개원했다는 말을 듣고 외부外部를 통해 네 글자의 한자 이름을 보내고 감사를 표시했다. 편액으로 만들고 왕실의 색깔로 칠해서 대문 위에 걸기만 하면 되었다. 이제 사람들은 이곳이 왕의 윤허를 받았음을 안다. 그 이름은 보구녀관, 많은 병든 여자들을 위한 집이다.[21]

보구녀관은 조선 여성들을 위한 전문병원 역할에 충실하기도 했지만, 여성병원 이상의 의미를 가진 곳이기도 했다. W.F.M.S.의 비전과 조선 왕실의 기대가 어우러진 아주 특별한 공간이었기 때문이다.

조선 정부는 조선의 모든 백성을 사랑하고 위하는 마음으로 '보구녀관'이라는 이름을 지어주었다. '보구녀관普救女館'의 '보普'에는 지위의 높낮음이나 남녀를 구분하지 않는, '보편적인 백성'을 구하고자 하는 뜻을 담았다. 이것은 W.F.M.S.가 전하고자 했던, '조선의 가장 낮은 위치에 있는 사람들 모두에게도 하나님의 사랑이 닿고 있다'는 메시지와 일치하는 것이었다.

W.F.M.S.는 "급할수록 돌아가라."는 조선 속담을 따랐다. 조선의 관습과 예법을 어기면서까지 조선인을 바꾸고자 하지 않았다. 오히려 조선의 방식을 존

1

Heathen Woman's Friend

Vol. XXI. JANUARY, 1890. No. 7.

THE W. F. M. HOSPITAL IN SEOUL, KOREA.

BY META HOWARD, M.D.

If you have seen the picture of the W. F. M. S. Home and Girls' School in Seoul, you will at once recognize the fact that this house also was built by Korean carpenters. It was formerly the residence of a Korean gentleman, but is now used as a hospital and dispensary for women and children. As soon as the King of Korea heard that this place had been opened for the relief of the suffering women of his country, he showed his gratitude by sending, through the Foreign Office, a name consisting of four Chinese characters, framed and painted in the royal colors, all ready to be hung over the great gate. So, all that pass by know that

2

1 보구녀관의 모습(1888).
서양 복식의 메타 하워드가 중앙에 서 있고, 그녀의 왼쪽에는 메타 하워드의 병원 일을 돕던 봉순 어머니(세례명 사라)와 더 왼쪽에는 약을 타러 일찍 왔다가 사진에 함께 찍힌 여인이 있다. 오른쪽 남자는 호위와 신원 보증을 맡은 기수이다.

2 「Heathen Woman's Friend」 1890년 1월호에 실린 메타 하워드의 보구녀관 리포트

중하며 궁궐의 메시지를 받아들였다. 조선인을 미국의 방식으로 변화시키는 것이 아니라 조선인이 조선만의 방식으로 바로서길 바랐기 때문이다. 그렇기에 조선 정부로부터 이름을 받고 백성의 민심을 얻는 지난한 과정을 기꺼이 감수할 수 있었다.

이처럼 서로의 비전이 한 방향을 가리키고 서로가 변화의 속도에 발을 맞춘 덕분에 조선 여성들은 아프면 여의사를 만나 치료받는 것을 점점 당연하게 여길 수 있었다. 또한 배움을 원한다면 바로 옆의 이화학당에서 신여성으로 성장할 수도 있었다. 그 당시 이화학당에서 공부하며 조선의 신여성으로 첫발을 내딛은 이들은 훗날 조선 여성들을 위한 교육을 이끌었고, 조선의 여성 의료인들이 계속 탄생할 수 있도록 척박하고 거친 길을 닦은 선구자들이 되었다.

W.F.M.S.는 어떤 곳이었나?

조선 최초의 여성병원인 보구녀관을 이야기할 때 W.F.M.S.가 계속 등장하는데, W.F.M.S.의 첫 시작은 1819년 7월로 거슬러 올라간다. 바로 이때 미국 감리교 선교회 내부에 여성부Woman's Auxiliary가 설치되었기 때문이다. 이후 본격적인 W.F.M.S.의 창립은 1869년 3월 23일 미국 보스턴의 한 작은 교회에서 출발했다.

트레몬트 스트리트 교회Tremont Street Church에 모인 여덟 명의 여성(파커 부인, 버틀러 부인, 플랜더스 부인, 리치 부인, 메릴 부인, 킹스베리 부인, 테일러 부인, 스토다드 부인)은 다른 나라에서 고통받고 있는 여성들을 위해 뜻을 모았다. 이들은 교회 여신도들 중 독신 여성을 그곳으로 파견해 세계 곳곳의 소외된 여성들을 돕고자 했다.

여성이 여성에게 복음을 전해야 합니다.
오직 여성만이 그곳의 여성들에게 접근할 수 있기 때문입니다.

W.F.M.S.는 이 메시지를 가슴에 품은 채 해외 선교에 나섰다. 그들도 한때는 자신들이 돕고자 하는 이들처럼 누군가의 부인으로만 살아가며 사회적으로 소외됐던 적이 있었다. 하지만 미국 사회는 변화하고 있었다. 1861년 남북 전쟁 때 수많은 남성들이 전쟁터로 나간 사이 여성들은 남성들의 일을 도맡게 되었다. 이때부터 여성들의 교회 활동이 활발히 이루어졌고, 신앙심과 사명감은 더욱 커졌다.

그들은 눈을 돌려 해외 선교에 큰 뜻을 품었다. 자신들보다 더 어려운 세계의 여성들을 위해 힘을 모으는 움직임이었다. W.F.M.S.는 인도, 중국, 일본, 아프리카, 불가리아, 필리핀 등지에 265개의 선교단을 파견했다. 또한 여학생을 위한 중등 및 고등 교육기관, 신학교 등을 설립하고 병원과 시약소를 운영했다. 세계로 뻗어나가는 W.F.M.S.의 행보에 조선이 포함되었고, 이것이 조선의 의료 역사를 이야기할 때 W.F.M.S.를 빼놓을 수 없는 이유이다.

W.F.M.S.의 선교사들(1899).
뒷줄 왼쪽부터 시계 방향으로 릴리안 해리스 의사, 루이자 로드와일러 선생, 스크랜튼 대부인, 조세핀 페인 선생, 엘라 루이스 간호원, 로제타 홀 의사, 룰루 프라이 선생, 피어스 선생, 메리 커틀러 의사이다.

스크랜튼 대부인이 조선에 오기까지 무슨 일이 있었을까?

조선에 가고자 하는 외국인은 거의 대부분 제물포항에 도착해 서울로 이동했다. 낯선 모습의 서양 선교사들은 때로는 환대도 받았다가, 때로는 신변의 위협을 느끼기도 했다. 조선의 정세에 따라 달라지는 제물포항의 분위기는 불안정한 구한말의 상황을 고스란히 보여주었다.

스크랜튼 대부인이 조선에 왔던 1885년은 상당히 위험한 시기였다. 1884년 12월 4일에 벌어진 갑신정변 때문이었다. 이날 명성황후의 조카인 당대 최고의 권력자 민영익이 크게 다쳤고, 삼일천하로 갑신정변이 끝난 후에는 홍영식, 박영교, 사관생도 등이 목숨을 잃었다. 김옥균, 박영효, 서광범, 서재필 등은 일본으로 망명했다.

이러한 분위기 때문에 1885년 2월 27일 일본에 도착한 스크랜튼 가족은 계속 일본에 머물러야 했다. 이들 가족 모두가 서울에 짐을 푼 것은 6월 20일이 되어서였다. 모든 것이 위험하고 혼란스러운 상황에서도 스크랜튼 대부인은 가족의 안전을 걱정하는 대신 다음과 같은 생각을 했다.

> 일본에서의 생활은 꽤 괜찮고 생활하는 환경도 좋은 편이지만 나는 나의 사람들(조선인)에게 가서 그들과 함께 살고 싶다. 항상 안전한 상황이라는 것이 보장되지 않는다는 것을 알지만, 약속은 지혜보다 더 중요하다고 믿고 있기에 나는 조선으로 가는 것이 두렵지 않다. 가능한 한 빨리 내 할 일을 할 수 있도록 준비 중이다.[22]

제물포항의 풍경(1890).

1800년대 후반,
조선에서 펼쳐진 서양인들의 의료 활동

1880년에 우두를 보급하기 시작한 지석영 선생 및 당시 개화 지식인들의 노력으로 1883년 충청도에 우두국이 설치되었으며, 1885년부터는 전국으로 확대되었다. 당시 조선 정부는 문명 개화를 위해 나름의 노력을 했는데 그중 하나가 1899년 학부學部에 '의학교醫學校'를 설치해 근대 의학을 가르치고 주체적으로 의사 양성을 시작한 것이었다.

이러한 조선 정부의 주도적인 노력 이전에 한반도에는 이미 일본인 의사들이 들어와 의료 활동을 하고 있었다. 1876년 조선과 강화도조약을 맺은 일본은 개항을 하게 된 부산에 제생의원濟生醫院을 설치했고, 해군 군의관 야노矢野義徹가 근대식 진료를 시작했다. 제생의원 외에도 원산에 생생의원生生醫院, 인천에 일본의원, 한성에 일본영사관 의원이 개원했다. 이들 의원은 주로 조선에 거주 중인 일본인을 진료하는 것이 목적이었지만 일부 조선인 치료를 하기도 했다.

1902년에는 조선 및 아시아 대륙 침략을 목적으로 한 민간단체인 '동아동인회東亞同仁會'가 결성되어 주로 의료 사업 명목으로 제국주의 침략을 뒷받침하는 역할을 했다. 그 결과 을사늑약 체결 후인 1906년 철도 요충지인 서울 용산, 평양, 대구 등지에 동인의원同仁醫院이 설립되면서 이들은 자혜의원을 거쳐 도립의원으로 변화하게 되었다.

한편 19세기 말에는 서양 선교사들에 의한 의료 활동이 활발히 이루어졌다. 1882년 조미수호통상조약 체결 후 여러 서양 국가들과 수교를 맺으며 선교사들이 내한했다. 그중 1884년 미국 공사관 의사로 임명된 미국 북장로교 의사 선교사 알렌은 1885년 4월 설립된 근대식 의료기관인 광혜원(제중원)의 의사로 임명되었다. 제중원은 1894년 조선 정부와의 협약을 통해 미국 북장로교가 그 소유와 운영권을 얻은 후 미국인 부호 세브란스가 기탁한 기금으로 1904년 새 병원을 신축해 '세브란스병원'이 되었다.

1886년에는 미국 감리교 의사 선교사인 윌리엄 스크랜튼이 정동에 선교 병원을 개원하면서 1887년 조선 정부로부터 '시병원'이라는 이름을 하사받았다. 1890년 영국 성공회 선교사들과 함께 인천에 온 미국인 의사 랜디스E. B. Landis는 인천에 성누가병원을 설립해 환자 진료를 시작했고, 같은 성공회의 와일스J. Wyles는 1891년 한성 낙동에 성마태병원을 개원했다.

정동의 선교사들은 어떤 활동들을 했을까?

이화학당에 모인 감리교 선교사들(1893)

1882년 조선과 미국이 맺은 조미수호통상조약 이후 1880년대 중후반부터 점점 많은 수의 미국인 선교사들이 조선에 들어왔다. 이들이 자리를 잡고 모여 살던 서울특별시 중구 정동은 치열한 외교의 현장이었다. 이화학당, 시병원, 보구녀관도 모두 정동에서 시작되었다.

스크랜튼 가족이 조선으로 들어올 때 함께했던 아펜젤러(Henry. G. Appenzeller, 1858~1902) 목사도 스크랜튼 가족과 함께 정동에서 살았다. 아펜젤러 목사는 배재학당의 설립자였고 1888년에는 삼문출판사를 운영하기도 했는데, 여기서 말하는 '삼문'이란 '영어, 한문, 한글'을 뜻한다. 훗날 삼문출판사에서 「3·1 독립선언서」를 인쇄하기도 했다.

외국인 선교사들은 정동에만 머무르지 않았다. 그들은 도움이 필요한 낮은 신분의 조선인들에게 정동이 쉽게 드나들기 힘든 동네라는 것을 금세 알아차렸다. 교육과 치료가 시급한 가난하고 아픈 조선인들은 대부분 사대문 밖에 살고 있었고, 외국인 선교사들은 그런 조선인들을 더 많이 만나기 위해 저마다 여건이 되는 대로 활동 지역을 넓혀나갔다.

외국인 선교사들은 가까이로는 사대문 밖, 더 멀리로는 평양, 해주, 군산 등으로 나아가 자리를 잡았다. 외국인이 살기에 편리했던 정동을 자발적으로 벗어나 더 낮고, 더 어둡고, 더 고통받는 지역으로 기꺼이 나아간 것이었다. 그렇게 구한말 조선에는 그들의 발자취를 따라 여러 학교와 병원, 교회 등이 여기저기서 생겨나게 되었다.

2장.

보구녀관

조선 여성들을 위한 진료 활동과 교육을 시작하다

1887~1912

1. 조선의 여성들을 위해 헌신적으로 활약하다

구호기관의 역할도 했던 보구녀관

메타 하워드는 조선의 여성 환자들을 치료하면서 그들의 영양 부족이 심각하다는 것을 알았다. 제대로 먹지도 못한 채 온갖 집안일로 과로를 하니 조선 여성들의 면역력은 그야말로 최악이었다. 보구녀관에서는 이런 여성 환자들을 더욱 적극적으로 치료하기 위해 영양 보충을 위한 식사를 함께 제공했다. 이것은 보구녀관이 단순히 외래 진료만 하는 병원이 아닌, 입원도 가능했던 병원으로 운영되었음을 짐작케 한다. 환자가 다 나을 때까지 돌보았다는 점에서 구호기관의 면모도 엿볼 수 있다.

보구녀관을 구호기관이라고 볼 수 있는 또 다른 이유는 진료비를 받지 않는 민간 병원이라는 점이다. 보구녀관은 스크랜튼 대부인이 마련한 기반 위에 W.F.M.S.의 의료 선교 기금과 여의사 파송으로 세워진 곳이었다. 돈이 없어 적절한 치료를 받지 못하는 조선 여성들을 위한 무료 진료소였던 것이다. 이러한 보구녀관의 설립 목적에 따라 곤궁한 환자들에게는 진료비를 받지 않은 채 의료 활동이 이루어졌다.

그러나 환자들은 자신의 병을 낫게 해준 것에 대한 감사의 마음을 어떻게든 보답하고자 했다. 보답의 형태는 감이나 밤, 서너 줄의 달걀 등으로 다양하게

1 보구녀관의 부엌(1889)

2 보구녀관의 대기 환자들(1908)

돌아오곤 했다. 이와 관련해 보다 구체적인 내용은 메타 하워드의 후임 여의사였던 로제타 홀의 1893년 기록을 통해 다음과 같이 남아 있다.

> 우리는 보구녀관을 찾는 모든 사람을 치료하는 것을 정책으로 삼는다. 돈을 낼 수 있는 환자가 있다면 약값만 지불하도록 한다. 지난해 약을 거의 사용하지 않은 치료를 받은 환자 몇 명이 진료 청구서를 달라고 해서 보내주었다. 아주 가난해 보이는 환자라도 돈을 내야 한다고 생각해 약값을 물어본다. 어떤 환자는 돈이 아예 없다는 걸 알기에 약을 선물처럼 주려고 애써야 한다. 입원한 환자의 절반 정도가 입원비를 내면서 지내고 있다.
>
> 내가 뉴욕에서 의료 봉사를 하며 만났던 환자들은 돈을 내지 않아도 된다고 생각했지만 조선의 환자들은 그렇지 않다. 올해 보구녀관에서는 1년 동안 입원 환자로부터 11.60달러를 받았고, 왕진 환자로부터 35.20달러, 외래 환자로부터 62.42달러, 기부금 16.21달러를 받아 총 125.42달러의 수입을 기록했다. 돈을 내지 못한 환자들은 자신만의 방식으로 감사한 마음을 표현했다. 그들은 달걀, 닭, 과일, 밤과 호두, 혹은 조선 음식 등의 선물을 주었다.[23]

조선의 여성 환자들은 평생 의사를 못 만났을지도 모를 상황에서 여의사가 자신을 정성껏 치료해준 것에 진심으로 감사함을 느꼈다. 혹은 나의 사랑하는 가족을 낫게 해준 사람에 대한 고마움과 존경심도 있었을 것이다. 병원이자 구호기관의 역할도 했던 보구녀관은 아무에게도 진료비를 청구하지 않았지만, 의료진에게 감사해하는 마음이 계속 이어졌다.

환자와 환자의 가족들은 자신이 할 수 있는 범위 내에서 어떻게든 진료비를 내고 싶어 했다. 돈이 있다면 돈을, 돈이 없다면 값이 나가는 식재료를, 그것도 부족하다면 정성껏 만든 음식을 전했다. 보구녀관의 사람들 역시 무료 진료를 당연하게 생각하지 않았던 조선 사람들에게 감동했다. 보구녀관은 이처럼 서로 감사의 마음을 주고받으며 점점 더 많은 사람들이 찾는 곳이 되었다.

보구녀관을 널리 알린 수술들

1887년 10월 31일부터 진료를 시작한 메타 하워드는 조선에 머물던 2년 조금 넘는 기간 동안 혼자서 구려 8,000여 명의 환자를 치료했다.[24] 자신의 건강을 뒤로 미뤘기에 가능한 일이었다. 결국 메타 하워드는 건강에 문제가 생겨 1889년 미국으로 돌아가야 했다.

보구녀관의 빈자리는 시병원의 스크랜튼 의사와 미국 감리교에서 추가로 파송된 윌리엄 맥길(William B. McGill, 1859~1918) 의사가 대신했지만 역부족이었다. 여성 환자들은 남자 의사들이 꺼려져 예전처럼 보구녀관을 찾지 못했다. 이에 스크랜튼 의사는 1890년 보구녀관을 부모 잃은 고아에 빗대며 어머니가 되어줄 여의사를 바라는 간절한 호소의 글을 기고하기도 했다.

> 보구녀관은 겨우 세 살이지만 짧은 시기에 선한 일을 많이 해왔다. 거의 1년 동안 선교회 병원 의사들이 이 고아의 아버지가 되었지만 여성병원이 잘 운영되기 위해서는 여의사가 필요하다. 한국 격언에는 '아이가 부모 가운데 한 사람을 잃어야 한다면 어머니보다 아버지가 없는 것이 더 낫다.'는 말이 있다. 우리에게는 조선의 여성 환자들을 돌보아줄 어머니가 절실히 필요하다.[25]

로제타 셔우드

메타 하워드의 후임 여성 병원장으로 조선에 온 여의사는 로제타 셔우드(Rosetta Sherwood, 1865~1951, 1892년 6월 27일 '윌리엄 홀'과 결혼 후 '로제타 홀'로 표기됨)였다. 그녀는 1886년 펜실베이니아여자의학교에 입학해 우수한 성적으로 졸업한 후 6개월간 뉴욕 스테이튼 아일랜드에 있는 뉴욕어린이병원New York Nursery and Child's Hospital에서 인턴으로 일했고, 스물네 살이던 1889년부터는 뉴욕 디커니스 홈Deaconess Home에서 해외 선교를 준비하며 무료 진료소 봉사를 했다. W.F.M.S.는 이처럼 모든 것이 준비된 로제타 셔우드를 보구녀관의 3대 병원장으로 임명했다.

1890년 10월 14일 로제타는 서울에 도착해 보구녀관에 자신의 짐을 풀고는 보구녀관의 진료소가 무척 만족스럽다는 일기를 썼다. 창고와 약제실, 세척실, 대기실, 진찰실, 입원실까지 갖춰진 보구녀관의 모습을 확인한 후 빛이 잘 드는 넓은 빈 방을 수술실로 쓸 계획까지 세운 로제타였다.[26]

그녀는 서울에 도착한 다음날인 10월 15일부터 진료를 시작했다. 매사에 굉장히 의욕적으로 일했고, 자신이 계획하고 만든 수술실에서 보구녀관을 널리 알리게 된 수술들을 했다.

새로운 여의사가 왔다는 소식에 많은 여성 환자들이 보구녀관을 찾았고, 로제타는 자신이 할 수 있는 여러 분야의 수술과 치료에 나섰다. 그 횟수가 첫 열 달 동안 무려 2,359건이었고, 처방전 발행 횟수는 6,000건 이상이었다. 82명의 왕진 환자와 35명의 입원 환자도 있었는데, 하루 평균 열 명 정도의 환자를 돌본 셈이었다. 「The Korean Repository」의 1892년 8월호에 실린 제8회 감리교 연회 보고서에 따르면 로제타의 2년 누적 진료 횟수는 입원과 왕진, 외래 진료를 포함해 모두 4,022건이었다. 의사 한 명의 진료로는 상당한 규모였다.

로제타는 조선에 온 지 얼마 안 되었을 때 화상으로 손가락이 붙어버린 윤씨 소녀의 손가락을 떼어내는 수술을 했다. 다행히 손가락은 잘 펴졌지만 손가락 군데군데 피부가 없는 부분이 있어 추가로 피부 이식 수술을 했다. 처음에는 환자의 팔에서 피부를 떼어내려 했는데, 환자가 거부하는 바람에 로제타는 자신의 팔에서 피부 세 쪽을 떼어냈다. 로제타가 조선인 소녀를 위해 피부를 떼어주었다는 소문은 순식간에 퍼져나갔다.

로제타의 헌신적인 치료에 감동한 이화학당 학생 봉업과 이화학당의 로드와일러 및 벵겔 선생, 환자 본인과 환자의 오빠는 기꺼이 자신의 피부를 기증했다. 로제타는 그렇게 모인 30여 개의 피부 조각으로 이식 수술에 성공했고, 윤씨 소녀의 손가락은 보기 좋게 치료되었다. 소녀의 가족은 감사의 의미로 암탉 세 마리와 수탉 한 마리를 가져왔는데, 로제타를 기쁘게 했던 건 치료비의 대가가 아닌 누가복음을 읽고 있는 소녀의 모습이었다.[27]

1891년 봄 로제타는 네 건의 언청이 수술도 진행했다. 선천적으로 윗입술이나 입천장이 갈라지는 구순구개열은 여자들의 결혼을 막는 치명적인 장애물이었다. 외모 때문에 결혼을 못하거나, 결혼 후 소박을 맞는 일도 다반사였다. 로

보구녀관 창틀에 앉아 있는 로제타 셔우드와 병원 직원 및 환자들(1890)

제타는 비교적 간단한 언청이 수술을 통해 고통받던 여성들의 삶을 음지에서 양지로 이끌어냈다. 남편으로부터 외면받던 여인들은 로제타를 만나 몰라보게 달라진 외모를 갖게 되었다.

로제타는 비위생적이고 불편한 것이 많은 한국에서의 의사 생활을 결코 힘겨워하지 않았다. 혼자서 수많은 환자들을 치료하고 먼 곳으로 왕진을 다니면서도 조선 여성들을 도울 수 있음에 진심으로 감사해했다. 또한 로제타는 자신보다 처지가 어려운 조선 여인들을 동정하지 않았고, 처음 접하는 조선의 문화 중 좋은 것들은 적극적으로 배우고 수용했다. 특히 온돌식 입원실의 장점을 높이 평가했는데 이에 관한 그녀의 생각은 다음과 같다.

> 병원에는 온돌로 난방이 되는 입원 환자를 위한 방이 있는데, 의사가 환자를 진찰할 때는 바닥에 앉아야 하므로 습관이 들 때까지는 이 자세가 매우 힘들 것 같다. 그러나 전반적으로 볼 때 이 방법이 좋은 것 같다. 첫째, 환자들이 조선 사람이기 때문이다. 그들은 서양식 침대가 매우 춥다고 생각한다. 내 생각으로는 해롭지 않은 풍속은 고쳐야 할 이유가 없다고 본다. 방바닥은 따뜻해서 잠자기에 참으로 편안하다. 둘째, 환자가 침대 밖으로 나올 염려가 없다. 방 전체가 하나의 침대나 마찬가지다. 셋째, 온돌방은 청결하여 소독하기가 매우 쉽다. 마지막으로 자선병원의 입장에서 좀 말하기 곤란하긴 하지만 경제적이다.[28]

모든 환자에게 평등했던 보구녀관

로제타의 뒤를 이어 보구녀관의 4대 병원장으로 온 여의사는 메리 커틀러(Mary Maria Cutler, 1865~1948)이다. 그녀는 1884년 남녀공학인 미시간의 학교에 진학했고, 의학교 졸업 후 1886년에는 미시간 디트로이트의 여성병동 woman's ward에서 간호원으로 일했다. 또한 1888년부터 1889년까지 앤아버Ann Arbor에 있는 대학병원의 병동 담당자Ward mistress로 실습하며 의사가 되기 위한 훈련을 받았다. 이후에는 오하이오주 포머로이에서 3년간 개업의로도 일했다.

메리 커틀러는 1893년부터 1939년까지 무려 46년간 한국에 머물며 조선 여성들을 위해 헌신했다. 1931년에는 한국에서 첫 여성 감리교 목사로 안수를 받았다. W.F.M.S.는 그런 메리 커틀러를 '우리의 가장 소중한 의료 선교사 중 하나'라고 평가했다.

메리 커틀러

메리 커틀러가 보구녀관에서 일하는 동안에는 보구녀관의 환자 사망률이 높은 편이었다. 누가 봐도 죽어가는 환자들을 입원시켰기 때문이다.

> 병원의 한정된 예산 안에서 우리가 돌볼 입원 환자에 대해 일부 사람들이 나와 다른 생각을 했다. 지난 1~2년 동안 내가 만성 환자와 불치병 환자, 잠시 수명을 연장해도 생존 가능성이 전혀 없어서 병실에서 죽게 될 환자들을 받아들였기 때문이다.[29]

보구녀관은 늘 환자가 차고 넘쳤다. 그 환자들을 입원시켜 건강 회복에 좋은 영양식을 제공하면서 적절한 치료를 지속적으로 받게 한다면 수많은 이들이 완치된 몸으로 집에 돌아갈 수 있을 것이었다. 하지만 현실적으로 그 모든 환자들을 수용하기에는 공간과 예산에 제약이 있었다. 이러한 상황에 대해 메리 커틀러는 1899년 다음과 같은 기록을 남겼다.

> 여섯 개뿐인 작은 병실은 항상 입원한 환자로 가득했다. 한 번에 입원시킨 모든 이들을 계속 수용했기 때문이다. 440평방피트(약 12평) 이하의 마루방은 네 면이 조금의 틈도 없이 폭 2.5자(약 75cm), 길이 5.5자(약 166cm) 크기의 간이침대 32개가 들어간다. 또한 길이 22자(약 6.66m), 폭 20자(약 6m)의 방 하나를 겨우 만들 수 있는 상황이라 입원실이 얼마나 붐비는지 모른다. 가장 많은 환자를 입원시켰던 1년 전에는 30~35명의 여자와 어린 이들이 마루에서 꼭 붙어 누워 있었는데, 이들 중 20명의 소녀가 홍역을 앓고 있었다.[30]

상황이 이렇다 보니 메리 커틀러는 어떤 환자를 우선적으로 입원시키고 돌볼 것인가를 결정해야 했다. 보구녀관에서 함께 일하는 사람들은 생존 가능성이 높은 환자가 우선일 거라고 생각했지만, 메리 커틀러는 아니었다. 그녀는 영혼을 구원하는 것이 신체를 치료하는 일보다 더욱 중요하다고 여겼다. 죽음에 가까운 사람이 마음의 평온함에 더 먼저 이르러야 한다고 판단했기 때문이다. 또한 메리 커틀러는 죽어가는 사람을 집에서 내쫓는 불신자들의 관습과 달리 기독교는 죽어가는 사람과 죽은 사람을 정성껏 돌본다는 것을 직접 보여주고자 했다.[31]

사실 메리 커틀러도 죽어가는 이들을 집으로 돌려보내려는 시도를 한 적이 있었다. 생존 가능성이 높은 환자와 그렇지 않은 환자 사이에서 그녀 역시 고민하지 않을 수는 없었을 것이다. 하지만 다음과 같은 메리 커틀러의 1900년 기록을 보면 그녀가 세운 입원 환자의 기준에 대해 이해할 수밖에 없게 된다.

> 2~3년 전에 내가 말했던 것에 여전히 우리의 관심이 필요하다. 상당수의 병원 환자들이 우리 병실에서 죽는다는 것에 대해 말이다. 환자들은 치료를 받기 위해 간절히 입원을 요청하지만 우리는 안타깝게도 치료가 불가능하다고 대답한다. 그저 고통을 덜어줄 수 있는 약을 건네며 집으로 가서 마지막을 맞이하라고 말한다. 그러나 그들 중 많은 이들은 돌아갈 집이 없다. 빌려 살던 곳에서도 집주인이 내쫓았고, 그들이 섬기던 주인도 자신의 집에서 누군가 죽는 것을 원치 않았기 때문이다. 나는 병원의 사망률이 높아지더라도 차마 죽어가는 환자들을 거리로 내보낼 수 없었다.[32]

모두가 거부하는 이들에게 메리 커틀러는 기꺼이 손을 내밀었다. 아예 처음부터 죽으러 왔다고 말하는 이들에게도 진심을 다해 문을 열어주었다. 보구녀관에서 불치병 환자가 눈을 감으면 그들의 친척이 찾아와 이곳에서 죽을 수 있게 해주어 감사하다는 뜻을 전했다.[33]

이러한 진료들은 대부분 무료로 이루어졌다. 보구녀관은 초대 병원장인 메타 하워드 때부터 가난한 여성과 어린이 환자들을 돌보면서 구호기관으로서

보구녀관 내부 수리를 위한 여름휴가를 앞두고 모인 보구녀관 직원 및 환자들(1911). 중앙에 부채를 들고 있는 사람이 메리 커틀러이고, 맨 앞줄에 휠체어를 탄 환자(옥분이)가 눈에 띈다. 옥분이의 휠체어는 미국의 어느 부인이 보낸 선물이었다.

의 성격을 뚜렷이 해왔다. 이에 대해 『제국신문』은 1904년 "정동 보구녀관이 여러 해에 여의원 커틀러 씨의 성심구호로 부인 소아 병인 치료를 많이 하였다."고 높이 평가했다.[34]

목숨을 아끼지 않고 헌신한 왕진 활동

보구녀관의 여의사들은 직접 병원을 찾지 못하는 환자들을 위해 왕진도 마다하지 않았다. 병원에 닿지 않는 소외된 이들까지도 놓치고 싶지 않았기 때문이다. 집안의 아녀자를 외출시키기 싫어했던 양반집의 경우를 제외하고는 가마를 부를 돈도 없고, 이동이 불가능할 정도로 심각한 환자들이 의사를 불렀다. 좁고 높은 가난한 동네를 찾을 때면 직접 걸어가느라 많은 시간을 허비해야 했고, 환자의 집에 도착했을 때 이미 늦은 경우도 많아 손을 써보지도 못할 때가 있었지만 그럼에도 왕진을 포기하지 않았다.

로제타 셔우드의 1890년 10월 27일 일기를 보면 난산을 도와달라는 왕진 요청을 받고 간 곳에서 탯줄도 제거하지 않은 신생아와 마주한 이야기가 나온다. 아기는 울지도 못할 정도로 맥박이 약하게 뛰었는데, 너무 늦게 의사를 부른 탓에 로제타가 해줄 수 있는 치료는 아무것도 없었다. 로제타는 큰 눈을 멍하니 뜬 채 자신을 바라보는 산모가 너무 애처로워 아무 말도 못했다.[35]

메리 커틀러는 서울에서 35리(약 14km) 떨어진 곳까지 왕진을 가는 일이 허다했다. 어느 날은 일주일 동안 진통 때문에 괴로워하는 산모를 위해 32km 이상 되는 거리를 달려가 외국인에게 치료받느니 죽겠다고 우기는 환자를 끝까지 설득해 살려내기도 했다.

열과 성을 다해 왕진을 다니던 메리 커틀러는 자신의 1898년 하반기 왕진 횟수가 이전에 비해 줄었다고 기록했는데, 그 이유는 1897년 11월 10일에 파송된 새로운 여의사 릴리안 해리스(Lillian A. Harris, 1865~1902) 덕분이었다. 릴리안 해리스는 메리 커틀러가 지방에 있는 환자들을 치료하기 위해 자리를 비운 9주 동안 보구녀관을 맡으며 먼 곳으로의 왕진까지 마다하지 않고 환자들을 돌보았다.[36]

릴리안 해리스

릴리안 해리스는 미국 오하이오주 델라웨어 출신으로 기독교 가정에서 자라며 의사와 봉사자로 살기로 결심했다. 1890년 오하이오 웨슬리언대학교 졸업 후 1892년에서 1894년까지 오하이오 신시내티여자의학교에서 공부했으며 신시내티 디커니스 홈에서 실습했다. 이어 필라델피아여자의학교에 입학해 1897년 의학 학위를 받고 졸업했다.[37]

W.F.M.S. 신시내티 지부의 지원으로 1897년 11월 10일 조선에 온 릴리안 해리스는 보구녀관 5대 병원장으로 일하다가 1901년 4월까지 더 많은 여성 환자들을 만나기 위해 보구녀관 외에 추가로 마련한 동대문 지역의 볼드윈 진료소Baldwin Dispensary에서 헌신했다.

또한 그녀는 가난하고 힘든 환자들을 위한 왕진 활동을 계속 이어갔다. 양반집으로 가는 왕진은 거절해도 가난한 시골집으로의 왕진은 기꺼이 갔다. 온갖 오물이 뒤섞인 집에 들어서도 눈살을 찌푸리기는커녕 진심 어린 환자 가족의 환영에 기뻐했다.

> 우리가 왕진을 가면 환자의 가족들은 우리를 편안하게 해주기 위해 항상 환대하는 태도를 보이는데, 나는 그저 감사할 따름이다.[38]

릴리안 해리스를 힘들게 했던 것은 먼 곳으로의 왕진 요청이 아니라 치료 시기를 놓친 왕진 요청이었다. 조선인들은 민간요법 등 최대한 할 수 있는 것들을 다 해본 후에야 최후의 수단으로 외국인 여의사를 불렀다. 그 과정에서 병세가 더 나빠지는 일이 비일비재했다.

사실 왕진은 비효율적이고 위험한 진료였다. 이동에 쓰는 시간이 너무 많은 데다 환자가 걸린 치명적인 질병에 옮을 수도 있었기 때문이다. 하지만 릴리안 해리스는 지푸라기라도 잡는 심정으로 왕진을 요청하는 가난한 이들을 외면할 수 없었다. 너무 가난해서 가마를 보낼 수도 없어 친구를 통해 왕진을 부탁하는 이들의 손을 잡아주었다.

> 우리는 환자에게 가는 내내 좋은 일이 일어나기를 기도한다. 이것이 우리가 이곳에 온 목적임을 기억한다. 우리는 아픈 사람의 집에 가서 그들을 만나고 그들과 시간을 보내려고 이곳에 온 것이다. '차가운 물 한 컵'이 전부일지라도 어떻게 거절할 수 있겠는가? 우리에게는 불필요한 방문처럼 보일지라도 하나님께는 그분의 소중한 한 영혼에게 닿는 일이다.[39]

늘 소외된 환자를 우선순위로 두고 왕진을 다녔던 릴리안 해리스는 왕진을 갔던 곳에서 한 환자로부터 티푸스에 옮아 1902년 5월 16일에 눈을 감고 말았다. 1901년 4월 동대문 볼드윈 진료소의 업무를 마치고 1901년 5월부터 평양에 있는 여성병원인 광혜여원에서 잠시 일하던 때였다. 그녀를 죽음으로 몰고 간 왕진의 현장은 다음과 같은 기록으로 남아 있다.

> 2주 전 한 노파가 병원으로 찾아와 릴리안 해리스에게 병을 앓고 있는 자신의 딸을 보러 함께 가달라고 부탁했다. 릴리안 해리스는 즉시 갔고, 처참할 정도로 비위생적인 초가집에서 멍석 위에 누워 있는 환자를 보았다. 릴리안

해리스는 고열에 시달리던 환자를 긴 시간 치료를 하며 결국 살려냈다. 하지만 정작 자기 자신은 살리지 못했다. 그녀는 치료 과정에서 치명적인 병균을 들이마시며 환자와 같은 열병을 앓게 되었다. 심한 독감에 걸린 것이라 생각해 스스로 병동에 들어가 약을 먹고 병세가 나아지길 기다렸다. (중략) 하지만 그녀가 걸린 티푸스는 전염성이 강했고 치명적이었다. 릴리안 해리스는 5월 16일 금요일 밤 10시에 마지막 숨을 멈추었다.[40]

미신을 뛰어넘어 전해진 진심

메리 커틀러의 안식년 공백을 앞두고 보구녀관에 새로운 여의사 엠마 언스버거(Emma F. Ernsberger, 1862~1934)가 파송되었다. 그녀는 1862년 미국 오하이오주에서 태어나 1897년 오하이오주 신시내티에 있는 로라메모리얼여자의학교를 졸업했다. 1년간 시카고에서 일한 후 W.F.M.S.의 임명을 받아 1899년 9월 14일 보구녀관에 왔다. 엠마 언스버거는 1901년 5월까지 보구녀관 6대 병원장으로 근무하다 릴리안 해리스가 평양으로 전임된 후 동대문 볼드윈 진료소를 전담했다.[41]

메리 커틀러는 엠마 언스버거가 보구녀관에 온 지 얼마 안 되었을 때 그녀가 일을 알아서 척척 잘하는 뛰어난 여의사라고 평가했다. 그녀의 역할이 얼마나 큰 도움이 되는지를 비교적 상세한 기록으로 남겼다.

엠마 언스버거

우리는 새 의사 엠마 언스버거 의사를 맞이했다. 그녀가 최소 6개월간 나를 도우며 매일 한국어 공부에 매진할 수 있도록 시간을 조정했고, 나는 한 달간의 휴가를 보냈다. 내가 자리를 비운 동안 엠마 언스버거가 보구녀관의 책임자로 있었다. 시간이 지날수록 그녀는 다방면으로 더 많은 책임을 지게 되었는데, 내가 곧 미국으로 안식년 휴가를 가기 때문이었다. (중략) 언스버거가 매일 2~4시간 동안 나를 도와 밀린 일을 해주는 덕분에 나는 환자 및 직원들과 함께 기도의 시간을 보낼 수 있었다. 나는 그 어느 때보다 병원 환

자를 더욱 잘 돌보고 있다.[42]

엠마 언스버거는 자신이 할 수 있는 수술과 치료에 최선을 다했다. 그녀는 굉장히 다양한 케이스의 환자들을 만났고, 매번 최선의 결과를 내기 위해 노력했다. 엠마 언스버거의 1901년 보고서에는 이러한 진료의 기록이 다음과 같이 남아 있다.

> 보구녀관을 찾는 환자들의 질병 양상은 아주 다양하다. 이곳에서는 각 진료 과목마다 대표적인 증상을 찾을 수 있을 정도인데, 급성 질환은 아주 적은 편이다. 환자들은 보통 조선인 의사와 무당이 일러준 여러 방법을 시도해보다가 차도가 없을 때 보구녀관으로 온다. 나는 잘못된 치료로 입게 된 화상과 상처를 보는 것이 가슴 아프다. 얼마 전 환자 한 명의 몸을 살피는데 침을 잘못 맞아 생긴 상처가 무려 27곳이나 되었다. 관절은 보통 이런 식으로 많이 망가졌다.
>
> 우리는 귓병 환자도 자주 만난다. 7년 동안 계속된 만성 화농 환자 한 명을 낫게 해준 적도 있는데, 사실 이런 환자들을 완치시키는 건 어려운 일이다. (중략) 우리는 시력이 안 좋은 환자 몇 명에게 안경을 맞추어주기도 했지만, 앞으로는 돈을 미리 받음으로써 해당 치료에 할애하는 시간을 제한하려 한다. 그렇지 않으면 다른 일을 할 수 없을 정도로 너무 바빠지기 때문이다. 또한 온몸에 종기가 생겨 오랫동안 고생한 환자들도 자주 찾아온다. 이런 질병은 쉽게 치료할 수 있다. 그렇게 나은 환자는 자신처럼 종기로 고생하는 또 다른 환자를 데려온다. 피부병은 진단은 어렵지만 치료는 쉬운 편이다. 우리는 간단한 축에 속하는 수술을 자주 하는데 결과가 좋다. 치료가 시급한 여성 질환의 경우도 치료 결과가 최고로 좋다.[43]

언스버거는 치료를 받아 고통에서 벗어난 이들을 보며 진심으로 보람을 느꼈다. 하지만 치료 시기를 놓쳐 손을 쓸 수 없는 경우에는 크게 좌절할 수밖에 없었고, 미신 때문에 질병보다 더 큰 고통을 겪는 환자를 볼 때 특히 그랬다.

검은색 옷을 입고 보구녀관 앞에 서 있는 엠마 언스버거(1905).
언스버거 위쪽에 흰색 모자를 쓴 마가렛 에드먼즈 간호원장[44]과 에드먼즈 양옆으로 보구녀관 간호원양성학교 제1회 입학생인 김마르다(오른쪽)와 이그레이스(왼쪽)가 서 있다.

언스버거는 왕진을 간 집에서 마른 피마자 줄기를 집안 곳곳에 두며 병이 낫기를 빌면서 치료도 못 받고 숨을 거둔 환자를 보았다. 외국인 여의사를 믿지 못하는 사람으로부터 "병원에 데리고 온 아이들을 죽이고 피를 뽑아서 약을 만드는 게 사실인가요?"라는 말을 듣기도 했고, 서양인 의사가 두 귀를 절단하거나 머리 안을 철저히 검사하는 걸 알지만 용기를 내서 왔다는 환자를 만나기도 했다.[45]

이러한 상황에서 언스버거가 선택한 해결책은 더 열심히 자신의 일을 하는 것이었다. 동대문에 위치한 볼드윈 진료소에서 일을 하게 된 후에도 그녀는 자신의 의료 선교 역할에 최선을 다했다.

> 나는 올해 비용종鼻茸腫과 약 1.8kg 무게의 종양을 제거했으며, 환자의 머리를 꿰매기도 했고, 한쪽 귀를 고정시키는 치료도 했다. 어깨와 손가락 관절 사이에 깊이 박힌 침을 뽑기도 했다. 또한 산부인과에서 알려진 수술들 중에서 몇 가지를 빼고는 거의 모든 수술을 했다. 산부인과의 특별 분야에서 다루고 있는 거의 모든 케이스의 환자를 치료했다.[46]

엠마 언스버거는 자신이 할 수 있는 일들을 묵묵히 했고, 그에 대한 결실로 조선의 미신을 이겼다고 생각한 적이 있었다. 그녀는 어느 상류층 여성 환자의 생명을 구하는 치료를 한 후 환자에게 치료비 10달러를 청구했다. 그런데 그 환자의 부친은 진심으로 감사하다면서 64달러를 지불했다. 과거 언스버거가 생명을 구해준 어느 환자는 언스버거에게 4달러에 해당하는 선물을 주고 무당에게 60달러를 주었는데, 언스버거는 64달러를 받은 날이 자신의 치료 행위가 무당의 봉사만큼 조선인들에게 높은 인정을 받은 순간이었다고 기억했다.[47]

2. 조선 여성의 새 미래를 위해 의학 교육을 시작하다

여성 자활을 위한 메타 하워드의 봉순 어머니 교육

W.F.M.S.의 기본 모토는 여성들의 '자활自活'이었다. 1880년대에는 여성들이 자신의 힘으로 살아가는 게 무척 힘든 시대였기에 여성들의 자활을 위해 세계 곳곳으로 날아가 도움의 손길을 내밀었다. 스크랜튼 대부인이 조선에 들어와 이화학당을 세우고, 여의사의 필요성을 피력하며 보구녀관을 만든 것도 W.F.M.S.의 자활과 맥락을 같이하는 활동이었다.

보구녀관의 초대 병원장인 메타 하워드도 마찬가지였다. 그녀 역시 의사로서의 의료 활동은 물론이고, 의료 보조 인력에 대한 의료 교육을 병행했다. 당시 메타 하워드에게 기본적인 교육을 받고 의료 보조 활동을 했던 사람은 봉순 어머니였다. 그녀의 딸인 봉순이는 이화학당 학생이었고, 봉순 어머니는 보구녀관에서 일을 도와 생계를 꾸렸다. 1891년 1월 25일, 봉순 어머니는 '사라Sara'라는 이름으로 세례를 받으면서 처음으로 자신의 이름을 갖게 되었다.[48] 사라는 근대 교육 기관에 고용되어 급여를 받은 초창기의 직장 여성으로 평가되는데, 이것이 바로 W.F.M.S.가 추구했던 여성 자활이었다. 봉순 어머니는 메타 하워드가 떠난 후에도 보구녀관에서 계속 일했다.

보구녀관은 질병을 치료하는 의료기관을 넘어 미래 비전을 함께 키워나

가는 생활공동체의 개념을 지닌 곳이었다. 의료진, 병원 직원, 의료 강습반, 환자 사이에 생긴 강한 유대감은 우연이 아니었다. W.F.M.S.의 선교사들은 환자들을 치료 대상으로만 바라보지 않았다. 그들이 앓고 있는 질병이 생기게 된 근본적인 원인을 살피는 것은 물론 환자들이 자생력을 키워 주체적인 삶을 살 수 있도록 자연스럽게 도왔다.[49]

이것은 인간에 대한 깊은 이해와 고통에 대한 공감이 없으면 불가능한 일이다. 종교를 바탕으로 사람의 가치를 깨닫고, 여성들을 위한 사회적 안전망을 구축하고자 했던 것은 디커니스 운동Deaconess Movement의 영향이 컸다. 디커니스 운동이란 19세기 중반 미국에서 시작된 여성들의 사회 선교 운동으로 여성들의 사회 진출과 경제적 자립을 돕는 풀뿌리공동체 운동이었다.[50] 보구녀관에도 이러한 디커니스 운동의 정신이 깃들었던 것이다.

보구녀관을 찾는 환자들 중에는 봉순 어머니처럼 교육을 받고 일자리를 얻어 자립할 수 있는 일이 종종 있었다. 스크랜튼 대부인은 하나님의 말씀을 전하는 조선인 전도부인이 W.F.M.S.로부터 급여를 받도록 했다. 의사 선교사도 의료 보조 인력에게 W.F.M.S.의 후원금으로 월급을 지급했다. 이런 움직임은 로제타 셔우드가 보구녀관 병원장이 되면서 더욱 활발히 이루어졌다.

조선 의학 교육의 선구자 로제타 셔우드와 마이 걸스

환자들은 수많은 상처를 가지고 있다. 몸에 생긴 문제를 해결하기 위해 빨갛게 달군 인두로 지진 상처들이다. (중략) 이런 고통을 겪고 있는 자매들을 위해 의료 선교사가 얼마나 많이 필요한지! 구원받기 위해 우리를 찾아오는 이들을 위해 일하는 것은 얼마나 영광스러운가! 에스더, 메리, 수잔과 같은 젊은 여성들을 가르치는 일도 마찬가지다. 그녀들은 이 세대를 더 나은 방식으로 이끌기 위해 많은 일을 할 것이고, 더 큰 영향력을 미칠 것이다.[51]

로제타는 조선에서 의사로 활동하며 무지에서 비롯된 행동 때문에 환자의 상처가 악화되는 것을 자주 보았다. 특히 소독하지 않은 큰 침 때문에 염증이 심해지거나 상처 부위에 막무가내로 인두질을 해서 심한 화상을 입은 환자들을 자주 접했다. 그때마다 로제타는 의학 교육의 필요성을 떠올렸다.

지금까지는 영어를 잘하는 김점동과 점동의 일본인 친구인 오가와에게 아주 기본적인 의료 기술을 가르쳤지만 그것만으론 부족했다. 조선에 진정으로 도움이 되는 것은 자신과 같은 외국인 여의사 몇 명이 아니라 평생 조선에서 활동할 조선인 여의사를 길러내는 것이었다.

이를 위해 로제타가 내디딘 첫걸음은 자신이 '마이 걸스my girls'라고 부르며 아끼던 소녀들을 가르치는 일이었다. 로제타의 일기에 등장하는 마이 걸스는 김점동(박에스더), 여순이(여메례), 노수잔 등이었다. 그녀들의 시작은 아주 작고 보잘것없었지만 그녀들이 내딛은 한 걸음 한 걸음은 한국 근현대사에 커다란 족적을 남겼다.

노수잔은 결혼 직후 남편을 잃은 어린 과부였다. 과부에게 주어진 삶은 평생 수절하며 혼자 사는 것뿐이었다. 그녀는 이화학당에서 공부하며 세례를 받아 노수잔이 되었다. 이후 노수잔은 로제타를 만나 의학 교육을 받게 되었는데, 로제타는 그녀가 수술실에서 큰 종기에 드레싱하는 것을 지켜보며 외과 의사처럼 해냈다고 평가했다.[52]

여메례는 여순이라는 본명이 있었지만 세례명 메리Mary를 한자로 표현한 메례로 불렸다. 부모와 함께 살면 단명한다는 점쟁이의 말에 따라 여메례는 스크랜튼 대부인의 양녀가 되어 이화학당에서 교육받을 수 있었다. 1891년 2월 3일에는 스크랜튼 의사의 비서였던 황현모와 결혼을 하며 남편의 성姓을 따라 황메리가 되었다. 안타깝게도 결혼한 지 3개월 만에 미국 유학 중이던 남편이 죽어 어린 과부가 되었지만[53] 보구녀관의 통역사이자 간호원, 전도부인으로서 주체적인 삶을 살 수 있었다.

이화학당 학생이었던 김점동은 1891년 1월 25일 프랭클린 올링거(Franklin Ohlinger, 1845~1919) 목사로부터 세례를 받아 김에스더가 되었고, 로제타의 마이 걸스 중 유일하게 로제타의 뒤를 이어 의사가 된 인물이다. 피를 봐

로제타의 마이 걸스(1894).
왼쪽부터 여순이(여메례), 노수잔, 김점동(박에스더)이다.

야 하는 수술실에서의 의료 보조 업무를 좋아하지는 않았지만, 로제타에게 언청이 수술을 받은 여성들의 삶이 달라지는 것을 보고는 의사가 되기로 결심했다.

로제타는 에스더, 여메레, 노수잔에 더해 봉순, 애니, 오가와까지 마이 걸스라고 불렀다. 그리고 1891년 이화학당의 새 학기가 시작되기 전 겨울 방학부터 이 소녀들에게 생리학과 약리학을 가르치는 본격적인 의학 교육을 시작했다. 로제타의 '의료보조훈련반Medical Assistant Training Class'이 본격적으로 시작된 것이었다. 로제타의 1891년 9월 9일 일기에는 중국으로 휴가를 간 동안에도 이 소녀들을 위한 의학 수업 준비를 했다는 내용을 확인할 수 있다.

> 이제 가지고 온 편지들의 답장을 모두 끝냈고 그 외에도 몇 장을 더 썼으며, 내 소녀들을 위한 '약물학'과 '치료학' 수업 준비도 상당량을 완성했다.[54]

로제타의 수업은 시간이 지날수록 점차 체계적인 교육 과정을 갖춰갔다. 생리학과 약리학을 시작으로 약물학과 치료학 등 다양한 과목을 가르쳤고, 진료소에서 약을 제조하고 환자들을 돌보는 방법에 관한 실질적인 수업도 했다.[55] 로제타는 이 소녀들의 생일이 되면 생일 선물로 생리학 교과서를 주었다.

> 오늘(1892년 4월 12일)은 에스더의 열여섯 번째 생일이다. 생일축하 편지와 함께 선물로 교과서 한 권을 주었다. 나에게 생리학 수업을 받고 있는 소녀들에게 한 권씩 주고 있다.[56]

로제타의 의료보조훈련반에서 가장 뛰어난 학생은 에스더였다. 로제타는 에스더의 빠른 이해력과 습득력에 놀라곤 했다. 에스더는 뭐든지 빨리 배웠고, 환자들이 오면 로제타가 알아야 할 필수적인 사항들을 전부 미리 파악해둘 정도로 훌륭했다. 흔한 병에 대해 로제타가 어떤 약을 처방하는지도 다 알 정도였다. 어느 날은 그림책에 나온 두 송이의 장미꽃 중 연한 색의 장미를 보더니 "연한 장미는 철분을 좀 섭취해야겠네요."라는 말을 하며 로제타를 다시 한번 놀라게 했다.[57]

로제타는 에스더가 훌륭한 의사가 될 수 있다고 생각했다. 부디 보통의 조선 소녀들처럼 어린 나이에 결혼하지 않고 자신의 능력을 펼치길 바랐다. 그렇게만 된다면 에스더가 조선 여성들을 위해 큰 역할을 할 수 있으리라 판단했기 때문이다. 로제타는 그 마음을 1891년 3월 29일의 일기에 다음과 같이 적어두었다.

> 나는 에스더가 할 수만 있다면 내가 알고 있는 모든 것을 가르치고 싶다. 그리고 이 아이를 미국으로 보내 공부를 시킬 수 있으면 좋겠다. 조선의 환경으로는 에스더가 의사가 되어 병원을 운영할 수는 없겠지만, 보구녀관에서 일한다면 스스로의 발전은 물론이고 다른 아이들을 교육하는 데에도 큰 도움이 될 것 같다.[58]

조선 최초의 여의사이자 보구녀관 병원장이 된 박에스더

김점동(1877~1910)은 열 살의 어린 나이에 아버지 김홍택의 손을 잡고 이화학당의 문을 두드렸다. 새로운 곳에서의 생활이 긴장됐지만, 스크랜튼 대부인의 살뜰한 보살핌을 받으며 빠르게 적응했다. 그야말로 낭중지추囊中之錐였다. 김점동은 이화학당에서 한글, 한문, 영어, 지리, 산수, 과학, 오르간 등을 배웠고 다방면에서 금세 두각을 드러냈다. 스크랜튼 대부인은 이 훌륭한 소녀를 W.F.M.S.에 장학생으로 추천해 매년 40달러의 장학금을 받게 해주었다.[59]

세례를 받아 김에스더가 된 후 1893년 5월 24일 로제타 홀의 남편 윌리엄 홀(William James Hall, 1860~1894)을 돕던 20대 청년 박여선(1868~1900)과 결혼을 한 뒤에는 다른 선교사들처럼 남편의 성姓을 따라 박에스더가 되었다.

1894년은 로제타 홀에게도, 박에스더에게도 잔인한 해였다. 9월에 출산한 에스더는 1.8kg에 불과했던 아들을 겨우 36시간 만에 잃고 말았다. 로제타 홀의 남편 윌리엄 홀도 전염병에 걸려 11월 24일 로제타의 곁에서 사망했다. 로제타 홀은 미국에서 안식년을 갖기로 결정했고, 이때 에스더 부부도 로제타 홀

1 어린 시절의 김점동(1890)

2 박에스더와 박여선 부부(1893)

과 함께했다. 로제타 홀의 언청이 수술을 도울 때 의사가 되기로 결심했던 대로 박에스더는 미국에서 의사 공부를 시작했다.

1895년 1월 미국에 도착한 박에스더는 로제타 홀의 고향인 리버티의 공립학교에 편입해 미국의 고교 과정을 공부했다. 뉴욕 어린이병원New York Nursery and Child's Hospital에서 일하며 학비도 벌었고, 웰버그 부인Mrs. Wellberg에게 라틴어와 물리, 수학 과외를 받으며 의학교 입학을 준비했다. 남편 박여선은 리버티에 있는 로제타 친정집의 농장 일을 도우며 아내의 학비를 보탰다.

1896년 10월 박에스더는 볼티모어여자의학교에 입학했다. 박여선은 이날을 '내가 세상에서 태어나 세 번째로 기쁜 날'이라고 말했다. 첫 번째는 하나님을 알게 된 날, 두 번째는 에스더와 결혼한 날, 세 번째는 아내가 의학교에 입학한 날이었다.[60]

그때까지 조선 여성이 미국에서 의학 공부를 한 것은 전례 없는 일이었다. 박에스더는 자신이 열심히 공부해야 조선의 여성들을 도울 수 있다고 생각하며 매 순간 최선을 다했다. 1897년 5월 로제타 홀이 조선으로 돌아갈 때 함께 갈 것인지를 물었을 때도 다시 오지 않을 기회를 잃을 수 없다는 마음으로 미국에 남았다.

이때 박여선은 아내가 있는 볼티모어로 가서 식당 일을 하며 아내를 위한 생활비를 벌었다. 항상 아내를 물심양면으로 돕고자 노력했던 그는 너무 무리를 한 나머지 그만 폐결핵에 걸리고 말았다. 당시만 해도 폐결핵은 치료약이 없는 난치병이었다.

박에스더는 W.F.M.S.로부터 학비 지원은 받았지만 남편의 치료비와 생활비를 벌어야 했다. 낮에는 일을 하며 공부를 했고, 밤에는 정성껏 남편을 간호했다. 하지만 박에스더의 여러 노력에도 불구하고 박여선은 1900년 4월 28일 눈을 감았다.

남편을 잃은 슬픔 속에서도 박에스더는 우수한 성적으로 학교를 졸업했다. 미국에서 의사로 살 수 있는 기회도 있었지만, 박에스더는 조선 여성들을 위해 봉사하겠다는 마음을 바꾸지 않았다. 조선 최초의 여의사가 된 박에스더는 1900년 10월 W.F.M.S.의 의사 선교사가 되어 조선으로 돌아왔다. 1887년부터

1 박에스더 부부와 로제타 홀 가족(1895).
로제타 홀의 두 아이는 셔우드 홀(왼쪽)과 이디스 마가렛 홀(로제타의 무릎 위)이다. 윌리엄 홀이 죽던 당시 로제타 홀은 이디스를 임신 중이었다.

2 미국 유학 시절의 박에스더

3 볼티모어 서부 로렌 파크 공동묘지에 있는 박여선의 묘비.
영문으로 'Yousan Chairu Pak'이라는 이름과 함께 '내가 나그네가 됐을 때 나를 맞아들였고 I was a stranger, and ye took me in(마태복음 25:35)'의 성경 구절이 새겨져 있다.

1928년까지 W.F.M.S.가 조선이 파견한 여성 의사 선교사는 총 열 명이었는데 그 중 한 명이 바로 박에스더였다.

금의환향이었다. 조선 초초의 여의사는 나라의 경사가 아닐 수 없었다. 당시 박에스더의 귀국과 활동에 대해 『신학월보』는 다음과 같이 소개했다.

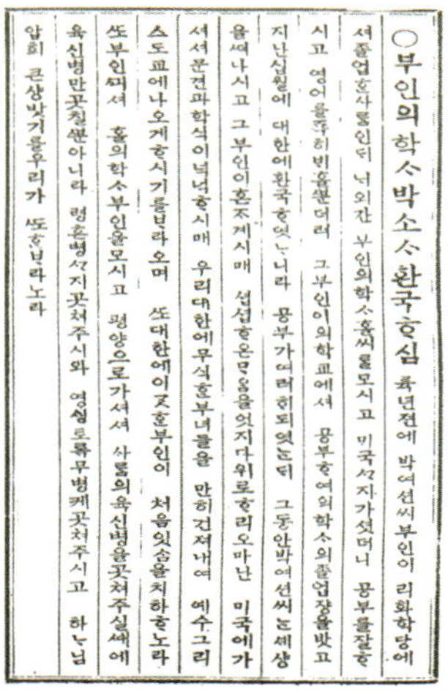
○부인의학ᄉᆞ박소ᄉᆞ환국ᄒᆞ심 륙년젼에 박여선씨부인이 리화학당에
셔졸업ᄒᆞᆫ사ᄅᆞᆷ인ᄃᆡ 닉외간 부인의학ᄉᆞ홀씨를모시고 미국ᄭᆞ지가셧더니 공부를잘ᄒᆞ
시고 영어를죡히ᄇᆡ홀ᄲᅮᆫ더러 그부인이의학교에서 공부ᄒᆞ여의학ᄉᆞ의졸업쟝을밧고
지난십월에 대한에환국ᄒᆞ엿ᄂᆞ니라 공부가여러ᄒᆡ되엿ᄂᆞᆫᄃᆡ 그동안박여선씨ᄂᆞᆫ세상
을ᄯᅥ나시고 그부인이혼자계시매 셥셥ᄒᆞ온ᄆᆞᄋᆞᆷ을엇지다위로ᄒᆞ리오마ᄂᆞᆫ 미국에가
셔셔문견과학식이넉넉ᄒᆞ시매 우리대한에무식ᄒᆞᆫ부녀들을 만히건져내여 예수그리
스도교에나오게ᄒᆞ시기를ᄇᆞ라오며 ᄯᅩ대한에이ᄀᆞᆺᄒᆞᆫ부인이 처음잇슴을치하ᄒᆞ노라
ᄯᅩ부인ᄭᅴ셔 홀의학ᄉᆞ부인을모시고 평양으로가셔셔 사ᄅᆞᆷ의육신병을곳쳐주실ᄯᅢ에
육신병만곳칠ᄲᅮᆫ아니라 령혼병ᄭᆞ지곳쳐주시와 영ᄉᆡᆼ토록무병케곳쳐주시고 하ᄂᆞ님
압헤 큰상밧기를우리가 ᄯᅩᄒᆞᆫᄇᆞ라노라

박에스더의 귀국을 알리는 『신학월보』 기사(1900)

> 부인의학사 박소사 환국하심
>
> 육 년 전에 박여선 씨 부인이 이화학당에서 졸업한 사람인데 내외 간 부인 의학사 홀 씨를 모시고 미국까지 가셨더니 공부를 잘하시고 영어를 족히 배울뿐더러 그 부인이 으 학교에서 공부하여 의학사의 졸업장을 받고 지난 시월에 대한에 환국했나니라. 공부가 여러 해 됐는데 그동안 박여선 씨는 세상을 떠나시고 그 부인이 혼자 계시매 섭섭하온 마음을 어찌 다 위로하리오마는 미국에 가셔서 문견과 학식이 넉넉하시며 우리 대한에 무식한 부녀자들을 많이 건져내어 예수 그리스도교에 나오게 하시기를 바라오며 또 대한에 이 같은 부인이 처음 있음을 치하하노라. 또 부인께서 홀 의학사 부인을 모시고 평양으로 가셔서 사람의 육신병을 고쳐주실 때에 육신병만 고칠 뿐 아니라 영혼병까지 고쳐주시와 영생토록 무병케 고쳐주시고 하나님 앞에 큰 상 받기를 우리가 또한 바라노라. (『신학월보』 1-1, 1900년 12월)

1900년 10월 조선에 돌아온 에스더는 곧장 평양으로 가서 로제타 홀이 운영하는 여성병원인 광혜여원에서 의사로 일했다. 당시 광혜여원에는 이화학당에서 의료보조훈련반 수업을 함께 들었던 노수잔이 있었다. 박에스더는 노수잔의 도움을 받으며 한동안 광혜여원을 담당했다.

W.F.M.S.는 1901년 6월부터 1903년 3월까지 박에스더를 보구녀관의 책임자로 임명했다. 보구녀관에서 로제타 홀을 보조하던 김점동이 보구녀관의 7대 병원장이 된 것이었다. 박에스더는 이 시기에 연평균 3,200명의 환자를 진료했고, 병원이 없는 곳으로의 왕진은 120여 건을 다녔다.

박에스더는 건강과 위생에 대한 무지 때문에 건강을 잃는 여성들을 자주 만났다. 발목을 삐어 염증을 일으킨 5세 여자아이는 침을 잘못 맞아 관절을 잃어버렸고, 다른 관절 염증 환자는 하수구의 흙과 달걀 반죽을 섞어 상처에 붙이곤 했다. 박에스더는 이것들을 제거하고 세척하느라 치료하기 전부터 긴 시간을 써야 했다. 급성 편도선염에 좋다고 소문난 뜨거운 돼지고기나 개고기 국물을 마시는 민간요법도 그녀를 난감하게 하기는 마찬가지였다. 결핵 말기의 여성 환자 집으로 왕진을 갔을 때는 환자의 입안에서 생쌀을 발견했는데, 환자의 가족들은 그 쌀을 조심스럽게 모아두며 이것이 말라리아 치료약이라고 말했다.[61]

콜레라가 창궐하던 시기에는 집집마다 고양이 그림을 붙여두는 경우가 많았다. 많은 사람들이 콜레라를 쥐가 옮기는 병이라고 여겨 쥐를 쫓는 고양이 그림으로 병을 치료하려 했던 것이다.[62]

이처럼 무지와 미신의 장벽에 부딪힐 때마다 박에스더는 더욱더 열과 성을 다해 헌신적으로 봉사했다. 자신의 건강은 조금도 생각하지 않은 채 정동의 보구녀관, 평양의 광혜여원은 물론이고 여의사의 손길이 닿지 않는 지방으로 위생 교육과 선교를 위한 걸음도 멈추지 않았다. 하지만 그녀의 이 같은 행보에 제동이 걸렸다. 결핵성 늑막염에 걸려 진료 활동을 중단해야 할 정도로 건강이 나빠졌기 때문이다.

박에스더는 어째서 건강을 잃을 정도로 무리하며 일을 했던 것일까? 그녀는 미국에서 공부하던 시절 둘째 아이를 출산한 적이 있었다. 안타깝게도 첫째 아이처럼 그 아이도 태어난 지 얼마 되지 않아 죽고 말았는데, 출산 과정에서 남자 의사에게 진료를 받으며 굉장히 힘든 경험을 했다. 박에스더는 그 경험을 로제타 홀에게 편지로 남겼다.

> 이곳에는 여자 의사가 없고 남자 의사 세 명이 함께 돌며 진료를 합니다. 내가 입원한 첫날 남자 의사가 나를 진료했는데, 나는 너무 창피해서 코피를 쏟으며 거의 기절했습니다. 다음 진료에서는 용기를 내서 수술대 위에 누워 남자 의사에게 검사를 받았는데, 그것은 내 인생에서 가장 끔찍한 경험이었습니다! 나는 다시는 남자 의사에게 치료를 받길 원하지 않습니다![63]

박에스더는 미국에서 남자 의사에게 산부인과 진료를 받으며 조선의 여

1 여자교육회와 여자산업회로부터 메달을 받은 박에스더(1909)

2 언니 신마리아의 집에 머물던 박에스더(1909). 맨 오른쪽에 서 있는 사람이 박에스더, 한 사람 건너 가운데 서 있는 사람이 신마리아이다.

성 환자들이 자신과 똑같은 고통을 겪지 않길 바랐을 것이다. 그래서 어떻게든 한 명의 환자라도 더 돌보기 위해 최선을 다했고, 결국 그 노력들이 그녀의 건강을 앗아갔다는 것을 어렵지 않게 짐작할 수 있다.

진료를 쉬면서 차츰 건강을 회복하던 박에스더는 1907년부터 다시 의료 활동과 전도 사업, 번역 및 성경 교육에 나섰다. 1908년 10월 22일부터는 다시 진료에 나설 수 있을 정도였다. 그러나 얼마 지나지 않아 다시 건강이 나빠졌다.

몸이 힘든 와중에도 박에스더를 웃게 한 아주 특별한 날이 있었다. 그날은 해외에서 공부한 여류 인사 윤정원, 하란사, 박에스더를 위한 '초대 여자외국유학생 환영회'가 개최된 1909년 4월 28일이었다. 경희궁에서 열린 이 행사는 수백 명의 사회 유지와 귀빈들이 참석한 가운데 김윤식의 개회사, 유성준과 지석영, 최병원의 환영 연설, 초대받은 3인 유학생들의 답사, 기념 메달 증정, 여학생들의 합창과 다과 잔치로 이어졌다.

박에스더의 수상 소식에 로제타 홀과 그녀의 아들 셔우드 홀은 자신의 일처럼 기뻐했다. 박에스더의 언니 신마리아와 동생 김배세도 자랑스러워했다. 박에스더 스스로도 기뻤을 테지만, 미국 땅에 홀로 잠들어 있는 남편이 떠오르지 않았을까 싶다.

시간이 지날수록 박에스더의 병세는 점점 악화되었다. 일상생활이 어려워질 정도가 되자 박에스더는 1909년 성경학교에서의 봉사를 마치고 서울 혜화동에 있는 둘째 언니 신마리아의 집에 머물렀다. 많은 사람들이 그녀의 회복을 바랐지만, 박에스더는 1910년 4월 13일 끝내 눈을 감고 말았다.

고작 30년이 조금 넘는 박에스더의 삶은 너무 짧았다. 하지만 그 짧은 삶 속에서도 그녀가 남긴 삶의 의미는 우리에게 시사하는 바가 상당히 크다. 철저한 유교적 신분 시대였던 조선 사회에서 유력 가문의 딸도 아닌 평민 출신의 그녀가 이룬 성취는 인간의 평등, 남녀의 평등을 설파하는 기독교 정신의 살아 있는 증거였다. 또한 앞으로 교육을 받고자 하는 많은 여성들의 모범이 되었다. 그녀가 남긴 최초의 발자취는 한국 여성들에게 꿈과 희망을 주었고, 이후 수많은 한국 여의사 탄생의 기반이 되었다.

3. 조선 최초의 간호원양성학교가 문을 열다

W.F.M.S.가 조선에 최초로 파견한 간호원 엘라 루이스

보구녀관에서 환자를 치료하던 여의사들의 커다란 고충 중 하나는 자신을 도와줄 전문적인 간호원이 없다는 것이었다. 1대 병원장인 메타 하워드는 이 문제를 해결하기 위해 봉순 어더니를 훈련시켜 의료 보조 인력으로 채용했지만, 이런 방식은 근본적인 해결책이 아니었다. 로제타 홀 역시 보구녀관에서 일을 시작한 지 단 하루 만에 전문 간호원의 필요성을 절감했다.

> 나는 뉴욕에서 나를 도왔던 훌륭한 간호원이 그리워졌다. 이곳(보구녀관)에서는 나를 도와줄 뿐만 아니라 조선인 여성들이 그 일을 하도록 훈련시킬 간호원 한 명이 절실히 필요하다.[64]

로제타는 전문 간호원의 필요성을 크게 두 가지 측면에서 바라보았다. 하나는 의사를 도울 전문 의료진으로서의 역할이었고, 다른 하나는 조선 여성들에게 간호원 교육을 할 수 있는 교육자로서의 역할이었다. 로제타는 우선 W.F.M.S.에 뉴욕 디커니스 홈에서 함께 무료 진료소 봉사를 했던 엘라 루이스(Ella A. Lewis, 1863~1927) 간호원을 조선으로 보내달라고 요청했고, 위와 같은 기록을 남겼다.

엘라 루이스는 로제타의 요청에 기꺼이 응답했고, W.F.M.S.가 조선에 파송한 최초의 간호원이 되었다. 그녀는 1892년 1월 조선에 도착한 후 곧바로 로제타와 함께 일하며 많은 환자들을 돌보았다. 1899년까지 보구녀관과 볼드윈 진료소에서 간호 선교사로 헌신했다.

엘라 루이스는 의료 선교만큼이나 교리 전도에도 열심이었다. 간호 선교사에서 물러난 후에는 선교사로서 일주일 내내 교회 부인들을 심방하고 그들을 위한 모임을 가지며 주일 오후에는 종로교회에서 여성반을 지도했다.[65] 하지만 간호원의 도움이 필요할 때는 망설이지 않고 나섰다. 1904년부터 1905년까지 이화학당에서 성홍열로 학생 두 명이 사망하는 등 많은 감염자가 발생했을 때는 보구녀관에서 이들을 간호했다.[66] 1905년부터는 W.F.M.S.를 떠나 독립 선교사가 되어 이화학당 선생님으로서 학생들을 가르치기도 했다.

엘라 루이스

엘라 루이스는 1927년 9월 14일 사망해 양화진 외국인 묘지에 묻혔다. 평생 자신의 모든 것을 한국에 내어준 채 봉사하는 삶을 살았지만, 안타깝게도 그녀에 대한 기록은 많이 남아 있지 않다.

엘라 루이스는 자신이 가진 모든 것을 전부 기부하거나 기증하고 떠났다. 엘라 루이스와 오랜 시간을 함께했던 로제타 홀은 엘라 루이스가 살았던 곳을 '루이스 홀'이라고 이름 짓고, 조선인 여의사를 양성하기 위한 조선여자의학강습소 교사로 사용했다.

보구녀관 간호원양성학교 설립의 주역, 메리 커틀러

1893년 3월 30일 보구녀관에 도착한 뒤 곧바로 진료를 시작한 메리 커틀러는 수년간 쉼 없이 일했다. 1901년 봄이 되어서야 미국으로 안식년을 보내러 갈 수 있었는데, 그때도 그녀는 보구녀관을 생각했다. 그동안 보구녀관에서 일하며 느꼈던 문제점을 어떻게 하면 해결할 수 있을지 구상한 채로 미국에 갔다는 말이 더 맞을 것이다. 메리 커틀러가 찾은 해답은 조선인 간호원과 여성 의사 양성이었다.

조선인 간호원과 여성 의사 양성에 관심을 가졌던 이유는 의료 현장에서 꼭 필요한 실질적인 인력임과 동시에 여성들에게도 고등전문교육의 기회가 주어져야 한다고 생각했기 때문이다. 메리 커틀러는 의사와 간호원의 역할을 동시에 하며 거의 1인 의사 체제로 보구녀관을 운영해왔다.

몇 명의 인력이 충원되기만 하면 자신의 부담은 한결 줄어들겠지만, 메리 커틀러는 보다 장기적인 미래를 내다보았다. 그것은 바로 조선인이 조선인을 치료할 수 있어야 한다는 것이었다.[67] 메리 커틀러의 이러한 생각은 W.F.M.S.가 해외 선교의 주요 가치로 내세운 '여성 자활'과도 맞닿아 있다. 메리 커틀러는 간호원 양성 계획을 먼저 실행했다. 1886년 미시간주 디트로이트의 여성병동woman's ward에서 간호원으로 일했던 그녀는 이 계획에 둘도 없는 적임자였다.

메리 커틀러는 조선에서 간호원양성학교를 설립하기 위해 W.F.M.S.를 설득하는 한편, 조선에 와서 간호 인력을 맡아줄 간호 선교사를 확보하기 위해 여러 노력을 기울였다. 시애틀로 가서 아홉 곳의 교회를 다니며 조선에서의 선교 상황을 설명했고,[68] 조선의 어려운 현실을 알리는 강연을 했다. 또한 오하이오주에서는 "조선이라는 작은 나라에서 간호원 양성을 맡아줄 간호원장을 애타게 기다린다."는 연설을 했다. 그 자리에 있던 마가렛 에드먼즈(Margaret J. Edmunds, 1871~1945)가 감동을 받아 W.F.M.S.에 자원했다.[69] 에드먼즈는 1902년 4월 W.F.M.S.로부터 조선의 간호 교육 선교사로 임명되었다. 드디어 메리 커틀러의 계획이 실행되는 순간이었다.

1902년 9월 메리 커틀러와 마가렛 에드먼즈는 뉴욕항을 출발해 서울로 향했다. 당시 건강 문제로 미국에서 요양 중이던 로제타 홀도 아들 셔우드와 함께 조선행에 합류했다. 그들은 예정보다 훨씬 늦어진 1903년 3월 18일 서울에 도착했다. 마가렛 에드먼즈는 조선으로 오는 길에 영국에 들러 간호 실무 견학을 하고, 메리 커틀러와 로제타 홀에게 간단한 한국어와 조선의 사정에 대해서 배우며 조선에서 곧바로 간호 교육을 시작할 수 있도록 준비했다.

메리 커틀러는 조선에 도착하자마자 간호원양성학교의 개교 작업을 지원했다.[70] 보구녀관에 있는 작은 병실을 보수했고, 학생 간호원들이 함께 지낼 수 있는 방 두 개를 마련했다. 메리 커틀러가 간호원양성학교를 보구녀관에 둔 것은 간호원 훈련을 위한 병원이 필요하기 때문이기도 했고, 보구녀관 담당자로서 간호원양성학교 운영에 함께해야 한다고 생각했기 때문이기도 했다.

실제로 간호원양성학교는 마가렛 에드먼즈가 간호원장으로서 운영 책임을 맡았지만, 보구녀관 총괄이었던 메리 커틀러와 협력하여 운영되었다. 초기 간호원양성학교에서 보구녀관과 메리 커틀러의 역할이 상당했기에 간호원양성학교에 대한 보고서에는 메리 커틀러와 마가렛 에드먼즈의 이름이 함께 표기되었다.[71]

메리 커틀러는 1903년 12월 간호원양성학교가 문을 연 이후 교육 및 행사 등을 지원하는 업무를 맡았다. 간호원양성학교의 담당자들이 휴가를 가거나 선임과 후임 사이에 업무 공백이 생길 때는 대부분의 학교 업무를 메리 커틀러가 총괄했다.[72]

조선 최초의 간호원 양성 교육은 메리 커틀러의 초기 구상과 노력, 지원이 없었다면 어려웠을 것이다. 특히 조선의 첫 여성병원에서 여성들을 대상으로 한 전문적인 정규 간호 교육을 처음으로 실시했다는 것도 메리 커틀러가 남긴 의미 있는 성과이다.[73]

조선 최초의 간호원양성학교 설립자, 보구녀관 간호원장 마가렛 에드먼즈

> 내가 선교사라는 것이 참으로 감사하다. 보구녀관에서 선교사는 아픈 사람들에게 필요한 것들을 마련해 그들을 돌보고, 병원을 보수해가며 운영하고, 조선인들을 위한 교회를 세우며 회계 담당자와 편지 작성자가 되는 것을 뜻한다. 또한 새로 생긴 교회에서 일어나기 쉬운 문제들을 조율하는 고등 판사의 역할도 해야 한다. (중략) 우리 병원과 간호원양성학교를 위해 하루 빨리 필요한 것들이 세워지길 바란다. 조선에서는 이런 종류의 기관이 처음 만들어지는 것이기 때문이다.[74]

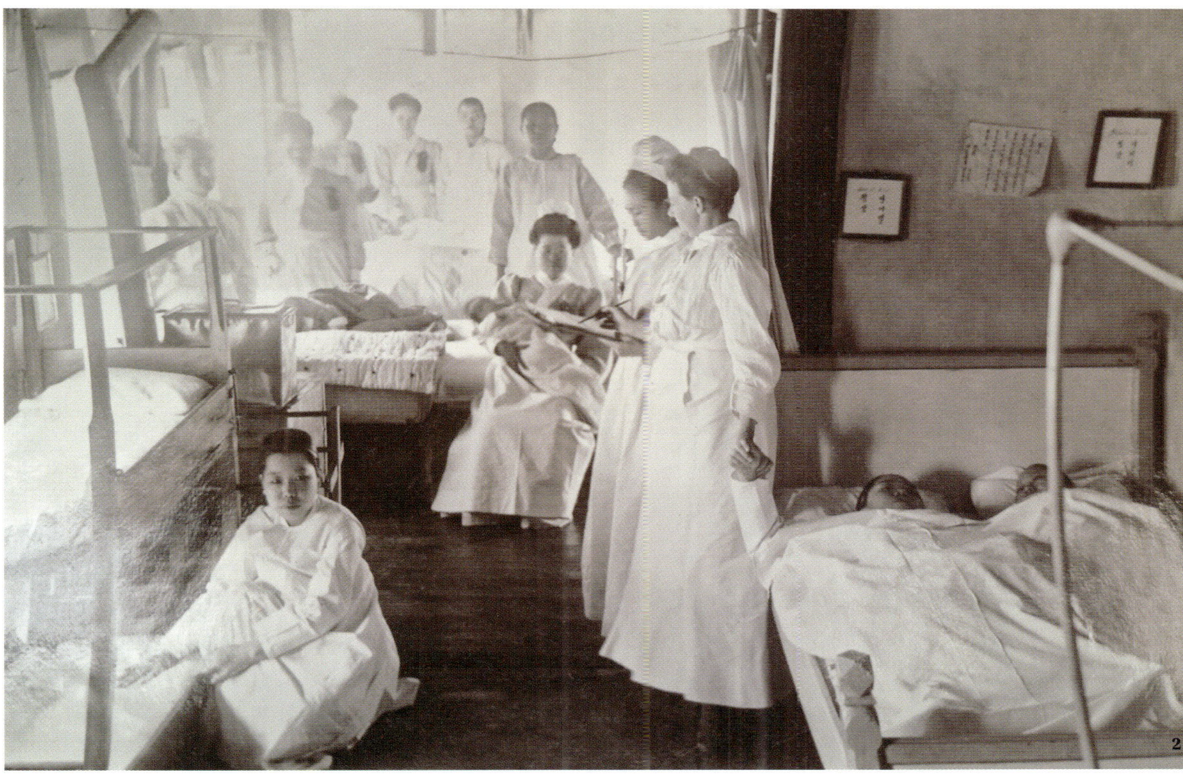

1 간호원양성학교의 초창기 학생들(1905).
오른쪽부터 메리 커틀러, 마가렛 에드먼즈, 1회 입학생인 김마르다, 이그레이스이다.

2 보구녀관의 모자 입원실 풍경(1908).
환자의 손을 잡고 서 있는 메리 커틀러의 모습이 인상적이다. 메리 커틀러 옆에 서 있는 간호원은 졸업간호원인 김마르다이고, 아이를 안고 앉아 있는 간호원도 졸업간호원인 이그레이스이다. 환자 드 명이 누워 있는 오른쪽 침대 벽면에는 병실 침대를 기부한 사람의 이름이 적힌 작은 액자가 걸려 있다.

이 글은 간호 교육 선교사 마가렛 에드먼즈가 1903년 11월 18일에 쓴 것으로 「Woman's Missionary Friend」의 1904년 2월호에 실린 것이다.

마가렛 에드먼즈는 플로렌스 나이팅게일(Florence Nightingale, 1820~1910)에 관한 책을 읽고 간호원의 꿈을 키웠다. 1894년 미시건대학교 간호원양성학교University of Michigan Nurses' Training School를 졸업한 후 정규 간호원이 된 뒤에는 1895년 오하이오주 톨레도에서 감리교 빈민구제단체인 "International Order of King's Daughters and Sons"의 일원으로 도시 빈민과 산모들을 돌보는 방문 간호원 활동을 했다.

마가렛 에드먼즈는 1902년 초 톨레도의 엡워스 감리교회Epworth Methodist Church에서 안식년을 맞아 귀국한 메리 커틀러 의사의 강연을 듣게 되었다. 보구녀관의 간호원장으로 일하며 조선인 간호원 양성 및 조선 최초의 간호원양성학교 설립을 함께할 사람을 찾는다는 내용이었다. 에드먼즈는 W.F.M.S.에 지원서를 보냈고, 1903년 3월 18일 서울에 도착했다.

메리 커틀러와 함께 만든 간호원양성학교는 조선에서 처음 생긴 것인 만큼 많은 것들을 처음으로 만들어야 했다. 우선 마가렛 에드먼즈는 불편한 한복을 대신할 유니폼을 만들었다. 한복과 양장을 개조한 수습 간호원의 유니폼은 에드먼즈가 독자적으로 디자인한 것으로 당시 미국, 일본, 중국에서 보기 힘든 형태였다.[75] 후진간호원(수습간호원)으로서 3년의 교육 과정을 마쳐야 입을 수 있었던 간호원복은 청색 상의에 흰색 치마였고, 왼쪽 가슴에는 체온계 등을 꽂을 수 있는 지갑을 달았다.

또한 에드먼즈는 학생들이 간호원의 임무를 알 수 있도록 간호 규칙과 규정을 만들어야 했다. 다행히 주위 사람들의 도움을 받아 『규칙책』을 만들 수 있었다. 이어 'Nurse'에 해당하는 우리말을 찾아 '간호원看護員'이라는 용어를 만들었다.[76] 당시 중국에서는 '호병인護病人'이나 '간부看婦'라는 용어를 사용했고 일본에서는 '간호부看護婦'라는 용어를 사용했는데, '부婦'보다 포괄적인 '원員'을 사용하여 '간호원'이라는 용어를 만들었다. 일제 시대에는 '간호원' 대신 '간호부'라는 명칭이 잠시 사용되었다가 1945년 이후에는 간호원으로, 1987년부터는 '간호사'로 변경되었다.[77]

1 마가렛 에드먼즈

2 에드먼즈가 만든 간호원복을 입은 간호원양성학교 학생들(1907).
오른쪽부터 김마르다, 마가렛 에드먼즈, 김엘렌이다.

1

2

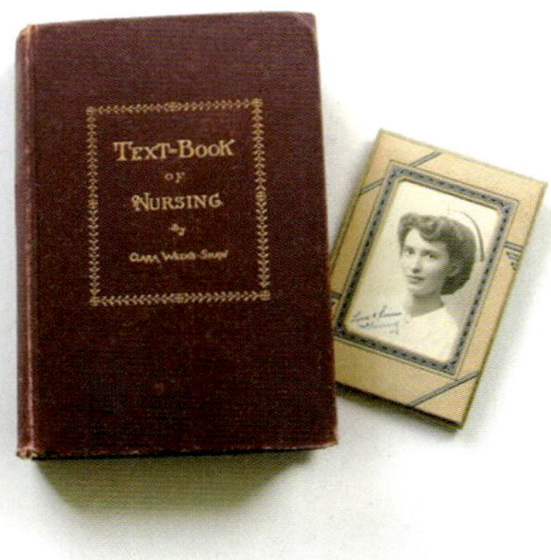

1 『젼톄공용문답全體功用問答』(1899)

2 클라라 웍스 쇼의 『Textbook of Nursing』(1882, 1892)

3 에드먼즈가 한글로 만든 『간호교과셔 샹권』(1908)

4 로버트 해리슨과 마가렛 해리슨 부부(1908)

에드먼즈는 간호원양성학교에서 사용할 교재도 마련해야 했다. 이화학당에서 만든 한국 최초의 생리학 서적은 이화학당의 페인 당장과 프라이 선생이 한글로 번역한 『젼톄공용문답全體功用問答』이었다. 1899년에 출간된 이 책은 인체의 구성과 기능, 위생에 관한 내용을 문답식으로 서술한 것이다.

에드먼즈는 1908년 3월 최초의 한글 간호교과서인 『간호교과셔』를 출간했다. 이 책은 클라라 윅스 쇼Clara Weeks-Shaw가 집필한 『Textbook of Nursing』(1892)을 한문으로 번역한 『호병요술護炳要術』을 장재선이 초역한 후 에드먼즈가 영어 원문과 비교 검토하고, 하란사와 오세광 등이 감수해 출간되었다. 마가렛 에드먼즈가 직접 저술한 것은 아니지만 한글판 출간에 핵심적인 역할을 했기에 '에드먼즈 저著'로 출판되었다.

『간호교과셔』를 만드는 과정에는 번역 및 출판 등의 비용이 들었다. 마가렛 에드먼즈는 기꺼이 간호원양성학교에 200엔을 기부하며 이 비용을 부담했다. 200엔의 4분의 1은 간호원양성학교 경상비에 사용되었고, 나머지 돈은 모두 교재를 만드는 데 쓰였다.[78]

에드먼즈는 또 1908년 3월 20일 세브란스병원 간호원 에스더 쉴즈(Esther Lucas Shiels, 1868~1940)와 함께 조선졸업간호원회를 창설하기도 했다. 1908년 9월에는 캐나다 온타리오에서 온 선교사 해리슨 목사Robert Butler Harrison와 결혼한 후 보구녀관을 떠나 1928년 은퇴할 때까지 목포와 군산에서 봉사했다. 1910년에 설립된 군산 구암예수병원 간호원양성학교의 일을 도왔고, 1923년에 창설된 조선간호부회(대한간호협회 전신)에도 도움을 주었다.

마가렛 에드먼즈는 결혼 후 보구녀관을 떠나긴 했지만 교류를 끊은 것은 아니었다. 메리 커틀러가 로제타 홀에게 보낸 1910년 5월 21일자 편지를 보면 에드먼즈에 관한 이야기가 다음과 같이 남아 있다.

> 해리슨 부인(마가렛 에드먼즈)이 서울에 와서 간호원들에게 강의를 했는데, 그녀는 참 좋은 여성입니다. 우리는 그녀와 닮은 사람이 필요합니다.[79]

마가렛 에드먼즈는 가우처 박사의 "한 국가는 그 나라 여성의 수준보다 더 높이 올라가는 경우가 드물다."는 말을 기억하며[80] 조선인 간호원 양성에 최선의 노력을 다했다. 2015년 한국 정부는 그녀의 역사적 공로를 높이 기리며 국민훈장 동백장을 추서했다.

조선 최초로 탄생한 정규간호원

1903년 12월 간호원양성학교가 처음 문을 열었을 때 보구녀관에서 일하던 조수 두 명이 입학을 했다. 보구녀관에서 치료를 받고 새로운 인생을 얻은 이들은 1908년 조선인 최초의 정규 교육 과정을 마친 졸업간호원이 되었다. 그녀들의 이름은 이그레이스와 김마르다이다.

이그레이스(1883~1947)의 원래 이름은 복업이었다. 여종의 신분으로 태어

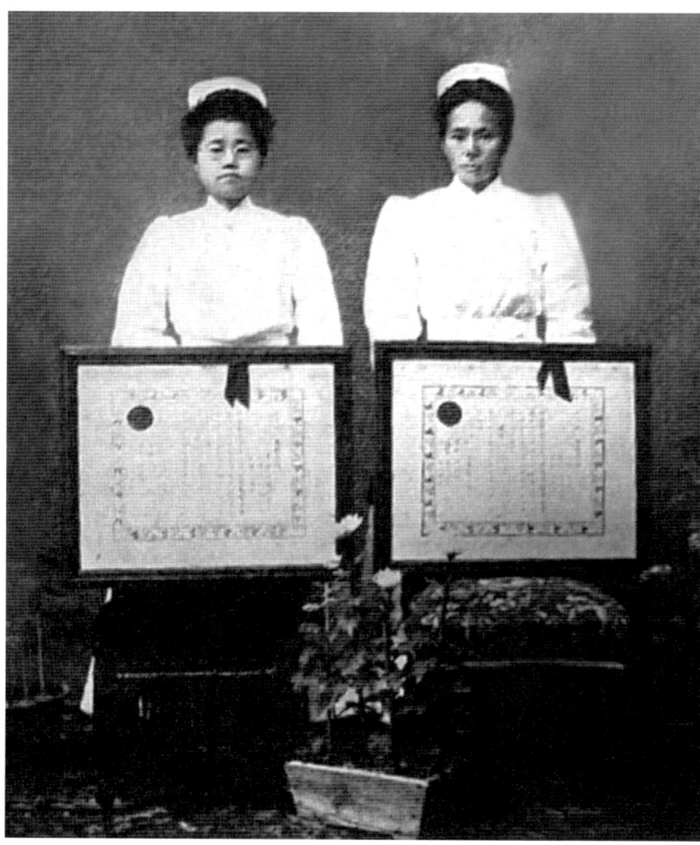

조선 최초의 졸업간호원인 이그레이스(왼쪽)와 김마르다(1908)

나 남의 집 종살이를 하던 어느 날 다리가 괴사하기 시작했고, 열다섯 살이 되었을 때 걷는 게 힘들어지자 주인이 내쫓았다. 상처투성이에 절름발이였던 복업은 마루를 간신히 기어 다닐 수 있었다.

로제타 홀은 보구녀관에서 복업의 괴사한 뼈를 제거하는 수술을 했고, 메리 커틀러가 치료를 이어갔다. 두 의사의 치료는 성공적이었고 복업은 걷는 데 무리가 없을 정도로 회복했다. 건강을 되찾은 복업은 1897년 정동제일교회에서 아펜젤러 목사로부터 세례를 받고 '그레이스'라는 새 이름을 얻었고, 보구녀관에서 조수로 일하기 시작했다. 그녀는 유능한 조수가 되기 위해 오전에는 이화학당에서 기초 과목과 영어를 배웠고, 오후에는 보구녀관에서 열심히 일했다.[81]

1903년 12월 보구녀관 간호원양성학교가 문을 열자 이그레이스는 첫 학생으로 입학했다. 모든 업무를 훌륭하게 해내며 손재주가 특히 좋았던 그녀에 대해 에드먼즈는 1906년 다음과 같은 평가를 했다.

> 이 어린 여성(이그레이스)은 우리 병원에서 일을 굉장히 잘하고, 병원 침대 시트 만드는 것을 기쁜 마음으로 계획하고 도우며 재봉틀 사용하는 것을 배웠고, 시험에서 1등을 도맡았다. 또한 그녀는 연고약을 섞을 수 있고, 가루약을 잘 바르며 일반적인 약의 무게를 달고 측정한다. (중략) 그녀는 손재주가 뛰어나다. 상당히 정확하게 삼베용 바늘이나 붕대를 다루고, 가난한 출신이라 그런지 적은 양의 물건들을 활용하는 데 아주 천재적이다.[82]

이그레이스는 1907년 1월 30일 정동제일교회에서 열린 제2회 예모식에서 수원 삼일중고등학교 설립자인 이하영(1872~1952) 목사와 결혼했다. 이하영 목사로부터 공개 구혼을 받고 4개월간 심사숙고한 끝에 결혼한 이그레이스는 여성과 간호원의 지위 향상을 보여주는 근대 기독교식 결혼의 한 예가 되었다.

1908년 11월 5일 간호원양성학교를 제1회로 졸업한 이그레이스는 동기생 김마르다와 함께 조선의 최초 정규간호원이 되어 보구녀관에서 근무했다. 이후 1910년대에는 평양 광혜여원에서 로제타 홀과 메리 커틀러를 도와 5년간 수간호원으로 헌신했다.

1 광혜여원에서 수술을 하고 있는 로제타 홀과 환자의 머리맡에 앉아 수술을 돕는 이그레이스(1911)

2 『조선총독부 관보』(大正 662호, 1914.10.15)에 실린 이그레이스의 2905번 의생 면허

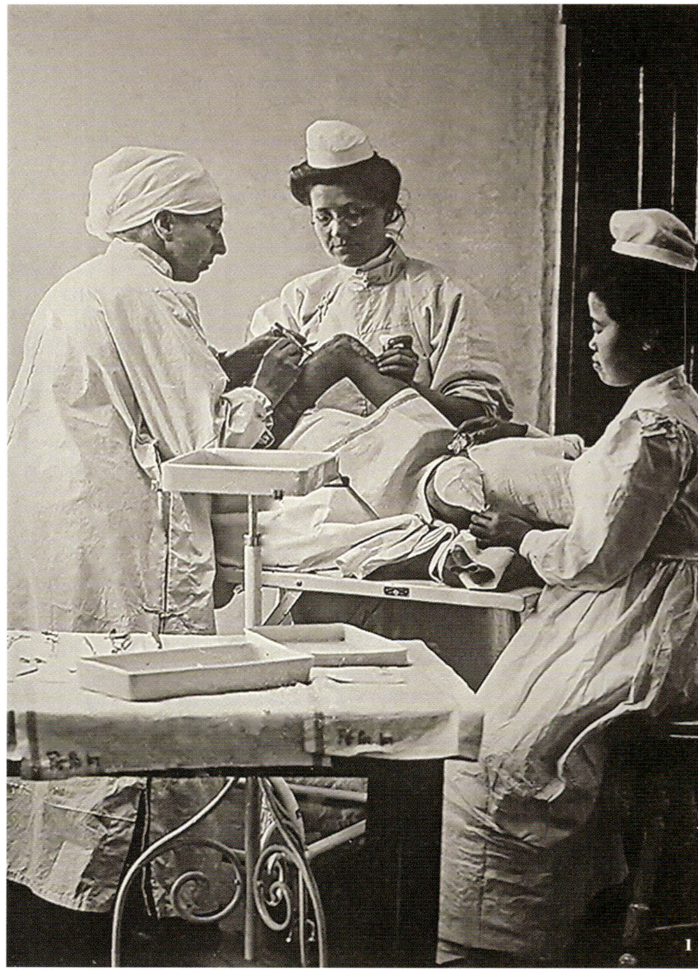

1

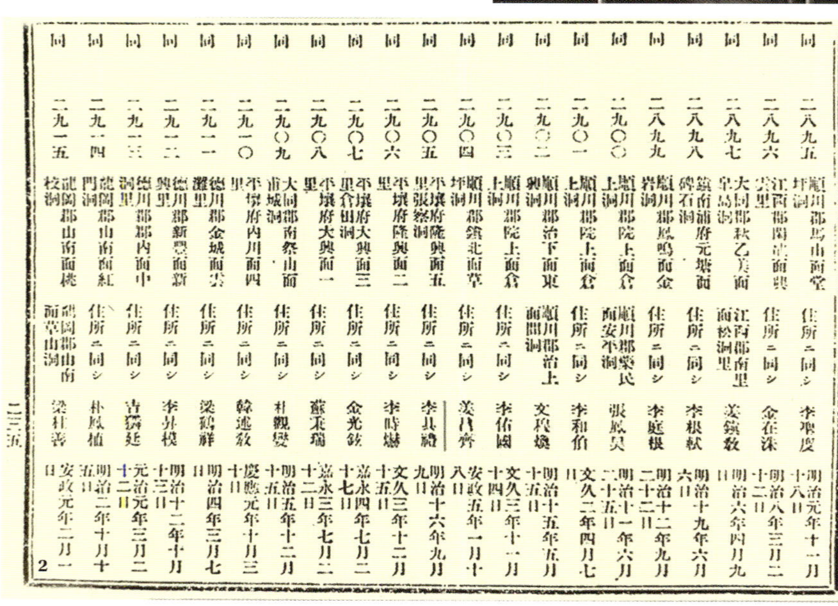

同	二八九五	順川郡馬山面堂坪洞	住所ニ同シ	李秉度	明治元年十一月十八日
同	二八九六	江西郡閑注面興雲里	住所ニ同シ	金在洙	明治八年三月二十二日
同	二八九七	大同郡秋乙美面皇島洞	江西郡南里面松洞里	姜鎭敎	明治六年四月九日
同	二八九八	鎭南浦府元塘面碑石洞	住所ニ同シ	李根軾	明治十九年六月六日
同	二八九九	順川郡鳳鳴面金岩洞	住所ニ同シ	李庭根	明治十二年九月二十二日
同	二九〇〇	順川郡院上面倉上洞	順川郡樂民面安平洞	張鳳昊	明治十一年六月二十五日
同	二九〇一	順川郡院上面倉上洞	住所ニ同シ	李和伯	文久二年四月七日
同	二九〇二	順川郡治下面東興洞	順川郡治上面間洞	文稷燦	明治十五年五月十五日
同	二九〇三	順川郡院上面倉上洞	住所ニ同シ	李佑國	文久三年十一月十四日
同	二九〇四	順川郡鎭北面草坪洞	住所ニ同シ	姜昌齊	安政五年一月十八日
同	二九〇五	平壤府隆興面五里張察洞	住所ニ同シ	李具禮	明治十六年九月九日
同	二九〇六	平壤府隆興面二里	住所ニ同シ	李時爀	文久三年十二月十五日
同	二九〇七	平壤府大興面三里倉田洞	住所ニ同シ	金光鉉	嘉永四年七月二十七日
同	二九〇八	平壤府大興面一里	住所ニ同シ	蘇秉瑞	嘉永三年七月二十二日
同	二九〇九	大同郡南祭山面甫城洞	住所ニ同シ	朴觀燮	明治五年十二月十五日
同	二九一〇	平壤府內川面四里	住所ニ同シ	韓述敎	慶應元年十月三十日
同	二九一一	德川郡金城面雲灘里	住所ニ同シ	梁鶴祥	明治四年三月七日
同	二九一二	德川郡新豐面新興里	住所ニ同シ	李昇模	明治十二年十月十三日
同	二九一三	德川郡郡內面中洞里	住所ニ同シ	吉獜廷	元治元年三月二十二日
同	二九一四	龍岡郡山南面紅門洞	住所ニ同シ	朴鳳植	明治二年十月十五日
同	二九一五	龍岡郡山南面桃校洞	龍岡郡山南面草山洞	梁柱善	安政元年二月一日

二三五

2

이그레이스는 평양 자혜병원에서 산과 과목을 이수하기도 했는데, 총독부에서 새로운 의료 규칙을 발표한 후 1914년 5월 27일 의생醫生 면허(2905번)를 취득하며 한국 여성 최초로 정부의 면허를 갖게 되었다. 그녀는 '작은 의사'로 불리며[83] 나중에는 부인의원(수원시 구천정 25번지)을 개업해 여성과 아동의 건강을 돌보았다.

이그레이스의 동기인 김마르다 역시 이그레이스처럼 보구녀관에 환자로 입원하며 보구녀관과 인연을 맺었다. 질투심이 많은 남편이 그녀의 외부 출입을 막으려고 오른손 손가락들과 콧등을 잘라버려 치료가 필요한 상황이었다. 심지어 남편은 어린 두 아이를 데리고 사라져버렸다. 메리 커틀러의 치료를 받고 다시 일상생활을 할 수 있게 된 김마르다는 보구녀관에서 일하며 간호 일을 배웠다. 세례 받기 전의 이름은 정확히 알려져 있지 않지만, 아펜젤러 목사로부터 세례를 받고 김마르다가 되었다.

김마르다는 황메리 부인과 함께 환자들에게 성경을 알려주고, 다른 조수들에게 읽기와 쓰기를 가르쳤다. 주간에는 집안일을 도왔고, 야간에는 간호 보조 업무를 했다. 간호원양성학교가 처음 문을 열자 곧바로 입학한 첫 학생이 되었고, 1908년 11월 5일 이그레이스와 함께 1회 졸업생이 되었다.

김마르다는 이미 간호원양성학교에 입학하기 전부터 보구녀관에서 헌신적으로 봉사하는 삶을 살았다. W.F.M.S.의 의료 선교사들은 김마르다에 대해 1902년 보고서에서 다음과 같이 기록했다.

> 김마르다는 남다른 열의를 가지고 사람들을 가르친다. 이제 막 입원한 환자나 오래 입원한 환자나 상관없이 모든 이들이 병원을 떠나기 전 김마르다를 만나 복음서 이야기를 듣는다.[84]

김마르다는 간호원양성학교를 졸업한 후 보구녀관 수간호원으로 근무했으며 1909년에는 간호원양성학교 학생들에게 해부학 및 생리학을 가르치기도 했다. 1913년 가을까지 동대문에 위치한 릴리안 해리스 기념병원[85]에서 부간호원장으로 일하다가, 1913년 말 평양 광혜여원의 수간호원이 되어 헌신적으로 봉

1 평양 광혜여원의 간호원과 환자들(1914).
맨 오른쪽에서 아기를 안고 있는 사람이 김마르다이다.

2 해리슨 부인(마가렛 에드먼즈)과 자녀들, 메리 커틀러, 김마르다와 양자(1920)

사했다.

김마르다는 광혜여원에서 로제타 홀, 메리 커틀러와 함께 일했다. 처음 평양으로 옮겨갈 때 어린 소년을 입양했고, 1920년쯤 한 아이를 더 입양해 두 명의 자녀와 함께 살았다. 이후에는 의료 현장을 떠나 전도부인으로 활동했으나 이에 대한 그녀의 행적은 알려져 있지 않다.[86]

보구녀관 간호원양성학교가 문을 연 지 1년이 지난 후 세 명의 학생이 더 입학했다. 이로써 1904년에는 보구녀관에서 모두 다섯 명의 수습간호원이 일하게 되었지만 1905년 한 명이 탈락하면서 이그레이스, 김마르다, 김엘렌, 정매티가 남은 과정을 충실히 마쳤다. 그런데 1907년 4월 안타깝게도 정매티가 사망했다. 에드먼즈는 정매티의 죽음에 대해 안타까운 마음을 다음과 같이 기록했다.

> 신앙심 깊고 많은 사랑을 받았던 간호원 정매티의 갑작스런 죽음은 그녀의 오빠, 교사들, 친구들 그리고 동료들에게 커다란 상실감을 주었다. 지난 마지막 대화에서 정매티는 마음속에 간직한 소망을 자발적으로 이야기했다. 이것이 우리의 마지막 대화가 되리라고는 꿈에서도 생각하지 못했다. 그녀의 오빠는 여동생의 간호복 한 벌을 특별히 부탁했고, 그 옷은 정매티의 장례식 때 빈 의자에 놓여 있었다.[87]

정매티의 친구들은 그녀의 죽음을 기리기 위해 1907년 12월 19.50달러의 첫 기부금을 내놓으며 병실 침대 하나를 후원했다. 간호원양성학교에서는 그 침대의 이름을 '정 간호원 기념Nurse Chung memorial'이라고 부르며 이름표를 달아주었다. 환자 열일곱 명이 '정 간호원 기념 침대'를 연평균 371일 동안 사용했다. 1인용 침대를 환자 두 명이 동시에 사용하는 경우가 많았기 때문이다.[88]

정매티의 입학 동기생인 김엘렌은 졸업 후 간호원양성학교 재학생 두 명과 함께 스크랜튼 의사가 운영하는 새로운 외국인 요양원에서 일했다.[89]

간호원양성학교의 문을 두드리는 학생들은 계속 생겨났다. 하지만 졸업생 수가 폭발적으로 늘지 않았던 이유는 정규간호원이 되는 것이 결코 쉽지 않았기 때문이다. 정매티의 죽음을 기록한 같은 보고서에서 에드먼즈는 간호원양성학교 입학생과 관련해 다음과 같이 말했다.

> 간호원양성학교가 설립된 후 어린 조선인 여성 30명과 일본인 여성 2명이 입학할 수 있었다. 그들 중 15명이 수습간호원이 되어 열심이었고, 단 7명만이 적합한 간호원으로 평가받았다. (중략) 학생들은 이곳의 규칙 및 규정을 이해하고 따르기에 앞서 반드시 시간을 읽고, 쓰고, 말하는 법을 알아야 한다.[90]

보구녀관 간호원양성학교가 요구하는 간호원의 수준은 상당히 높았다. 에드먼즈는 단순히 학생 수가 많은 것보다 능력이 뛰어난 학생을 키우는 것에 집중했다. 그 결과 간호학생들은 환자로부터 "보구녀관의 간호원은 영국 여왕을 간호해도 될 만큼 훌륭하다."는 칭찬을 들을 수 있었다.[91]

1910년에는 이화학당 학생이었던 김제인과 이화학당 졸업생인 이희망(이호프)을 새로운 간호학생으로 받아들였다.[92] 보구녀관 간호원양성학교는 조선에서 제대로 교육받은 간호원을 양성할 수 있었던 최초의 기관이었고, 이곳의 졸업생들은 많은 사람들을 놀라게 할 정도로 훌륭한 간호원이 되었다.

보구녀관 간호원양성학교의 하루 일과

보구녀관 간호원양성학교의 교육 기간은 6년이었다. 하루 열두 시간씩 주야간 교대를 했는데, 오전 일곱 시 야간 근무 간호원의 전날 밤 보고서 제출, 오전 여덟 시 기도와 성경 공부, 환자 투약, 열 시 간식, 간호, 점심, 오후 간호, 한 시간 휴식, 다섯 시 저녁식사, 간호, 일곱 시 삼십 분 강의, 밤 열 시 소등 순으로 진행되었다. 간호원 수가 보강된 1909년부터는 하루 여덟 시간 3교대 제도를 도입했다.[93]

보구녀관 간호원양성학교의 수업에는 메리 커틀러 의사의 '병원 예절 및 찜질', 엘라 루이스 간호원의 '위인의 생애' 등이 있었고, 세브란스병원 의사와 간

1 보구녀관 간호원양성학교 학생들과 교사들(1907).
제2회 예모식 때 찍은 사진으로 왼쪽부터 정매티, 이그레이스, 메리 커틀러, 한 사람 건너 마가렛 에드먼즈, 김마르다, 김엘렌이다.

2 보구녀관의 아침 기도 및 성경 공부 모습(1908).
의자에 앉아 있는 사람은 2대 간호원장 알타 모리슨(왼쪽)과 메리 커틀러이고, 두 사람 사이에 김엘렌 간호원이 앉아 있다.

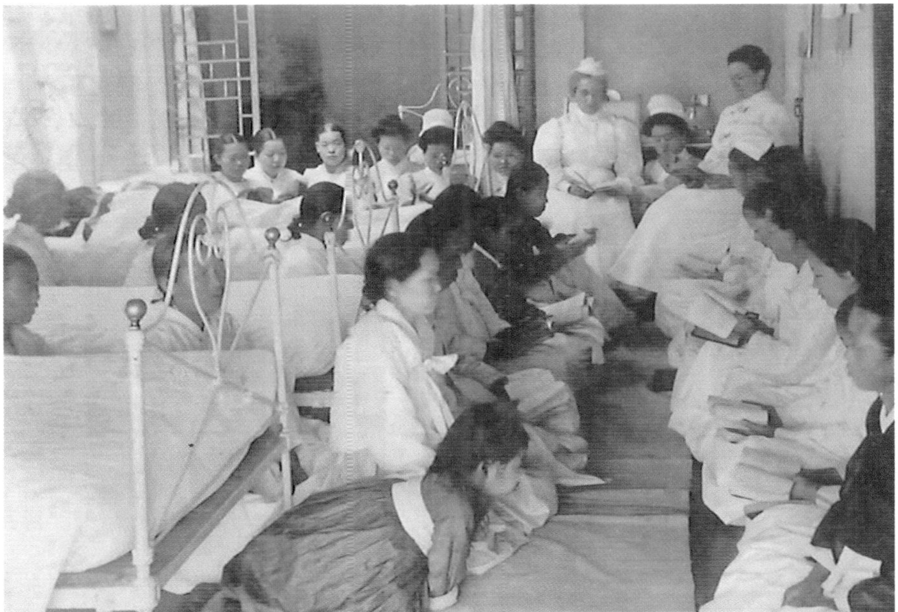

호원들도 함께 도와주었다. 1904년 강의 내용은 게일 박사의 '간호원 자격에 관한 강의 및 골격 수업', 올리버 에비슨 의사의 '혈액 순환과 검사', 벙커 부인의 '침대 및 침구류 정돈', 에스더 쉴즈 간호원의 '수술 준비' 등으로 구성되었다. 간호 실무로는 붕대법, 목욕법, 약물 투여, 식이 요법, 생체 징후의 측정, 관주법, 찜질과 마사지, 붕대 및 환자복 만들기, 의료 기구의 사용 등을 가르쳤다.

장로교는 1906년 9월 세브란스병원 내에 간호원양성학교를 개설했다. 보구녀관 간호원양성학교와 교육 과정도 비슷했고 교육자들 또한 상호 교류했다. 이 당시 서울에서는 선교사들 간의 교회 통합 운동이 일어났다. 장로교와 감리교가 각각 운영하던 병원과 의학 및 간호학 교육기관들을 합치자는 움직임이었으나 모교회의 반대로 이러한 통합은 이루어지지 못했고, 비슷한 교육기관이 생긴 것이었다.

1905년~1906년 강의 내용에는 스크랜튼 의사의 '응급 처치', 슬레이드 의사의 '치아 강의', 레널즈 간호원의 '식이요법', 언스버거 의사의 '산부인과학', 게일 의사의 '해부학 개론', 메리 커틀러 의사의 '실습' 및 에비슨 의사의 '약물학' 등이 추가되었다.[94]

1909년 강의에는 간호원양성학교를 졸업한 간호원들도 선생님으로 나섰다. 김엘렌은 '기초 생리학'을, 김마르다는 '일반 간호학'을 강의했다. 스크랜튼 의사는 '해부학'을, 평양의 폴웰 의사는 '아동 질병'을, 레퍼트 부인은 자신의 집에서 '환자식을 위한 요리'를 가르쳤다.

에드먼즈의 후임으로 온 2대 간호원장 알타 모리슨(Alta Irene Morrison, 1867~1950)은 수간호원이었던 김마르다의 통역 도움을 받으며 침대 정리와 목욕, 붕대 감기 실습, 관장법, 열병 환자 간호법, 체중 및 신체 측정 등의 간호원 실무 강의를 했다. 또한 하란사 선생의 도움을 받아 열병 환자의 치료에 관한 제안 및 환자용 요리를 위한 조리법을 번역했고, 마가렛 에드먼즈가 번역해둔 클라라 윅스의 『간호교과서』 제2판을 출판했다.[95]

1910년에는 김마르다의 '초급 해부학'과 '생리학' 및 '일반 간호', 스크랜튼 의사와 홍석우 의사의 '고급 해부학'과 '생리학', 메리 커틀러의 '전염병자 간호' 등의 수업이 이루어졌다. 마가렛 에드먼즈는 남편의 성姓을 따른 해리슨 부인

『간호교과서 하권』(1910)

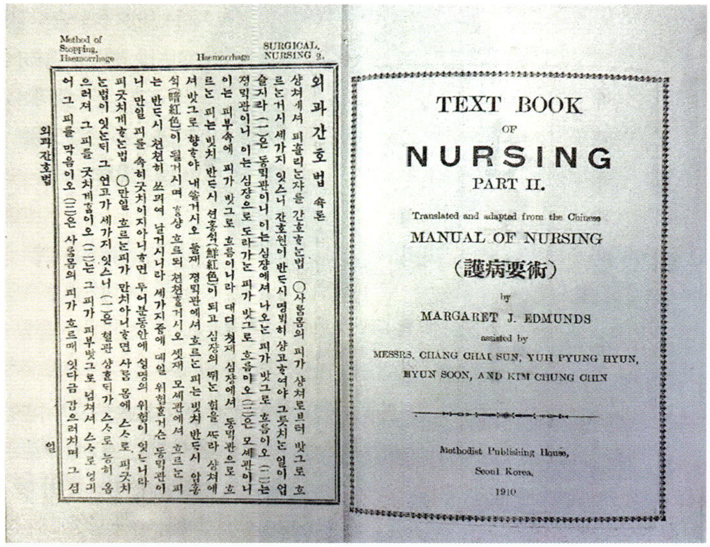
Method of Stopping Haemorrhage　Haemorrhage　SURGICAL NURSING 2.

외과간호법 속론

상쳐에서 피흘리는자를 간호ᄒᆞᄂᆞᆫ법 ○사ᄅᆞᆷ몸의 피가 상쳐로브터 밧그로 흐르는거시 세가지 잇스니 간호원이 반ᄃᆞ시 명ᄇᆡᆨ히 샹고ᄒᆞ여야 그릇치는 일이 업슬지라 (一)은 동ᄆᆡᆨ관이니 이는 심장에셔 나오는 피가 밧그로 흐름이오 (二)는 졍ᄆᆡᆨ관이니 이는 심장으로 도라가는 피가 밧그로 흐름이오 (三)은 모셰관이니 이는 피부속에 피가 밧그로 흐름이니라 대뎌 쳣재 심장에셔 동ᄆᆡᆨ관으로 흐르는 피는 빗치 반ᄃᆞ시 션홍ᄉᆡᆨ(鮮紅色)이 되고 심장의 ᄯᅱᄂᆞᆫ 힘을 ᄯᅡ라 상쳐에셔 밧그로 향ᄒᆞ야 내솟거시오 둘재 졍ᄆᆡᆨ관에셔 흐르는 피는 빗치 반ᄃᆞ시 암홍ᄉᆡᆨ(暗紅色)이 될거시며 ᄒᆞᆼ상 흐르되 쳔쳔ᄒᆞᆯ거시오 셋재 모셰관에셔 흐르는 피는 반ᄃᆞ시 쳔쳔히 쓰며여 나올거시니라 세가지즁에 뎨일 위험ᄒᆞᆫ거슨 동ᄆᆡᆨ관이니 만일 피를 속히긋치이지아니ᄒᆞ면 두어분동안에 셩명의 위험이 잇ᄂᆞ니라 피긋치게ᄒᆞᄂᆞᆫ법 ○만일 흐르는피가 만치아니ᄒᆞ면 사ᄅᆞᆷ 몸에 스ᄉᆞ로 피긋치는법이 잇ᄂᆞᆫ디 그 연고가 세가지 잇스니 (一)은 혈관 샹ᄒᆞᆫ디가 스ᄉᆞ로 능히 움으러져 그 피를 긋치게ᄒᆞᆷ이오 (二)는 그 피가 피부밧그로 넘쳐셔 스ᄉᆞ로 엉긔어 그 피를 막음이오 (三)은 사ᄅᆞᆷ몸의 피가 흐르매 잇다금 감으러치며 그 셤

외과간호법　일

TEXT BOOK
OF
NURSING
PART II.

Translated and adapted from the Chinese
MANUAL OF NURSING
(護病要術)
by
MARGARET J. EDMUNDS
assisted by
MESSRS. CHANG CHAI SUN, YUH PYUNG HYUN,
HYUN SOON, AND KIM CHUNG CHIN

Methodist Publishing House,
Seoul Korea.
1910

Mrs. Harrison 이름으로 '간호 윤리'를 가르쳤다.[96]

보구녀관 간호원양성학교의 교육 과정은 1908년 무렵에 이르러 거의 자리가 잡혔다. 입학생의 적절한 나이는 21세~31세였고, 입학을 위해서는 부모의 동의서, 건강진단서, 교회의 추천서, 소정의 입학금과 학교 규정(병원 밖 가사로 인해 학생의 수업을 중단하지 않겠으며 교대 근무로 인해 밤에도 근무할 수 있다는 서약 등)에 따를 것을 서약해야 했다. 2개월의 견습 기간 동안 학교와 학생 모두는 입학의 적절성을 고려할 수 있었다. 입학이 결정되면 기숙사와 식사, 간호복, 책 등은 학교가 제공했다.

간호 이론 교육은 간호원론, 약리학, 해부학, 생리학, 혈액순환, 위생학, 자양학, 응급의학, 산과학, 외과, 이비인후과학, 치과학, 중독과 해독법, 열성병熱性病, 전염병, 간호사례 등으로 이루어졌다. 실습 교육에는 병실 진찰, 소수술실 실습, 개인위생, 붕대법, 목욕법, 다사지, 전기, 약물 조제, 식이요법, 연고 도포법, 중환자 간호법, 간호복 제작 등이 포함되었다.

교육 과정에는 간호와 관련된 다양한 주제가 포함되었는데, 나이팅게일의 삶, 기독교인의 삶 등의 수업을 통해 바람직한 간호원의 자질에 대해 배울 수 있었고, 음악, 요리, 산수, 한국어 작문, 한문, 성경 등 기본 지식과 교양에 해당하는 수업도 진행되었다.[97] 이렇게 체계적인 교육을 받은 후 졸업한 학생은 1934년

까지 60명에 이르렀다.[98]

보구녀관 간호원양성학교의 학생을 모집하는 홍보 글은 '보구녀관과 그 안에 있는 간호원 양성학교'라는 제목으로 『가뎡잡지』 1-4, 1906년 9월호의 31~32쪽에 다음과 같이 실렸다.

> 서울 대 정동에 보구녀관이라는 여 병원이 있는데, 각색 병든 여인들을 지성껏 잘 보아 주며 또 그 병원 안에 합설한 간호원 양성학교가 있으니, 이 학교에서는 다른 학교와 같이 지리 역사 같은 것을 가르치는 학교가 아니라, 총민한 여자를 뽑아 각색 병 치료하는 법을 눈으로 보고 귀로 듣고 손으로 행하여 시시로 배우게 하며 병 종류를 나누고 일 등분을 분별하여 열심히 가르치며, 그 외에도 여러 고명한 의원과 선생을 청하여 좋은 공부를 많이 시키더라.
>
> 그 주장하는 이의 말을 들은즉, 자기들은 대한 젊은 좋은 여자들을 위하여 이렇게 공부하게 하였으니, 어떤 여자든지 와서 공부하기를 시험하여 보고, 자기 의향에 어렵던지 소원에 합당치 못하면 공부할 수 없다 말하고 가도 관계치 않다 하니, 우리나라에서 이런 공부를 하면 다른 나라에서보다 더 귀하고 좋겠으니, 장성한 여자들과 젊으신 여인들은 좋은 때를 허송치 말고 이런 학교에 많이 가서 시험하여 보고 공부를 부지런히 하여 우리나라 여인들도 같이 좋은 일들을 많이 하기 바라나이다.
>
> 그 병원 의원은 미국부인 커틀러요 그 간호원 학교 간호원장 겸 교사는 영국부인 에드먼즈인데, 또 여기서 대한 여인을 위하여 여인 의학교도 미구에 실시하겠다는 소문도 있더라.[99]

보구녀관 간호원양성학교의 특별했던 행사들

조선 최초의 보구녀관 간호원양성학교는 전에 없던 것들을 새롭게 만들어가다 보니 모든 일들이 전부 역사가 되었다. 간호원 용어부터 교과서, 간호원

『가뎡잡지』 1906년 9월호에 실린 보구녀관 간호원양성학교 관련 기사

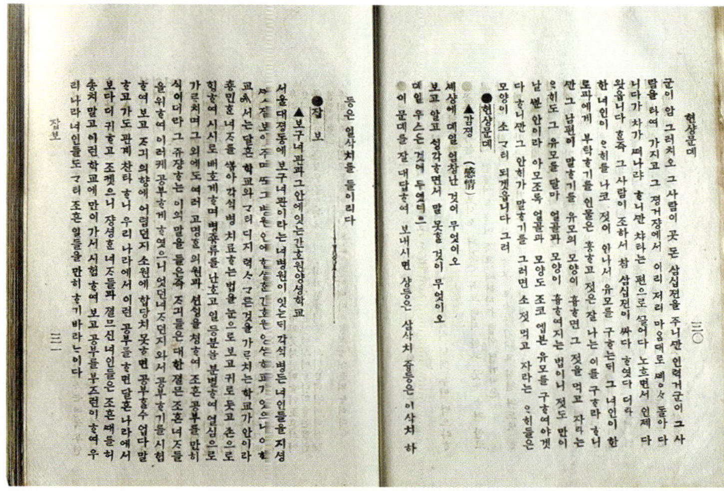

복, 교육 과정도 그렇지만, 간호원양성학교에서 진행한 모든 행사들 역시 마찬가지였다. 보구녀관 간호원양성학교가 남긴 특별한 역사적 순간들은 다음과 같다.

• 제1회 예모식

예비 교육을 마친 김마르다와 이그레이스는 1906년 음력설이었던 1월 25일 간호원 모자(캡)를 쓰는 예모식capping ceremony의 주인공이 되었다. 300여 명의 하객들이 참석한 성대한 이 행사에서 브구녀관 대표 마가렛 에드먼즈와 세브란스병원 대표 에스더 쉴즈가 김마르다와 이그레이스에게 흰색의 예모를 씌워주었다.

스크랜튼 대부인의 사회로 진행된 이날 행사는 오르간 연주와 합창, 스크랜튼 의사의 성경 낭독, 메리 커틀러 의사의 병원 연혁 소개 및 인사말, 간호원 모자 수여, 최병헌 목사의 기도, 엠마 언스버거 의사의 당면 과제 발표 등의 순서로 진행되었다.[100]

조선에서 젊은 여자에게 모자를 수여하는 특별 예식은 이전에는 없던 새로운 의미를 지녔다. 원래 조선에서 모자(갓)는 관혼상제 시 남성들만의 상징과도 같은 것이었는데, 조선의 간호원들이 특별한 모자를 사용함으로써 간호원의 고귀함을 나타내는 역할을 했기 때문이다.[101]

이날 예모식에 참석해 연설을 한 존스George H. Jones 목사는 『신학월보』의

1907년 2월호에 발표한 글에서 학습원(간호학생), 후진간호원(수습간호사), 선진간호원(간호사), 위임간호원(수간호사), 간호원장의 다섯 가지 간호원 등급을 소개하기도 했다. 또한 후진간호원으로 3년의 교육을 마쳐야 비로소 간호원복을 입을 수 있다는 내용도 덧붙였다.

• 제2회 예모식

1907년 1월 30일 제2회 예모식은 정동제일교회에서 김엘렌과 정매티를 위해 거행되었다. 조지 존스 목사의 기록에 따르면 제2회 예모식 역시 지난해와 마찬가지로 오르간 연주와 합창 등의 음악 프로그램, 스크랜튼 의사와 최병헌 목사의 예배에 이어 마가렛 에드먼즈와 에스더 쉴즈의 간호원 모자 수여가 이어졌다는 것을 확인할 수 있다. 동료 간호원들에게 둘러싸인 김엘렌과 정매티가 단상 앞에서 무릎을 꿇자 그녀들의 머리에 모자가 씌워졌다.[102]

• 명예 회원증 수여식 및 결혼식

제2회 예모식이 있던 날, 예모식이 끝나고 두 개의 행사가 추가로 이어졌다. 첫 번째는 스크랜튼 대부인과 에비슨 부인, 하란사 선생에 대한 간호원양성학교 명예 회원증 수여식이었다. 간호원양성학교의 수업과 교과서 번역 등에 큰 도움을 준 감사의 의미였다. 두 번째는 간호원양성학교의 제1회 입학생이자 제1회 예모식의 주인공인 이그레이스와 이하영 목사의 결혼식이었다.[103]

• 제1회 졸업식

1908년 11월 5일에는 김마르다와 이그레이스의 졸업식이 열렸다. 보구녀관 간호원양성학교에서 최초의 정규 간호원이 탄생한 순간이었다.

제1회 졸업식에는 1908년 9월 해리슨 목사와 결혼하며 보구녀관을 떠난 마가렛 에드먼즈 대신 2대 간호원장인 알타 모리슨이 함께했다. 알타 모리슨은 1908년 11월 5일 이그레이스와 김마르다의 첫 졸업식과 1909년 11월 김엘렌의 졸업식에 함께했다.

알타 모리슨은 샌프란시스코 시립병원 간호원양성학교를 졸업하고

1 이그레이스와 김마르다의 제1회 예모식(1906).
왼쪽부터 김엘렌, 이그레이스, 에드먼즈, 김마르다, 정매티이다.
김엘렌과 정매티는 1년 후에 예모식을 가졌다.

2 보구녀관 간호원양성학교 제2회 예모식 및 이그레이스, 이하영 목사의 결혼식(1907).
서울 정동제일교회에서 제2회 예모식이 끝나고 이그레이스와 이하영 목사의 결혼식이 거행되었다. 맨 앞줄 왼쪽부터 마가렛 에드먼즈 간호원장, 한 사람 건너 김마르다, 이그레이스와 이하영 목사, 김엘렌, 정매티, 한 사람 건너 메리 커틀러 의사이다.

1

2

3

1 보구녀관 마당에서 열린 2대 보구녀관 간호원장 알타 모리슨의 송별연(1910).
이 자리에는 졸업한 간호원 2명과 13명의 학생 간호원들이 참석했다. 졸업간호원은 흰 옷을 입고 있는 앞줄 맨 뒤의 김마르다와 뒷줄 맨 앞의 김엘렌이다. 학생 간호원들은 모두 예모를 쓰고 있으며, 이들은 상급반에 해당하는 선진간호원들이다.

2 알타 모리슨

3 나오미 앤더슨

W.F.M.S.의 여집사 간호원이 되어 샌프란시스코에서 거주하는 중국인과 한국인 이민자를 위해 일한 경력이 있다. 1908년 2월 조선에 도착해 1년 동안 함께 일하기로 약속했지만, 1년이 지나도록 후임이 정해지지 않아 1910년 5월 7일까지 2년 이상을 보구녀관에서 헌신했다. 메리 커틀러는 "2년 이상 봉급 없이 봉사한 그녀의 선함에 감사한다."고 말했다.[104]

그녀는 세브란스병원의 에스더 쉴즈 간호원과 가깝게 교류하며 1908년 '대한졸업간호원회'를 조직한 회원 중의 한 명으로 활동했다. 또한 1909년 10월 8일 이화학당의 설립자 스크랜튼 대부인의 임종을 지켜보았다.[105]

1910년 알타 모리슨이 떠나고 약 2년 동안 메리 커틀러가 간호원장의 책임을 맡았다. 이후 1912년 1월 3대 간호원장으로 나오미 앤더슨(Naomi Anderson, 1884~1943)이 한국에 도착했다.

나오미 앤더슨은 약 6개월간 평양 광혜여원에서 일을 하다가 1912년 9월 20일 동대문에 새롭게 들어선 릴리안 해리스 기념병원으로 자리를 옮겼고, 기존의 견습 간호원들을 데리고 간호원양성학교를 운영했다.[106]

보구녀관 간호원양성학교는 조선 최초의 간호원양성 교육기관으로서 전문적인 간호원을 배출하는 통로의 시작점에 있었다. 이곳에서 거행한 예모식, 졸업식 등의 모든 행사는 모두 역사적으로 중요한 기록이라고 할 수 있다.

4. 정동에서 동대문으로 뻗어나가다

더 낮은 곳으로, 더 약자에게로 향한 볼드윈 진료소

나는 낮에 마음껏 돌아다닐 수 없는 여성들을 위해 저녁에도 진료실의 문을 열고 싶다. 그리고 (사대문) 바깥의 도시에 또 다른 진료소를 개설하고 싶다.[107]

만약 새로운 의사를 곧 보내온다면 우리는 이 도시의 바깥쪽에 위치한 동대문 근처에 새로운 진료소를 열기를 희망한다.[108]

동대문에 있는 볼드윈 예배당과 연계된 새 진료소는 곧 완성될 것이다. 나는 그곳에서 진료 활동의 시작을 기대한다. 그곳은 기대 이상으로 아주 좋은 장소가 될 것이다.[109]

로제타가 남긴 이 기록들을 보면 보구녀관 외에 새로운 진료소에 대해 지속적으로 언급해왔다는 것을 알 수 있다. 그곳은 바로 1892년 말에 완공된 볼드윈 진료소Baldwin Dispensary이다. 바로 옆에는 볼드윈 예배당도 있어 의료와 선교가 적절히 어우러진 현장이었다. 훗날 볼드윈 진료소에서 일했던 엠마 언스버거 의사

는 볼드윈 진료소와 볼드윈 예배당이 서로 상호 보완적이라고 말하기도 했다.[110]

볼드윈 진료소는 스크랜튼 의사와 스크랜튼 대부인이 힘을 합친 결과였다. 스크랜튼 의사는 시병원과 보구녀관이 위치한 정동이 가난하고 병든 이들이 찾아오기 어려운 동네라고 판단했다. 그래서 1887년 8월 전염병 환자 및 빈민 환자를 위한 진료소인 '착한 사마리아 병원Good Samaritan Hospital'을 서울 성벽 주위에 설치하겠다는 내용의 서한을 미국 감리교 선교본부에 보냈고, 선교본부는 그 계획을 승인했다.

1889년 동대문 언덕에 서 진료소를 위한 부지가 확보되었다. 1892년 안식년 휴가를 다녀온 스크랜튼 의사는 이미 그곳에 살고 있던 두 교인의 집에서 9월부터 주일 집회를 시작했다. 스크랜튼 대부인도 함께였다. 아들은 방안에서, 어머니는 안뜰에서 남성과 여성을 대상으로 각각 예배를 드렸다. 교인들은 점점 늘어갔고 별도의 예배당이 필요해졌다. 계획만 세워놓은 채 시작도 못한 진료소도 지어야 했다. 이때 스크랜튼 대부인이 발 벗고 나섰다.

스크랜튼 대부인은 그러나 스크랜튼 의사가 마련해둔 땅이 적합하지 않다고 생각했다. 그곳은 동대문과 연결되는 성벽 바로 안쪽으로 길게 경사진 언덕 쪽 땅이라 건물을 올리기에는 불편했기 때문이다. 스크랜튼 대부인은 기존 부지보다 더 넓고 평평한 땅을 마련하기로 하고, 그곳에 예배당과 진료소를 세우기로 결정했다. 스크랜튼 대부인은 안식년 휴가를 다녀온 직후 동대문의 기존 부지 아래쪽(서쪽) 도로변에 위치한 1,000여 평의 넓은 부지를 확보했다. 그리고 1892년 가을부터 공사를 시작했다. 공사는 순조롭게 진행되었고, 공사 막바지에 이른 1892년 12월 21일 스크랜튼 의사는 다음과 같은 보고서를 선교본부에 보냈다.[111]

> 동대문에 볼드윈 예배당을 건축하고 있습니다. 이 예배당은 오하이오에 사는 볼드윈 부인의 선물이기에 그 부인의 이름을 따서 볼드윈 예배당이라 이름 지었습니다. 예배당과 연계된 진료소도 있는데 여성 의사가 맡아보고 있습니다. (중략) 이번 성탄절에는 볼드윈 예배당에서 첫 예배와 세례식을 거행하기를 기대합니다.[112]

1 동대문 선교지구의 풍경.
W.F.M.S. 소유의 건물들을 표시한 사진으로
왼쪽에 위치한 두 채의 가옥이 '볼드윈 진료소'와
'볼드윈 예배당'임을 확인할 수 있다.

2, 3 볼드윈 진료소의 모습들

1893년 3월 28일 로제타 홀은 새로 지은 볼드윈 진료소에 대해 다음과 같은 일기를 남겼다.

> 방금 동대문에서 돌아왔다. 이달 15일부터 그곳에서 의료 사역을 시작했다. 매주 화요일과 금요일에 그곳에 간다. 아직 사람들에게 잘 알려지지도 않았고, 목수들이 건물에서 작업하고 있기 때문에 일이 그리 많지 않다. 하지만 그 지역 사역을 위해 좋은 장소이며, 틀림없이 성장할 것이다.[113]

로제타의 생각은 정확했다. 가난하고 병든 사람들은 정동에 있는 보구녀관보다 동대문에 위치한 볼드윈 진료소를 더 수월하게 찾아왔다. 훗날 보구녀관은 동대문에 새로 지은 릴리안 해리스 기념병원Lillian Harris Memorial Hospital으로 통합되는데, 그만큼 동대문의 입지는 진정 착한 사마리아 병원으로 적합했던 것이다.

볼드윈 예배당과 진료소를 짓는 데 사용된 돈은 미국 오하이오에 사는 볼드윈 부인의 후원금이었다. 스크랜튼 대부인은 이 후원금으로 동대문에 새로운 땅을 마련하고 예배당과 진료소를 지었던 것이다. 볼드윈 부인은 1883년 라벤나에서 열린 W.F.M.S.의 모임에서 처음으로 조선 여성들을 위해 선교비를 냈던 그 노부인이었다.[114] 실제로 볼드윈 부인은 1898년 초 볼드윈 진료소 및 예배당을 방문한 적이 있는데, 이와 관련해 다음과 같은 기록이 남아 있다.

> 우리는 곧 스크랜튼 대부인의 아늑한 집에서 환대를 받았다. (중략) 다음날에는 아펜젤러 목사 형제의 집에 들렀고, 그 뒤로는 병원과 여학교, 한창 짓고 있는 새로운 학교와 여성 선교사들이 살고 있는 검소한 방들도 보았다. 나는 기쁜 마음으로 W.F.M.S의 건물들을 둘러보았다. (중략) 우리는 조선의 음력설 다음날에 동대문 지역으로 이동했고, 새로운 W.F.M.S.의 건물을 보았다. 그 건물은 서울에서 좋은 위치에 있었고 완공이 머지않아 보였다.[115]

새로운 병원을 위해 내딛은 첫걸음

로제타 홀이 보구녀관에서 일하며 새로운 진료소를 생각했던 것처럼 메리 커틀러와 엠마 언스버거 역시 볼드윈 진료소가 활발히 운영되는 것을 보며 새로운 병원의 필요성을 느꼈다. 특히 엠마 언스버거는 볼드윈 진료소에서 활동하며 새로운 병원을 지어야 한다고 자주 언급했다.

> 서울에서의 의료 사역이 발전하고 유지되기 위해 긴급히 필요한 것을 제시하며 보고서를 마치려 한다.
> (1) 병원의 책임자 역할과 조선인 조수를 훈련시킬 자격이 있는 간호원
> (2) 훌륭한 병원 건물
> (3) 우리가 치료한 환자들에게 전도를 할 전도 사역자–그리고 마지막으로 여러분의 공감과 기도[116]

> 하나님께서 원하신다면, 나는 조선에서의 첫 봉사를 마무리하는 안식년을 고향에서 보내고 싶다. 그리고 나는 "서울의 새로운 병원을 위한 예산이 승인되다"라는 좋은 소식을 전할 때 모든 이들의 마음에서 진심 가득한 아멘이 터져 나올 것이라고 확신한다.[117]

언스버거는 1904년 8월부터 1905년 8월까지 안식년을 보내기 위해 미국으로 귀국했다. 미국으로 돌아가기 전부터 그녀는 이미 새로운 병원을 위한 예산을 마련하고자 계획을 세웠고 미국에 도착하자마자 곧바로 실행에 옮겼다. 메리 커틀러 의사가 남긴 아래의 1906년 기록에 따르면 언스버거는 미국에서 안식년을 보내는 동안 자신의 미션을 성공적으로 수행한 것으로 보인다.

> 이화학당이 완성된 후 언스버거 의사는 고향으로 갔고, 그녀가 안식년을 보내는 동안 필요한 자금의 상당 부분을 모으고자 하는 우리의 간청을 성공적으로 이끌었다.[118]

언스버거는 안식년 기간 동안 미국의 여러 주를 순회하며 조선에 새로운 여성병원을 지어야 한다고 설파했다. 특히 편지를 통해 '모성돌봄사업maternity work'이 얼마나 중요한지 강조하면서 기금 마련을 도모했고, 코웬 부인Mrs. Cowen의 후원으로 새 병원의 건설을 위한 첫걸음을 내딛을 수 있게 되었다.

당시 조선에서의 출산은 대부분 집에서 이루어졌다. 언스버거도 생명이 위험한 산모를 위해 왕진을 가곤 했는데, 그때마다 언스버거의 눈에 들어온 것은 산모와 신생아에게 열악한 위생 환경이었다. 집이라고 부르기도 어려운 곳에서 출산을 한 산모가 충분한 산후조리를 할 리 만무했다. 위생적인 환경에서 절대적인 돌봄이 필요한 신생아 역시 걱정되는 건 마찬가지였다. 언스버거는 오늘날의 산후조리원과 같은 역할까지 내다보았다. 위생적인 출산을 위해서도, 출산 이후 일정 기간 산모와 신생아를 돌보기 위해서도 현대식 병원이 필요하다고 판단했다. 이것이 바로 그녀가 주장한 '모성 돌봄 사업'이었다.

언스버거가 기금을 모아 마련한 새로운 병원은 릴리안 해리스 기념병원Lillian Harris Memorial Hospital이다. 왕진을 간 곳에서 환자를 돌보다 티푸스로 사망한 릴리안 해리스 의사의 이름을 딴 병원으로 1913년 6월 동대문 내에 개원했다.

새로운 병원은 언스버거가 한국에 돌아온 후부터 바로 건설을 시작해 오랜 기간 동안 난항을 거듭하다 1912년에 완성할 수 있었다. 릴리안 해리스 기념병원이 문을 열면서 조선 최초의 여성병원이었던 보구녀관은 이곳으로 통합되었다.

보구녀관의 마지막 병원장 아만다 힐만

보구녀관의 마지막을 함께한 병원장은 아만다 힐만(Amanda Francis Hillman, 1867~1946)이다. 힐만 의사는 1911년 12월 한국에 왔고,[119] 보구녀관과 볼드윈 진료소를 오가며 일하다 메리 커틀러가 평양으로 간 후부터는 보구녀관 10대 병원장이 되었다. 그녀가 1912년에 남긴 다음의 기록을 보면 그녀의 업무가 무척 바빴던 것으로 보인다.

건축 중인 릴리안 해리스 기념병원(1909)

> 나는 동대문에 있는 볼드윈 진료소에서 4개월 동안 일한 다음 정동 진료소(보구녀관)를 맡게 되었다. 한국에 온 후의 시간을 돌이켜보면 한국어 공부와 진료 업무로 날마다 바빴던 것 같다.[120]

힐만은 환자들이 건강을 되찾고 집으로 돌아갈 때 가슴 깊은 뿌듯함을 느꼈지만, 기본적인 건강 지식을 몰라 심각한 상태가 되어 병원을 찾을 때면 굉장히 가슴 아파했다. 위생 상식만 잘 알고 지켜도 질병이 훨씬 덜 생기는데, 보구녀관을 찾는 환자들 중 상당수가 상한 음식을 먹고 병을 앓아서 야윈 몸을 하고 있다며 안타까워했다.

힐만은 어린이와 함께 오는 엄마에게 반 버스커크(James Dale Van Buskirk, 1881~1969) 의사가 쓴 『어린아희 키우는 법』이라는 소책자를 주었다. 엄마들이 기초적인 질병 및 위생 지식을 갖춰 아이를 건강하게 키우게 하기 위한 최소한의 조치였다.[121]

힐만이 쓴 1912년의 보고서에서는 자살 시도를 한 여성 환자에 대한 이야기도 확인이 가능하다. 이것은 이전 선교 여의사들의 기록에서는 볼 수 없었던 내용이다.

> 나는 두 건의 진한 양잿물을 마신 중독 환자를 진료했다. 그들이 자살을 하려고 했던 원인은 종종 가족 간의 불화, 시어머니, 절망 등이다. 치료를 받고 복음을 받아들인 다음 집으로 돌아갈 정도로 몸이 낫게 되면 이들은 새로운 삶의 목표를 갖게 되었다. 그러면 우리는 그 환자들을 돌보느라 헌신한 시간에 대해 보상받는 기분이 들었다.[122]

아만다 힐만이 보구녀관을 담당했던 1912년은 릴리안 해리스 기념병원 완공을 눈앞에 둔 시점이었다. 이미 볼드윈 진료소로 입원실을 옮긴 지도 꽤 되었기에 보구녀관의 진료 역할이 축소되었을 거라 예상하기 쉬운데, 또 다른 기록을 보면 아만다 힐만 역시 상당히 많은 환자들의 진료를 보았던 것 같다. 1913년 7월 11일 『매일신보』에는 '외인外人의 자선사업慈善事業'이라는 기사에서 아만다 힐만 의사가 하루에 약 18명, 1년에 3,600명을 치료한다고 전했다.[123]

아만다 힐만은 보구녀관에서 3년을 보내고, 1914년에 미국으로 돌아갔다. 샌프란시스코 출입국 관리소 자료에 따르면 힐만은 1914년 8월 10일 김점순이라는 이름의 8세 소녀와 함께 입국한 것으로 알려져 있다. 김점순은 일본 여권을 사용했으며 힐만 의사에게 입양된 기록이 있다.[124] 이후 그녀에 관한 더 이상의 자료는 사실상 찾기가 어렵다.

1913년 공식적으로 릴리안 해리스 기념병원이 문을 열면서 보구녀관은 그곳으로 완전히 통합되었다. 이후 보구녀관은 한동안 이화학당으로 사용되다가 1921년에 건물이 헐리고, 그 자리에 에드가 후퍼 기념유치원(이화유치원)이 건립되었다.

1958년 이화유치원이 신촌으로 옮겨가자 이 건물을 젠센 부인(M. K. Jensen, 1904~1998)이 매입해 정동제일교회에 기부했다. 정동제일교회에서는 1960년 해당 건물을 헐고 젠센 기념관을 세워 정동제일교회 부속 건물로 사용했다. 1979년 '정동제일교회 100주년 기념 예배당'을 지으면서[125] 젠센 기념관은 철거되었고 100주년 기념 예배당 안에 젠센 홀을 두었다.

서울특별시에서 설치한 보구녀관 터의 표지석

조선 최초의 특수 교육을 실시한 평양의 오마니 로제타 홀

로제타 홀은 평양에서 맹인을 대상으로 점자 등의 특수 교육을 실시했다. 로제타 홀이 평양과 인연을 맺게 된 것은 감리교의 첫 평양 선교 책임자였던 남편 윌리엄 홀 때문이었다. 로제타 홀은 남편이 죽은 뒤 1897년 평양에 남편의 이름을 딴 '기홀병원'을 지었고, 딸 이디스 마가렛 홀(Edith Margaret Hall, 1895~1898)이 세상을 떠난 뒤에는 1898년 평양에 여성병원인 '광혜여원廣惠女院'과 이디스를 기념하는 이디스 마가렛 어린이 병동의 문을 열었다.

로제타 홀은 맹인 소녀들을 위한 교육에 관심이 많았다. 조선에서 장애가 있다는 건 사람답게 살기 어렵다는 뜻이었는데, 그들 중 일부는 지나치게 방치된 탓에 보행 능력마저 잃는 경우가 있었다.[126] 로제타 홀은 이들이 적절한 교육을 받는다면 지금보다 훨씬 나은 삶을 살 수 있다고 믿었다.

로제타 홀의 첫 학생은 1898년에 처음 교육을 시도한 오봉래였다. 그녀는 윌리엄 홀에 의해 감리교 신자가 된 오형식의 딸이었다. 로제타 홀이 오봉래를 처음 만난 것은 1894년이었는데 이를 계기로 그녀는 안식년으로 미국에 가 있는 동안이던 1897년 점자법New York Point System을 배워 한글점자(4점식)를 개발했다. 이 책은 배재학당의 한글 학습서인 『초학언문』의 내용 일부를 수록한 교재로 기름 먹인 두꺼운 한지에 바늘로 구멍을 내어 만들었다. 『로제타 홀 한글점자 교재』라 불리는 이 책은 1898년부터 평양맹학교 교재로 사용되었는데, 1926년 박두성이 『한글점자 훈맹정음』(6점식)을 창안하기 전까지 시각장애인을 위한 교재로 사용되며 우리나라 시각장애인 특수 교육에 상징적인 의미를 갖게 되었다. 이에 문화재청은 2022년 이 책의 역사적 가치를 인정하여 국가등록문화재로 지정했다.[127]

로제타 홀의 교육을 받아 봉래가 읽고, 쓰고, 뜨개질까지 하자 많은 사람들이 놀라며 자신이 아는 맹인 소녀들을 로제타 홀에게 소개했다. 그렇게 1900년 1월 이디스 마가렛 어린이 병동의 방 한 칸에서 로제타 홀의 특수 교육이 정식으로 시작되었다. 1903년에는 감리교에서 운영하는 정진여학교에 맹인반이 개설되었고, 로제타 홀은 감리교 선교부로부터 평양맹학교 교장으로 임명되었다. 오봉래는 보조 교사가 되어 맹인 소녀들을 가르쳤다. 나중에는 일본으로 건너가 심화 교육을 받았으며 1918년 열병으로 사망할 때까지 우리나라 최초의 특수 교사로 활약했다.

로제타 홀은 농교육에도 관심을 기울여 1909년 우리나라 최초의 농학교인 평양농아학교를 설립했다. 이후 평양맹학교와 평양농아학교가 합병하여 평양맹아학교平壤盲啞學校로 개칭되었으며 로제타 홀이 초대 교장에 취임했다. 로제타 홀은 1914년 우리나라에서 최초로 개최된 특수교육 관계 국제회의인 동양맹아교육대회東洋盲啞教育大會를 주최했다. 8월 11일부터 15일까지 평양맹아학교 내에서 진행된 이 대회에는 중국·일본·한국의 맹농아학교 대표자 40여 명이 참석하기도 했다.[128] 이처럼 평양에서 여성병원을 운영하고 조선 최초의 특수 교육을 실시하며 여러 가지 업적을 쌓은 로제타 홀을 사람들은 '평양의 오마니'라고 불렀다.

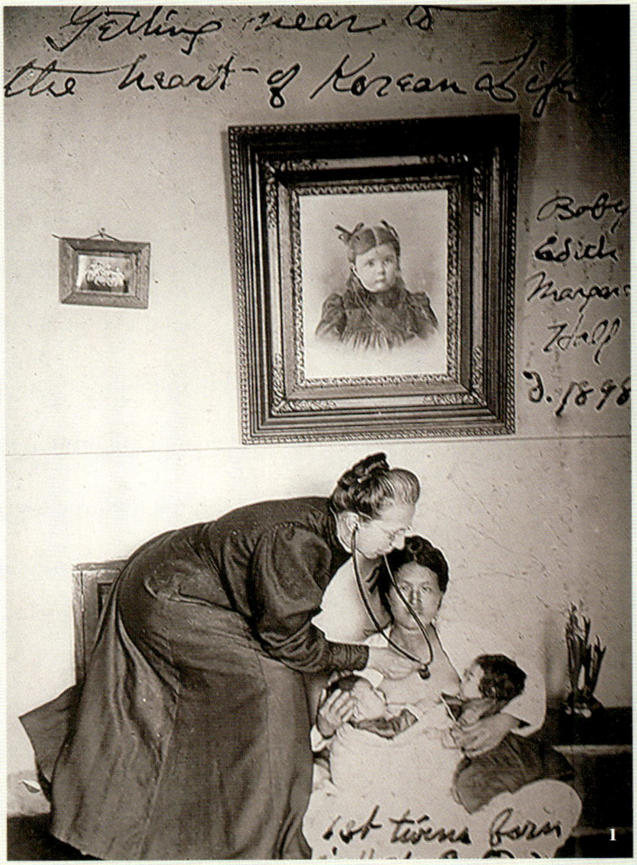

1 광혜여원에서 진료 중인 로제타 홀(1898).
광혜여원에서 처음으로 쌍둥이를 분만한 산모가 로제타 홀로부터 진료를 받고 있다. 벽면에 걸린 이디스의 사진이 눈에 띈다.

2 로제타 홀과 평양맹아학교 졸업생들(1915)

3 평양맹학교의 로제타 홀과 조수들

시대를 앞서간 박에스더의 가족들

박에스더가 삶의 마지막 순간에 머물렀던 곳은 둘째 언니 신마리아(1873~1921)의 집이었다. 신마리아는 박에스더가 이화학당에 갔을 당시 혼기가 차서 학교를 다니는 대신 혼인을 했다. 결혼 후 남편(신정우)의 성을 따라 신마리아로 불렸으며 아들을 낳은 뒤 1893년 정동여학교에 입학했다. 공부를 마친 1896년부터는 연동여학교(정동여학교의 바뀐 이름)에서 학생들에게 예절 등을 가르치는 보모로 일했다. 1897년부터 3년 동안은 제중원 부속 의학부에서 남학생들과 함께 생리학, 화학, 산학, 지리, 역사, 천문학 등을 배웠다. 배움에 대한 열정과 학습 능력이 뛰어났던 신마리아는 이후 정신여학교(연동여학교의 바뀐 이름)에서 사감, 학감, 교감을 맡으며 여학생들을 가르쳤다. 남녀가 유별한 시대에 결혼과 출산 후 학교에 입학해 공부를 하고 졸업 후 보모와 교사의 일을 하며 의학교에서 남학생들과 함께 교육을 받으며 자신의 역량을 계속해서 키워갔다는 것은 당시로서는 상당히 파격적인 행보였다고 할 수 있다.[129]

신마리아는 3남 1녀를 낳았는데 그중 외동딸 신의경(1898~1988)도 주목할 만한 인물이다. 신의경은 정신여학교를 졸업한 후 이 학교의 교사로 일하며 대한민국애국부인회에 가입해 서기 및 지부장으로 활동하며 독립운동에 헌신했다. 주로 독립자금을 모아 임시정부에 송금하는 업무를 담당하다가 1919년 11월 독립운동 활동이 발각되면서 체포되었다. 1920년 6월 29일 대구지방법원에서 징역 1년형을 선고받고 복역하던 중 1921년 6월 24일 모친 신마리아가 세상을 떠났다. 출옥 후 1922년 YWCA 창설에 참여했으며 1927년 이화여자전문학교를 제1회로 졸업한 뒤 일본 도호쿠대학東北大學으로 유학을 다녀왔다. 귀국 후 이화여전 교수를 역임했으며 해방 후에는 1946년 6월 한국 YWCA 재건 및 12월 발족한 남조선 과도입법의원에 여성의원으로 참여했다. 1963년 대통령표창, 1990년 건국훈장 애족장이 추서되었다.

박에스더의 동생 김배세(1886~1944)는 영어 이름 'Bessie'에서 한글 음으로 한자를 붙인 이름으로 보통 '베시'라고 불렸다. 1902년경 보구녀관에서 언니 박에스더의 조수로 일했고 박에스더가 평양 광혜여원으로 옮겨갔을 때도 따라가 언니를 도우며 기본적인 의료 경험을 쌓았다. 1903년 신마리아가 교감으로 있던 연동여학교에 입학해 1907년 제1회 졸업생이 되었다. 졸업 후에는 박에스더가 있는 평양으로 가서 로제타 홀이 설립한 맹학교에서 지리, 악기, 노래 등을 가르치기도 했다. 1907년 세브란스병원 간호원양성학교에 입학해 1910년 6월 10일 제1회 졸업생이 되었고 세브란스병원의 첫 간호원으로 활동했다.[130]

김배세는 영어 실력이 좋아 간호 관련 논문 번역에도 열심이었다. 1912년에는 보구녀관 간호원들과 함께 환자식患者食을 위한 전시회를 개최하기도 했고, 여러 해 동안 평양 기홀병원에서 간호원장으로 봉사한 적도 있다.[131] 오랫동안 세브란스병원에서 근무했고 평생 결혼을 하지 않은 채 환자들만 돌보다 1944년 4월 20일 59세의 나이에 조카 신영묵의 서울 혜화동 자택에서 눈을 감았다.

1 신마리아

2 신의경

3 세브란스병원 간호원양성소 제1회 졸업생 김배세(1910). 김배세가 의자에 앉아 졸업장을 들고 있다.

1

2

3

의병을 치료한 보구녀관의 간호원들

1907년 보구녀관 간호원양성학교는 조선 역사의 한 페이지를 장식한다. 헤이그 특사 파견 후 일제가 내민 정미7조약에 순종이 서명하면서 군대 해산 칙서를 내린 때였다. 부대별로 견장과 검을 반납하고 계급장을 떼는 동안 박승환 참령參領이 스스로 목숨을 끊었다. "군인으로서 나라를 지키지 못하니 만 번 죽어도 아깝지 않다."는 유서와 함께였다.

분개한 해산 군인들은 무기고에서 총을 꺼내 일본군과 전투를 벌였다. 600년 역사 속 한양 도성에서의 첫 시가전이었다. 조선군과 일본군은 서울 남대문과 서소문 사이에서 치열한 교전을 벌였지만, 구식 무기뿐이었던 조선 군인들이 무참히 희생되었다. 이들을 치료할 인력이 필요했다. 보구녀관 간호원장 마가렛 에드먼즈는 당시의 상황을 다음과 같이 기록했다.

> 만약 우리(보구녀관) 직원의 도움을 원한다면 준비하겠다고 세브란스병원에 전하자 "즉시 오라."는 답변이 왔다. 우리는 인력거 넉 대를 불러 메리 커틀러 의사와 나, 두 명의 상급반 학생 간호원(이그레이스, 김마르다)이 탔다.[132]

세브란스병원 간호원이었던 에스더 쉴즈는 이그레이스, 김마르다의 응급 처지에 대해 깨끗한 간호복을 입은 조선인 간호원의 활약에 그 자리에 있던 모두가 놀라워했다고 기록하며 응급 상황에서 보여준 이들의 역량을 높이 평가했다.[133] 이그레이스와 김마르다의 활약은 『대한매일신보』의 기사에서도 확인이 가능하다.

이 내용은 조선과 일본 병사들이 접전할 때에 다친 조선군을 보구녀관 간호원들이 지성으로 구호했다는 기사이다. 이 밖에도 세브란스병원의 올리버 에비슨(Oliver R. Avison, 1860~1956) 의사는 "젊은 여성 간호원들은 한 번도 남성 환자를 돌본 적이 없었지만, 정신없이 일하느라 자기가 간호하는 환자들이 남성이라는 사실을 잊을 정도였다."고 말했다.[134]

사실 보구녀관의 여성 의료인들은 성인 남성 환자를 돌본 적이 거의 없었다. 남자 의사에게 자신의 몸을 내보일 수 없었던 여성들이 입장이 바뀌었다 한들, 갑자기 남성 환자들을 치료한다는 게 쉬운 일은 아니었다. 하지만 간호원들은 그 누구보다 헌신적으로 나섰다. '내가 우리나라 동포를 구하지 않으면 누가 구하겠는가?'라는 마음 앞에서 남녀유별은 조금도 문제가 되지 않았기 때문이다. 이 사건은 여성 간호원들이 남성 환자들을 직접적으로 간호하게 된 하나의 계기가 되었다.

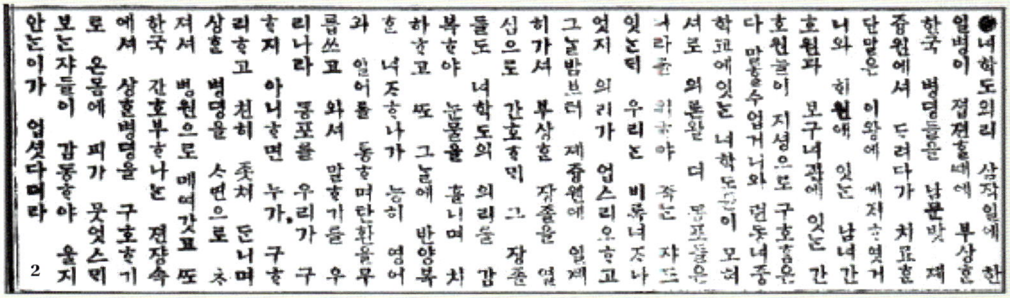

●녀학도의리 삼작일에 한일병이 졉젼ᄒᆞᆯ때에 부상ᄒᆞᆫ 한국 병뎡들은 남문밧 제즁원에서 ᄃᆞ려다가 치료ᄒᆞᆫ단말은 이왕에 게재ᄒᆞ엿거니와 히원에 잇ᄂᆞᆫ 남녀간호원과 보구녀관에 잇ᄂᆞᆫ 간호원들이 지셩으로 구호ᄒᆞᆷ은 다 말ᄒᆞᆯ수업거니와 련동녀즁학교에잇ᄂᆞᆫ 녀학도ᄉᆡᆼ이 모혀서로 의론왈 뎌 동포들은 나라를 위ᄒᆞ야 죽ᄂᆞᆫ 쟈ᄃᆞ잇ᄂᆞᆫ틱 우리ᄂᆞᆫ 비록녀ᄌᆞ나 엇지 의리가 업스리오ᄒᆞ고 그날밤브터 제즁원에 일졔히가서 부상ᄒᆞᆫ 쟝졸을 열심으로 간호ᄒᆞ며 그 쟝졸들도 녀학도의 의리를 감복ᄒᆞ야 눈물을 흘니며 치하ᄒᆞ고 또 그날에 반양복ᄒᆞᆫ 녀ᄌᆞᄒᆞ나가 능히 영어과 일어를 동ᄒᆞ며탄환을무릅쓰고 와서 말ᄒᆞ기를 우리나라 동포를 우리가 구ᄒᆞ지 아니ᄒᆞ면 누가.구ᄒᆞ리ᄒᆞ고 친히 ᄎᆞ쳐 ᄃᆞᆫ니며 상ᄒᆞᆫ 병뎡을 수변으로 ᄎᆞ저서 병원으로 메여갓고 또 한국 간호부ᄒᆞ나ᄂᆞᆫ 젼쟝속에서 상ᄒᆞᆫ병뎡을 구호ᄒᆞ기로 온몸에 피가 뭇엇스며 보ᄂᆞᆫ쟈들이 감동ᄒᆞ야 울지 안ᄂᆞᆫ이가 업셧다더라

1 남대문전투 후 대한제국군 병영을 점령한 일본군(1907.8.1)

2 『대한매일신보』 기사(1907.8.4).
보구녀관 간호원들이 해산된 대한제국군의 부상병 치료에 나선 활약을 전한 기사이다.

조선 여성의 사회 진출에 기여한 간호원들

구한말 여성들의 삶은 남성에 비해 주어지는 선택권이 거의 없었다. 몸이 아플 때 제대로 된 치료를 받는 것도, 학교를 다니며 교육을 받는 것도, 직업을 갖고 돈을 버는 것도 마음대로 할 수 없었다. 하지만 보구녀관 간호원양성학교의 간호원들은 여느 여성들과 달랐다. 새로운 지식을 배우며 적극적으로 일했다. 메리 커틀러 의사와 마가렛 에드먼즈 간호원장은 1906년 다음과 같은 기록을 남겼다.

> 병원 병동은 (중략) 대다수의 환자들이 마지막으로 찾아오는 곳이다. 커다란 근심으로 쓰러지기도 하지만 지속적인 돌봄 덕분에 회복되는 곳이기도 하다. 이곳을 다시 찾는 사람들은 의사에게 감사해하고, 특히 사랑과 신뢰를 가르쳐준 간호원의 얼굴을 자세히 들여다본다.[135]

조선의 간호원들은 왕진을 다니며 새로운 세상을 만났다. 외국인 산모의 출산을 돕기 위해 왕진을 간 곳에서 간호원들은 자신이 알던 가치관과 다른 풍경에 깜짝 놀라곤 했다.

> 두 명의 미국인 산모와 그들이 낳은 여자 아기들의 간호는 조선인 간호원들에게 큰 기쁨이자 유익이었다. 아기의 부모가 딸을 사랑스럽게 바라보는 것은 간호원들이 이제껏 경험해보지 못한 일이었다. 조선 사람들 중 어느 누가 여자 아기의 탄생을 좋아한다고 생각하겠는가?[136]

외국인 부부의 모습은 간호원들에게 새로운 부부의 상을 제시해주었다. 간호원들은 자신이 알지 못했던 세상이 궁금해졌다. 그들은 자발적으로 일본의 병원을 살펴볼 기회를 모색하기도 했다. 이에 대해 메리 커틀러 의사는 1906년 이런 기록을 남겼다.

> 마가렛 에드먼즈 간호원장이 일본에 있는 병원에 간다고 했을 때 조선인 간호원 두 명(이그레이스, 김마르다)도 동행하고 싶어 했다. (중략) 그들은 나가사키, 오메라, 코쿠라에 있는 군인 병원과 민간 병원을 방문했고, 이화학당과 맹인학교에 도움이 될 만한 곳도 방문했다. 간호원장은 50개 이상의 병실이 있던 병원을 다녀온 날에 퀴즈를 냈는데, 조선인 간호원들이 그 병실에 있던 모든 것들을 자세히 설명하는 것을 보고는 감탄하지 않을 수 없었다. 그들은 일본에서 돌아와 자신이 익힌 것을 업무에 활용하는 간호원이 되었을 뿐 아니라 동료들에게도 많은 것들을 알려주었다.[137]

조선의 간호원들은 어둠 속에서 스스로 빛을 내며 걸어간 존재들이었다. 그들은 더 많은 일을 해낼 수 있도록 끊임없이 정진했고, 그 뒤를 이어 수많은 간호원들이 탄생할 수 있었다.

W.F.M.S.의 선교사들은 어디에서 살았을까?

1898년 봄 미국 뉴잉글랜드 지부의 후원으로 동대문에 선교사들의 숙박시설인 스크랜튼 홈M. F. Scranton Home이 완성되었다.[138] W.F.M.S. 소속의 독신 여성 선교사들은 이곳 스크랜튼 홈에서 함께 살았다.

로제타 홀은 남편과 딸을 잃은 후 평양으로 가기 전 잠시 서울에 머물 때 다른 여성 선교사들의 배려로 아들 셔우드 홀과 스크랜튼 홈에서 독신 여성 선교사들과 함께 지낼 수 있었다. 또한 엠마 언스버거는 1907년 금요일 밤마다 볼드윈 진료소에서 성경 모임을 갖는 여성들에게 위생 관련 교육을 했는데, 참여하는 사람들이 점점 많아져 스크랜튼 홈의 방 하나에서 해당 모임을 갖곤 했다.[139]

스크랜튼 홈은 한국에 오는 해외 여성 선교사들이나 외국인 방문객에게 열린 공간의 역할을 겸했던 것으로 보인다. 한국을 여러 차례 방문해 한국의 다양한 모습들을 그림으로 남긴 영국 화가 엘리자베스 키스Elizabeth Keith와 그녀의 언니 엘스펫 키스 로버트슨 스콧Elspet Keith Robertson Scott도 1919년 스크랜튼 홈에 머문 적이 있었다.

> 서울에는 일본 정부가 운영하는 서양식의 호화스러운 호텔이 있는데 일본 사람들은 그것을 아주 자랑스럽게 생각하고 있었다. 하지만 우리는 그 호텔을 사양하고 감리교 의료 선교회관(스크랜튼 홈)으로 들어가 한국 방문 기간 내내 그곳에서 지냈다. 우리는 한국을 더 알고 싶은 마음이 강했기 때문에 한국과 한국 문화를 잘 알고 귀중하게 여기는 외국인들과 같이 지내고 싶었다.[140]

스크랜튼 홈 전경(1899)

조선에서 가장 행복한 소녀 옥분이

밥 먹는 날보다 춥고 배고픈 날이 더 많았던 소녀. 동생들에게 먹일 음식을 받는 대가로 어느 부잣집에 종으로 팔려간 소녀. 부잣집에서도 추위와 배고픔은 이어졌고, 고된 일과 무자비한 매질까지 더해져 삶이 고단했던 소녀. 매섭도록 추운 어느 날 두 손과 발 하나가 동상에 걸려 일하던 집에서도 쫓겨난 소녀. 이 아이는 역설적이게도 스스로를 조선에서 가장 행복한 소녀라고 말했다. 소녀의 이름은 '옥분이', 세례명은 '송안나'였다.

1910년까지 보구녀관에서 머물렀던 W.F.M.S. 선교사 미네르바 구타펠(Minerva Guthapfel, 1873~1942)은 옥분이가 진심으로 행복하다는 걸 알았다. 옥분이는 동상 때문에 두 손과 발 하나를 절단했지만, 고통도 함께 사라져서 행복하다고 했다. 보구녀관에 살면서부터는 매를 맞은 적이 없고, 추위와 배고픔도 사라졌으며 이제껏 한 번도 본 적 없는 예쁜 크리스마스트리를 본 것도 자신이 세상에서 가장 행복한 이유라고 했다.

1906년 12월 25일 보구녀관에서는 즐거운 크리스마스 행사가 열렸다. 반짝이는 크리스마스트리가 있었고, 환자들에게 나누어줄 선물도 쌓여 있었다. 옥분이는 크리스마스트리를 보며 구타펠에게 말했다.

> 선교사님, 전 크리스마스트리를 보았어요. 전 그렇게 예쁜 걸 본 적이 없거든요. 하나님은, 손발이 있는 다른 사람에게 그랬던 것처럼 두 손이 없고 발도 하나만 있는 나 옥분이도 사랑하신대요. 나는 진심으로 그걸 알아요.

미국에 있는 어느 부인은 『조선에서 가장 행복한 소녀』라는 책자를 읽고는 옥분이에게 휠체어를 선물했다. 옥분이는 모든 것이 감사했다. 그리고 더 이상 아무것도 바라지 않았다. 온 마음이 행복으로 가득했기 때문이다.[141]

옥분이는 1912년 평양 광혜여원의 책임자가 된 메리 커틀러와 함께 평양으로 갔다. 매일 간호가 필요했던 옥분이에게는 최소한의 인력만 남은 보구녀관보다 자신이 일하는 광혜여원이 더 낫다는 메리 커틀러의 결정이었다. 옥분이는 광혜여원에 간 후에도 보구녀관에서와 마찬가지로 진료소를 찾은 아기들을 달래고, 글을 모르는 환자들에게 읽고 쓰는 법을 가르쳐주고, 병실을 찾은 환자들에게 성경 이야기를 들려주었다.[142]

하지만 안타깝게도 로제타 홀과 메리 커틀러가 쓴 1915년의 보고서에는 옥분이의 사망 소식이 포함되어 있다. 1914년 성탄절까지 평소와 다름없이 지내던 옥분이는 그만 복합장애로 쓰러지면서 1915년 4월 13일 밤 눈을 감았다.[143] 옥분이는 떠났지만, 그녀의 행복했던 삶은 한국인뿐 아니라 외국인들에게도 깊은 감동을 남겼다.

1

2

1 조선에서 가장 행복한 소녀 옥분이와 옥분이가 직접 쓴 감사의 편지

2 로제타 홀(오른쪽), 메리 커틀러와 함께 평양으로 간 옥분이

한국 문화를 사랑했던 메리 커틀러

1893년 조선에 온 메리 커틀러는 1939년까지 무려 46년 동안 한국에서 살았다. 80대 초반의 나이에 사망했으니 반평생이 넘는 시간 동안 한국에서 지낸 것인데, 한국 문화와 한국 여성들에 대한 애정이 각별하지 않고서는 불가능한 일이었을 것이다. 메리 커틀러의 사진들을 살펴보면 메리 사Mary Soonamie Sah라는 이름의 소녀와 함께 미국으로 간 것을 알 수 있다.

메리 사의 마지막 기록은 「Woman's Missionary Friend」 1907년 6월호에 실린 폴츠선교학원에 재학 중인 사진으로 찾아볼 수 있었다. 한국에서 오래 살았던 메리 커틀러는 미국에 있던 메리 사와 오랫동안 떨어져 있었던 것 같지만, 메리 사가 자신의 삶을 개척할 수 있도록 메리 커틀러가 손길을 내민 것은 분명해 보인다.

메리 커틀러가 남긴 자료들을 보면 그녀가 얼마나 한국 문화를 사랑했는지도 알 수 있다. 메리 커틀러는 한국에 있는 동안 그림과 인형, 인형 옷 등을 수집했는데, 해당 물품들을 1945년 미국 미시간주에 있는 그랜드 래피즈 공립박물관Grand Rapids Public Museum에 모두 기증했다.

메리 커틀러와 메리 사(1900)

1

2

1 메리 커틀러의 가족사진.
두 번째 줄 오른쪽에서 세 번째가 메리 사이고, 그 옆 네 번째가 메리 커틀러이다.

2 맨 왼쪽에 서 있는 메리 사(1907)

3 메리 커틀러가 한국에서 수집한 그림. 광대

4 메리 커틀러가 한국에서 수집한 그림. 산신

5,6 메리 커틀러가 한국에서 수집한 인형

3

4

5

6

3장.

릴리안 해리스 기념병원(동대문부인병원)

더 낮은 곳에서 섬기다

1912~1945

1. 동대문 시대를 열다

정동의 보구녀관에서 동대문의 릴리안 해리스 기념병원이 되기까지

> 성홍열이 돌 때 우리는 젖은 마루, 썩은 기둥, 물이 줄줄 새는 지붕, 지붕을 받치는 대들보의 균열 때문에 병원 이곳저곳을 손봐야 했다. 이 때문에 몇 번이나 장기간, 또는 단기간 병원의 문을 닫을 수밖에 없었다.[144]

위의 내용은 메리 커틀러가 1905년에 남긴 기록이지만, 사실 그녀는 1898년부터 보구녀관의 낡은 건물과 시설을 대체할 새로운 병원이 필요하다고 주장해왔다.[145] 아무리 열심히 보수 작업을 해도 한여름 홍수를 겪고 나면 곰팡이가 생기면서 병원 위생이 취약해졌고, 잦은 건물 손상과 부족한 시설은 시간이 지나도 해소되지 않았다. 심지어 1907년 봄에는 마루와 벽이 무너지고 온돌바닥의 구들장 전체가 막혔으며 지붕이 떨어지기 직전이라는 기록도 있다.[146] 1901년 6월부터 동대문 볼드윈 진료소에서 일해온 언스버거는 나날이 동대문을 찾는 환자들이 늘어감에 따라 메리 커틀러와 마찬가지로 새 병원의 필요성을 절감하고 있었다.

언스버거는 미국에 머무는 동안 새 병원의 예산을 마련하기 위해 여러 주를 다니며 연설을 했고, 조선 여성들을 위한 병원의 필요성을 편지에 써서 청중

W.F.M.S. 선교사들(1910). 메리 커틀러(앞줄 오른쪽에서 세 번째)와 엠마 언스버거(커틀러 뒤편으로 맨 뒷줄 가운데)가 보인다.

에게 전했다. 그녀의 진심은 코웬Mrs. Cowen 부인에게 닿았다.

코웬 부인은 눈물을 흘리며 조선의 새로운 여성병원을 위해 거액의 건설 기금을 기부했다. 이에 병원 이름을 '코웬'으로 지으려 했지만 그녀는 한사코 거절하며 조선의 환자들을 돌보다 죽은 릴리안 해리스 의사의 이름을 써야 한다고 주장했다. 그렇게 새 병원의 이름은 '릴리안 해리스 기념병원Lillian Harris Memorial Hospital'이 되었다.[147] 코웬 부인의 기부금 외에도 신시내티 지부 소속 여성 교인들과 어린이들의 헌금이 더해지면서 언스버거가 모금한 액수는 8천 달러였을 것으로 추정된다.[148]

새 병원을 위한 기금이 마련된 후 선교사들은 어디에 병원을 지을지 논의했다. 여러 의견이 있었지만 최종적으로 많은 환자를 수용할 수 있는 동대문 지역으로 결정되었다. 새 병원이 들어서기에 동대문이 적합하다는 것은 이미 1887년에 스크랜튼 의사가 주장한 바 있다.

조선에서는 집에서 사람이 죽는 것을 매우 재수 없는 일로 여깁니다. 그래서 노비들이 죽을 병에 걸리거나 치명적인 전염병에 감염되면 초막집에 혼자 살도록 방치하거나 흉측한 거처도 없이 도성 밖으로 버려집니다. (중략)

> 서울의 사대문 밖을 나서면 언제나 수백 명의 버려진 사람들을 보게 됩니다. 그들에게는 항상 의식주와 의료 혜택이 필요합니다. 될 수 있으면 그들에게 보호소라도 제공할 수 있기를 바랍니다.[149]

릴리안 해리스 기념병원은 1908년부터 공사에 들어갔다. 1908년 11월 대한제국 정부는 릴리안 해리스 기념병원의 건립이 공공의 목적에 부합한다며 국가 재산인 보통학교 부지의 일부 소유권을 W.F.M.S.에 넘겨주었다.[150]

감리교 해외선교회의 남자 선교사 찰스 로버Charles Loeber와 언스버거 의사가 새 병원 건설의 감독을 맡았다. 1909년 무렵 건물의 외형이 완성되었고, 이후 조명, 난방, 급수 설비를 갖춘 후 창문, 문, 마루가 설치될 예정이었다. 그러나 건축 자재의 비용이 크게 늘어나면서 건물 내부 난방 등의 설비 공사가 일시적으로 중단되었다.[151] 이때 찰스 로버의 횡령 문제가 발생했고, 그로 인해 엠마 언스버거는 1910년 말 미국으로 귀국할 수밖에 없었다. 1911년 3월 그녀의 후임으로 메리 스튜어트(Mary A. Schermerhorn Stewart, 1862~1935) 의사가 왔다.

릴리안 해리스 기념병원의 공사는 메리 스튜어트의 지휘 아래 재개되었다. 배선 작업과 수도 및 증기배관, 문과 창문의 마무리도 빠르게 진행되었다. 드디어 1912년 가을 릴리안 해리스 기념병원이 준공되었다.

'릴리안 해리스 기념병원'이라는 이름은 한국 사람들이 발음하기에는 다소 길고 어려웠다. 자연스럽게 동대문에 있는 여성들을 위한 병원이라는 의미에서 '동대문부인병원'이라고 불리게 되었다. 하지만 선교사들은 릴리안 해리스를 추모하기 위해 병원의 정식 이름을 포기할 수 없었다. 그래서 선교사들은 '릴리안 해리스 기념병원'이라고 부르고, 환자들은 '동대문부인병원'이라고 부르며 이 두 이름이 혼용되었다.

4층 높이의 붉은 벽돌 건물인 릴리안 해리스 기념병원은 언덕 위에 있어 눈에 잘 들어오기도 했지만, 주변의 낮은 한옥과 비교되어 더욱 찾기 쉬운 곳이기도 했다. 이 병원의 전등은 밤에도 꺼지지 않기로 유명해서 환자들이 한눈에 알아보는 병원이 되었다. 1919년 동대문을 지나는 고종 국장 행렬의 기록에서도 릴리안 해리스 기념병원의 모습이 남아 있다.

1 동대문 안 언덕에 자리 잡은 릴리안 해리스 기념병원(1913)

2 언덕 위의 릴리안 해리스 기념병원. 가운데 길을 중심으로 왼쪽에 보이는 한옥은 볼드윈 진료소와 볼드윈 예배당으로 릴리안 해리스 기념병원 완공 후에도 한동안 제자리를 지켰다.

3 메리 스튜어트 병원장

흥인문 옆을 지나는 고종 국장 행렬과 뒷편에 보이는 릴리안 해리스 기념병원(1919)

드디어 문을 연 릴리안 해리스 기념병원

1913년 6월 9일 수많은 선교사들이 들뜬 표정으로 동대문 언덕에 모였다. 로제타 홀 의사, 언더우드 목사, 에비슨 의사 등은 새로운 병원의 탄생을 기뻐하며 기념 연설을 했다.[152] '릴리안 해리스 기념병원'의 봉헌식 행사가 있었기 때문이다.

그러나 릴리안 해리스 기념병원이 이날부터 문을 연 것은 아니었다. 그보다 앞선 1912년 가을부터 환자들을 진료했다. 릴리안 해리스 기념병원의 첫 병원장을 맡은 메리 스튜어트는 1912년 다음과 같은 기록을 남겼다.

> 내가 한국에 온 첫 1년간은 공부와 병원 완공에 더 많은 시간을 쓸 수 있도록 병원 일을 시작하지 않는 것이 좋겠다고 생각했다. 그러나 아픈 환자들을 보고 돕지 않을 의사는 없지 않는가? 동대문교회의 많은 신도들 중에는 병에 걸려 도와달라고 하는 이들이 항상 있다. 그들을 위해 아무것도 하지 않는 것은 일할 시간을 내는 것보다 더 어렵다.[153]

나오미 앤더슨

이 기록에 따르면 릴리안 해리스 기념병원이 정식으로 병원 문을 열기 전부터 아픈 환자를 진료했다는 것을 알 수 있다. 1912년 1월 한국에 온 나오미 앤더슨 간호원장도 평양 광혜여원에서 지내다가 1912년 9월 20일 릴리안 해리스 기념병원으로 임지를 옮겨왔다. 이때 광혜여원에 임시로 머물던 간호원양성학교도 릴리안 해리스 기념병원으로 영구 이전하면서[154] 병원은 점점 의료진의 규모를 갖추어갔다. 이 무렵 정동에 위치한 보구녀관은 릴리안 해리스 기념병원과 완전히 통합되었다.

나오미 앤더슨은 봉헌식 이전부터 시작된 릴리안 해리스 기념병원의 진료에 대해 다음과 같이 기록했다.

> 지난 (1913년) 1월 우리는 정동병원(보구녀관)에서 받은 성인 병상 7개와 아이 병상 1개를 세팅하고 허술한 마무리 공사가 이뤄진 상태에서 환자를 받

았다. (중략) 매우 힘들고 불편한 상황이었지만 간호원과 수습간호원들은 굴하지 않고 아주 성실하게 자신의 일을 해냈다.

우리는 1월 25일부터 5월 31일까지 모두 55명의 환자를 돌보았는데, 그중 7명은 너무 늦게 병원을 찾는 바람에 사망했다. 두 명의 산모와 세 명의 수술 환자가 있었고, 그 외 나머지는 모두 내과 환자였다.[155]

시간이 지날수록 릴리안 해리스 기념병원은 의료진과 환자 모두에게 필요한 조건들을 갖추어갔다. 완공이 될 무렵에는 성인 병상 24개와 아이 병상 12개, 수술실 가구를 모두 구비할 수 있었다. 침대 시트와 베갯잇, 어린이 병실의 벽을 장식할 아름다운 액자 등 의미 있는 기부 물품들도 차곡차곡 도착했다.[156] 릴리안 해리스 기념병원의 모든 직원은 더 많은 이들에게 도움의 손길을 내밀 준비를 마쳤다.

환자의 위생과 청결에 앞장선 메리 스튜어트 병원장

릴리안 해리스 기념병원의 완공을 책임지며 첫 병원장이 된 메리 스튜어트는 1910년 W.F.M.S. 필라델피아지부에서 한국 파송을 임명받은 후 1911년 3월 한국에 도착했다. 짐을 풀자마자 미완성 상태의 병원 공사를 책임졌고, 1924년 미국으로 돌아갈 때까지 릴리안 해리스 기념병원에서 헌신했다. 메리 스튜어트는 환자의 질병이 위생과 직결된다고 생각해 병원을 찾는 환자들에게 치료와 동시에 깨끗한 환경을 만들어주는 데 많은 신경을 썼다.

우리는 누더기 옷을 입은 환자들에게 약을 주었고, 목욕도 시켜주고, 그 자리에서 새 옷을 만들어주었다. 그리고 벌레가 붙어 있는 누더기 옷을 태웠다. (중략) 성탄절에는 병원 근처에 살고 있는 가장 가난한 아이들 75명에게 저녁 식사를 대접했다. 벙커 부인이 많은 옷들을 준 덕분에 우리는 그 아이들에게 저녁을 먹이고, 목욕도 시키고, 깨끗한 옷을 입히고, 구충제도 주었

다. 간호원들은 아이들의 누더기 옷을 벗기는 즉시 불태웠다.[157]

메리 스튜어트의 1915년 기록에는 현미경이 등장한다. 메리 스튜어트는 현미경을 구입한 후 기생충 환자가 크게 늘었고, 높은 비율로 십이지장충을 갖고 있다고 기록했다.[158] 그녀는 이러한 기생충이 한국 사람들에게 어떻게 작용하고 있는지를 잘 알고 있었다.

> 한국인들이 게으르다고 말하는 사람들이 있는데, 나는 그들에게 그게 다 이유가 있다고 답합니다. 바로 기생충 때문이에요. 나는 어떤 한국인 환자에게서 무지하게 큰 촌충도 빼주었고, 또 다른 환자에게서는 십이지장충을 무려 200여 마리나 빼냈어요. 이 불쌍한 여자들을 괴롭히는 것은 영양 부족과 몸속의 기생충이랍니다.[159]

일본인은 한국 사람의 천성이 게으르다고 비난했지만, 메리 스튜어트는 비위생적인 환경 속에서 살아가는 한국인 환자들을 진심으로 걱정하며 위와 같이 말했다. 그래서 아픈 아이들이 병원을 찾을 때면 거의 대부분 목욕부터 시키고 진료를 시작할 정도였다. 피부 모공이 닫혀 있는 상태에서 최고의 약을 바르는 것보다 목욕을 시키고 피마자유를 발라주는 것이 치료에 훨씬 도움이 된다며, 지저분한 아기를 낫게 하려고 애쓰는 것은 소용이 없다고 말하는 그녀였다. 메리 스튜어트의 지시에 따라 한 해 동안 5세 미만의 유아에게 실시한 목욕 횟수는 무려 1,711회에 달했다.[160]

해가 바뀌어도 메리 스튜어트는 아이들의 청결을 위해 꾸준히 노력했다. 건강에 취약한 계절인 고온다습한 여름이면 몇 달 동안 따로 시간을 빼서 어린 아이들을 목욕시키고 무료 진료를 실시했다. 아이들이 잘 씻지 못하는 겨울이면 성탄절을 전후해 목욕 봉사를 한 후 가난한 아이들 80명에게 성탄절 만찬을 대접하고 목욕을 시킨 뒤 새 옷을 선물했다.[161]

이밖에도 메리 스튜어트는 1915년 산부인과 관련 진료 기록을 다음과 같이 남겼다.

분만을 위해 우리 병원을 찾는 산모들이 점점 늘고 있다. 지금은 우리 병원의 인력거를 타고 병원까지 오지만, 옛날에는 의사가 환자의 집으로 왕진을 갔다.[162]

한국 여성들은 이 시기부터 서서히 병원에서 출산을 하는 것에 대한 인식이 생긴 것으로 보인다. 이러한 변화에 발맞춰 메리 스튜어트는 1915년 12월부터 무료 분만 업무를 시작했다.[163]

사실 이 성과야말로 릴리안 해리스 기념병원의 건립 기금을 마련한 엠마 언스버거 의사가 그토록 바랐던 것이다. 그녀는 산모의 집으로 왕진을 갈 때마다 비위생적인 환경으로 인해 산모와 아기의 생존율이 낮아지는 것을 우려했다. 깨끗한 곳에서 출산만 한다면 그들은 모두 건강하게 살 수 있었다. 결국 릴리안 해리스 기념병원은 모자 돌봄 사업을 훌륭하게 수행하며 수많은 산모와 신생아의 사망률을 획기적으로 낮추었다.

릴리안 해리스 기념병원이 산부인과로 유명해진 이유는 또 있었다. 바로 난임 진료에 효과적이었기 때문이다. 메리 스튜어트는 한국인 가정에서 불임이 커다란 고통임을 알고 있었다. 난임으로 병원을 찾은 여성들을 돌보아주면 한 달 정도 후에 임신이 되었는데, 이 소식이 널리 퍼지면서 릴리안 해리스 기념병원의 부인과 진료가 한 해 동안 무려 2,000건에 달했다.[164]

메리 스튜어트가 남긴 기록 외에 그녀에 관한 이야기는 한국에서의 복음 사역을 기록한 책자인 「The Korea Mission Field」의 1918년 8월호 기사로도 확인이 가능하다. 수 홉킨스Sue Hopkins가 쓴 '메리 스튜어트 의사와 함께 동대문 병원에서 보낸 하루A Day with Dr. Mary Stewart at East Gate Hospital, Seoul'라는 제목의 글이다. 4쪽 분량의 이 기사에는 메리 스튜어트 병원장의 열정적인 하루 일과가 다음과 같이 고스란히 담겨 있다.

오전 일곱 시 반쯤 옷을 차려입고 기도를 하는 것으로 하루를 시작합니다. 지난밤에 휘몰아친 폭풍우 때문에 지하실부터 살펴봅니다. 오전 아홉 시 반 첫 병동으로 갑니다. 두 간호원이 전염성 높은 병에 걸린 환자들을 돌봅

1 릴리안 해리스 기념병원의 의료진.
뒷줄 가장 오른쪽에 서 있는 사람이 메리 스튜어트 병원장이다.

2 릴리안 해리스 기념병원의 한국식 앰뷸런스(1917)

1

1 릴리안 해리스 기념병원의 의료진 및 직원들(1915).
한국인 간호원과 직원들이 가운데에 앉아 있고, 뒷줄 양 옆으로 메리 스튜어트 의사(왼쪽)와 나오미 앤더슨 간호원장(오른쪽)이 서 있다.

2 W.F.M.S.의 의사 선교사들.
왼쪽부터 로제타 홀, 메리 커틀러, 메리 스튜어트이다.

2

> 니다. 무료 아동 병동에는 결핵 환자 둘이 있는데, 무릎이 안 좋은 남자아이와 엉덩이가 아픈 여자아이입니다.

이른 아침에 하루를 시작하는 메리 스튜어트 병원장은 당당한 걸음으로 회진을 돌았다. 수 홉킨스는 이런 스튜어트를 "아무리 많은 사람이 한꺼번에 말하고 울고 신음해도 절대 중심을 잃지 않는다."고 묘사했다.

수 홉킨스의 기록 속 1918년의 릴리안 해리스 기념병원은 100여 년 전이라는 것이 믿기지 않을 정도로 체계적이다. 당시에는 지하실과 1, 2층만 사용하고 있었는데 내부는 일반 병동, 외국인 병동, 아동 병동, 약제실, 진료 및 치료실, 회복실, 세탁실 등으로 나뉘어 있었다. 아기 병동에는 1인용 침대가 가득했고 각 병동 및 치료실마다 담당 간호원이 상주했다. 지나치게 지저분한 환자들을 진료 전에 목욕시키는 '목욕실(사회복지실)'까지 있었다.

특히 기부 병동에 대한 이야기가 눈길을 끈다. 포도주스 회사 '웰치'의 기부금으로 조성된 병동을 '웰치 병동Welch Ward'이라고 불렀다.[165] 웰치 병동은 일종의 중환자실과도 같았다. 고관절 탈구로 40일 넘게 투병한 여인과 방광 통증으로 고통받던 젊은 여성 환자, 곤충이 폐에 들어간 여성 환자 등이 수술을 받고 회복 중이었다.

외래 환자들의 질환과 상태는 다양했다. 심장병이 심한 여성 환자는 손이 붓고 피부가 검게 변해 병원을 찾았다. 종기가 네 개나 난 남자아이, 열흘 넘게 편도선이 부어 있던 여성, 분비선 염증으로 간지러움을 느끼는 환자, 위생 상태가 좋지 않은 이발소에서 머리를 깎다가 세균에 감염된 여승도 왔다.

수 홉킨스에 따르면, 메리 스튜어트 병원장은 한 시간에 20명도 넘는 외래 환자를 진료했다. 외래 진료를 마감한 저녁 여섯 시가 넘어서도 환자들이 몰려오는 통에 밤 아홉 시가 되어서야 병원 업무를 마칠 수 있었다. 스튜어트는 하루 열네 시간 이상 환자들을 진료했고, 쉬는 시간에는 회계 업무를 처리하며 병원 운영 업무를 병행했다. 혼자 감당하기에는 버거운 업무량이었지만 그럼에도 그녀는 전염병 환자를 쓰다듬어주고, 오랜만에 온 아이에게는 활짝 웃어주며 환자들을 대했다. 그리고 '시간은 하나님의 선물'이라는 기도와 함께 감사하는 마

음으로 하루를 마무리했다고 수 홉킨스는 글을 마쳤다.[166]

메리 스튜어트는 혼자서 릴리안 해리스 기념병원을 꾸려가는 게 쉽지 않았을 것이다. 하지만 평양 광혜여원에서 일하고 있던 로제타 홀과 메리 커틀러가 서울을 오가며 메리 스튜어트와 교류를 했던 것으로 보인다. 특히 메리 스튜어트가 미국으로 안식년을 가면 로제타 홀이나 메리 커틀러가 릴리안 해리스 기념병원의 책임을 맡기도 했다.[167]

릴리안 해리스 기념병원과 동대문부인병원의 변화를 함께한 버니타 블록

메리 스튜어트가 1924년에 미국으로 돌아가고 평양 광혜여원에 있던 로제타 홀이 2대 병원장으로 릴리안 해리스 기념병원을 책임지던 시기를 지나 버니타 블록(N. Bernita Block, 1901~1975) 의사가 3대 병원장으로 왔다.

버니타 블록

버니타 블록 의사는 1926년 미시간의학교를 졸업하고 1927년 말 릴리안 해리스 기념병원에 왔다. 1년간 한국어 공부를 하고 본격적인 근무를 시작한 것으로 보이는데, 그녀가 남긴 보고서가 1929년부터 확인되기 때문이다.

또한 1929년 『조선간호부회보』 제13호는 그녀가 동대문부인병원의 원장으로 취임했다고 전했다.[168] 릴리안 해리스 기념병원이 『조선간호부회보』에서 동대문부인병원으로 언급되는 이유는 이 시기부터 병원에 두 가지 측면의 큰 변화가 일어났기 때문이다.

첫째는 외국인 선교사들의 역할이 많이 축소되고, 한국 의료인들이 전면에 나서기 시작했다는 점이다. 일제는 시간이 지날수록 외국 선교사들을 눈엣가시처럼 여겼다. 그들이 한국인들을 돕기 때문에 자신들의 일이 뜻대로 되지 않는다고 생각하면서 선교사들을 한국에서 추방하기 시작했다. 이 같은 움직임 때문에 동대문부인병원은 1936년부터 W.F.M.S.의 보조 없이 자체적인 자비 운영으로 이루어졌다. 세 명의 한국인 의사와 열다섯 명의 간호원이 진료는 물론이고 여성과 아동을 위한 공중위생 교육, 복음 전도까지 모두 담당하게 되었다.[169]

둘째는 산부인과의 성과가 월등히 뛰어났다는 점이다. 동대문부인병원은

버니타 블록과 영변 유아진료소의 직원 및 환자들(1935). 맨 뒷줄 왼쪽에서 네 번째가 버니타 블록이며 동대문부인병원에서 일하다 평양으로 근무지가 변경되었다. 버니타 블록으로부터 왼쪽으로 한 사람 건너 있는 인물은 광혜여원에서 활동한 에델 버츠Ethel Butts 간호원이다.

안수경, 한소제 등 한국인 여의사가 있는 산과 전문병원으로 명성이 자자했다. 1937년 한 해 동안 출생한 신생아 수가 무려 1,024명에 달했는데, 이는 당시 전국에 있는 전체 병원의 출산 건수보다 많은 기록이었다. 가정 분만이 일반적이던 분위기 속에서 동대문부인병원 의료진의 헌신적인 노력과 뛰어난 의술 덕분에 난산을 겪던 산모들이 병원에서 건강하게 출산을 하고 집으로 돌아갈 수 있었다.

이러한 변화 속에서 병원 이름도 변화의 수순을 거쳤다. 릴리안 해리스 기념병원은 많은 사람들이 동대문부인병원이라고 부르는 것을 받아들이며 동대문부인병원이라는 이름을 공식적으로 사용하기 시작했다. 버니타 블록은 1935년까지 릴리안 해리스 기념병원의 병원장으로 일한 것으로 보인다. 위의 사진을 보면 그녀가 릴리안 해리스 기념병원을 떠나 같은 해에 영변 유아진료소로 임지를 옮긴 듯하다. 버니타 블록은 릴리안 해리스 기념병원과 동대문부인병원을 거쳐 간 유일한 병원장이 된 셈이다.

로제타 홀에 의하면, 버니타 블록 의사는 평양에 있던 에블린 리드비터(Dr. A. Evelyn Leadbeater, 1903~1975) 의사가 평양을 떠난 후에 평양으로 파견되었다고 한다.[170] 시기상으로 1935년부터 안수경 의사가 동대문 부인병원장으로 불리는데 그와 맞물리는 시점에 버니타 블록 의사가 평양으로 옮겨갔을 가능성이 크다.

그 이후 제2차 세계대전으로 국제 정세가 악화되면서 1940년에는 한국에 머물던 외국인 선교사들이 모두 본국으로 철수하게 되었고 버니타 블록 의사도 이때 한국을 떠났다. 10년 가까이 동대문부인병원에서 근무했지만 서슬 퍼런 시대 탓에 그녀에 대한 충분한 정보가 없다는 것이 안타깝다.

2. 한국의 여성 의료인들이 잇따라 탄생하다

한국 최초의 국내파 여의사들

로제타 홀은 아주 오래전부터 한국인 여의사 양성에 관심이 많았다. 1891년부터 '의료보조훈련반Medical Assistant Training Class'을 만들어 박에스더, 여메례, 노수잔 등의 마이 걸스에게 생리학과 약리학을 가르친 바 있다. 그중 박에스더는 볼티모어여자의학교를 졸업하고 1900년 조선 최초의 여의사가 되었다. 하지만 안타깝게도 의사 활동 10년 만에 폐결핵에 걸려 사망했다.

로제타 홀은 한국에서 공부를 한 국내파 여의사를 길러내는 것이 최선이라고 생각했다. 1912년 서울 보구녀관에서 평양 광혜여원으로 임지를 옮긴 메리 커틀러도 같은 생각이었다. 두 사람은 곧장 한국 여성들을 위한 의학강습반Women's Medical Class을 만들었다.[171]

한국 여학생들에게 의사가 될 공부를 하라고 권한 사람은 로제타 홀과 메리 커틀러였지만, 이들의 권유와 맞물려 스스로 의학 공부를 하고 싶어하는 여학생들도 있었다.[172] 로제타 홀과 메리 커틀러는 똑똑하고 굳은 결의를 가진 한국의 젊은 여성 기독교인들을 뽑아 의사면허를 취득해 의사가 될 수 있도록 교육시켜주겠다고 약속했다.[173] 그렇게 안수경(1895~?), 김영흥(1895~?), 김해지(1892~?) 세 사람은 한국 최초의 국내파 여의사가 될 준비를 시작했다.

로제타 홀과 메리 커틀러의 의학강습반에는 기홀병원의 한국인 의사와 군대병원 의사들도 교수로 참여해 도움을 주었다. 여학생들은 전도부인을 보호자로 대동하고 남자 의사들의 수업을 들었다. 로제타 홀은 이 학생들을 세브란스의학전문학교에 입학시키려 했지만 세브란스의전 측에서 거절했다.[174]

국내에서 의학교를 다니는 방법이 막히면 중국이나 일본, 미국 등으로 유학을 가는 수밖에 없었다. 비용이나 시간 면에서 너무 비효율적이었다. 로제타 홀과 메리 커틀러는 조선총독부의원부속 의학강습소에 입학시키는 방법을 생각했다. 그리고는 교장 후지타를 찾아가 학교를 남녀공학으로 바꾸어 여학생 세 명을 받아달라고 간곡히 설득했다. 후지타 교장은 정식 입학생 대신 청강생으로 받아주겠다고 했다. 이것은 꽤 괜찮은 제안이었다. 이와 관련해 로제타 홀과 메리 커틀러는 1913년 다음과 같은 기록을 남겼다.

> 서울에 한국 청년들을 위한 총독부 의학강습소가 있는데 그곳의 감독이 우리 여학생들을 가르칠 수 있다는 친절하고 너그러운 답변을 주었다. 남학생들과 멀리 떨어져 앉아 함께 수업을 들을 수 있다는 것이다. 남학생들처럼 수업료가 무료이고, 만약 성적이 좋다면 의사가 될 수 있는 정부 면허를 주겠다고 했다. 또한 남학생들에게 지급되는 장학금은 못 주어도 보호자만 있다면 학교에서 돈을 지불하는 기숙사를 제공하겠다고 했다.[175]

1914년 안수경, 김영흥, 김해지는 조선총독부의원부속 의학강습소에 청강생 자격으로 입학해 1918년 공부를 마쳤다. 그 사이 의학강습소는 경성의학전문학교로 이름이 바뀌었고 안수경, 김영흥, 김해지는 경성의전 졸업생이 되었다.[176] 처음 약속한 대로 이들은 졸업과 동시에 의사면허(안수경 244번, 김영흥 248번, 김해지 251번)를 취득할 수 있었다.[177] 드디어 국내파 여의사가 최초로 탄생한 순간이었다.

한국 최초의 국내파 여의사들은 의사면허를 발급받은 후 의사로서의 첫 걸음을 내디뎠다. 이미 십수 년 전 조선 최초의 간호원양성학교를 구상하며 여러 간호원들의 탄생을 지켜봤던 메리 커틀러는 안수경, 김영흥, 김해지의 졸업도 아

1 (왼쪽부터) 경성의전을 졸업한 김영흥, 김해지, 안수경(1918). 이들의 졸업식에 로제타 홀(뒷줄 왼쪽)과 메리 커틀러(뒷줄 오른쪽)가 함께 참석했다.

2 (왼쪽부터) 김해지, 김영흥, 안수경의 졸업 기념사진(1918). 뒷줄에는 로제타 홀(왼쪽)과 메리 커틀러(오른쪽)가 서 있다.

주 뿌듯하고 자랑스러워했다. 그녀는 "작은 도토리에서 큰 참나무가 자란다."고 말하며 더 많은 한국인 여의사가 계속 탄생하기를 바랐다.[178]

김영흥은 1918년 졸업 직후 릴리안 해리스 기념병원에서 일하다가 고향인 평양에서 개업의가 되었다. 1921년에는 로제타 홀이 인천에 부인병원(현 인천기독병원)을 운영할 때 주임 의사로 근무하기도 했다. 사회 운동이나 대중 강연, 야학 등에 적극적으로 참여했고, 1919년 당시 만세운동에 참여한 것으로 보이는 기록도 있다. 1920년대 후반에는 다시 평양으로 돌아가 개업을 했다.[179]

김해지는 평양 광혜여원에서 일을 시작했다. 메리 커틀러는 김해지가 훌륭하게 업무에 임하고 있다면서 그녀에게 병원을 전적으로 맡긴 뒤 병원을 찾는 환자가 줄었지만 어느 정도 시간이 지나자 다시 늘고 있다고 자랑스럽게 말했다.[180] 아무래도 환자들은 모든 것이 낯선 신입 의사를 덜 선호했던 듯하지만, 메리 커틀러는 시간이 해결해줄 문제라고 생각했다.

안수경은 릴리안 해리스 기념병원이 동대문부인병원이 되는 오랜 시간 동안 일하며 동대문부인병원의 한국인 최초 병원장이 되었다. 안수경은 자신의 도움이 필요한 일이라면 주저하지 않고 나서곤 했다. 동대문부인병원 안에 무료 해산실을 만들어 집도 없고 먹을 것도 없는 여성들이 안전하고 건강하게 출산과 산후조리를 할 수 있도록 지원한 것도 그녀였다.[181]

모든 환자들에게 가장 정답고 친절한 의사였던 안수경은 돈도, 오갈 곳도 없어 길거리를 헤매는 산모들을 그냥 두고 볼 수 없었다. 그들이 운 좋게 무사히 출산한다 해도 병을 얻을 게 뻔히 보였기 때문이었다. 그녀는 무료 해산실을 찾은 산모들을 성심성의껏 보살펴주었다.[182]

안수경은 또한 의사로서의 신망도 두터웠다. W.F.M.S.의 1925년 기록에 따르면 4월의 어느 날 서울에서 900리(약 350km)나 떨어진 곳에 있는 위급한 한 여성 환자가 안수경 의사에게 왕진을 요청한 일이 있었다. 안수경 의사의 치료를 받고 환자의 상태가 호전되자 환자의 가족은 굉장히 만족스러워하며 안수경의 왕진 교통비는 물론 40엔이나 되는 치료비를 병원 기금으로 지불했다.[183]

또한 안수경은 한국 내 교육으로 의사가 된 최초의 상징성이 있는 인물이자 동대문부인병원의 대표 의사이다 보니 신문이나 잡지 기고, 인터뷰, 대담 등

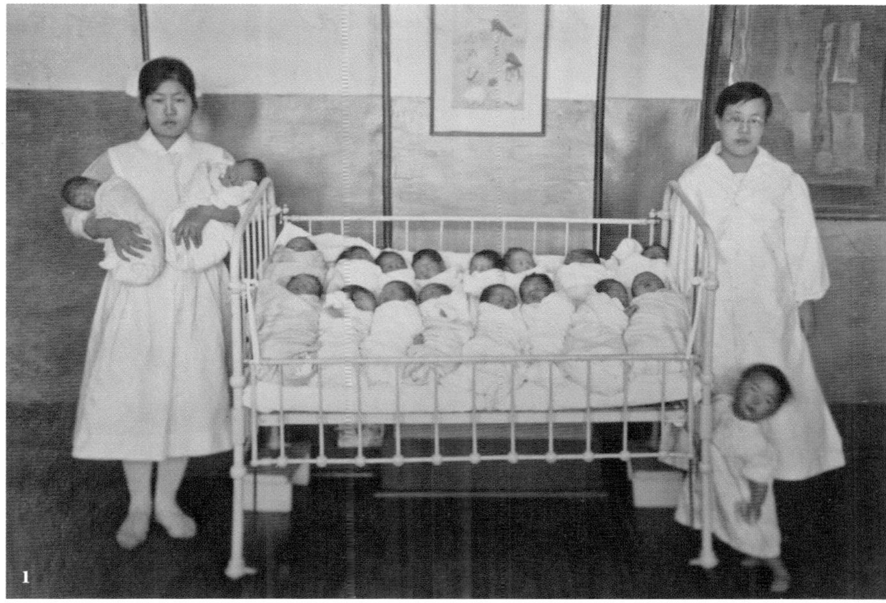

가뎡부인

수녀가티숨어잇서 병자를구원하는

◇동대문부인병원의사 안수경양

첫길에압장선이들 (六)

녀자가의원

해산을하고

여염부인과 살림사리

1 동대문부인병원에서 태어난 아기들과 안수경 의사(1926).
일주일 동안 태어난 아기 18명과 함께 찍은 사진으로 안수경 의사(오른쪽) 앞에 선 소녀는 고아 메리Mary이다.

2 안수경에 대한 1924년 11월 28일자 『조선일보』 기사

제왕절개로 출산한 산모와 안수경 의사(1926).
제왕절개 수술은 로제타 홀의 감독 아래 안수경, 현덕신 의사가 집도했다.

에 종종 등장하곤 했다. 여성들의 건강과 위생에 관한 전문가 칼럼을 쓰기도 했고, 어머니 세대와 남편들의 각성을 촉구하는 의견을 내기도 했다.[184]

안수경은 신문 등의 매체를 통해 병원에 가서 치료를 받기만 하면 금세 나을 병을 어머니 세대의 "팔자를 하는 수 있느냐?"는 말로 악화시키는 것이 안타깝다고 말했다. 특히 젊은 며느리를 둔 모든 시어머니들이 먼저 미신을 그만 따르고 태기가 있는 며느리는 지체하지 말고 병원으로 보내야 뜻밖의 불행을 면한다고도 했다.[185]

또한 남편이 매매춘을 통해 성병에 걸려 아내에게 옮기고는 아픈 아내가 아기를 못 낳는다고 구박하는 일도 잘못이라고 지적했다. 복중의 태아가 죽는 것은 대개 남편의 잘못인데 학대는 부인만 받으니 억울한 노릇이라는 그녀의 말에 많은 여성들이 큰 위안을 받았을 듯하다.[186]

안수경은 한결같이 성실한 모습으로 동대문부인병원에서 헌신했다. 아예 집에도 가지 않은 채 병원에 머물며 언제든 환자를 만날 수 있도록 했다. 일요일 오후에만 손님처럼 집에 들러 옷가지를 챙겼을 뿐이었다. 죽어가는 사람을 한 명이라도 더 살리는 것이 자신의 직무라 생각했기에 세상일에는 관심을 끄고 오직 의사로서의 삶에 헌신했다.[187]

안수경은 산부인과 의사로서 오로지 환자에게만 몰두하며 18년을 헌신했다. 그 결과 1935년 동대문부인병원의 병원장이 되었고, W.F.M.S. 역시 안수경을 로제타 홀, 메리 커틀러 등과 동등한 '의사Dr.'로 인정했으며 W.F.M.S.의 연간 보고서에도 매년 Dr. Ahn(Su Kyung)의 이름을 꾸준히 올렸다.[188]

로제타 홀과 메리 커틀러는 계속 새로운 여학생들을 경성의전 청강생으로 보냈다. 안수경, 김영흥, 김해지 졸업 이후 1921년 경성의전에 청강생으로 입학한 사람은 김영실, 윤보명, 고수선이다. 그런데 김영실은 중간에 그만두었는지, 1925년 졸업생 기록에는 윤보명과 고수선만 남아 있다.

윤보명과 고수선 역시 졸업과 동시에 의사면허를 받았다. 윤보명이 동대문부인병원에서 일을 시작한 것과 달리 고수선은 총독부의원내과에서 일을 시작했다.[189] 이들 이후에도 강기경, 김미재, 이영실이 1926년 경성의전 청강생으로 졸업한 후 동대문부인병원에서 일을 시작했다.[190]

직업에 첫거름

이봄에졸업하는이들

이봄에 총독부 의학전문학교를 졸업하는 두녀자의사가 잇슴니다 한분은 윤보명(尹保明)양이라고 금년에 스물다섯살되시는이오 또한분은 고수선(高守善)양인데 스물일곱살입니다 두분이 다남자들만공부를하는 총독부 의학전문학교에 입학하야 남녀공학을 하노라고 삽사년

◇윤보명양

◇고수선양

1 (왼쪽부터) 경성의전 청강생 김영실, 윤보명, 고수선(1921).
로제타 홀이 미국의 친지들에게 한국인 여학생들의 의학 공부 학비를 호소하며 보낸 엽서 속 사진이다.

2 1925년 3월 20일자 『동아일보』 기사 속 고수선, 윤보명

3 1926년 3월 26일자 『조선일보』 기사 속 강기경, 김미재, 이영실

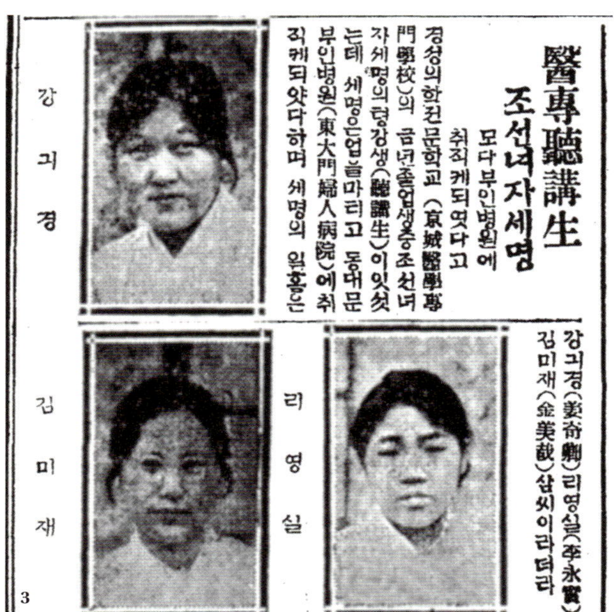

醫專聽講生

조선녀자세명

모다부인병원에 취직케되엿다고

경성의학전문학교(京城醫學專門學校)의 금년졸업생중조선녀자세명의텽강생(聽講生)이잇섯는데 세명은업을마치고 동대문부인병원(東大門婦人病院)에취직케되얏다하며 세명의 일홈은 강긔경(姜奇卿)리영실(李永實)김미재(金美哉)삼씨이라더라

강긔경

김미재

리영실

경성의전은 이 학생들을 끝으로 더 이상 여학생을 청강생으로 받아주지 않았다. 이에 관한 내용은 다음과 같이 남아 있다.

> A: 그런데 경성의전은 진기하게도 남녀공학제를 써서 몇몇 여의사를 내보내더니, 재작년부터는 그 제도가 없어졌다지?
>
> B: 아마도 경험해보니까 효과가 그렇기 좋지 못했던 게지. 우선 남녀공학이라는 것이 어울리지 않았는지 몰라. 고수선 씨와 윤보명 씨 두 분이 통학할 때도, 한 분이 결석하면 한 분은 갔다가도 여러 남자 틈에 혼자 앉아 공부하기 멋쩍어서 책보를 끼고 도로 돌아온 일까지 있었다고 하잖아.[191]

1924년에 발간된 『경성의학전문학교일람』에는 안수경, 김영흥, 김해지 세 명의 명단이 누락되어 있다. 또한 총 졸업생도 총독부관보의 47인과 달리 44인으로 기재되어 있다. 총독부에서는 의사면허를 발급해주며 이들을 공식 졸업생으로 인정했지만, 경성의전에서는 아니었던 듯하다. 이러한 기조의 변화와 연관된 것인지 경성의전은 1925년부터 더 이상 여자 청강생을 받지 않았다.[192]

유학파 한국인 여의사들과 동대문부인병원

> 딸이 있거든 의사가 너무 많을 염려는 마시고 의학 공부를 시켜 하나님의 일을 행하게 하십시오.[193]

로제타 홀은 국내파 여의사 양성을 추진하는 것과 별개로 딸을 가진 기독교인들을 보면 누구에게나 저 말을 했다. 평양의 전도부인 김세지의 딸 윤심덕, 홍유례의 딸 황애덕, 평안도 전도부인 전삼덕의 손녀 김폴린 자매, 남편 윌리엄 홀의 조력자였던 김창식 목사의 딸 김로다, 김용희 등에게 해외에서 의학 공부를 하도록 설득했다.[194]

일본 유학을 간 윤심덕은 진로를 바꾸어 관비 유학생 신분으로 음악 공부를 했고, 동경여자의학전문학교 2학년이었던 황애덕은 의사가 되는 것보다 독립운동이 더 시급한 일이라며 대한민국애국부인회 활동을 했다.[195] 김폴린은 의사 일이 적성에 맞지 않는다며 로제타 홀의 권유를 끝내 거절했는데, 이화학당 졸업 후 미국 노스웨스트대학교에서 종교학을 전공한 후 감리교단에서 활동하다가 1930년대 초 동대문부인병원에서 잠시 행정 업무를 돕기도 했다. 김로다의 경우 이화학당 졸업 후 로제타 홀의 권유에 따라 중국 상해 남양의과대학南洋医科大学에서 의학 공부를 마친 뒤 1929년부터 1936년까지 동대문부인병원에서 근무했다.[196] 김용희는 이화여고보를 졸업한 후 1930년 일본 제국여자의학전문학교 제1회 졸업생이 되었다.

로제타 홀이 1910년대 후반부터 한국의 젊은 여학생들에게 해외에서의 의학 공부를 권했던 이유는 경성의학전문학교 청강생을 제외하고는 한국에서 여의사가 되는 유일한 길이 유학밖에 없었기 때문이다. 한국의 여학생들 상당수가 목표로 한 곳은 동경여자의학전문학교였다. 이 학교는 일본에 생긴 첫 여성 의학교육기관으로 한국에서 여자 의사가 되기 위해 갈 수 있는 주요한 유학처였다.[197]

동경여의전 유학생들 중 로제타 홀 및 동대문부인병원과 인연이 있는 졸업생들은 정자영(1920년 졸업), 현덕신(1921년 졸업), 유영준 · 한소제 · 길정희(1923년 졸업), 이덕요(1924년 졸업) 등이다. 로제타 홀은 동경여의전에 재학 중인 이 여학생들과 여러 차례 교류를 했고, 이들이 졸업하면 의사로 채용할 계획을 세우기도 했다. 유영준, 허영숙, 길정희, 현덕신, 정자영 모두 동경여의전 재학 시절 로제타 홀과 연락을 주고받았는데,[198] 로제타 홀은 이들에게 일부 재정적인 도움을 주기도 했다. 허영숙을 제외한 모든 학생들은 졸업 후 한국에 돌아온 뒤 로제타 홀의 바람대로 동대문부인병원에서 의사 일을 시작했다.

동경여자의학전문학교 졸업 기념사진(1921). 뒷줄 왼쪽에서 두 번째는 이덕요, 앞줄 왼쪽 두 번째부터 현덕신, 유영준, 송복신이다.

로제타 홀의 조선여자의학강습소 설립

로제타 홀은 경성의학전문학교가 1925년부터 더 이상 여자 청강생을 받지 않겠다고 한 것에 크게 실망했다. 동경여자의학전문학교는 120명 정원에 600여 명이 응시할 정도로 경쟁이 치열해 한국 여학생들의 입학이 굉장히 어려워졌다. 게다가 1920년대 후반으로 갈수록 미국 경기가 어려워지면서 한국인 여의사 양성을 위한 장학금 모금이 힘들어졌다.[199]

로제타 홀은 한국 여학생들을 위한 전문의학교 설립을 더 이상 미룰 수 없었다. 같이 뜻을 모아 실행할 동지가 필요했다. 로제타 홀은 1923년부터 동대문부인병원의 책임을 맡게 되었는데 이때 동경여의전을 졸업한 길정희와 함께했다. 동대문부인병원에서 산부인과와 소아과 의사로 일하던 길정희는 1925년 의사 김탁원과 결혼한 후 1927년 동대문부인병원을 나와 남편이 개원한 곳에서 일했지만, 로제타 홀과 여의사 교육기관 설립을 위해 함께 노력했다.

로제타 홀의 여의사 교육기관 설립 구상은 1926년 자신의 회갑연에서 보다 구체화되었다. 그녀는 자신의 회갑을 축하하기 위해 자리해준 영향력 있는 사람들 앞에서 한국에 여자의학교를 세워야 한다는 취지의 발언을 공개적으로 했다.

> 내가 여기에서 한 가지 제의할 것이 있는데, 이는 한국 여성들을 위해 하려는 일로 여러분이 협력할 수 있을는지요? (중략) 현재 한국에 여자 의사가 얼마나 필요한지 아십니까? 그런 즉 이 땅에 여자의학전문학교가 당연히 있어야 할 것이 아닙니까? 이에 대해 여러분은 어떻게 생각하십니까?[200]

1928년 로제타 홀은 감리교의 웰치 감독으로부터 조선여자의학생 담당자로 임명을 받았다. 이것은 교단의 공식적 지원은 없지만 홀 의사가 자신의 힘으로 여성의학교육기관을 설립하는 데 동의함을 의미한다. 조선 유지 60여 명이 1928년 5월 14일 명월관에 모여 여자의학전문학교 창립을 발기했고, 5월 19일에는 서소문에 있는 김탁원의 병원에서 조선여자의학전문학교 창립총회를 개최했다.

이 자리에서 조선여자의학전문학교 기성회를 결성하고 정자영, 허영숙, 최동, 김순복, 이은라, 김탁원, 길정희, 백인제, 안수경, 김영섭을 이사로 선임했다. 이사들은 곧바로 이사회를 열고 여자의학전문학교를 설립하기 전 여자의학강습소를 시작하기로 결정했다. 조선여자의학강습소 소장에 로제타 홀, 부소장에 길정희가 임명되었다. 강습소 건물은 W.F.M.S.의 첫 간호 선교사 엘라 루이스가 살았던 창신동의 루이스 홀을 사용하기로 하고, 예과생 17명으로 개강식을 거행했다.

로제타 홀은 W.F.M.S.와 뉴욕여의사회, 국내외 지인들로부터 약간의 보조금과 기부금을 받았고, 12명의 교수진은 무료로 학생들을 가르쳤다. 1929년 교수진은 20명으로 늘어났고, 학생들도 1932년 일본인 6명과 한국인 24명, 총 30명이 되었다. 교육 과정은 강습소 형태를 유지하면서 예과 1년과 본과 4년의 5년으로 정했다. 매년 15명 정도의 학생이 입학했지만 중도 탈락이 많아 실제 재학생 수는 서른 명 남짓이었다.

1 로제타 홀의 회갑연(1926).
한복을 입고 서 있는 로제타 홀 왼쪽에 아들 셔우드 홀이 안경을 쓰고 앉아 있다.

2 로제타 홀 회갑 기념 여의사 단체 사진(1926).
앞줄 오른쪽부터 전혜덕, 안수경, 로제타 홀의 며느리 매리언 홀, 로제타 홀, 김해지, 정자영,
뒷줄 오른쪽부터 유영준, 길정희, 한 사람 건너 현덕신, 김순복이다.

로제타 홀은 강습소를 지속적으로 유지하고, 가능한 한 빠른 시기에 의학전문학교로 전환하기 위해 더 많은 기부금을 모으고자 애썼다. 하지만 결국 그 뜻을 이루지 못한 채 1933년 은퇴 후 미국으로 돌아갔다. 이때 길정희, 김탁원 부부가 강습소를 인수하면서 경성여자의학강습소로 이름을 바꾸고 운영하게 되었다.

로제타 홀의 여자의학강습소는 여의사 탄생의 결실을 맺었다. 1933년 박순정朴順婷, 임용화任龍化 두 명의 졸업생과 1934년 신무선申戊先, 이점학李点鶴, 강성자姜聲子 세 명의 졸업생이 총독부 의사시험에 합격해 의사 자격을 얻었다.[201]

길정희, 김탁원 부부는 경성여자의학강습소를 맡은 후 여러 어려움에 빠졌다. 우선 강습소 교사로 사용하던 루이스 홀을 W.F.M.S.의 요청으로 당장 비워야 했다. 곧바로 관철동에 위치한 태화관 건물로 병원과 강습소를 옮겼지만 재정난에 빠졌다. 김탁원은 재정난 해결을 위해 '재단법인 경성여자의학전문학교'로 승격시키고자 1934년 4월 9일 설립위원회를 개최했지만 재단법인 설립은 쉽지 않았다.

이때 김탁원은 전라남도 순천 출신의 자산가 김종익金鐘翊에게 재정적인 도움을 요청했다. 이후 김종익은 1937년 5월 6일 급환으로 임종하는 자리에서 경성여자의학전문학교에 학교 승격과 부속 결핵의료원 설립 목적으로 65만 원을 기부하라는 유언을 남겼는데, 김종익의 미망인 박춘자는 고인의 유언을 실행하지 않았다. 오히려 1937년 7월 14일 경성의학전문학교 교장 사토 고조佐藤剛藏를 찾아가 80만 원을 기부하며 여자의학전문학교 설립을 위한 모든 것을 위임했다. 그 당시는 중일전쟁으로 일본 정부와 총독부의 학교에 대한 지원이 줄어든 상황이었기 때문에 경성의전 입장에서는 자발적으로 거액을 기부하며 의학교를 설립하겠다는 제안을 거절할 이유가 없었다.

박춘자는 고인의 뜻이 길정희, 김탁원 부부가 운영하던 경성여자의학강습소와는 무관하다고 주장했는데, 아마도 여자의학전문학교 설립의 공을 그들에게 돌리고 싶지 않아서였을 것으로 추측된다. 김탁원 또한 이 부분에 이의를 제기하지 않았다. 당시의 전시 분위기에서 3·1운동으로 투옥된 경험이 있던 자신이 일본 정부의 뜻에 반대한다면 여자의학전문학교 설립이 무산될 수도 있었기

1 로제타 홀이 설립한 조선여자의학강습소 학생들(1932).

2 경성여자의학강습소 학생들과 교직원들(1933).
로제타 홀의 귀국을 앞두고 한강에서 송별연을 가졌다.
가운데 서 있는 로제타 홀(3번) 주위로 길정희(1번)와
김탁원(왼쪽 2번)이 있다.

1

2

때문이다. 결국 여의전 설립만 보장된다면 본인의 뜻은 달성했다고 본 것이다.

조선총독부는 여자의학전문학교를 설립하기로 결정했고, 교사는 당시 명륜정 2가 4번지 경성고등상업학교 자리에 두기로 했다. 1937년 12월 이사장 김두수, 이사 박춘자, 사토 고조, 예종석, 감사 박봉근으로 구성된 재단법인 우석학원 설립인가 신청서가 총독부에 제출되었다. 조선총독부는 이듬해 2월 재단과 학교 설립에 대한 인가 결제를 완료했다.[202] 그렇게 1938년 4월 8일 경성여자의학전문학교가 설립되었다.

경성여의전은 경성여자의학강습소 재학생을 1학년으로 입학시키며 1938년 5월 16일에 문을 열었다. 68명의 입학생은 전시 수업 단축령으로 5년의 수업 연한 중 6개월이 줄어든 때인 1942년 9월 30일에 제1회 졸업생이 되었다. 이날 여의사 47명이 졸업을 했다. 로제타 홀의 오랜 꿈이 마침내 이루어진 순간이었지만, 그녀를 포함해 정작 이 땅에서 한국인 여의사 양성을 위해 고생했던 여러 사람들의 노력은 제대로 평가받지 못했다. 마치 한국인 여의사 교육이 일본 정부의 시혜처럼 비춰진 결과는 유감스러운 일이다.[203]

한국인 여의사들의 필수 수련 코스였던 동대문부인병원

릴리안 해리스 기념병원에서 한국인 여의사가 일하기 시작한 때는 메리 스튜어트 병원장이 미국에서 안식년을 보낸 시기이다. 메리 스튜어트는 1917년 10월부터 1918년 10월까지 자리를 비웠는데 이때 로제타 홀이 광혜여원에서 릴리안 해리스 기념병원으로 와주었고, 1918년 봄 조선총독부에서 의사면허를 받은 한국인 여의사 김영흥과 안수경도 이곳에서 일을 시작했다. 그 당시 간호원장이었던 나오미 앤더슨은 이 상황에 대해 다음과 같은 기록을 남겼다.

> 최근 정부 병원(경성의학전문학교) 졸업생인 한국인 김 의사(김영흥)와 안 의사(안수경)가 릴리안 해리스 기념병원으로 왔다. 우리는 처음으로 맞는 한국인 의사가 아주 자랑스럽다. 수년간 한국의 여의사 육성을 위해 열심히

> 노력한 홀 의사와 커틀러 의사가 특별히 축하를 받아야 한다고 생각한다. (중략) 김영흥, 안수경 의사는 자신들이 맡은 환자를 정성껏 진료하고, 양심적으로 일하며 날이 갈수록 사람들의 신뢰를 얻고 있다. 커틀러 의사는 한 달 중 일주일 동안 와서 한국인 의사들을 감독하고 어려운 환자나 수술 등에 도움과 조언을 줄 예정이다.[204]

김영흥과 안수경이 처음 릴리안 해리스 기념병원에서 업무를 시작했을 때 로제타 홀과 메리 커틀러는 이들이 일을 잘 해낼 수 있도록 초반에 감독자 역할을 했던 것으로 보인다. 또한 메리 스튜어트가 완전히 미국으로 돌아간 1924년부터 버니타 블록 의사가 한국에 온 1927년 말까지는 미국인 여의사 없이 한국인 여의사들이 진료를 보았는데, 1923년~1926년에는 로제타 홀이 병원장 역할을 하며 한국인 여의사들의 업무 지원에 나섰다.[205]

버니타 블록 의사가 병원장으로 있을 때에도 한국인 여의사는 세 명이 진료를 한 것으로 보인다. 감리교신학대학 김폴린 교수의 기록에 의하면 1930년대 초에 자신이 동대문부인병원에서 일했을 무렵 버니타 블록 의사는 병원장이었고, 안수경 의사(산부인과 과장), 길정희 의사, 김미재 의사가 근무했다고 말한 바 있다.[206]

경성의학전문학교 청강생 출신의 안수경, 김영흥, 윤보명을 비롯해 동경여자의학전문학교 졸업생 정자영, 현덕신, 유영준, 한소제, 길정희, 이덕요, 중국 남양의과대학 졸업생 김로다, 제국여자의학전문학교 졸업생 김용희[207] 모두 동대문부인병원을 거쳐 갔다. 특히 길정희는 동대문부인병원에서 산부인과 및 소아과 의사로 근무하는 동안 로제타 홀의 지도를 받아 일본 스타일이 아닌 미국식 병원 경영과 기술을 배웠다고 밝힌 바 있다.[208] 동대문부인병원은 그야말로 한국인 여의사들의 필수 수련 코스와도 같은 역할을 했던 것이다.

동대문부인병원의 의료진과 병원에서 태어난 아기들(1925).
로제타 홀(왼쪽)과 이덕요 의사(오른쪽), 3명의 간호학생(가운데)이 1925년 7월 11일부터 27일까지 태어난 아기들과 함께 찍은 사진이다. 1924년 동경여의전을 졸업한 이덕요는 동대문부인병원에서 수련의처럼 일을 한 것으로 보인다.

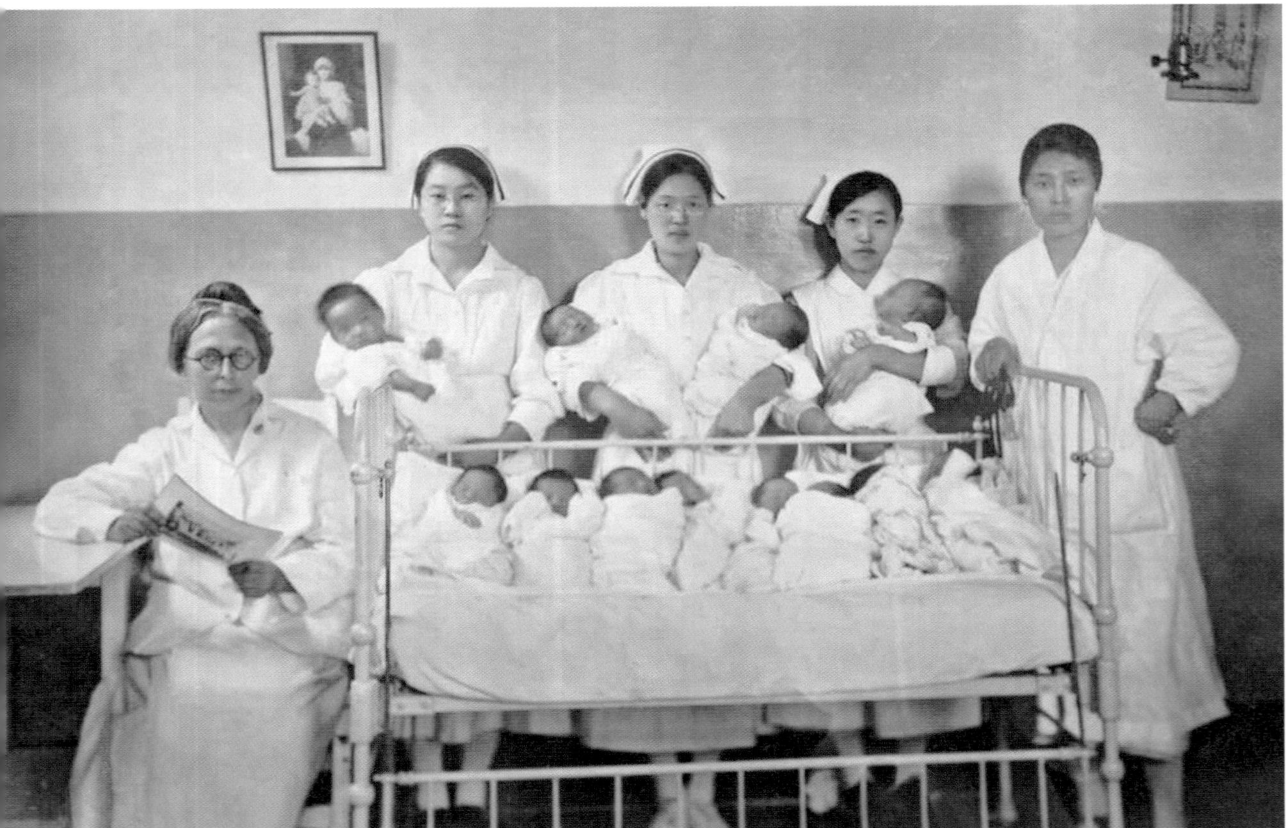

동대문부인병원의 뛰어난 한국인 간호원들

릴리안 해리스 기념병원의 공사가 한창이던 시기에 정동 보구녀관에 있던 간호원양성학교는 잠시 평양 광혜여원으로 옮겨갔다. 그곳에서 이희망이 제4회 졸업식의 주인공이 되었다.

간호원양성학교는 1912년 릴리안 해리스 기념병원이 어느 정도 공사를 끝내자 그곳으로 영구 이전했다. 나오미 앤더슨 간호원장은 이 시기의 상황을 다음과 같이 기록했다.

> 이호프(이희망) 간호원이 평양에서 졸업장을 받은 후에 릴리안 해리스 기념병원으로 왔다. (중략) 나와 함께 평양에서 이곳으로 온 간호원양성학교의 1학년 학생은 드디어 간호복을 입을 수 있게 되었다. 지금 우리 직원들은 졸업간호원 한 명(이희망), 3학년 두 명, 2학년 한 명, 1학년 네 명이다.[209]

170쪽 2번 사진은 나오미 앤더슨이 바로 위에서 설명한 1912년의 직원들로 추정된다. 흰옷을 입고 가운데에 선 졸업간호원 이희망과 간호원양성학교의 3학년 두 명, 2학년 한 명, 1학년 네 명이 앤더슨의 설명과 일치한다.

나오미 앤더슨은 간호원양성학교 학생들 외에 1914년에 함께 일하던 간호원들에 대한 칭찬을 아끼지 않았다. 많은 이들이 업무를 훌륭하게 해내면서도 공부를 충실하게 한다고 말했다.[210] 이 시기에는 이메리, 이레나, 이경선 세 명이 간호원양성학교를 졸업했다.

이경선은 릴리안 해리스 기념병원에 남아 계속 일하기로 했고, 이레나는 원주에 있는 감리회 병원으로 갔다. 이 결심은 아주 대단한 것으로 한 개인 병원으로부터 숙식과 함께 30엔의 월급을 제안받았음에도 10엔의 월급밖에 못 받는 원주 병원을 선택한 것이었다. 그녀는 자신만 생각했다면 개인 병원을 갔겠지만 기독교 병원에서 더 많은 일을 할 수 있을 것이라고 말하며 헌신적인 태도를 보였다. 이메리는 아직 거처가 정해지지 않았지만 그녀를 원하는 곳이 많아 금방 자리를 잡을 것 같다고 나오미 앤더슨은 기대했다.[211]

1 제4회 졸업생 이희망과 그녀에게 졸업장을 건네는 메리 커틀러(1913). 이희망 양옆에 서 있는 제1회 졸업생 이그레이스(왼쪽)와 김마르다(오른쪽)는 간호원양성학교에서 학생들을 가르치기도 했다.

2 릴리안 해리스 기념병원의 간호원들(1912)

3 간호원양성학교 제5회 졸업식 모습(1914.5.28). 뒷줄의 왼쪽은 나오미 앤더슨 간호원장, 오른쪽은 메리 스튜어트 병원장이고, 앞줄은 이경선, 이메리, 이레나이다(학생들의 이름은 순서가 다를 수도 있음).

릴리안 해리스 기념병원의 간호원양성학교 학생들은 정규 과정을 교육받은 데다 정부에서 요구하는 면허 시험에도 응시해 당당히 면허를 취득했다. 1914년 12월에는 제4회 졸업생 이희망과 제5회 졸업생 이경선이 시험에 통과해 등록 간호원registered nurse이 되었다.[212]

간호원양성학교의 학생들은 나날이 발전했다. 1917년에는 이경선이 병원을 떠나면서 정웰라 간호원이 수간호원직을 맡았다. 그녀 역시 정부 시험을 통과한 면허 소지자였다. 면허 시험은 오로지 일본어로만 치러야 했기에 결코 쉬운 시험이라고 말할 수 없었다. 졸업반 세 명, 2학년 다섯 명, 1학년 네 명의 학생이 열심히 공부를 했는데, 나오미 앤더슨은 1917년에 입학한 1학년 학생들이 무척 훌륭하다고 칭찬했다.[213]

동대문부인병원의 간호원들은 아이들의 간호에도 헌신적이었다. 각기병 때문에 입원을 했던 8살 여자아이가 간호원들의 보살핌이 좋아서 퇴원을 하지 않겠다고 애원을 한 적도 있었다. 엄마 없이 아빠 손에 자란 아이는 생전 처음으로 느낀 간호원들의 돌봄이 너무 좋았던 것이다.

그 아이는 밥도 먹지 않고 계속 울며 간호원들에게 매달렸다. 결국 아이의 간절함에 마음이 움직인 어느 기독교인 여성이 그 아이를 입양했다.[214] 이처럼 동대문부인병원의 간호원들은 나오미 앤더슨 간호원장의 말처럼 환자들을 위해 최선의 노력을 기울이며 성실하게 일했다.

동대문부인병원에서 헌신한 또 다른 여성 의료인들

1923년 6월 동대문부인병원이 주최한 '의약간醫藥看 여자기독청년회'의 위생대강연회에서 강연을 하고, 1926년 6·10만세운동 현장에서 여성 시위자들을 보호하기 위해 위생반으로 활약하고, 1927년 항일여성운동 단체인 근우회 설립에 참여하고, 1928년 로제타 홀이 여자의학강습반을 만들 때 창립총회에 함께한 사람은 바로 김순복(1901~?) 약제사이다. 그녀는 조선약학교를 졸업하고 1924년 10월부터 동대문부인병원에서 약제사로 근무했다.[215]

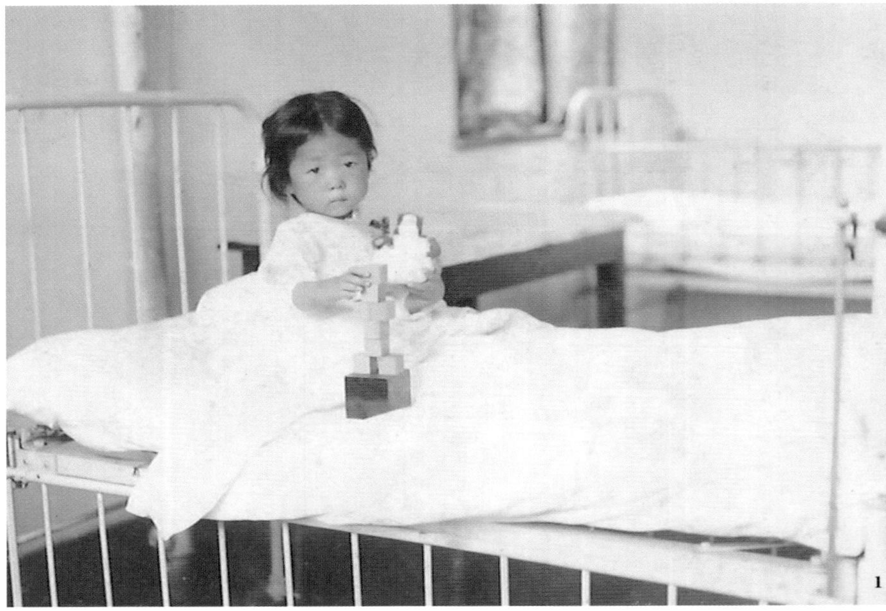

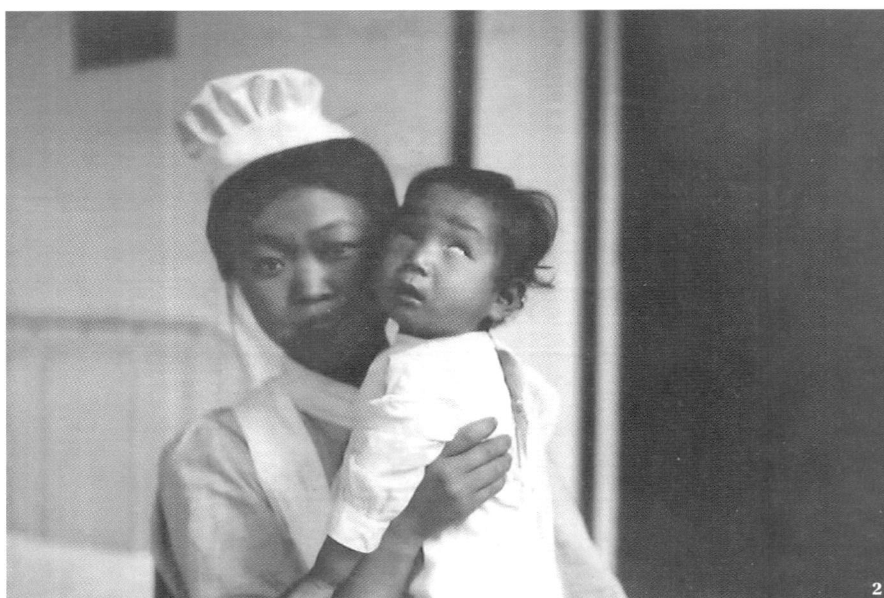

1 인형과 블록을 가지고 노는 환아

2 시각 장애아를 돌보는 동대문부인병원 간호원

약제사 김순복은 산과 들에 핀 가지각색의 꽃이나 식물을 보면서 '아! 아름답다.' 하는 마음보다 이 꽃은 뭐가 어떻고, 저 꽃은 뭐가 어떤지 성분을 분석하게 된다면서, 이런 자신의 성향이 약제사에 적합하다는 것을 알게 되었다고 한다.[216]

김순복 외에 동대문부인병원에서 근무한 약제사로는 차순석(1899~?)도 있었다. 차순석은 1924년 조선약학교를 졸업한 후 같은 해부터 동대문부인병원에서 3년간 일하다가 함흥제혜병원으로 옮겨 3년을 지내고, 다시 동대문부인병원으로 돌아와 2년 동안 일했다. 차순석이 약학교에 진학한 이유는 의학과 달리 약학이 아직 여성에게 미개척 분야였기 때문이라고 했다.[217] 그녀는 자신의 손으로 지은 약이 다른 사람의 생명을 구한다는 게 무척이나 기뻐서 약제사라는 직업을 자랑스럽게 생각했다.[218]

1926년 조선약학교 졸업생 중에는 김인명, 구명순이 동대문부인병원에 취업해 신문에 소개되기도 했는데,[219] 약제사가 흔한 직업이 아니었던 만큼 사람들이 관심이 높았던 것으로 보인다.

동대문부인병원에서 활약한 또 다른 의료진은 조배녀와 최진실이다. 이들은 둘 다 앞을 못 보는 맹인이라는 공통점이 있지만 동대문부인병원에서 활약한 뛰어난 능력자라는 점도 같다.

동대문부인병원에서 일하던 조배녀는 다섯 살에 시력을 잃고 일곱 살부터 열세 살까지 평양에서 로제타 홀의 도움으로 특수 교육을 받았다. 이후 일본의 동경 고이시카와구小石川区 관립맹아여학교 사범과를 졸업한 뒤 동대문부인병원에서 6년째 간호원들에게 마사지를 가르쳤다. 일본어, 영어, 피아노, 성악, 편물, 안마 등에 다재다능했던 그녀는 피아니스트로서 맹인들을 위로하기 위한 음악회를 개최하기도 했다. 그녀의 소망은 남자 맹인들처럼 여자 맹인들을 위한 교육기관을 만드는 것이었다.[220]

재능이 많은 조배녀는 과거 안마사이기도 했고, 동대문부인병원 간호원양성학교의 선생님이기도 했지만 타이피스트이기도 했다. 당시에는 한국 사람들이 읽기 어려운 글을 타이피스트가 친다고 했는데, 일본어와 영어에 뛰어났던 조배녀가 외국어를 해석해 타자기로 쳤던 게 아닌가 한다.[221]

동대문부인병원은 생계가 막막해 일자리가 필요한 여성들이 자립할 수 있도록 도움을 주곤 했지만, 조배녀를 장애인의 자활을 돕는 의미로 채용한 것은 아니었다. 장애도 가로막지 못할 정도로 뛰어난 그녀의 능력을 높이 샀기 때문이다.

동대문부인병원은 1914년에도 시각 장애인 안마사를 고용했던 적이 있었는데, 나오미 앤더슨 간호원장은 그녀가 환자들에게 마사지를 해주며 편안함과 유쾌함을 전해준다고 말한 바 있다. 또한 전화 응대뿐 아니라 다양한 일도 해주는 덕분에 병원에 커다란 도움이 된다고 했다.[222] 동대문부인병원은 장애인에 대한 편견이 많던 시대에, 장애와 상관없이 유능한 인재를 채용하는 데 앞장섰던 것이다. 조배녀만큼 유명했던 건 아니지만 최진실도 동대문부인병원에서 활약했던 안마사였다. 최진실은 평양맹아학교를 다니며 다양한 과목을 공부하고 졸업했다. 이후 동대문부인병원에서 능력을 인정받으며 일했다.[223]

안마사는 이 당시에도 굉장히 전문적인 직업이었다. 제대로 안마를 할 수 있으려면 어느 뼈에 어떤 살이 붙어 있는지를 잘 알아야 하기에 생리학과 해부학까지 공부해야 했다. 이러한 공부를 마친 안마사는 신경쇠약 및 신경마비, 변비, 체증 등 한약으로도 고치지 못하는 병까지 낫게 해주는 의료인이었다.

3. 동대문부인병원, 독립운동과 함께하다

동대문부인병원 의료인들의 독립운동 활약들

일제 강점기는 우리나라 역사에서 커다란 비극으로 남아 있다. 많은 이들이 고통받았고, 삶을 송두리째 잃어버리기도 했다. 하지만 이때의 기록은 그 어느 때보다 치열한 투쟁의 역사이기도 하다. 빼앗긴 나라를 되찾기 위해 자신의 모든 것을 내던진 선조들의 이야기는 언제 들어도 감동적이다. 동대문부인병원의 의료인들 역시 1919년 헌신적으로 독립운동에 뛰어들었다.

• 현덕신

동대문부인병원에서 1920년대 산부인과와 소아과 의사로 근무했던 현덕신(1898~1963)은 황해도 해주에서 1남 2녀의 막내로 태어났다. 이화학당 중등과를 졸업한 후 로제타 홀의 권유로 일본 동경여자의학전문학교에 유학을 가 동경여의전 초창기 한국인 졸업생이 되었다.

돈이 부족하고 문화가 달랐던 유학 생활은 녹록치 않았지만, 힘겨운 가운데에도 한국의 독립을 생각했다. "지금은 우리 민족이 일본의 지배를 받고 있지만 언젠가 떳떳하게 내 나라를 되찾을 수 있다는 희망과 우리 민족의 존재를 잠시도 잊어서는 안 된다."는 목회자이자 독립운동가였던 오빠 현석칠 목사의 말을 가슴 깊이 새겼다.

1919년 2월 8일 일본에서 유학 중이던 한국인 남녀 학생들이 한국의 독립을 요구하는 선언서와 결의문을 선포했고, 2·8독립선언 현장에 현덕신이 있었다. 1919년 2월 18일 일본 동경 기독청년회관에서는 3·1운동의 첫 신호탄이 된 조선청년독립단이 발족되었는데, 현덕신은 이때 2개월치 학비에 해당하는 40원의 자금을 보탰다.

그로부터 1년 후인 1920년 3월 1일 현덕신은 동경 히비야 공원에서 만세를 외쳤다. '재동경조선학생독립만세' 사건이었다. 이때 현덕신은 검속되면서 일본 경무국의 1급 요시찰 인물이 되었다. 훗날 그녀는 "동경여의전 병원의 담요를 몰래 한국 학생들에게 가져다주고, 모금 활동에 동참했다. 조선인으로서 당연한 일이자 나에게는 생활이었다."고 회고했다.

1920년 여름 현덕신은 여러 곳을 다니는 계몽 강연을 하며 새로운 여성 지식인이자 지도자의 면모를 보였다. 특히 이러한 활동은 일본 유학생들 사이에서 독립운동에 대한 활력을 불어넣었다. 동경여의전 졸업 후에는 한국으로 돌아와 1923년부터 동대문부인병원에서 일을 시작했다. 같은 해에는 2·8독립선언을 함께했던 동아일보 최원순 기자와 결혼했다. 일본 와세다대학교 정경대학 졸업생인 최원순은 독립운동을 한 혐의로 일본 경찰에 끌려가 고문을 당했는데, 고문 후유증 때문에 건강이 크게 악화되었다.

현덕신은 동대문부인병원에서 근무하던 시기에 근우회 설립에 참여하며 항일구국운동 및 여성의 지위 향상운동에도 앞장섰다. 고등학생 시절까지 현덕신 선생과 함께 살았던 손자 최영훈 전 조선대 미대 학장은 꼿꼿하고 당당하던 할머니의 모습을 생생히 기억했다.

> 우리 집은 매번 할머니를 만나러 오는 사람들과 함께 식사를 했다. 할머니의 병원은 광주 시내에서 문학, 음악, 미술 하는 사람들이 모여드는 일종의 '문화 살롱'이었다. 흔히 독립운동가 후손들은 살기 어렵다고 하지만, 우리 후손들이 이만큼 먹고 살 수 있었던 것은 할머니가 이화학당에서 닥터 홀을 만나 의사가 되어 동대문부인병원에서 수련받은 덕분이다. 우리 후손들

1 일본 유학 시절의 현덕신

2 동경여자의학전문학교 교복을 입은 현덕신(1921)

3 최원순과 현덕신의 결혼사진(1923).
이들 부부는 중앙교회 예배당에서 간소하게 결혼식을 올렸다.

4 동대문부인병원에서 일하던 시절의 현덕신 의사(1920년대).
현덕신(가장 왼쪽) 의사와 안수경(가장 오른쪽) 의사가 병원에서 태어난 아기들, 간호원들과 함께 서 있다.

은 닥터 홀, 그리고 이화에 감사를 표한다.

현덕신은 동대문부인병원에서 근무하는 동안 다양한 활동을 했다. 간호원양성학교 학생들을 대상으로 간호학과 생리위생학을 가르쳤고, 기독교여자청년회 회장직을 맡았으며 태화여자관(현 태화기독교사회복지관)에서 매일 두 시간씩 영어 수업도 했다.[224]

현덕신은 여성들에게 새로운 지식을 알려주고, 나쁜 관습을 깨뜨리도록 독려했다. 또한 가난해서 많이 아플 수밖에 없는 아이들 때문에 가슴 아파했다. 단칸방에서 이불을 제대로 못 덮고 자는 바람에 감기에 걸린 가난한 아이는 돈 때문에 제때 병원을 못 가 결국 큰 병에 걸린다면서 돈 있는 사람도, 돈 없는 사람도 다 같은 국민이기에 평등한 권리로 치료를 받을 수 있어야 한다고 주장했다.[225] 현덕신은 동대문부인병원이 이처럼 가난하고 아픈 환자들에게 기꺼이 무료 진료를 해준다는 사실을 널리 알리기 위해 애썼다.

1962년 11월 27일 67세의 나이로 세상에 떠날 때까지 현덕신은 평생 의사로 살며 여성 운동과 유아 교육에 앞장섰다. 그의 묘비명에는 '여성을 위한 횃불—한 지사의 슬기로운 아내, 한 아들의 알뜰한 어머니, 그리고 나라의 딸들을 길러 겸허한 삶을 다하였다.'고 새겨져 있다. 2019년 3·1운동 100주년을 기념해 조선대학교 이동순 교수의 연구와 더불어 현덕신의 생애가 재조명되면서 2020년 독립유공자 건국포장에 추서되었다. 최원순 역시 '신간회' 창립에 앞장서고 신문 기사를 통해 항일 정신을 고취시킨 공을 인정받아 함께 2020년 건국포장에 추서되었다.[226]

• 김태복

김태복(1886~1933)은 동대문부인병원 간호원양성학교에서 간호 교육을 받은 후 동대문부인병원과 평양 기홀병원의 간호원으로 십수 년 동안 근무했다.

1919년 9월에는 대한민국임시정부를 지원하기 위해 독립운동 자금 모금에 주력하던 여성독립운동단체 '대한민국애국부인회'의 동대문부인병원 회원 20인 대표로 활동했다. 같은 해 11월 조직이 발각되면서 회장과 임원 대다수가

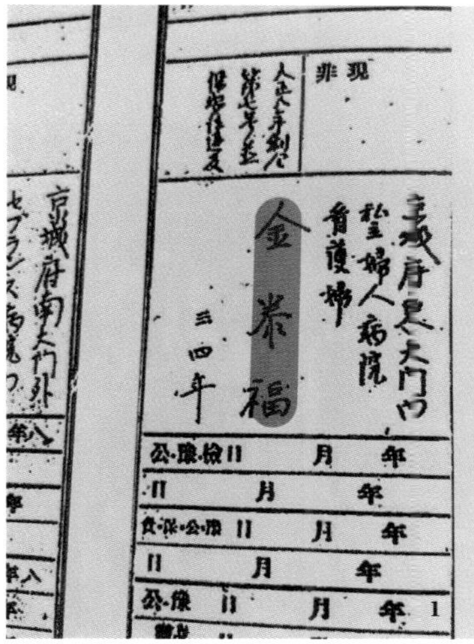

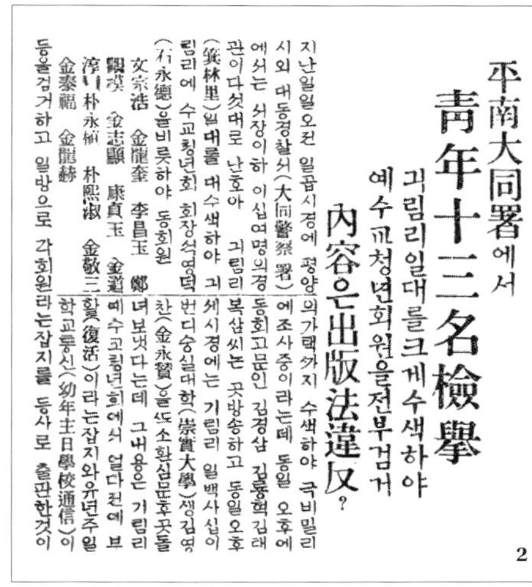

平南大同署에서

青年十三名檢擧

긔림리일대를크게수색하야

예수교청년회원을전부검거

內容은出版法違反?

지난일일오전 일곱시경에 평양
시외 대동경찰서(大同警察署)
에서는 서장이하 이십여명의경
관이다섯대로 난호아 긔림리
(箕林里)일대를 대수색하야 긔
림리에 수교칭년회 회장석영덕
(石永德)을비롯하야 동회원
文宗浩 金龍奎 李昌玉 鄭
觀模 金志顯 康貞玉 金道
淳 朴永楨 朴熙淑 金敬三
金泰福 金龍赫
등을검거하고 일방으로 각회원
의가택까지 수색하야 극비밀리
에조사중이라는데 동일 오후에
동회고문인 김정삼 김동혁김래
복삼씨는 곳방송하고 동일오후
세시경에는 기림리 일백사십이
번디숭실대학(崇實大學)생김영
찬(金永贊)을또소환심문후곳돌
녀보냇다는데 그내용은 기림리
예수교청년회에서 얼마전에 부
활(復活)이라는잡지와유년주일
학교통신(幼年主日學校通信)이
라는잡지를 등사로 출판한것이

1 김태복의 경찰 조사 관련 기록

2 "평남대동서에서 청년 십삼 명 검거" 1925년 6월 3일자 『동아일보』 기사

체포될 때 김태복 역시 함께 체포되었지만, 다행히 12월 26일 불기소 처분을 받고 방면되었다.

당시 기독교 선교계, 특히 감리교의 병원은 여성 독립운동의 산실이라 불릴 정도로 일제의 감시를 비교적 쉽게 피할 수 있는 곳이었다. 간호원의 신분 또한 독립운동 자금을 운반하기에 적합했는데, 자주 왕진을 다닐 수 있는 데다 여성들의 몸수색이 어려웠기 때문이다.

평양 기홀병원으로 근무지를 옮겨 수간호원으로 근무하던 김태복은 기홀병원에 입원 중이던 평양의용단의 김석황을 만나 의용단에 입단해 동지 규합 노력을 하다 체포되기도 했고, 1922년 1월 말에는 기홀병원 간호원 김오선과 함께 부인적십자단 사건으로 강서경찰서에서 취조를 당하기도 했다.

1925년 6월 3일 평양 대동군 기림리 예수교청년회에서 발행한 잡지 「부활」과 「유년주일학교통신」이 불온하다는 이유로 회원들이 대동경찰서에 잡혀갔다. 이 회원 명단에는 김태복의 이름이 포함되어 있는데, 그녀는 이 단체에서도 활동했던 것으로 보인다.[227]

이후 김태복은 의생면허를 취득하고 평양 기림리에서 태성의원을 운영하면서 근우회 평양지회, 신간회 평양지회, 여자기독청년회, 평양고아원 등 사회단체에서 활동을 이어갔다. 당시 근우회 평양지회는 근우회 조직 중 가장 왕성하게 활동한 독립운동 단체로 김태복은 1929년 7월 8일 정기대회에서 집행위원 겸

선전조직부 임원으로 선출되었다.

김태복은 독립운동만큼이나 사회 운동에도 열심이었다. 의생 면허를 가지고 의원을 운영하면서 만난 가난하고 힘든 환자들을 외면하지 않았다. 그들을 위해 활발한 봉사활동과 구제활동을 하며 나중에는 빈민과 고아의 자모라는 이름까지 얻게 되었다. 1933년 11월 24일 기림리에서 눈감은 김태복의 서거 소식은 많은 이들의 가슴을 울렸다. 정부는 고인의 공훈을 기려 2010년 건국포장을 추서했다.[228]

• 박원경

박원경(1901~1983)은 동대문부인병원 간호원양성학교에서 2년간 공부하고, 산파과 1년을 이수한 다음 간호원 및 산파 면허증을 모두 취득했다. 이후 동대문부인병원에서 16년간 근무하며 독립운동가와 그 가족을 물심양면으로 도왔다. 그녀가 독립운동가를 적극적으로 도왔던 이유는 그녀 자신이 독립운동가였기 때문이다.

박원경은 평양 숭의여자중학교를 졸업하고 보명학교와 사립 대영학교에서 교사로 재직하던 중 1919년 3·1운동을 맞이했다. 그녀가 있던 황해도 재령에는 3월 3일에 3·1독립선언서가 전달되었다. 3월 9일 많은 사람들로 붐비던 일요일 장날 오후 3시, 기독교인 및 천주교인을 주축으로 하는 약 500명의 사람들 손에서 태극기가 휘날렸다. 입으로는 "대한독립만세"를 목청껏 외쳤다. 시장 사람들과 학생들까지 가담하면서 시위대 수는 2,000여 명이 되었다.

박원경은 남장을 하고 선두에 서서 시위대를 이끌었다. 재령 만세 시위가 격렬해지자 일본 헌병대는 무력으로 시위대를 저지했다. 헌병대의 총에 맞은 부상자들이 발생했다. 이날 재령에서는 30여 명의 애국지사가 체포되었고, 박원경도 잡히고 말았다. 박원경은 끌려가면서도 당당하게 "나를 잡아다 주고 무슨 큰 상을 탈 것 같으냐!"라고 일본 헌병들을 크게 꾸짖었다. 혹독한 매질과 고문으로 이가 모두 빠지고 전신이 부어오르는 고초를 겪은 박원경은 1919년 3월 31일 해주지방법원에서 보안법 위반으로 3년 징역을 선고받고 해주 감옥에서 옥고를 치렀다.

출옥 이후에도 박원경의 독립운동은 멈추지 않았다. 그녀는 황해도 해주에 있는 의정여학교에서 교사로 일하며 상해 임시정부에 군자금을 전달했다. 박원경은 또 1922년~1923년 사이 박용애라는 이름으로 해주기독교엡윗청년회 강연회에서 여성들의 계몽에 대한 강연을 했고, 1922년 6월부터 1923년 말까지 창설 초기의 한국 YWCA 재정위원을 맡기도 했다.

이후로도 박원경은 민족운동과 농촌계몽운동을 계속하다가 일제의 감시를 피해 일본 히로시마여학교 고등부를 졸업하고 동대문부인병원에서 교육을 받아 간호원이 되었다. 16년 동안 동대문부인병원에서 일한 그녀는 훗날 안수경 의사가 개원할 때 함께했다.

해방 이후 1945년 9월 10일 박원경은 여성운동가 51명과 회합하여 한국애국부인회를 창립했다. 임시의장 및 위원장으로는 유각경, 부위원장 양한나, 총무부장은 박원경이 선임되었다. 박원경이 남긴 3·1 정신에 대한 다음의 글을 보면 어째서 그녀가 멈추지 않고 독립운동에 헌신했는지, 해방 이후에도 사회 운동에 매진했는지를 알 수 있다.

> 3·1운동은 일제의 탄압에 대한, 민족적 분노의 폭발이었습니다. 그러므로 남녀노유의 구별 없이 온 겨레가 오로지 국가와 민족이라는 대의를 위하여 자기를 희생하였습니다.
>
> 국권이 회복된 오늘날 그 당시의 절박한 상황을 절감하거나 체험할 수 있는 젊은이는 하나도 없을 것입니다. 더구나 여성의 사회적 지위는 당시에 비하여 눈에 띄게 향상되었습니다. 그러나 여성의 사회적 사명은 당시나 현재나 본질적으로 달라진 바 없습니다.
>
> 내 나라의 발전과 내 겨레의 번영을 이룩할 일군을 길러내는 것이 곧 우리 여성의 임무가 아니겠습니까?
>
> 그리고 그 임무를 완수하기 위하여는 먼저 나를 희생하여야 합니다. 이 희생의 정신이 3·1의 정신이며 현재의 이념이라고 생각하여 주저하지 않습니다.
>
> 이 정신이 후배들에게 남아 있는 한 3·1 정신은 영원히 우리 겨레의 가슴 속

국립대전현충원 독립유공자 제4묘역에 있는 박원경의 묘

에 살아 있을 것을 확신하며 우리 겨레와 국가가 번영할 것을 확신합니다.[229]

평생을 나라의 독립과 발전을 위해 헌신한 박원경은 1983년 8월 5일 별세했다. 그녀는 살아생전 1969년 3월 중앙여자중고등학교로부터 3·1독립운동 선도자로서 표창을 받았고, 서거 이후 2008년 건국훈장 애족장이 추서되었으며 2009년 10월 16일 국립대전현충원 독립유공자 제4묘역에 안치되었다.[230]

• 한신광

1919년 서울에서 3·1운동이 일어났을 때 한신광(1902~1982)은 진주에서 사람들에게 태극기를 나누어주고 만세운동에 참여하도록 설득했다. 진주에서 애국청년당원으로 활동했던 오빠 한규상과 광림여학교 선생이었던 올케 박덕실이 주도한 이 활동으로 그 둘은 3년형을 선고받아 복역했고, 한신광은 2개월 만에 풀려났다.[231]

한신광은 "당시 만세 부른 사람은 모두 붙잡혀 유치장에 보내졌는데 사람은 많고 유치장은 좁아서 사람 위에 사람이 앉을 정도로 콩나물 같이 들어찼고, 나는 머리를 땋아 댕기를 드리고 있었는데 유치장에 들어갈 때 일본인 형사가 댕기를 풀고 속치마 끈을 끊어버려 옷을 붙들고 다녔다."고 회고했다.

그해 여름 한신광은 고향 진주를 떠나 동대문부인병원에서 간호 교육을 받기 시작했다. 동대문부인병의 간호원양성학교를 선택한 이유는 학비가 거의 들지 않아서이기도 했고, 3·1운동을 했던 한신광으로서는 졸업과 동시에 무시험 면허를 준다는 일본의 병원들보다 동대문부인병원이 더 적합하다고 생각했을 것이다.[232]

동대문부인병원 간호원양성학교를 졸업한 한신광은 1923년 6월 산파 면허시험에 합격했다. 한신광은 당시를 회상하며 "보건사업에 투신하기 시작할 무렵 나의 직업에 매우 만족한다."고 말했다. 산파 일이 경제적 안정을 위한 것이었다면, 그녀에게 보건사업은 사명과도 같은 것이었다. 한신광은 1924년 1월부터 동대문부인병원의 간호원장 엘마 로젠버거(Elma Toman Rosenberger, 1884~1968)와 함께 모자보건사업을 시작했다. 빈곤한 사람, 벽지나 오지에 거주하는 사람들을 위한 보건교육에 큰 뜻을 품으며 열심히 활동했다.[233]

한신광은 1925년 일본 와세다대학 정경과를 다니던 천용권과 결혼하고 일본으로 건너가 사립 성우고등여학교를 졸업했으며 1926년 11월 재동경조선여자청년동맹을 창립했다.[234] 그러나 남편 천용권의 건강 악화로 귀국한 뒤 가족의 생계를 책임져야 했다.

이때 한신광은 모자보건사업과 위생계몽운동을 포기하고 한일은행에 입사해 은행원 생활을 했는데, 이러한 자신의 업무 경력을 살려 항일여성운동 단체인 근우회 상무직을 맡기도 했다. 한신광은 1930년 1월 서울 여학생 동맹 휴교 사건에 연루되어 근우회 간부 허정숙 등 8명과 함께 경기도 경찰부에 끌려갔고, 이 일로 1월 22일 경성 서대문경찰서에서 신문을 받았으나 혐의 없음으로 풀려났다.

근우회는 1931년에 해산되었지만 한신광은 꾸준히 교육의 중요성을 알리며 사회적 계몽 관련 글을 언론에 발표했다. 이후 조산원을 운영하며 산파로 지내다 해방을 맞이했다. 해방 후에는 독립촉성애국부인회 경남 대표를 역임했고, 조산원을 그만둔 1970년대부터는 종교인으로서 봉사활동에 전념했다. 또한 불우이웃 돕기 운동과 신학생을 위한 장학 사업에도 헌신했다. 한국전쟁에서 피난민을 도운 일로 피난민 위문사업 공로 표창을 받았고, 1970년 4월 대한간호협회 보건간호사업 공로 표창장을, 1979년 3월 3·1여성동지회 태극반지를 받았다.[235]

• 이그레이스

1919년 진남포 신흥리교회 담임목사였던 이하영은 민족운동가로서 '진남포 만세 시위'를 주도했다. 이후 10개월 동안 옥고를 치르고 평양, 강릉 등에서 목회 활동을 이어갔다.

독립운동에 투신한 공을 인정받아 2008년 건국포장을 받은 이하영 목사는 동대문부인병원에 통합된 보구녀관 간호원양성학교 제1회 졸업생이자 한국 여성으로는 처음으로 정부의 면허를 가진 의생 이그레이스의 남편이다.

이그레이스가 직접적으로 독립운동에 투신한 기록은 없다. 하지만 그녀는 이미 1907년 남대문과 서소문 사이에서 벌어진 일본군과 대한제국군 사이의 총격전 현장에서 활약한 바 있다. 이그레이스는 내가 우리나라 동포를 구하지 않으면 누가 구하겠느냐는 마음으로, 일본군이 난사한 총알을 맞고 크게 다친 대한제국 군인들을 열과 성을 다해 치료했다.

그런 이그레이스는 남편의 독립운동을 적극 지지했고, 남편의 부임지를 함께 다니며 간호원이자 의사로서 자신의 소임을 다했다. 특히 남편이 수감되어 있는 동안 남편과 고난을 함께한다는 의미에서 줄곧 콩밥만 지어먹었다는 이야기는 유명하다. 훗날 이그레이스는 수원 거북산 밑에서 산파소를 운영하며 가정을 지켰다.

수원박물관은 2019년 '수원 여성의 독립운동' 전시회에서 이그레이스를 주요 독립 인물에 포함시켰다. 당시 시대상을 생각한다면 그녀 역시 독립운동가로 봐야 한다는 것이었다.

이들 부부의 장남 이광진 씨는 보성전문법과(고려대 법대) 졸업 후 독립운동으로 옥고를 치르기도 했다. 이후 동양의약대학(현 경희대 한의대)을 나와 한의사가 되었다. 이그레이스의 손자이자 이광진 씨의 아들인 이종협 전 경인여대 환경보건과 교수는 "할머니(이그레이스)에 대한 기록이나 사진은 가지고 있는 게 없

1 진남포에서 3·1운동을 주도한 혐의로 체포되었던 당시의 이하영 목사(1919). 뒷줄 가운데에 서 있는 사람이 이하영 목사이다.

2 이하영 목사와 이그레이스 부부(1907)

지만, 우리나라 근현대사에서 입지전적인 여성이라는 것에 후손 모두가 자랑스러워하고 있다."고 말했다.[236]

독립운동을 돕던 동대문부인병원의 의료인들

동대문부인병원의 의료진 및 직원들은 3·1운동 당시 일본 경찰의 눈을 피해 『조선독립신문』 배포에 참여했다. 또한 독립운동 참가자들을 위한 출장 진료소를 여는 것에도 동참했다. 안수경 의사는 전면에 나서서 독립운동을 하지는 않았지만, 의사로서 자신이 도울 수 있는 곳에는 주저하지 않고 찾아갔다. 1926년 6·10만세운동 현장도 마찬가지였다.

이날은 1926년 4월에 사망한 순종의 장례일에 맞춰 독립만세와 가두시위가 예정되어 있었다. 안수경은 시위에 참여하는 여성들의 혹시 모를 안전사고에 대비하고자 위생반을 꾸려 출장을 나갔다.[237]

> 다수의 부인들이 여러 시간 기다리는 동안 혹 뜻밖에 불행한 일이 있을까 염려되어 위생반을 조직하고 여러 의사와 간호원이 출장 경계하게 되었습니다. 동대문부인병원 진찰소 의사 류영준, 정자영, 안수경과 약제사 김순복씨가 출장할 터이며……[238]

> 동대문부인병원에서는 본보 독자부인봉도단을 위하여 정문 안에 있는 넓은 터전을 제공하고 병원관계자 이외에는 타인을 금지하기로 하였으며 앞에 가린 우거진 나뭇가지까지 모조리 쳐내었습니다. 동병원 진찰소 안에는 위생반을 조직하고 여의사 류영준, 정자영, 안수경 씨와 약제사 김순복 씨, 영제병원, 동대문병원, 전치의원, 진성당의원, 김용채병원, 태화진찰소 여섯 병원의 간호부 십여 인이 출동해 만일을 경계하는 여러 가지를 준비하였으니 당일 조금이라도 불편한 점이 있거든 가까이 서 있는 안내인에게 말씀하여 주시기 바라오며……[239]

동대문부인병원의 안수경, 유영준, 정자영 의사와 김순복 약제사가 위생반 지원에 나선 것은 시위에 참가하는 여성들에게 큰 힘이 되었을 것이다. 또한 동대문부인병원뿐 아니라 다른 병원들과의 연대 역시 모두가 한마음 한뜻으로 그 자리를 찾았다는 의미였을 듯하다. 내가 다치면 바로 달려와 치료해주는 동지가 옆에 있다는 것도 모두가 함께하는 독립운동의 한 형태라고 볼 수 있을 것이다.

이들 외에도 독립운동에 참여한 동대문부인병원 간호원들은 김병숙, 김복신, 김봉덕, 김성학, 김순경, 김오선, 김현미, 박경숙, 박은덕, 우지순, 원경애 등이다. 이들은 병원 내에서 활동한 대한민국애국부인회 회원으로서 만세운동과 부상병 간호, 군자금 모집 및 전달, 사회 운동 등 조국의 독립운동에 적극적으로 참여했다.[240]

독립운동의 파도 속 동대문부인병원과 이화학당

1919년 3·1운동 직후 독립운동가 김상옥 의사는 혁신단을 조직해 『혁신공보』라는 신문을 내며 일본 총독 등을 암살하려는 계획을 세웠다. 사전에 계획이 탄로 나는 바람에 고초를 겪기도 했지만, 결국 그는 1923년 종로경찰서에 폭탄을 던졌다. 이후 도피 과정에서 일본 경찰과 교전을 벌이다 자결했다. 김상옥 의사의 아내 정진주는 그날 이후 모진 고문을 당하며 이루 말할 수 없을 정도로 몸과 마음이 상했다. 이때 그녀는 동대문부인병원에서 다친 몸을 추스른 후 21년 동안 병원 일을 도우며 딸을 시집보낼 수 있었다.[241]

일제 시대 한국에는 오갈 데 없는 사람들이 많았다. 일제의 무차별적인 공격에 가족이나 거처를 잃기도 쉬웠고, 독립운동 당사자나 독립운동가의 가족으로서 겪게 되는 고초는 꿈에서도 생각해본 적 없는 끔찍한 일이었다.

정진주 여사는 동대문부인병원에 기거하며 커튼이나 침대 시트 등 병원에 필요한 물품을 만드는 침모 일을 했다. 독립운동 당시 동대문부인병원은 정진주 여사처럼 삶의 도움이 필요한 여성들에게 기꺼이 손을 내밀었다. 머물 공간과 충분히 일어설 수 있도록 일자리도 마련해주었다. W.F.M.S.의 선교 목적인 여성 자활의 기조는 독립운동의 소용돌이가 몰아치던 시기에도 변함없었다.

메리 스튜어트 병원장은 한국 풍경을 그리기 위해 한국에 온 영국 화가 엘리자베스 키스와 그녀의 언니 엘스펫 키스 로버트슨 스콧에게 3·1운동 이후 한국 사람들이 일본으로부터 더욱 가혹하게 핍박 받는 현실을 자세히 이야기해주었다. 한국인들의 독립운동을 제대로 알게 된 엘리자베스 키스는 자신의 그림 도구를 들어주는 한국 청년이 옷 속에 『조선독립신문』을 숨기고 있다가 사람들에게 전달하는 것을 보고는 그가 일본 경찰에게 발각되어 끌려갈까 봐 걱정하기도 했다.[242]

엘스펫 키스는 이화학당에서 벌어진 3·1운동 이야기를 생생한 글로 남겼다. 이화학당 학생 중 제일 똑똑한 학생 하나가 독립선언서를 읽던 날 가두시위 행진에 참여한 후 붙잡혀 감옥에 갔다는 내용이다. 당시 이화학당의 4대 당장이었던 룰루 프라이(Lulu Frey, 1868~1921)는 엘스펫 키스와 함께 그 학생의 면회를 갔다. 루스Ruth라는 이름의 그 학생은 좁은 공간에서 힘겹게 무릎을 꿇은 상태에서도 기품 있는 태도와 고고한 표정으로 자신이 왜 학교의 명령을 어기고 독립운동에 참여했는지, 어떻게 체포되었는지를 말해주었다. 그녀의 이야기를 들으며 프라이 당장은 눈물을 흘렸다. 감옥 안에서 학생들이 얼마나 무자비한 구타를 당하고 수모를 겪는지 알고 있었기 때문이다.

원래 프라이 당장은 3월 1일 파고다 공원으로 나가겠다는 학생들을 말렸지만 이미 독립선언서를 손에 들고 있는 학생들을 혼자 막아내기란 역부족이었다. 어차피 막지 못한다면 차선책을 택해야 했다. 프라이 당장은 루스와 함께 직접 종로로 갔다. 하지만 너무 많은 사람들과 일본 경찰의 칼을 보고는 다시 루스와 함께 이화학당으로 돌아왔다. 그때 여학생 몇 명이 재빠르게 빠져나갔다. 유관순으로 추정되는 여학생은 프라이 당장에게 눈물을 흘리며 "나가게 해주세요. 나가게 해주세요, 제발!" 하고 소리쳤다. 결국 그 학생은 학당을 빠져나갔고, 훗날 프라이 당장은 죄수복을 입은 그녀와 마주해야 했다. 나중에 안 사실이지만 그녀의 부모는 3·1운동 이후 시골에서 살해되었고, 유일한 혈육인 오빠는 일본군의 칼에 찔리고 심하게 매를 맞았다.[243]

엘스펫 키스는 3·1운동의 한가운데를 지나며 다음과 같은 글을 남겼다.

한국인의 자질 중에 제일 뛰어난 것은 의젓한 몸가짐이다. 나는 어느 화창한 봄날 일본 경찰들이 남자 죄수들을 끌고 가는 행렬을 보았는데, 죄수들은 여섯 척 또는 그 이상 되는 장신이었다. 그 앞에 가는 일본 사람들은 총칼을 차고 보기 흉한 독일식 모자에 번쩍이는 제복을 입은 데다가 덩치도 왜소했다. 죄수들은 오히려 당당한 모습으로 걸어가고 그들을 호송하는 일본 사람들은 초라해 보였다.[244]

4. 여성과 아동의 건강 향상에 앞장서다

동대문부인병원이 공중보건위생사업과 영유아복지사업에 나섰던 이유

> 병원은 건강해지는 곳이기도 하지만 무언가를 배우는 학교이기도 하다. 젊은 엄마는 물론 나이든 엄마도 병원에 오면 자기 자신과 아기 보살피는 법을 배울 수 있다.[245]

릴리안 해리스 기념병원장이었던 메리 스튜어트가 1916년에 한 말이다. 한국의 높은 영유아 사망률은 기본적으로 위생과 청결에 대한 무지에서 비롯된 경우가 많았기 때문이다.

가벼운 상처나 질병은 깨끗하게 관리만 해줘도 금세 나을 텐데 함부로 침을 맞거나, 뜨거운 불로 지지거나, 상처에 인분 또는 썩은 진흙 등을 발라 끝내 건강을 잃는 환자들이 부지기수였다. 갓 태어난 아기들은 파상풍에 자주 걸리곤 했는데, 그 이유는 더러운 가위나 부엌용 칼 등으로 탯줄을 자르다 균에 감염되었기 때문이었다.[246]

선교사들이 마주한 한국의 위생 상태는 상당히 심각했다. 사람이 많은 비위생적인 곳에서 아무렇게나 침을 뱉는 바람에 전염병이 순식간에 퍼져나갔다. 더 우려스러웠던 것은 사람들이 병의 원인조차 모른다는 점이었다. 변소 근처의 우물이 병균에 오염되면 전염병이 퍼진다는 것도, 기생충이 얼마나 위험한 것인지도 몰랐다. 기생충 알이 들어 있는 분뇨를 그대로 밭에 뿌리는 비위생적인 행동도 문제였지만, 기생충은 으레 몸속에 있는 것이라고 여기는 것도 큰 문제였다.[247] 세브란스병원의 올리버 에비슨 의사는 한국인이 옷을 잘 갈아입지 않고 물바가지를 방치하는 불결한 습관을 가지고 있다고 지적하면서도 숭늉을 끓여 먹는 습관은 그나마 다행이라고 말했다.[248]

한국에 온 W.F.M.S. 선교사들은 학교를 세워 학생들을 가르쳤고, 병원을 지어 가난하고 병든 환자들을 돌봐주었다. 하지만 여기서 한 걸음 더 나아가야 했다. 건강을 유지하기 위해 필요한 위생과 청결에 대한 상식을 널리 알림으로써 한국 여성들이 불필요하게 고통받지 않기를, 천사 같은 아기들이 쉽게 목숨을 잃지 않기를 진심으로 바랐다.

메리 스튜어트는 이미 오래전부터 병원을 찾아오는 환자들에게 위생과 건강의 상관관계를 알려왔다. 그래서 1915년부터 영유아 진료를 시작하기 전에는 목욕을 먼저 시키고 진료를 보았으며,[249] 1916년에는 건강한 출산을 위한 무료분만사업도 실시했다.[250]

1917년에는 영유아 복지를 위한 새로운 일을 추가했다. 그것은 병원에 공간을 따로 마련해 엄마들을 대상으로 건강한 아기를 키우기 위한 교육을 실시하는 것이었다. 또한 도움을 요청하는 가정에 직접 방문해 엄마와 아기의 건강을 돌보는 일도 시작했다. 영유아복지사역, 또는 영유아복지사업이라 불린 이 일은 1916년 12월 4일부터 릴리안 해리스 기념병원에서 근무하기 시작한 W.F.M.S.의 간호 선교사 엘리자베스 로버츠(Elizabeth Sophia Roberts, 1884~1981)가 담당했다.[251]

엘리자베스 로버츠는 1907년 미네소타주 미니애폴리스의 애즈버리 감리교병원Asbury Methodist Hospital에서 수련한 다음 1916년까지 위스콘신주 케노샤Kenosha에서 경력간호원trained nurse으로 근무했다.[252] 그녀가 영유아복지사업 담당자로 실행했던 일들의 1917년 기록을 요약하면 다음과 같다.

나는 지난해부터 영유아복지 사역을 맡게 되었다. 우리 병원에는 이 일을

1 일주일 동안 태어난 아기들을 안고 있는 동대문부인병원 간호원들

2 엘리자베스 로버츠

3 릴리안 해리스 기념병원에서 태어난 아기들과 의료진.
가장 오른쪽에 서 있는 사람이 엘리자베스 로버츠 간호원장이고, 맨 왼쪽에 서 있는 사람은 안수경 의사이다.

위한 방이 따로 있는데, 나는 그곳에서 아기 엄마들에게 아기 돌보는 법을 가르친다. 벽에는 사람들이 읽을 수 있도록 한글로 아기의 권리도 붙여놓았다. 많은 엄마들이 자신의 아기가 목욕통에서 나오면 너무 놀란다. 아기의 모습이 상당히 달라졌기 때문이다! 성탄절 시즌에는 동네에서 가장 가난한 아이들 105명을 초대해 목욕을 시키고, 따뜻하고 풍족한 음식을 먹이고, 깨끗한 새 옷을 주었다.[253]

엘리자베스 로버츠는 병원 밖에서도 영유아복지사업을 이어갔다. 역시나 그녀가 남긴 1917년의 기록을 보면 1년 동안 324곳의 가정집을 방문했고, 서울이 아닌 먼 시골까지 가느라 이동에 상당히 많은 시간을 쓴 것을 알 수 있다. 방문한 집에서는 아이와 엄마가 모두 건강하게 지낼 수 있는 위생 교육을 실시했는데, 로버츠는 이를 두고 엄마와 아기가 구원을 받았다고 표현했다.[254]

이러한 영유아복지사업과 공중보건위생사업은 그 시대에 정말 필요한 일이었고 영유아 사망률을 낮추는 데 큰 도움이 되었지만, 한 곳의 병원에서 한 사람의 담당자가 처리하기에는 무리가 있었던 것도 사실이다. 한국에서 꼭 필요한 이 두 가지 사업을 제대로 수행하기 위해서는 개인이 아닌 단체가 움직여야 했다. 이에 따라 동대문부인병원 의료진은 3·1운동 이후부터 보다 적극적으로 다른 기관들과 연합한 형태로 영유아복지사업과 공중보건위생사업에 뛰어들었다.

태화여자관에서 활약한 동대문부인병원의 공중보건위생사업

1924년 연합선교회의 사회복지위원회Social Service Committee가 발족되었다. 미감리회 조선부인선교부에서도 1926년 '사회복지위원회'를 설치했는데, 동대문부인병원의 현덕신 의사와 엘리자베스 로버츠 간호원장이 위원으로 활동했다. 사회복지위원회는 진료와 복지에 관한 공공사업을 위해 '진료소 관리위원회'를 두고 조례도 제정했다.[255]

원래도 W.F.M.S. 여의사들은 정동 보구녀관 시절부터 평양의 광혜여원, 릴리안 해리스 기념병원, 동대문부인병원에 이르기까지 여성병원의 구성원으로서 여성과 어린이를 위한 복지기관의 소임을 다해왔다. 그러나 사회복지위원회와 진료소 관리위원회의 참여는 병원 밖에서도 적극적으로 활동하겠다는 의지의 표현이었다. 더 이상 한국인의 나쁜 위생 상태와 심각한 영유아 사망률을 두고만 볼 수 없었기 때문이다.

이들의 활동이 활발히 이뤄졌던 곳은 '태화여자관(현 태화기독교사회복지관)'이었다. 태화여자관은 남감리회의 선교백년기금을 기초로 만든 곳으로 북감리회도 적극적으로 참여하며 활발한 활동을 벌였다.[256] 동대문부인병원 의료진은 공중보건위생사업부터 시작했는데, 이때 엘마 로젠버거와 한신광 간호원이 큰 역할을 담당했다.

엘마 로젠버거

로젠버거는 1921년부터 동대문부인병원에서 간호원으로 일하다가 1920년대 중반부터는 주로 태화여자관에서 활동했다.[257] 한신광 간호원은 1923년 동대문부인병원 간호원양성학교 졸업 후 조선총독부 시험에 합격하면서 산파 면허를 취득했고, 1924년 1월부터 태화여자관에서 로젠버거를 도왔다.[258]

로젠버거와 한신광의 활동에 대해 에드워즈 태화복지관장은 다음과 같이 설명했다.

> 로젠버거 간호원이 공중보건사업이라는 훌륭한 일을 시작했습니다. 그는 한국인 보조원(한신광 간호원)과 함께 매일 아침 태화복지관 주변에 있는 가정들을 방문해서 관심과 충고를 요청하는 어떤 사람이든 도움을 주고 있습니다. 또한 매일 오후 두 시간씩 진찰소를 여는데, 이곳에 찾아오는 부인과 아이들이 날이 갈수록 늘고 있습니다. 정도가 심한 환자들은 선교회 병원으로 보냅니다. 동대문부인병원의 로제타 홀 의사가 매일 오후 두 시간씩 와서 돕고 있습니다.[259]

한신광

태화진찰소에서는 평일 오후 두 시간씩 다섯 살 미만의 어린이들을 무료로 진찰해주었다. 진찰을 하다 병에 걸린 걸 알게 되면 약값만 받았고, 건강한

상태라면 건강 진단 결과를 기록해 1년 후 참고 자료로 활용했다.[260]

이러한 활동이 자리를 잡기까지 로젠버거와 한신광 간호원의 공이 무척 컸다. 태화진찰소에서는 에드워즈 관장의 설명처럼 로제타 홀이 일주일에 두 번씩 아이들을 진료했는데 현덕신 의사도 정기적으로 함께했다.[261]

공중보건위생사업에서 제일 중요한 것은 사람들의 인식을 바꾸는 계몽이었다. 1921년부터 한국의 의사 선교사로 활동한 장로교의 플로렌스 머레이(Florence J. Murray, 1894~1975)는 신앙심 다음으로 중요한 것이 청결이며, 한국에서는 청결에 대한 계몽이 부족하다고 말한 바 있다.[262] 바꿔 말해 위생 및 청결에 대한 계몽이 제대로 이뤄지기만 한다면 한국인들의 건강은 획기적으로 좋아질 수 있다는 뜻이기도 했다.

사람들은 보통 몸이 아파야 병원에 갔고, 아픔의 정도는 대개 너무 늦은 때였다. 이 때문에 의사는 생존 가능성이 낮거나 손쓰기 어려운 만성질환자, 불치병에 걸린 환자들을 자주 마주해야 했다. 이 환자들의 질병 원인 중 상당수가 위생에 대한 무지 때문이었다. 치료 차원의 의료가 아닌 예방 차원의 사업이 필요한 시점이었다.

태화여자관은 매주 월요일과 목요일 오후 2시부터 5시까지 운영하는 아동 진찰 외에 한 달에 한 번씩 세 곳에서 개최하는 자모회에 의사를 초청해 가정위생, 학교 위생, 사회 위생에 관한 강좌를 열었다. 또한 예비 엄마들을 대상으로 육아법을 가르치는 모임도 조직했다.[263]

로젠버거 역시 위생교육의 필요성에 절실히 공감하며 1924년 활동 범위를 가정방문에 그치지 않고 학교로 나아갔다. 500명의 학생들을 검진하고 한 달 평균 8번의 강의를 진행했다. 6월에만 학교에서 10번의 위생 강의를 했는데, 한 번에 평균 60명 정도가 참석했다.[264] 여러 학교를 다니며 학생들을 대상으로 공중위생 교육을 계속한 결과 학생들은 보건위생 홍보 포스터를 그릴 정도로 보건위생에 대해 이해할 수 있게 되었다.

이 시기에 로젠버거 간호원장과 함께 일했던 한신광 간호원은 매일 아침 10시부터 1시까지 각 가정을 방문해 건강하고 위생적으로 아기 키우는 법을 가르쳤고, 오후 2시부터 5시까지는 태화진찰소에서 의사에게 진료 받은 아기들을

돌보며 약까지 짓느라 바쁘게 시간을 보냈다.[265]

그녀는 간호원의 생활이 참으로 신성한 일이라고 말하며 농촌 같은 곳으로 가서 위생교육을 하고자 했다. 또한 사회 활동에도 관심이 많아 이미 대중 강연 강사로 나선 적도 있었다. 동대문부인병원 '의약간 여자기독청년회' 주최의 위생대강연회에서 한신광은 '우리의 삼용蔘茸'을, 정자영 의사는 '소아 교육과 사회의 관계'를, 김순복 약제사는 '조선여자약학에 대하여'라는 주제를 전하는 강연을 했다.[266] 유료 입장이었던 이 강연회는 동대문부인병원의 의료인들이 보건교육과 민족의식 고취를 위해 나섰던 것으로 보인다.[267]

영유아복지사업에 기여한 동대문부인병원

1925년이 되자 아기 진료를 위해 태화진찰소를 찾는 사람들의 수가 1924년에 비해 두 배 가까이 늘면서 영유아복지사업은 활기를 띠었다. 새해가 되자 무려 205명의 아기가 등록했다. 하루 평균 25명의 아기가 왔지만 많은 날은 35명에 달했다. 1년 동안 2,352명의 아기들이 찾아왔는데 그중 1,281명의 아기들은 꽤 건강하다고 말할 수 있었다. 로젠버거와 한신광이 1년 동안 아침마다 583곳의 가정들을 방문한 성과였다.[268]

태화여자관의 영유아복지사업은 동대문부인병원과 긴밀한 관계를 맺고 있었다. 여성병원으로 출발한 동대분부인병원은 산모들이 집이 아닌 병원에서 출산을 하도록 설득하는 데 힘을 쏟았고, 돈이 없어 병원을 찾지 못하는 산모들을 위해 무료 해산실도 운영했다. 그 결과 산모들은 병원에서 출산하는 것을 자연스럽게 여기기 시작했고, 동대문부인병원에서 태어나는 아기들은 해마다 늘어갔다. 1924년의 어느 날은 동대문부인병원에서 12시간 동안 여덟 명의 아기가 태어난 적도 있었다.[269]

동대문부인병원에서 출산한 산모들은 태화여자관의 영유아복지사업을 통해 아기를 더욱 건강하게 키울 수 있었다. 이때 로젠버거가 아기들의 건강을 위해 중점을 둔 활동은 목욕 사업이었다. 1924년에만 가정방문을 통해 290회에

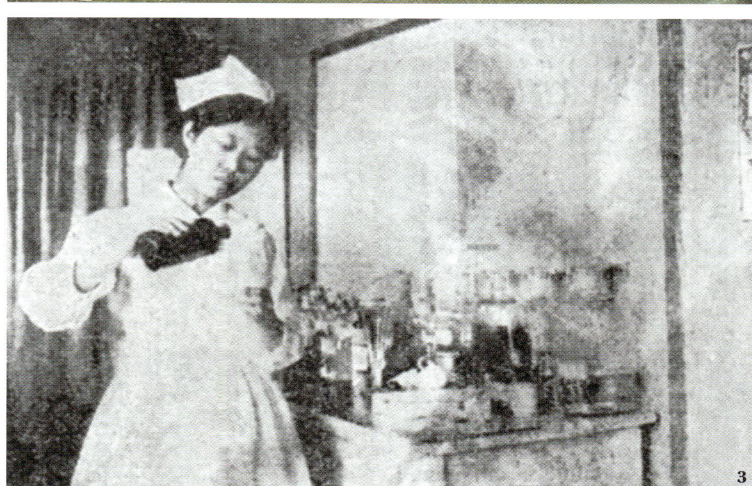

1 동대문부인병원 여의사들의 위생 강연 풍경

2 동대문여자보통학교에서 위생 포스터를 가리키는 간호원들(1928)

3 1925년 3월 18일자 『동아일보』 기사 속 한신광

1 동대문부인병원에서 태어난 아기들

2 아기를 씻기고 입히는 태화여자관의 시연 모습(1927)

걸쳐 아기 돌봄과 목욕법을 알려주었고, 40회의 자모회를 가졌다.[270]

또한 1927년에는 태화여자관 안에 목욕탕을 만들어 일주일에 두 번 '목욕하는 날'을 정해두었다. '목욕하는 날'이 되면 엄마들은 아기를 데리고 와서 목욕을 시켰는데, 평균 30~40명의 아이들이 다녀갔지만 많을 때는 70명이 온 적도 있었다.[271] 목욕탕은 원래 비용을 받고 운영했지만 일주일에 한 번은 오갈 곳 없는 거리의 아이들에게 무료로 목욕을 시켜주었다.[272]

또 다른 영유아복지사업은 '아기건강대회Better Baby Contest'였다. '아동건강회'라고도 불린 이 대회는 건강한 아기를 공개적으로 선발해 사람들의 관심을 끌고, 건강하게 아기를 기를 수 있도록 하는 것이 목적이었다. 1924년 5월 3일 한국 최초로 열린 첫 대회를 시작으로 아기건강대회는 해가 갈수록 인기를 더해갔다.[273]

1927년 6월 4일에 열린 아기건강대회는 세브란스병원 및 동대문부인병원에서 파견된 세 명의 의사와 여덟 명의 간호원들에 의해 진행되었는데, 동대문부인병원의 길정희, 유영준 의사가 아기들을 진찰하며 건강 점수를 매겼다. 수상은 아이들을 세 개 반으로 나누고 각 반당 상위 세 명에게 상을 주는 식으로 진행되었다.[274] 이 대회에 참여하는 엄마들은 아기에게 최대한 깨끗하고 좋은 옷을 입혔다. 참여하는 아이들에게 많은 선물을 주느라 사업은 파산 직전이었지만 광고 효과는 엄청났다.[275] 아기건강대회는 사회 각계의 많은 호응을 얻으면서 전국 각지로 퍼졌고, 우량아 선발대회라는 이름으로 정착하게 되었다.[276]

이밖에도 건강한 아기를 위한 영유아복지사업에는 우유급식소Milk Station, Feeding Station 사업이 있었다. 로젠버거는 영유아 사망률의 또 다른 원인으로 영양결핍을 꼽았다. 다행히 그녀는 1930년 보고서에서 지난 겨울 우유, 심지어 두유를 먹이는 가정이 늘고 있어 무척 바쁘게 지냈다고 말했다.[277]

태화여자관의 우유급식소 사업은 1928년 10월에 시작되었다. 한국 사람들은 사람들은 짐승의 젖을 먹이는 것에 대해 거부감이 있었지만, 죽어가던 아이가 우유를 먹고 살아나는 것을 본 후에는 선입견을 버리기 시작했다. 하지만 우유 보급은 생각보다 쉽지 않은 일이었다. 조달 비용도 부담이었고 우유 공급량도 부족했다. 이에 대한 대안은 미국으로부터의 우유 비용 후원과 염소젖 활용

1 제1회 아기건강대회 풍경(1924)

2 아기건강대회에서 아기의 체중을 기록 중인 로젠버거(1928)

3 1927년 수상 아동들

4 1928년 1등 수상 아기

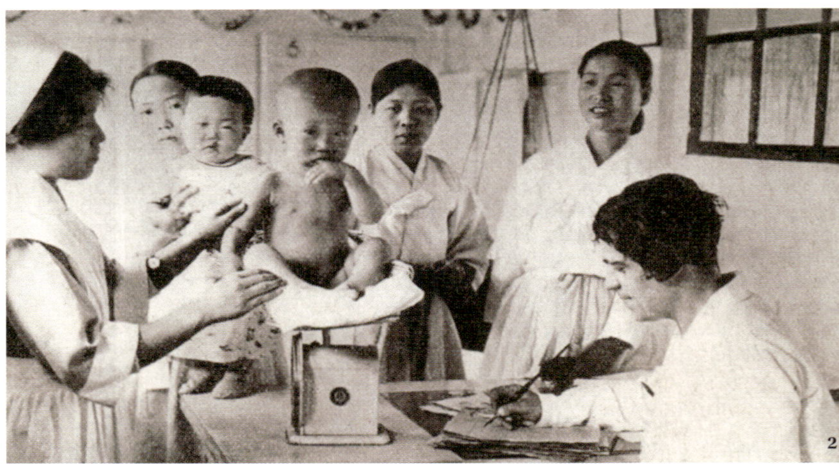

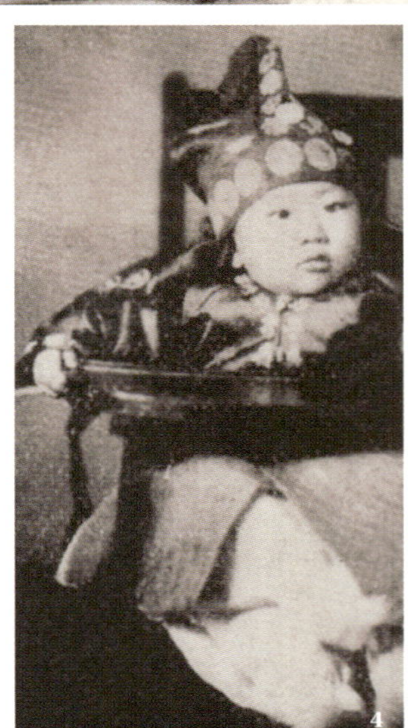

이었는데, 무엇보다 큰 성과는 두유 개발이었다.[278] 로젠버거는 액체와 분말 두유를 도입하는 데 시간이 걸렸지만 가난하고 배고픈 아이들에게 전해주기 위해 노력했고, 이제는 두유가 한국 전역에서 널리 이용되고 있다고 말했다.[279]

1929년에는 동대문부인병원, 세브란스병원, 태화여자관 진찰소가 함께 '서울연합영아보건회(The Seoul Child Welfare Union, 이하 '영아보건회')'를 결성했다. 영아보건회는 1934년 6월 2일 동아일보와 협력하여 우량아 선발대회를 열었다.[280]

태화여자관에서 벌인 동대문부인병원의 여러 활동 덕분에 많은 사람들이 위생과 청결에 대해 알게 되었다. 잡지나 신문에서 위생과 육아에 관한 내용도 쉽게 찾아볼 수 있을 정도였다. 그 성과는 영유아 사망률의 감소로 나타났다. 1930년대 초반 영유아 사망률은 35%였는데, 영유아 복지의 혜택을 받은 영유아들의 사망률은 5%에 불과했다.[281]

정동 보구녀관에서 시작된 여성과 어린이를 위한 사업들은 1920년대에 이르러 공중보건위생사업과 영유아복지사업으로 결실을 맺었다. 영유아복지사업은 가정에서의 육아를 넘어 사회가 함께 국가 차원에서 어린이를 양육해야 한다는 인식의 변화를 불러일으켰다. 그리고 이러한 변화는 보육교육사업으로 발전하게 되는데[282] 이화여자전문학교에서는 일찍이 보육과를 설치해 지도자를 양성하고 있었고, 동대문부인병원은 1937년 겨울 자체적으로 탁아소를 개설했다.

동대문부인병원의 경성탁아소 개설

1936년 12월 10일 로젠버거 간호원장과 이금전 간호원이 동대문부인병원 안에 경성탁아소의 문을 열었다. 이금전(1900~1990)은 이화여전 졸업 후 세브란스병원 간호원양성학교를 거쳐 토론토대학교University of Toronto에서 한국 여성 최초로 공중보건학Public Health 학위를 받은 간호원이다. 1930년 유학을 마치고 한국으로 돌아와 로젠버거와 함께 태화진찰소에서 근무하며 아동보건과 공중위생사업에 헌신했다. 이곳의 담당주치의는 1923년 동경여자의학전문학교를 졸업한 한소제(1899~1997)였다.

일제 시대의 탁아소는 크게 세 가지로 나뉘었다. 첫째는 빈민 구제의 목적이었다. 먹을 것이 없어 영양실조에 걸리는 아이들을 돌보기 위함이었다. 둘째는 농촌계몽운동의 한 형태였다. 농번기에 여성들이 일에 전념할 수 있도록 농번기 탁아소가 운영되었다. 셋째는 여성의 노동력을 수탈하기 위한 일제의 탁아소 설치였다. 이들은 여성농촌운동가들이 설립한 농촌탁아소를 자신들의 입맛에 맞게 이용하기도 했다.[283]

선교사들이 설립한 탁아소는 영유아복지사업을 위한 것이었다. 선교사들은 아이들이 잘 먹고 잘 자고 잘 노는 좋은 습관을 가질 수 있도록 돌보고 가르쳤다. 탁아소의 한 반 평균은 열 명에서 열두 명 규모였다.[284]

동대문부인병원의 경성탁아소 역시 아이들을 잘 돌보는 것이 목적이었다. 주간반, 야간반으로 나누어 탁아소를 운영하며 아이들을 돌보았다. 경성탁아소가 문을 막 열었을 당시에 맡은 아이들은 엄마가 사망하거나 환자인 경우, 직업이 있어 일 때문에 바쁜 경우들이었다. 야구선수 이영민의 딸은 엄마가 일을 하는 상황이라 경성탁아소에 맡겨졌고, 잡지사 주간이었던 최봉칙의 아들은 엄마가 사망한 후에 맡겨졌다.[285]

경성탁아소는 볕이 잘 들고 바람이 잘 통하는 쾌적한 공간으로 그곳의 아이들이 입은 옷은 하얗고, 이불이며 포대기들은 깨끗하고 예뻤다. 주방에서는 간호원들이 우유병에 우유를 넣고 고무젖꼭지를 막아두었는데 가정집에서는 그대로 따라 하기가 힘들 정도였다. 어머니가 없어 집에서 밥물로 기르던 아이들은 이곳에서 금세 통통하게 살이 올랐다. 태어난 지 두 달 만에 엄마를 잃고 경성탁아소에 맡겨진 여자아이는 집에서 기른 아이보다 더 깨끗하고 보기 좋게 살이 붙었다.[286]

사실 이때는 엄마들이 일을 하기 위해 아이를 탁아소에 맡기는 것이 드문 시절이었다. 더 나은 양육을 위해 탁아소를 이용한다는 것 역시 납득하기 어려운 일이었다. 경성탁아소는 이러한 인식 개선을 위해 올바른 양육과 돌봄에 관한 탁아소의 역할에 대해 꾸준히 알렸다.

이미 외국에서는 이 시기에 직업을 가진 바쁜 엄마를 대신해 탁아소에서

1

2

1 경성탁아소 전경(1937).
가장 오른쪽에 서 있는 사람이 로젠버거 소장이다.

2 경성탁아소 보건간호강습회(1937).
가장 왼쪽이 로젠버거이고, 로젠버거 바로 오른쪽에 이금전 간호원이 서 있다.

1 1939년 6월 9일자 『조선일보』 기사 속 경성탁아소의 모습

2 경성탁아소의 아이들.
가장 왼쪽에 앉아 아기를 안고 있는 사람이 로젠버거 소장이다.

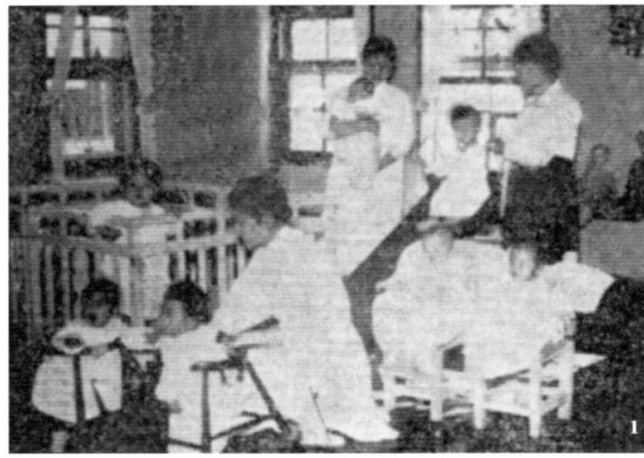

1

2

아기를 체계적으로 기르고 있었다. 경성탁아소는 이러한 외국의 탁아소 풍경을 알리며 어머니의 젖만 물려 아이를 키우는 단순한 육아법 대신 각종 영양소가 풍부한 이유식을 서너 시간에 한 번씩 먹여야 아이들이 잘 클 수 있다고 전했다.[287]

경성탁아소가 문을 연 1930년대는 동대문부인병원에 재정적 변화가 찾아온 시기였다. 동대문부인병원은 W.F.M.S.로부터 상당한 지원을 받고 있었는데 1930년대에 접어들며 지원 규모가 점차 줄어들었다. 1931년에는 1만 엔이 넘던 지원금이 1938년에는 2,450엔까지 줄다가 끝내 중단되고 말았다.

보조금 지급 중단은 병원 운영에 안 좋은 소식이 분명했지만, 이 시기와 맞물려 운영된 경성탁아소 덕분에 병원 수입은 큰 타격을 입지 않았다. 산부인과를 중심으로 운영되던 동대문부인병원은 경성탁아소를 운영하면서 여성과 아이를 돌보는 여성전문 의료기관으로 성장하게 된 것이다.[288]

경성탁아소는 아이들이 건강하게 자라는 공간의 역할을 했을 뿐 아니라 일하는 엄마들에게 사회 진출의 기회를 주는 역할도 했다. 동대문부인병원의 여성 의료진 스스로가 사회 진출에 적극적이었기에 일하는 여성들을 위한 탁아소 운영이 가능했을 것이다.

경성탁아소 주치의였던 한소제 의사 역시 일하는 여성이었다. 1923년 동경여자의학전문학교를 졸업한 후 정신여학교에서 생리, 위생 강의를 하다 신의주에서 2년간 개업의로 일한 경험이 있다. 1926년에는 미국 미시간주 알비온대학Albion College에서 의학 공부를 더 한 후 워싱턴대학교 의학부 소아과에서 연구를 이어갔다. 이후 1929년 한국으로 돌아와 전주에서 '대동의원'을 개원했고, 1936년부터 1939년까지 동대문부인병원의 경성탁아소에서 주치의로 일했다.[289]

미국에서 소아과 공부를 했던 한소제는 탁아소 주치의 적임자였다. 그녀는 많은 사람들이 궁금해하는 '매끼 어떻게 아이를 기르는가?'에 대해 아이의 개월 수와 체중에 따른 필요 칼로리를 계산해 보리와 좁쌀 끓인 물에 (필요한 영양식을) 혼합하여 먹인다고 답했다. 집에서 갱물에 탄 우유나 미음만 먹다가 영양 불균형이 온 아이들이 양질의 돌봄을 받으며 발육이 회복되는 걸 볼 때마다 한소제는 뿌듯해했다. 또한 경성탁아소가 일하는 엄마들을 위한 보육 기관으로 널리 알려지긴 했지만, 불쌍하고 가련한 거리의 아이들에게도 이러한 돌봄의 손

1 국제간호협의회(ICN) 참석을 위해 출발하기 전 한국간호부회 대표들(1929).
앞줄 왼쪽부터 이금전, 셰핑, 이효경, 뒷줄 왼쪽부터 로젠버거, 쉴즈, 심슨이 서 있다.

2 영유아 보건진료소 자모회(1930).
뒷줄 중앙은 이금전, 앞줄 오른쪽 두 번째는 이효경, 네 번째는 로젠버거이다.

길을 내밀고 싶어했다.[290] 그녀의 이러한 마음은 이미 과거의 행적에서도 잘 드러난다. 미국 유학을 다녀온 뒤 가업을 하긴 했지만, 한소제는 의사로서 돈을 많이 벌거나 명예를 얻으려는 대신 의료 혜택에서 소외된 여성, 어린이, 낙후된 지역을 일부러 찾아 나서기도 했다.[291]

로젠버거 소장과 한소제 주치의 외에 경성탁아소를 주도적으로 이끈 또 다른 여성은 이금전 간호원이다. 로젠버거는 1929년 이금전에 대해 다음과 같이 기록했다.

> 지난 2년 동안 외국에서 공중위생을 공부한 사람 중 우리의 사업을 충분히 이해하고 진심으로 좋아할 뿐 아니라 기꺼이 자기 민족에게 필요한 공중위생 규정을 만들어 낼 간호원이 필요했습니다. 우리는 그 소망을 담아 기도했고, 주님께서는 '프란시스 리'를 보내주셨습니다.[292]

로젠버거가 말한 프란시스 리가 바로 이금전이다. 그녀는 1929년 국제간호부대회 대표로 남장로교 간호 선교사 셰핑Elise Shepping과 세브란스병원 이효경과 함께 캐나다 몬트리올에 간 적이 있었다.[293] 국제간호부대회를 마친 이금전은 토론토대학교에 입학해 한국 여성 최초로 공중보건학 학위를 취득했고, 귀국 후에는 태화진찰소에 복귀했다.

이금전은 『영양과 건강』, 『자모회 공과』 등 자모들을 위한 위생 관련 저서들을 집필했으며[294] "여름철에 주의할 십이지장충", "아이들의 맨발을 금할 것" 등 위생과 관련된 강연을 진행하기도 했다.[295]

이금전은 1932년 조선간호부회 부회장으로 선출되었다. 같은 해 6월부터는 이화여자전문학교에서 위생학 강의를 시작했고, 1933년 조선간호부에서 편찬한 한국 최초의 보건간호학 단행본 『공중위생간호학』 교정 및 일부 집필을 담당했다. 이후 1936년부터는 동대문부인병원 내에 설립된 경성탁아소에서 근무하며 올바른 육아법과 청결한 육아 환경 등을 널리 알리는 데 기여했다.

메리 커틀러의
포드 트럭 순회 진료소

로제타 홀과 함께 한국의 국내파 여의사 양성에 힘썼던 메리 커틀러는 로제타 홀이 조선여자의학강습소 개설에 매진하던 시기에 다시 의사 선교사의 본분으로 돌아가 미국에서 포드 트럭을 들여온 후 순회 진료에 나섰다. 예순 살이었던 1925년부터[296] 1936년까지[297] 평양 지역 순회 진료에 헌신한 메리 커틀러는 은퇴를 한 후인 1935년에도 순회 진료를 지속하며 한국에서의 의료 사역에 얼마나 진심이었는지를 보여주었다.[298]

일제 강점기에 조선총독부는 각 도에 자혜의원을 설치하긴 했지만, 실제로 민간인들을 위한 진료 활동을 했다고 보기는 어려웠다. 무료 치료의 비율도 대폭 축소되고 있었기 때문에[299] 메리 커틀러는 포드 트럭을 몰고 의료 취약 지역을 직접 찾아다니며 무료 진료를 하고자 했다.

메리 커틀러는 이동 진료에 맞게 트럭을 개조했다. 순회 진료소의 인가도 받았고, 트럭 운전면허가 있는 기사와 전도부인, 한국인 간호원도 확보했다.

순회 진료소는 의사, 간호원, 환자들이 앉을 수 있는 접이식의 긴 의자를 두었고, 의자 위 좁은 선반은 약품과 의료 도구를 놓을 수 있는 테이블로 사용했다. 운전석 위 테이블에는 환자를 위한 약, 조수를 위한 음식을 보관했다.

메리 커틀러의 1926년 순회 진료 보고서에는 1925년 12월부터 1926년까지 785명의 환자를 만나 1,298건의 진료를 보았다는 내용이 나온다.[300] 1928년에는 환자의 차량 방문이나 차량의 가정 방문이 1,968회나 이루어졌고, 843명의 환자들을 진료한 결과 2,726건의 처방전을 발행했다.[301] 이것은 보구녀관의 초창기 연간 진료 규모와 맞먹는 수준이다.

고령의 메리 커틀러에게 순회 진료소 운영은 쉬운 일이 아니었을 것이다. 하지만 그녀는 이 일을 통해 고단함보다 뿌듯함을 더 크게 느낀 듯하다.

> 우리의 순회 진료소 차량을 다시 찾는 환자들, 편지나 사람을 통해 더 많은 약을 얻고 싶다는 요청, 완치된 환자들의 감사하다는 인사, 우리가 간 곳에서 듣게 되는 정기적인 재방문 부탁은 우리를 힘내게 하는 것들이다.[302]

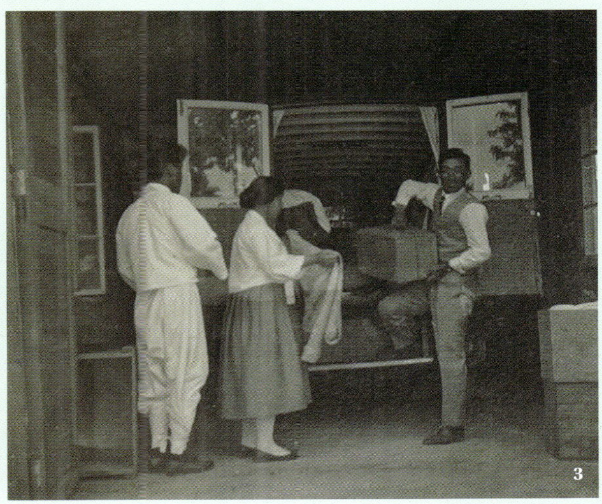

1 메리 커틀러의 순회 진료소 차량.
위생교육, 예수교 진찰소 등 순회 진료소에서 추구하는 내용이 적혀 있다.

2 순회진료소의 내부 모습

3 광혜여원의 차고에서 순회 진료소를 준비하는 조수들

W.F.M.S.의 선교사들은 어떻게 한국어 공부를 했을까?

W.F.M.S.의 선교사들은 선교 활동을 하게 될 나라의 언어를 아는 것이 무척 중요하다고 강조해왔다. 그 나라의 언어를 알지 못한 상태에서는 사람들과 진심으로 소통할 수 없다고 생각했기 때문이다. W.F.M.S.의 첫 여성 선교사로 조선에 온 스크랜튼 대부인은 일본에 머물며 한학자 이수정으로부터 한국어를 배웠고, 보구녀관 1대 병원장이었던 메타 하워드는 뛰어난 언어 능력으로 금세 한국어를 익혔다.

선교사들이 남긴 기록을 보면 그들이 한국어를 익히기 위해 일정 기간 규칙적인 공부를 했다는 것을 종종 확인할 수 있다. 1912년에 한국에 온 간호원양성학교 교장이자 간호원장인 나오미 앤더슨은 평양에 머물며 한국어를 배웠고,[303] 보구녀관의 마지막 병원장이었던 아만다 힐만 의사 역시 언어 공부와 환자 진료를 병행하느라 무척 분주했다고 말했다.[304]

이들은 과연 한국어 공부를 어떻게 했다는 것일까? W.F.M.S.의 1921년 보고서를 보면[305] 랭귀지(한국어) 스쿨 1~3학년 과정에 관한 기록을 확인할 수 있는데, 각 학년마다 1~2학기를 두어 체계적으로 공부한 것으로 보인다. 이들이 활용한 교재는 한국어를 잘하는 선교사들이 쓴 책이었다. 대표적인 인물이 호러스 언더우드(Horace Grant Underwood, 1859~1916) 선교사, 애니 베어드(Annie Laurie Adams Baird, 1864~1916) 부인, 스톡스(Marion B. Stokes, 1882~1968) 선교사 등이다.

언더우드는 한국어를 잘하는 선교사 중 한 명으로 여러 권의 한국어 교재 및 한국 관련 책을 집필했다. 베어드 부인은 한국어 운문체를 가장 잘 구사한 선교사로 영어 찬송가를 한국어로 번역하며 한국 찬송가의 어머니로 불렸다.[306] 이들이 남긴 한국어 관련 교재들은 외국인 선교사들을 위한 훌륭한 교과서가 되었다.

W.F.M.S. 랭귀지 스쿨의 1학년 1학기 과정은 한글의 자음과 모음을 파악하고 문법을 공부하는 것부터 시작되었다. '음운과 절', '받아쓰기', '음절 변화에 주의하며 읽기'를 배우고 나면, 스톡스 목사와 베어드 부인의 교재를 통해 기본적인 문법을 공부했다. 언더우드 목사가 쓴 교재까지 배우고 나면 100개의 한국어 문장을 써서 제출하는 과제도 있었고, 한글로 된 주기도문을 외우며 읽고 쓰는 연습도 병행했다.

1학년 2학기로 넘어가면 스톡스 목사와 언더우드 목사의 교재를 바탕으로 본격적인 대화를 연습했고, 쉬운 성경 문구 및 기도 형식을 익혔다. 인상적인 것은 이때부터 '한자 100개 익히기' 수업이 추가되었다는 점이다. 전치사와 접속사를 공부하는 것도 이때부터였다.

2학년 1학기에는 본격적으로 대화를 연습할 수 있는 언더우드의 교재가 등장한다. 이솝 우화, 한국지리 수업도 추가되고, 찬송가와 복음서 강연, 성경 이야기도 배웠다. 사람들의 일상 관련 단어와 구절을 공부하며 최소 400단어를 사용해 작문을 한 뒤 랭귀지 스쿨 교사에게 제출하는 과제도 있었다.

2학년 2학기에는 더 깊이 있는 한국어 수업이 이루어졌다. 이때부터 한자 200개 익히기와 오륜행실 등 전형적인 한국 책을 접하게 되는데, 한국의 질서나 규칙을 이해하고 신문을 읽으며 이야기를 재구성하는 능력도 키웠다. 도우미나 전도부인에게 일 관련한 지시를 적은 두 통 이상의 편지를 보내고, 그 결과를 랭귀지 스쿨 사무실에 제출하는 과제도 있었다.

3학년 과정은 별도로 학기 구분을 하지 않았지만 수업 과정은 한층 심화된 것으로 보인다. 한국 속담을 비롯해 100개의 시사 용어와 구문 수업이 추가되었고, 한국인의 성姓씨를 한자로 읽고 쓰는 연습도 했다. 주 1회씩 한국어 성경 본문을 암기했고, 로마서와 히브리서, 옥중 서신을 번역하고 설명하는 수업도 있었다. 1,500~3,000자 분량의 이야기 준비 과제도 필수였다.

한국 관련 책들은 수십 권에 달했는데, 선교사들은 이 책들을 학기마다 두 권 이상, 3학년 동안 총 4번을 읽고 랭귀지 스쿨 위원회에 보고해야 했다. 게다가 구두시험 등 랭귀지 스쿨 자체 시험도 따로 있어서 이들이 얼마나 한국어 공부를 열심히 했는지 알 수 있다.

1 북장로회 언더우드 목사

2 북장로회 평양 지부 베어드 부인

일제의 강압에 의해
한국을 떠난 선교사들

1931년 만주사변, 1937년 중일전쟁 도발 후 일제는 한국에 머무는 외국인 선교사들을 강하게 감시하고 탄압했다. 1930년에는 외국인들의 입국 및 퇴거에 관한 법령을 강화하며 그들을 한국에서 철수시켰다. 전쟁의 위험이 높아지자 1941년 미국 북감리회 선교본부는 한국과 일본에 머물고 있는 모든 선교사들에게 즉각 귀국을 통보했다.

당시 의료 선교사들의 어려운 상황을 기록한 외국인 의사가 있었는데 바로 보구녀관 3대 병원장이자 한국의 여성의료 역사를 세운 로제타 홀의 아들 셔우드 홀(Sherwood Hall, 1893~1991)이다. 그는 1923년 토론토 의과대학을 졸업하고 1926년 의사 아내 매리언 홀과 함께 한국으로 돌아와 2대에 걸친 부부 의료 선교사를 자처했다. 폐결핵 전문 병원인 '해주구세요양원'을 설립했고, 재원을 마련하기 위해 1932년 한국에 처음으로 '크리스마스 씰'을 도입했다. 한국인들의 사랑과 존경을 받는 셔우드 홀은 일본에게 큰 부담이었다. 그들은 번번이 셔우드 홀의 활동을 가로막았고, 1940년에는 영국의 스파이로 활동했다는 혐의를 뒤집어씌우며 징역 3년 또는 5,000엔의 벌금형을 선고했다. 1940년 1월 셔우드 홀이 어머니에게 보낸 편지에는 당시의 상황이 생생하게 담겨 있다.

> 각 학교에는 영어 과목이 없어졌고 영문으로 된 간판이나 표시물도 철거됐습니다. 기독교식 이름을 가진 사람들은 그 이름을 고쳐야 한다는 운동이 일고 있습니다. 한국 사람들도 성과 이름을 일본 이름으로 고쳐야 한답니다. (중략)
> 저희는 불안정한 시대에 살고 있음이 분명합니다. 우리 건물 주위를 둘러싸고 있던 철조망들도 다 빼앗겼습니다. 철조망이 없으니 정원도 쓸모가 없게 되었습니다. 울타리가 없어지자 자주 도난을 당합니다.[307]

일제의 탄압과 미국의 대공황까지 겹치면서 동대문부인병원에 대한 W.F.M.S.의 금전적 지원도 어려워졌다. 1936년 모든 보조금 지급이 중단된 동대문부인병원을 안수경 의사가 지켰다. 1918년 경성의학전문학교 청강생으로 졸업한 안수경은 25년 이상을 동대문부인병원에서 헌신했다. 그녀는 산부인과 의사의 역할뿐 아니라 행정, 교육, 건축 등 모든 역할을 도맡으며 명실상부 동대문부인병원의 총책임자가 되었다.

대다수의 선교사가 1940년대 본국으로 강제 귀국한 가운데 일제 강점기 셔우드 홀과 함께 한국의 결핵 퇴치에 앞장섰던 플로렌스 머레이Florence J. Murray 역시 1942년 일제에 의해 강제 추방되었다. 그러나 머레이는 해방 후 1947년 이화여대 김활란 총장의 초청으로 다시 한국에 돌아와 이화여대 의대 부학장으로 병원 의료 프로그램을 복원하고 설립하는 것을 도왔으며, 세브란스병원 부원장을 역임했다.

1

1 어머니 로제타 홀과 아들 셔우드 홀(1933)

2 동대문부인병원에서 태어난 아기들과 의료진(1935).
맨 오른쪽에 안수경 의사가 서 있고, 간호원들이 일주일 동안 태어난 17명의 아기를 안고 있다.

2

4장.

이대동대문병원

전문의료기관으로 도약하다

1945~2008

1. 이대동대문병원, 최고의 여성의료기관이 되다

이대동대문병원의 탄생과 의학 나눔을 실천한 반헌경·권분이

1945년 해방 후 이화여자대학교는 경성여자전문학교라는 이름 대신 이화여자전문학교라는 본래의 이름을 되찾았다. 같은 해 10월 학제 개편으로 행림원 의학과가 창설되어 93명의 첫 입학생을 받아들였다. 이는 한국 최초의 여성의과대학 과정이라는 점에서 역사적 의미가 깊다. 12월 동대문부인병원은 이화여자대학교부속 동대문병원이 되었다. 1942년에 매각되었던 동대문부인병원을 1945년 3월 다시 인수하면서 4월 20일에 개원한 후 가능해진 일이었다. 이에 따라 이대동대문병원은 본래의 사명인 기독교정신에 입각해 의료 봉사는 물론 의학생들의 임상 교육까지 가능한 의학 연구기관으로 발전할 수 있게 되었다.[308] 초대원장에는 이상옥 교수가 취임했다.

이화여자전문학교는 1946년 8월 15일에 문교부로부터 한국 최초의 종합대학으로 인가를 받아 이화여자대학교로 승격했는데 이때 이화여자전문학교의 김활란 교장이 총장으로 취임했다. 1947년에는 의학과를 의학부로 승격시키고 그 산하에 4년 과정의 본과와 2년 과정의 예과를 두었다.

하지만 1950년 한국전쟁이 일어나고 1년이 지나는 동안 대학 교육은 제대로 이루어지지 못했다. 이에 정부는 1951년 5월 4일 대학교육에 관한 임시특

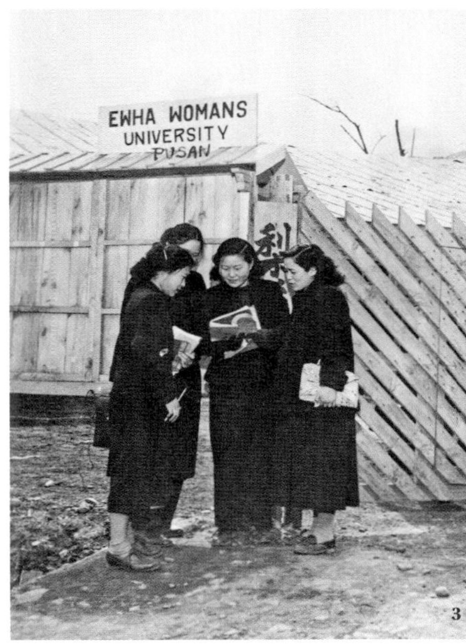

1 이화의대가 시작된 이대 신촌캠퍼스 본관

2 부산 피난교사에 수업을 들으러 가는 학생들(1951)

3 이화여대의 부산 피난교사 앞에 모여 있는 학생들(1951)

별조치령을 공포했다. 이 법령에 따라 부산, 광주, 전주, 대전에 전시연합대학이 생겨났고, 학생들은 각지에 설치된 연합대학에서 합동 수업을 받게 되었다.

이화의대는 부산의 전시연합대학에 포함되었는데, 수업 초기에는 군대 징집 등으로 여학생들이 더 많았다. 전시연합대학 교사는 부산 도심지 상가 지역에 있었다. 대학 교사라고는 하지만, 교실과 교실 사이가 얇은 판자로 구분되어 있어 옆 교실의 수업과 상가 지역의 소음이 섞이면서 매우 소란스러웠다. 이런 열악한 상황 속에서도 학생들은 수업에 열중했다. 그 덕분에 환도 이후에도 교육 공백 없이 의과대학생들의 지속적인 발전이 가능했다.[309]

1951년 3월 교육법 개정으로 인한 문교부의 요청으로 '원'을 '대학'으로 개칭했다. 이에 따라 한림원은 문리대학으로, 예림원은 예술대학으로, 행림원은 의약대학(의학과, 간호교육학과, 약학과)으로 이름을 바꾸고, 법정대학과 사범대학을 신설했다.

1951년 8월 20일 이화여자대학교 의과대학은 부산 피난지 가교사에서 24명의 첫 졸업생을 배출했다. 대구 전시연합대학인 경북의대에서 졸업한 3명을 포함하면 제1회 졸업생은 모두 27명이었다. 안타깝게도 졸업식 없이 각 개인에게 졸업장이 전달되었는데 몇몇 학생들이 개인적으로 찍은 졸업 사진이 남아 있다.

1952년 8월 김활란 총장은 부산시 대청동의 2층 목조 건물에 내과, 외과, 산부인과, 안과, 소아과, 이비인후과, 임상병리과 7개과를 갖춘 '이화힐링센터'를 설치하고 환자 치료와 학생 실습 장소로 활용하도록 했다.

이화의대 제1회 졸업생 중 이대동대문병원의 역사적 기록물을 기증한 권분이(1922~2018) 선생은 임상병리를 전공한 뒤 이화의대 부교수로 재직했다. 여성 라이온스 클럽을 창설한 후 우리나라 최초로 국제본부에 등록했고, 시립아동병원에서 근무하던 김수자 선생의 요청으로 언청이 환자 두 명의 수술비를 펀딩 기금 마련으로 지원해준 적도 있었다. 이때 이화의대 성형외과 김한중 교수를 소개받으면서 언청이 수술이 본격적인 궤도에 오르게 되었다. 자비를 들여 베트남 어린이들을 위한 수술도 하며 10년 이상 국내외의 언청이 수술 봉사에 나선 것이다. 권분이 선생은 또 가족계획사업 본부장을 맡으면서 AID 기금을 받아 사업을 진행했는데, 자신의 병원 한 칸을 사무실로 사용함으로써 인건비와 사무

1 이화의대 제1회 졸업생 기념사진(1954)

2 제1회 졸업생 동창 모임(1956)

3 이화의대 제1회 졸업생 사은회(1954)

1

2

3

실 임대료를 아껴가며 여의사회관 건립 기금의 기초를 마련했다. 훗날 이러한 공로를 인정받아 대한민국 국민훈장 모란장, 한국여자의사회 봉사대상, 자랑스러운 이화의인 박에스더상을 수상했다.[310]

1950년 6월 이화여자대학교대학원에 의학과가 신설되면서 의과대학은 의사 양성과 의학 연구를 위한 전문 인력 양성의 기틀을 마련하게 되었다. 1963년에는 이화여자대학교 최초의 박사학위 수여자 두 명(김혜창, 반헌경)이 탄생했는데, 이들은 모두 의학과 출신이었다.[311] 반헌경 선생은 1952년에 석사과정에 입학하여 공부한 후 1956년에 박사과정에 들어갔으며, 김혜창 선생은 1955년에 석사과정 입학, 1957년에 박사과정에 들어가 학업을 이어나갔다. 1963년 김혜창 선생은 "인삼과 나이아신이 가토의 지질대사에 미치는 영향"이라는 논문으로, 반헌경 선생은 "에탄올 및 메탄올을 연속 투여한 가토 안구 각 조직의 핵산 GOT 및 비타민 B12 함량 변동에 대하여"라는 논문으로 각각 의학박사학위를 받았다.

특히 반헌경 박사는 이화의대 제1회 졸업생이자 이대동대문병원의 안과 의사로 일하면서 수많은 환자를 치료했고, 병원을 찾기 어려운 사람들을 위해 수시로 순회 진료에 나섰다. 강원도 지역 순회 진료에서 만난 강릉맹아학원의 고아 세 명을 서울로 데려와 치료해준 후 그 아이들이 앞을 보게 되었다는 일화는 아주 유명하다.[312] 반헌경 박사의 순회 진료는 모두 무상으로 이루어졌다. 이미 강릉의 순회 진료에서는 19명의 무료 개안 수술을 진행했는데, 감리교의 보건과 책임자이자 봉사와 희생정신이 투철했던 반헌경 박사에게 무상 진료는 당연한 일이었다. 이대동대문병원에서 안과 의사로서 헌신적인 의료 활동을 하던 반헌경 박사는 1964년 9월 연구를 위해 미국으로 떠났다.

반헌경 박사의 조카 이대우 선생은 반헌경 선생이 남긴 역사적 가치를 담은 유품을 이화의료원에 기증했다. 반헌경 선생이 생전에 쓰던 수술 기구와 의학박사학위 수여식 사진 등은 이화의료원에도 중요한 의미를 담은 기록물이다.

1 조교로 근무하던 권분이 선생(뒷줄 왼쪽에서 네 번째)이 이화의대 지도교수들과 함께 찍은 사진(1958)

2 권분이 선생의 인턴 수료 증명서

3 권분이 선생의 전임 강사 임명장

4 권분이 선생의 인사발령장

5 권분이 선생의 후원으로 베트남 언청이 무료 수술 봉사에 나선 이화의대

1

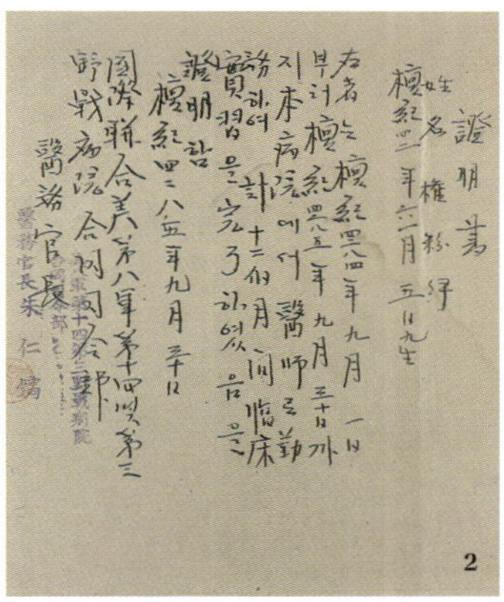

證明書

姓名 權粉伊

檀紀四二六一年六月五日生

右者는 檀紀四二八四年九月一日부터 檀紀四二八五年九月三十日까지 本病院에서 醫師로 勤務하여 實習하여 十二個月間 臨床을 完了하였음을 證明함

檀紀四二八五年九月三十日

國際聯合軍第八軍第十四野戰病院 醫務官長

2

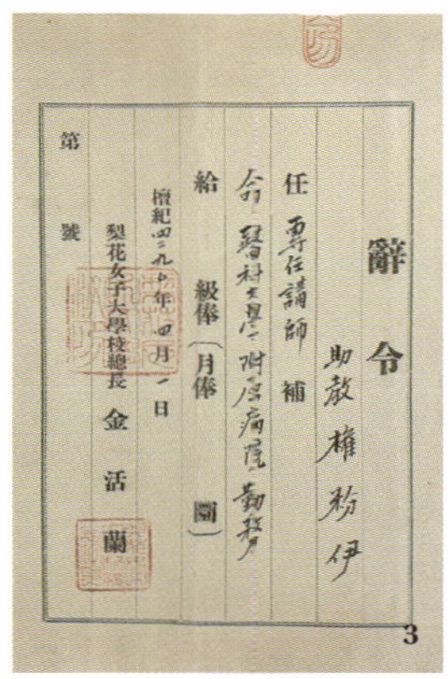

辭令

助教 權粉伊

任 專任講師 補

命 醫科大學附屬病院勤務

給 級俸 (月俸 圓)

檀紀四二九○年四月一日

梨花女子大學校總長 金活蘭

第 號

3

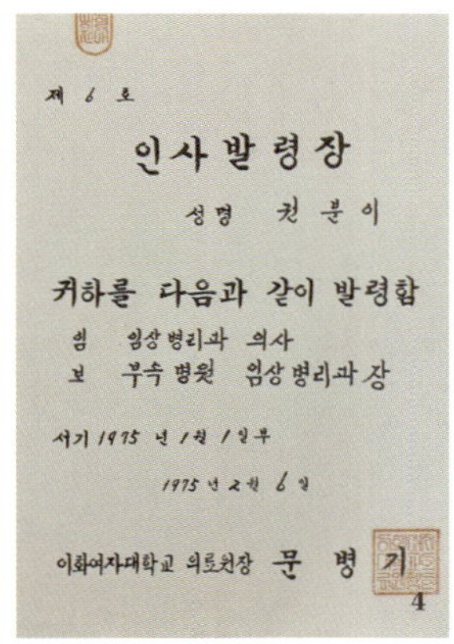

제 6 호

인사발령장

성명 권분이

귀하를 다음과 같이 발령함

임 임상병리과 의사

보 부속 병원 임상병리과 장

서기 1975 년 1월 1일부

1975 년 2월 6일

이화여자대학교 의료원장 문 병 기

4

5

1 박사학위 수여식에서의 반헌경 선생(1963) 왼쪽부터 김영의, 반헌경, 김애마 선생이다.

2, 3, 4, 5 반헌경 박사가 사용했던 수술 도구

6 반헌경 박사의 서명이 담긴 수술 도구 케이스. 반헌경 박사의 조카 이대우 선생이 이화의료원에 기증했다.

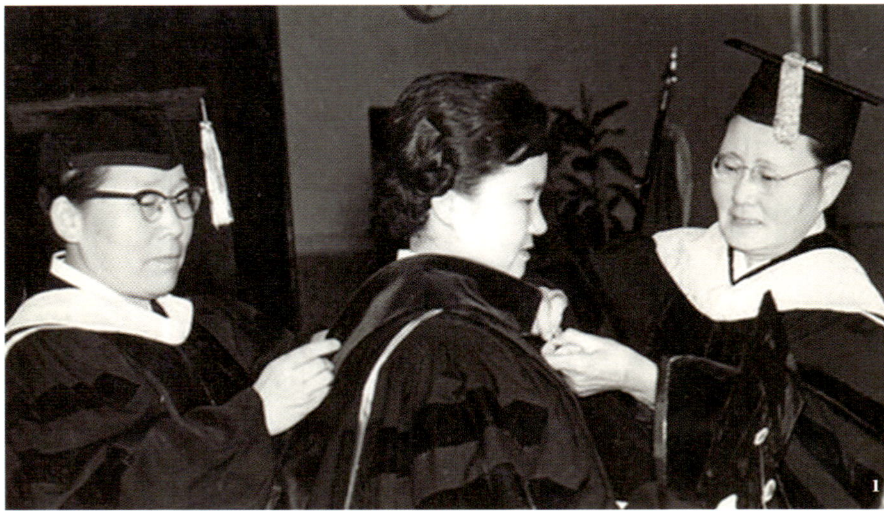

1

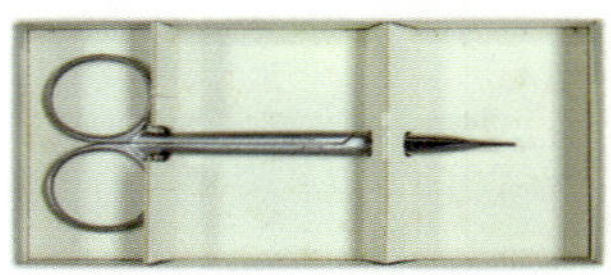

2

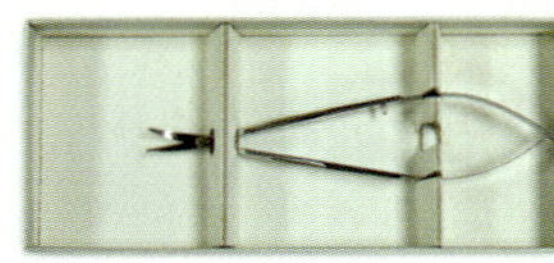

3

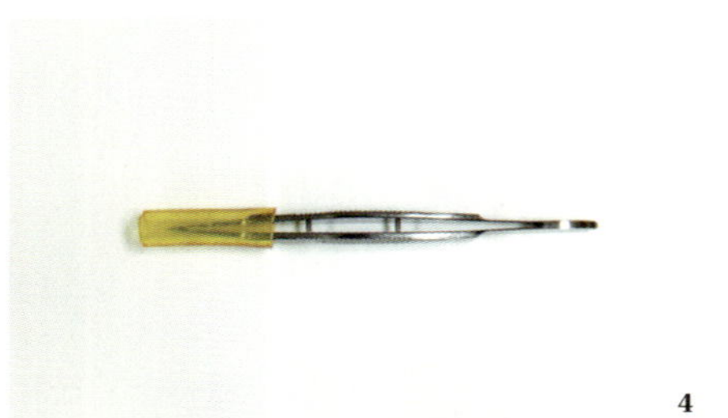

4

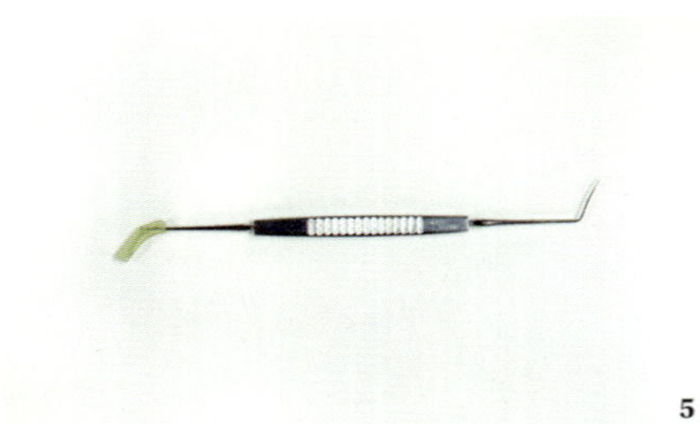

5

6

한국 최초로 간호학 학사과정을 개설한 이화간호대학

동대문부인병원 간호원양성학교는 선교사들의 철수로 1933년부터 교육이 중단되었다. 그러나 이화여전 졸업생이자 세브란스간호학교 및 토론토대학에서 공중보건학을 이수한 이금전 교수가 1930년대에 이화여전에서 위생학을 가르쳤다. 또한 하와이 퀸즈대학에서 간호학을 전공하고 세브란스의전 최초의 한국인 여교수가 된 이정애 선생[313]이 간호부원장을 역임했다.

해방 후 1947년 이화여대 행림원 내에 간호후생과가 개설되었으며, 1950년 5월 간호교육학부로 증설 개칭되며 초대 학과장에 이정애 교수가 임명되었다. 1951년 3월에는 행림원이 의약대학으로 이름을 바꾸면서 간호 교육 관련 단과대학의 명칭은 의약대학 간호교육학부 간호교육학과로 개편되었다.

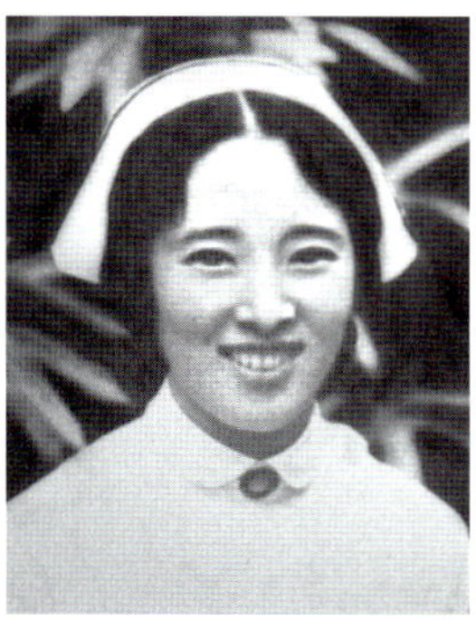

하와이 퀸즈대학
졸업식에서의 이정애 교수
(1928)

하지만 안타깝게도 1950년 한국전쟁으로 생긴 전시 연합대학에 4년제 간호학과가 포함되지 않아 교육이 잠시 중단되었다가 1955년 2월 26일 의과대학 간호학과로 인가되면서 간호가 하나의 과학 분야이자 전문직으로 성장할 수 있는 기틀이 마련되었다.

이화의 간호 교육은 1955년 고등교육기관인 대학에서 4년제 교육으로 다시 시작되었다. 이때 이영복 교수[314]가 학과장으로 부임하며 간호학과의 학부과정을 개설했는데, 이때 한국 최초의 간호대학 학부교육 과정을 확립했다. 간호학의 학부과정은 전문직 간호사로서 개인, 가족, 지역 사회 집단의 건강 문제를 해결할 수 있는 능력을 기르는 데 목적을 두었다. 1950년대 말에는 질병 회복뿐 아니라 건강 증진에도 초점을 맞춰 임상 실습지로 이대부속병원을 활용했고, 1959년 10월에는 모자보건센터를 운영하며 1차 보건 의료 현장에서 간호사의 독자적인 역할을 이끌었다.

이영복 초대 학과장은 농촌과 도시 영세민의 건강 관리를 체계화하기 위한 여러 노력을 시도했는데, 이것은 손경춘 교수[315]가 1958년 간호학과 교수로 부임하면서 모자보건소 운영, 보건간호학과 개설 등에 함께 힘을 모은 결과였다. 이들의 노력은 한국 지역 사회의 간호 발전에도 기여한 바가 크다.

1959년 3월 학사학위를 소지한 간호학과 제1회 졸업생 15명이 배출되었

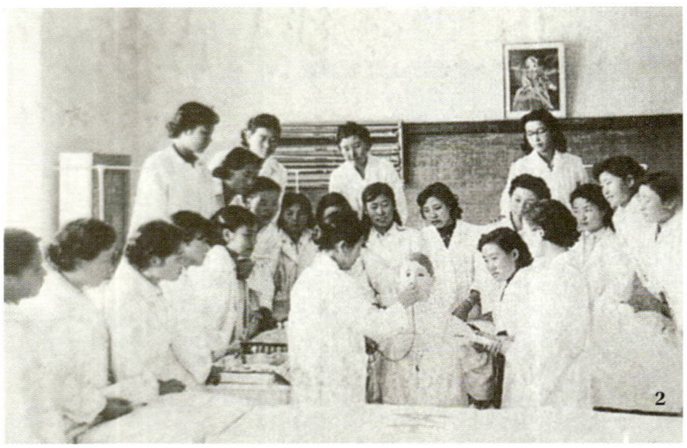

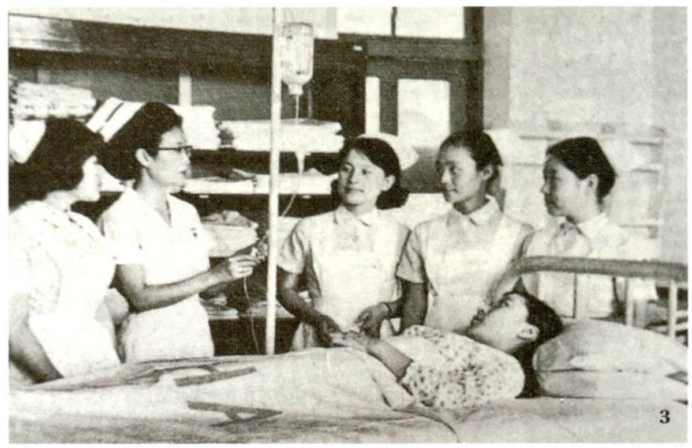

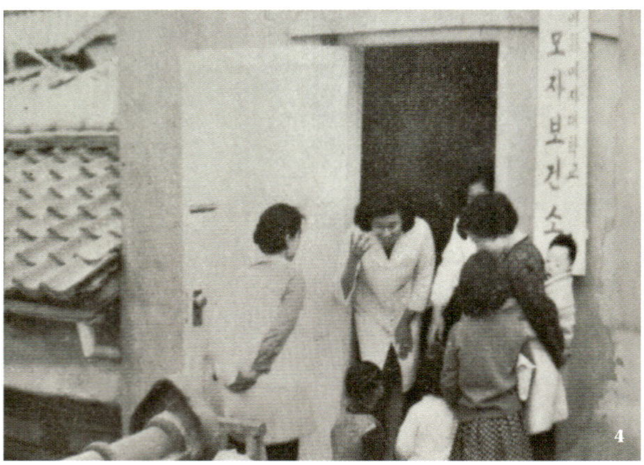

1 의과대학 간호학과 초창기 교수진.
오른쪽부터 김영매, 손경춘, 이영복, 한 사람 건너 홍근표 교수, 한 사람 건너 박병숙 조교이다.

2 과학관에서 모형을 활용해 실습 중인 학생들

3 가상 환자의 병실 간호 실습 중인 간호대학 학생들

4 모자보건소

다. 간호원, 조교로 시작된 이들의 사회 활동은 국내외를 가리지 않고 임상 현장과 교육계 등으로 뻗어나갔다. 이들 중 김경희, 최옥희 동창은 각각 이대부속병원의 간호부장과 간호감독이 되었다. 또한 김설자, 박병숙 동창은 모교인 이화여대에서, 강홍순, 박영원, 유인숙, 이성학 동창은 타 대학에서 후학을 양성하는 데 기여했다.

1960년에는 지도자들을 위한 교육 및 연구 과정을 제공하기 위해서 한국 최초로 일반대학원에 간호학 석사학위 과정을 개설했다. 그리고 1968년 12월 26일에는 의과대학 간호학과가 국내 최초로 간호대학으로 승격되면서 이영복 교수가 초대 학장으로 임명되었고, 모자보건소를 간호대학 소속으로 두고 기능을 강화했다. 그러나 두 개의 학과, 즉 보건간호학과와 임상간호학과를 개설했음에도 아직 사회적 인식이나 의료 현장에서의 진로 등 여러 현실적인 제약으로 인해 1971년 12월 다시 간호학과로 통합되었다.

간호원 가관식은 정동의 보구녀관 간호원양성학교에서 1906년 1월부터 시작된 전통이었다. 당시 남성들만 쓰던 갓 등의 모자를 전문직 여성인 간호원이 사용함으로써 그 상징성이 더해졌는데, 이화간호에서도 그 전통이 한동안 유지되었다. 그러나 임상에서 더 이상 캡을 쓰지 않게 되면서 가관식의 상징성이 사라졌다. 간호대학에서는 1975년 하영수 학장과 교수진들이 이화 간호인의 상징을 담은 간호메달을 제작해 졸업 예정자들에게 수여한 것을 시작으로 현재까지도 이를 이어가고 있다.

1976년에는 교육대학원에 간호교육전공이 개설되면서 간호계 지도자들이 사회적 역할을 포기하지 않고 석사학위를 취득할 수 있는 계속 교육의 기회가 주어졌다. 이후 대학원에 박사학위 과정 개설이 지속적으로 요구되고 있던 상황에서 2대 하영수 학장은 박사학위 소지 교수 충원 등 박사학위 과정 개설을 위한 제반 사항들을 단과대학 간의 협조를 받아 준비했다. 그 결과 1979년 12월 5일 문교부로부터 박사학위 과정이 인가되어 1984년 2월 송영선, 이광자 두 명의 이학박사가 배출되었다. 당시에는 국내 간호대학에 박사학위 과정이 희소하여 타 대학 교수들 다수가 이화여대에서 박사학위를 취득했다.

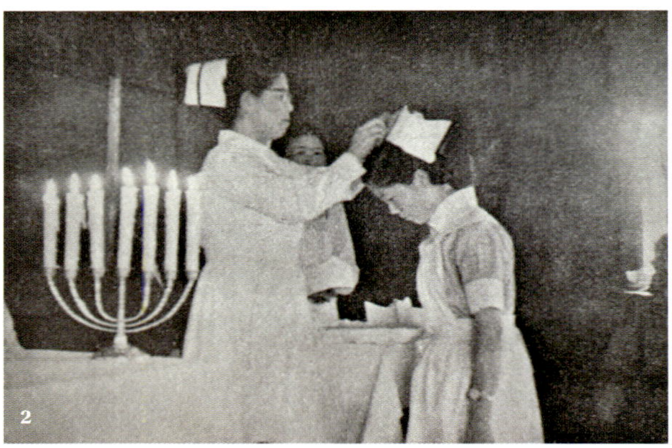

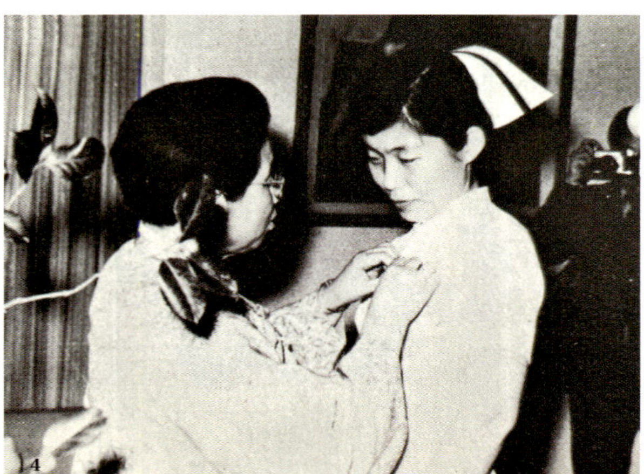

1 이화여대 중강당에서 거행된 제1회 가관식에서 축사를 하는 김활란 총장(1956)

2 제1회 가관식에서 학생에게 캡을 씌워주는 이영복 학과장(1956)

3 제2회 가관식을 마친 2회 학생들과 이들을 축하하는 1회 선배들(김경희, 최옥희)(1957)

4 제1회 간호메달 수여식에서 메달을 달아주고 있는 김옥길 총장과 한옥주 졸업예정자(1975)

이대부속신촌병원의 운영과 통합

1954년 4월 28일 이대동대문병원과 별도로 신촌에도 이대부속병원이 문을 열었다. 바로 이화여자대학교 본교 앞 대현동(서울특별시 서대문구 이화여대2길 27)에 위치한 이대부속신촌병원이었다. 2022년 현재 이대부속신촌병원 자리에는 대신초등학교가 있다.

이대부속신촌병원은 의약대학 실습 및 연구, 신촌지역의 주민 보건, 특히 결핵 치료에 앞장서고자 했다. 건평 142평, 연건평 285평 규모로 8개 과를 갖추고 18개의 입원실을 둔 종합병원이었으며 하루에 100명의 환자를 진료할 수 있는 시설이었다. 보다 합리적인 운영을 위해 1954년 10월 이대동대문병원과 통합한 후 이대동대문병원의 분원이 되어 학생들의 실습을 담당했다.

이대부속신촌병원은 1958년 5월 결핵병원의 사명을 다하기 위해 입원실 10실과 41명의 환자를 추가로 수용할 수 있는 건평 157평의 연와 단층 별관을 신축했다. 완공된 병동은 특수 내부 설계의 근대식 병원으로 건설되었으며 신촌지역 주민들의 건강 상담을 위해 사회사업과의 협조를 얻어 사회관과 유아보건 상담소를 개설해 운영하기도 했다.

그러나 이대부속신촌병원의 대지는 원래 서울시 교육위원회로부터 임대해서 쓰고 있었기 때문에 서울시 교육위원회의 초등학교 설립 계획이 세워지자 반환을 요구받았다. 그 당시만 하더라도 세브란스병원이 연세대학교 부지로 옮겨오기 전이었으므로 신촌 일대에 있는 종합병원은 이대부속신촌병원이 유일했다. 이런 이유로 학교 측 대지 2,000평과 교환하려는 시도가 있었지만 여러 이해관계가 상충하면서 신촌병원의 의견을 관철시키기 어려웠다.

결국 지역사회병원의 기능을 수행했던 이대부속신촌병원의 확대 계획은 수포로 돌아가게 되었다. 이대부속신촌병원은 병원 건물을 서울시 교육위원회에 기증하는 형식을 취하면서 1961년 8월 폐쇄되고 이대동대문병원에 병합되면서 막을 내리게 되었다.[316]

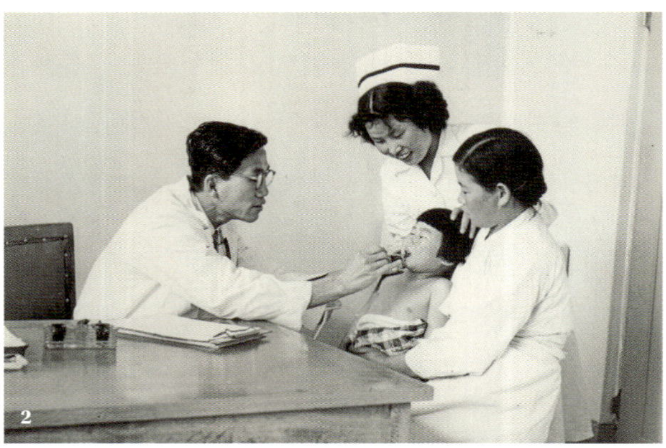

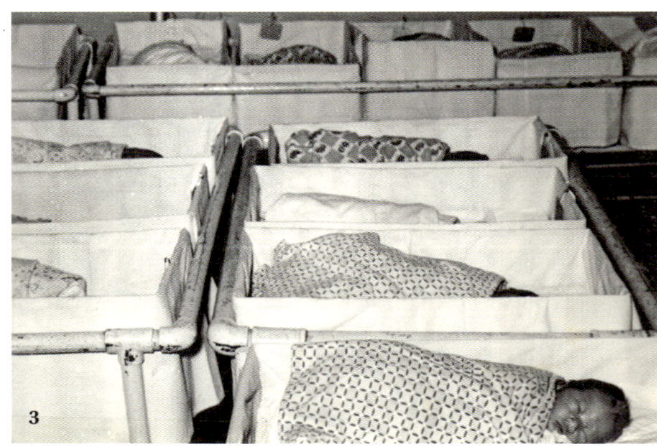

1 1954년 설립된 이대부속신촌병원 본관

2 이대부속신촌병원 소아진료

3 이대부속신촌병원 신생아실

4 이대부속신촌병원 대기실

1, 2 이대부속신촌병원 별관 오프닝 기념식(1958)

당대 최고의 설비를 갖춘 5층 병동으로의 증축

이대동대문병원의 1950년대 후기 사진을 보면 새로운 건물을 위한 공사 현장을 확인할 수 있다. 새 건물은 1912년 완공된 릴리안 해리스 기념병원 옆에 건축되었으며, 준공 이후 새 건물은 신관, 기존의 릴리안 해리스 기념병원은 구관으로 불리게 된다.

이대동대문병원의 새 건물 공사가 끝나고 이를 기념하는 낙성식이 열리자 대한늬우스는 1958년 11월 26일 다음과 같은 내용을 보도하기도 했다.

> 11월 26일 이화여대 부속병원의 낙성식이 최재유 문교부장관, 김활란 이화대학 총장, 박마리아 여사 등 관계 인사 다수가 참석한 가운데 거행됐습니다. 50여 개의 병실을 가지고 있는 이 병원은 1억 4천만 원의 공사비로 이뤄진 아담한 5층 건물입니다.[317]

이대동대문병원은 그동안 늘어나는 환자들에 비해 장소가 협소한 편이라 공간 확장을 위한 증축이 필요한 상황이었다. 이에 따라 1년간의 공사를 통해

공사 중인 이대동대문병원 신관의 모습

1 이대동대문병원 낙성식 (1958.11.26)
낙성식에 참여한 김활란 이대 총장, 최재유 문교부장관 등 관계자들이 테이프 커팅식을 하고 있다.

2 신축 병원 앞에 모인 의료진과 직원들(1958.11.26)

3 낙성식에 참여한 다수의 사회 인사들(1958.11.26)

4, 5 공사 중인 이대 동대문병원 신관 앞 제2외래진찰소와 제2강의실(좌측)과 완성된 건물 전경(우측). 좌측 사진 왼쪽에서 1970년대 초 릴리안 해리스 기념병원이었던 구관의 모습을 확인할 수 있다. 우측 사진의 제2외래진찰소와 제2강의실은 중앙진료부가 완공될 때까지 부속건물로 사용되었다.

현대적 설비를 갖춘 730평 규모의 5층 병동이 건축되었다.

신관 병동에서 눈에 띄는 점은 '램프웨이rampway'이다. 램프웨이란 계단식이 아닌 입체 교차하는 두 개의 도로를 연결하는 경사진 부분으로 엘리베이터가 없던 당시에는 휠체어나 환자 운반용 들것을 사용하기에 계단보다 훨씬 편리했다. 하지만 계단에 비해 비용이 3~4배가 더 들고 면적도 커서 건축 과정의 문제점으로 지적되기도 했다.[318] 또한 증축된 병동의 병실마다 산소 공급 장치가 있었고, 수술 견학실의 유리창은 의대생 실습에 큰 도움이 되었다.

1961년 이대부속신촌병원이 폐쇄되면서 이대동대문병원의 기능은 한층 강화되었다. 공간 확충이 불가피했고, 이를 위해 동구여자상업고등학교의 건물과 대지를 인수해 245평(809.92㎡) 규모로 외래진찰소를 개관했다. 이 학교가 있던 종로6가 71번지에는 1892년부터 1911년 이전까지 볼드윈 매일여학교, 1941년까지 동대문여자보통학교가 있었다. 동대문여자보통학교가 1941년 폐교한 후 이듬해 이 자리에 동구가정실수여학교가 개교하여 해방 후 동구여자상업고등학교로 운영되다 이 학교가 1961년 성북동으로 이전하면서 해당 부지를 이대동대문병원이 인수했다.[319] 1882년부터 동대문 볼드윈 진료소 및 볼드윈 예배당 등을 시작으로 동대문에 역사를 쌓아갔던 동대문병원이 볼드윈 매일여학교였던 공간을 통합해 사용하게 되었다는 점은 실로 의미 있는 일이라 할 수 있다.

1950년대 이대동대문병원은 건물의 규모적 확충과 함께 몇몇 최신 설비를 국내 최초로 들여와 국민들의 건강 증진을 위해 애썼다. 그중 눈에 띄는 설비는 단연 인큐베이터였다. 이대동대문병원은 1956년 초 인큐베이터를 처음으로 국내에 선보이며 열 달이 차지 못한 조산아 세 명을 태내 온도와 똑같이 유지시키면서 세 시간마다 우유 한 스푼, 설탕 3g, 물 70cc, 적당량의 비타민을 먹이며 돌보았다.[320]

1956년 6월 24일에는 미국으로부터 난청의 정도를 판별할 수 있는 청력 검사기를 국내 최초로 들여왔다. 그동안 국내 의학 기술로는 난청의 종류를 구별할 수 없었는데, 이대동대문병원이 도입한 청력 검사기 덕분에 신경계통, 골계통 등 난청의 종류를 쉽게 구분할 수 있게 되었다. 또한 난청 환자들에게 가장 적합한 보청기를 처방할 수 있었다. 그밖에도 이 검사기를 통해 전혀 듣지 못하

1 1970년대 초반의 이대 동대문병원 구관(좌, 1912년 준공), 신관(우, 1958년 준공)

2 이대동대문병원 제2외래진찰소

3 이대동대문병원 검사실

4 이대동대문병원 간호원숙소(학생기숙사)

는 난청 환자에게 소리를 들을 수 있도록 하여 입모양을 보고 소통을 하는 구화口話 교육도 가능해졌다. 재미있는 여담으로는 이 기계를 통해 귀가 안 들린다고 거짓말하는 사람을 가려낼 수도 있었다.[321]

1957년 국내에 심전기心電機를 최초로 들여온 것 역시 이대동대문병원이었다. 심전기는 심음의 진폭 및 진동수를 정확하게 듣고 심장의 진동을 곡선으로 관찰할 수 있는 최신 장비였다. 청진기와 심전계를 결합한 심장병 진단기의 도입으로 이대동대문병원은 임상과 교육에서도 큰 역할을 했다. 내과 윤해병 교수(과장)는 '심장판막증 진단이 정확하고 간단하며 학생 10여 명이 심장과 혈관을 동시에 연구할 수 있는 기계'라고 평가한 바 있다.[322]

이 밖에도 1957년 2월 한국전쟁 고아를 위해 활동한 감리교 선교사였던 미국의 랫티푸 부인은 이대동대문병원에 최신 안과 기구를 기증했다. 한국선교사였던 남편과 이대동대문병원 안과 교수였던 반헌경 의사가 함께 무료 개안 수술 활동에 참여한 것이 계기가 되었다.

미8군은 이대동대문병원에 골절 수술대, 환자 식사 운반대 등의 최신 의료기기를 기증했다. 이들은 이대동대문병원이 증축 공사를 할 때 16,000달러를 기증하기도 했다. 그 당시 홍콩에서 휴양 중이던 이화의대 외과교수 라이스 의사는 매달 정기 기부와 함께 구급마취기, 최신 석피수술기 등도 기증했다. 이처럼 이대동대문병원은 자체적인 노력과 여러 사람들의 도움으로 규모와 설비 등에서 나날이 발전하는 행보를 보였다.

최고의 수련병원이자 최고의 의료진을 갖춘 병원

이화의료원의 기록물 중에 단기 4286년(서기 1953년)의 인턴 수료증 교부대장을 찾아볼 수 있는데, 이를 통해 이대동대문병원의 인턴 수료 현황을 한눈에 확인할 수 있다.

1952년 1명으로 시작한 인턴의 수는 1953년 6명, 1954년 1명, 1955년 2명, 1956년 6명, 1957년 16명, 1958년 16명, 1959년 22명, 1960년 22명,

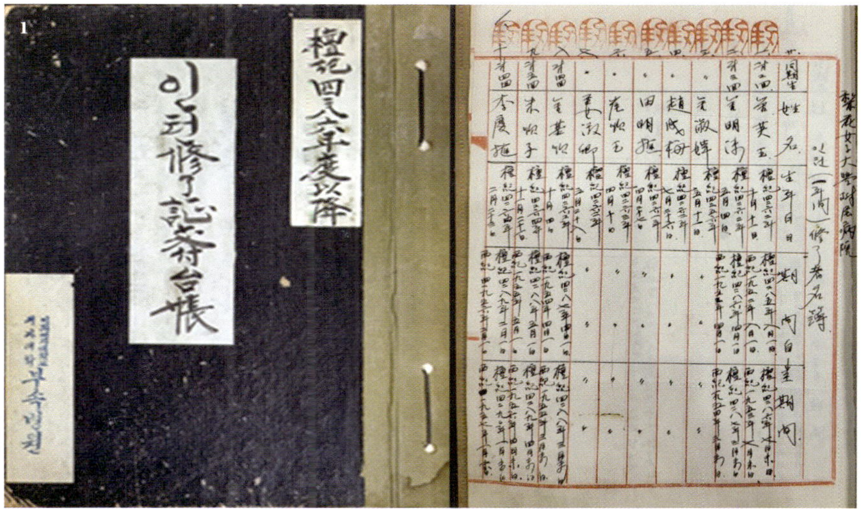

1 인턴 수료증 교부 대장(1953)

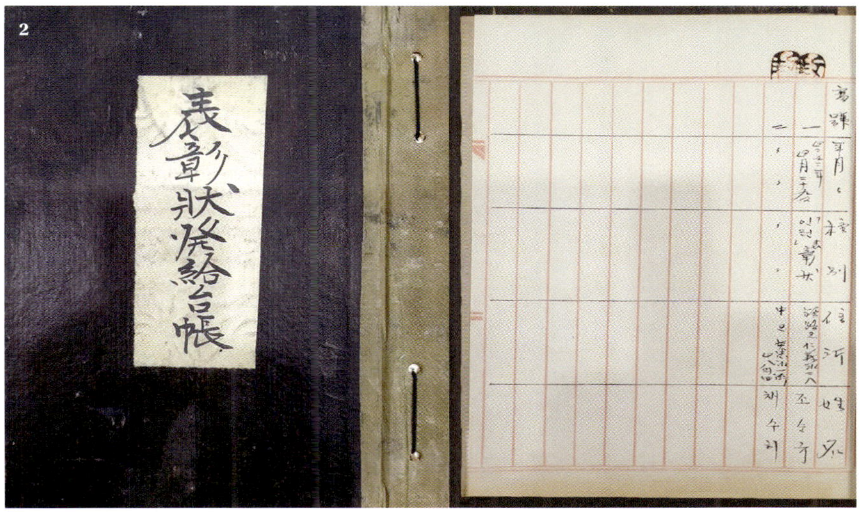

2 인턴 표창장 발급 대장(1959)

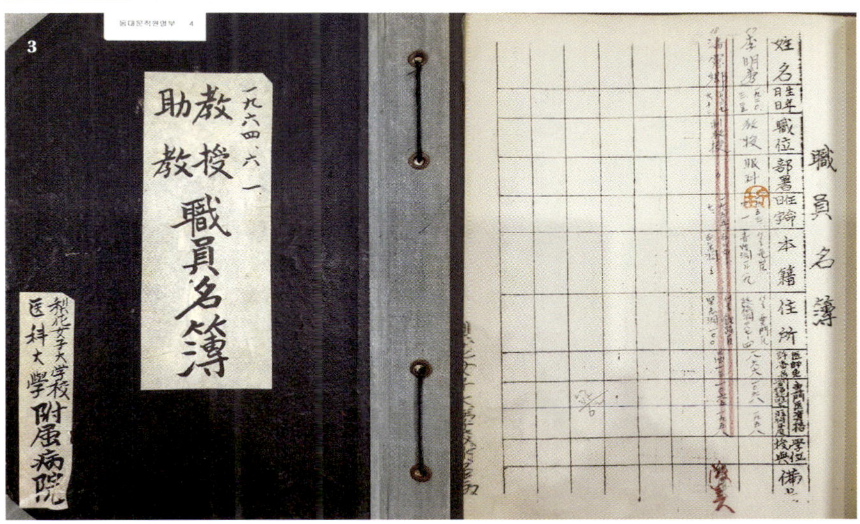

3 조교 교수 직원명부(1964.6.1)

1961년 26명, 1962년 23명이었다. 모든 기록물이 수기였던 시대임을 감안하면 1950~1960년대의 귀한 기록물이 아닐 수 없다.

해당 기록물의 특이한 점은 단기로 시작된 연도 표시가 한동안 한자로만 기록되다가 어느 순간 서기로 바뀌고 한글 표기로 변경되었다는 것이다. 그 당시 인턴 과정을 밟았던 사람들의 생년월일을 보면 1932~1933년 출생이 대부분이었다. 특히 표창장 발급대장을 보면 두 명의 인턴 선생이 표창장을 받은 기록도 남아 있다.

이대동대문병원은 점차 진료 과목을 늘리고 교수 요원을 확보하여 1963년 내과, 외과, 정형외과, 흉곽과, 산부인과, 소아과, 안과, 마취과, 이비인후과, 피부과, 비뇨기과, 임상병리과, 조직병리과 등 14개 과를 갖춘 종합병원이 되었다. 1964년의 조교·교수·직원명부에 14개 과와 76명의 의사 명단이 기록되어 있는데, 이것은 당시 최고의 의료진이 상당히 많이 모인 대규모 병원임을 짐작케 한다.

1964년 의무부 현황을 기록한 조교·교수·직원명부를 보면 내과(오현관, 윤해병, 박이갑, 조순규. 이기용), 외과(유승엽, 김병조, 박용철), 정형외과(최기홍), 산부인과(차경섭, 강신명, 조성원, 천기순), 소아과(김효규, 김은향, 권순자, 진동식), 안과(이명수, 반헌경), 이비인후과(신규식, 서광애, 박해수), 피부과(차영록), 비뇨기과(신시우), 방사선과(김희섭), 마취과(이종국), 임상병리과(강득용) 등 27명의 교수 명단을 확인할 수 있다.

기록물의 조교助教는 현재의 전공의를 말한다. 그 당시의 조교는 총 49명으로 내과 7명(4년차 1명, 3년차 1명, 2년차 4명, 1년차 1명), 외과 1명(4년차), 산부인과 16명(4년차 4명, 3년차 2명, 2년차 6명, 1년차 4명), 소아과 9명(4년차 1명, 3년차 2명, 2년차 3명, 1년차 3명), 안과 10명(4년차 1명, 3년차 1명, 2년차 5명, 1년차 3명), 이비인후과 3명(4년차 1명, 2년차 1명, 1년차 1명), 피부과 1명(3년차), 방사선과 1명(1년차), 마취과 1명(2년차) 등으로 구성되어 있었다.

눈에 띄는 전공의 분포는 안과이다. 여성병원의 역사를 가진 병원인 만큼 산부인과와 소아과의 의사들이 많았을 것이라고 생각하기 쉽지만, 안과 전공의가 10명으로 산부인과 다음으로 많았다.

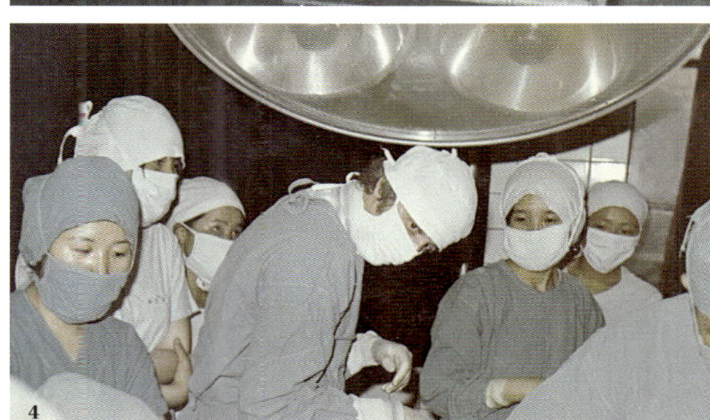

1 이대동대문병원 산부인과 교수와 전공의, 간호사들 (1964.11.11)

2 이화의대 졸업생 사은회(1972.3.1)

3 1970년대 이대동대문병원에 있던 인큐베이터에서 신생아를 돌보는 간호사들

4 복강경으로 여성 피임 수술 실기 수련을 하는 모습 (1973.5)

최고의 의료진이 병원을 이끌어간 덕분에 이대동대문병원은 각 분야에서 최초의 시도들이 이루어졌다. 앞서 언급한 인큐베이터, 청력 검사기, 심전기의 최초 도입뿐 아니라 우리나라의 첫 복강경 수술도 이대동대문병원에서 이루어졌다.

이대동대문병원의 간호 마취사 양성소

이대동대문병원에서 주목할 만한 역사 기록물에는 1960년의 간호 마취사 양성소 수료증 교부 원부도 있다. 그 당시 이대동대문병원은 두 명의 간호원(김설중, 이유순)에게 마취사 자격을 주었다. 남아 있는 문서가 추천서뿐이라 자격증까지 주었다는 기록을 확인할 수는 없으나, 이때 지원자는 총 세 명이었던 것으로 보인다. 간호 마취사 양성소의 입학 자격 및 커리큘럼 등에 대해서는 앞으로 추가 연구가 이뤄져야 하겠지만, 자격증을 취득한 두 사람의 자료를 통해 어느 정도는 추측할 수 있다.

간호 마취사 양성소의 교부 원부에 의하면 1960년 당시 23세였던 김설중, 이유순은 각각 이대 간호학과와 연세대 간호학과를 졸업한 후 4월부터 9월까지 이대동대문병원에서 6개월 과정을 수료했다. 이들은 해당 과정을 시작한 후 2주 후에는 4·19혁명의 부상자들을 돕기도 했다.

간호 마취사 양성소 과정을 모두 마친 다음 김설중은 이대동대문병원 수술실에서 근무했고, 이유순은 해당 자격증과 현장 근무 경험을 활용해 베트남 전쟁의 수술장에서 근무한 적도 있다.

대한간호협회 산하 마취간호사회의 기록에 따르면 1961년 3월 1일 국방부장관령으로 수도육군병원에서 마취간호 교육과정이 이루어졌고, 1기 간호장교 다섯 명이 같은 해 8월 13일에 국방부장관으로부터 수료증을 취득했다. 사립 의료기관에서는 1965년 전주예수병원에서 리커버 선교사에 의해 마취 간호원 수련 과정이 시작되었다. 이대동대문병원에서는 이보다 앞선 1960년에 마취 간호원 양성을 위한 수련 과정이 시작되었던 것이다.

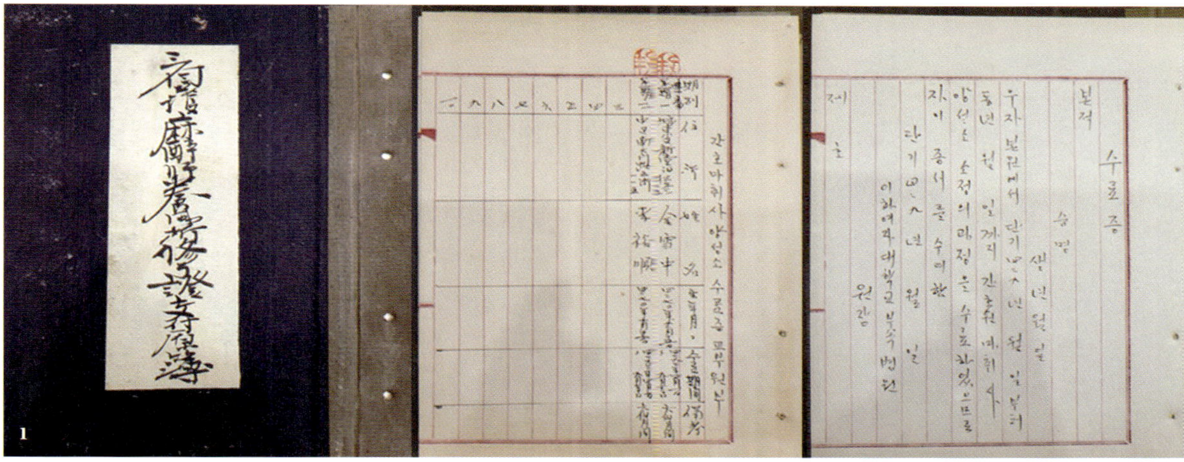

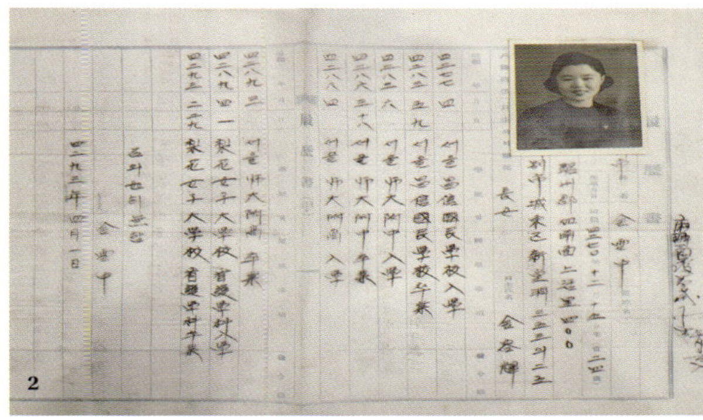

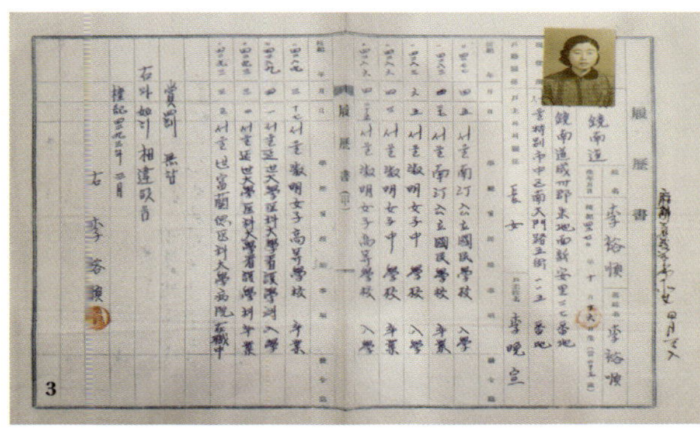

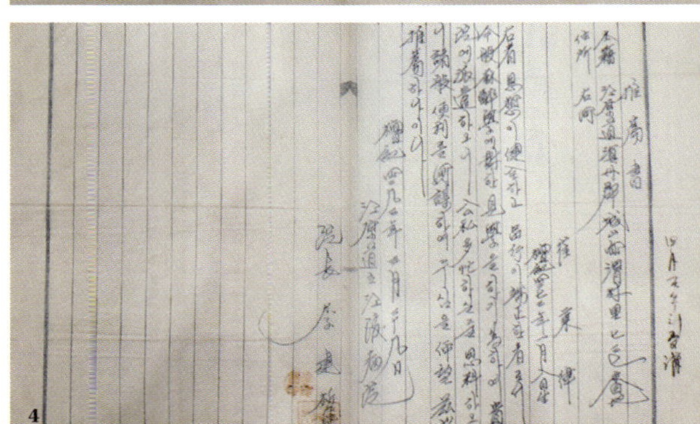

1 간호 마취사 양성소 수료증 교부 원부(1960)

2, 3, 4 간호 마취사 양성과정에 지원하는 김설중, 이유순 간호사의 이력서와 추천서(1960)

또한 이대동대문병원은 마취 간호원 양성과정과 더불어 조산원 과정도 운영했다. 1914년 7월 총독부령으로 「산파 규칙」이 공포되었는데, 1년 과정의 조산 교육을 받은 후에는 조산원 면허를 취득할 수 있다는 내용이었다. 그러나 해방 이후 의료기구 조직 개편에 따라 조산원 양성소가 폐지되었고, 조산교육과정은 간호교육과정에 통합되어 이루어졌다. 1962년에는 조산수습과정 법 제정이 공포되면서 조산원 면허는 다시 간호교육과 분리되었다. 이러한 정책의 변화로 인해 이화여대 간호학과의 1961년 졸업생(이대 간호대학의 경우 1, 2, 3회)에 해당하는 간호원은 졸업과 동시에 조산원 면허를 취득할 수 있었다.

1975년 3월 5일에는 보건사회부령 195호 「조산수습에 관한 령」이 제정되었다. 그 내용에 따르면 간호원 자격 소지자이면서 2,184시간의 교과목 교육 및 실습 이수(강의 224시간, 실습 1,960시간의 총합), 20건 이상의 분만 경력을 가진 자는 조산원 면허를 받을 수 있었다.

1978년 2월 전국의 34개 조산수습기관 중 6곳이 지정 취소되어 28개의 기관이 남게 되는데, 이대동대문병원은 조산수습기관에 포함되었다. 이에 따라 1980년 전후의 모성간호학, 아동간호학 교수들과 산부인과 및 분만실 간호원들은 이대동대문병원에서 1년 과정 후 조산원 면허를 취득할 수 있었다.

역사의 소용돌이 속에서도 묵묵히 실천한 소명

1960년 4월 말부터 5월 초까지 이대동대문병원은 4·19혁명의 역사를 간직하고 있었다. 4·19혁명으로 다친 학생들이 당일부터 병원으로 몰려왔기 때문이다. 이들을 치료하기 위해 이대동대문병원 의료진 모두는 철야 근무도 마다하지 않고 수술 등의 치료 활동에 전념했다. 치료해야 할 학생 환자 수만 82명이었다. 안타깝게도 그중 열 명은 젊은 나이에 눈을 감았고, 지속적인 치료가 필요한 환자들은 여전히 수십 명에 달했다.

이런 상황에서 일반 환자들을 위한 입원실이 부족해졌다. 의료진은 평소 사용하지 않던 공간까지 동원해가며 병원을 찾은 환자 모두를 놓치지 않았다.

말 그대로 24시간 내내 열과 성을 다한 치료 활동에 나섰던 것이다. 당시 이기섭 원장은 전 직원들뿐 아니라 간호학생들까지 함께 헌신하는 것에 대해 깊은 감사의 메시지를 전했다.

보구녀관에서 일본군과 싸우던 조선 의병을 치료하고, 릴리안 해리스 기념병원(동대문부인병원)에서 독립운동을 했던 선조들의 정신이 이대동대문병원에서도 계속 이어지고 있었던 것이다.

2. 의료원 체제를 통한 발전과 변화를 거듭하다

의료원 체제로 전환 후 발전을 거듭한 이대동대문병원

1970년 4월 1일 이화의대의 직제가 개편되고 의무부총장제가 신설되면서 초대 의무부총장에 문병기 교수가 취임했다. 이후 1973년 3월 1일에는 초대 의료원장도 겸임하게 되었다. 그러나 1956년 9월 20일 최재유 부총장이 취임한 기록도 있어서 의무부총장제의 부활이라고 표기하는 것이 더 정확할 듯하다.

의료원 제도는 의무부총장제 부활 후 3년이 지난 1973년에 공식 출범했다. 의료원은 의과대학, 간호대학, 부속병원으로 구성되어 의학 및 간호학 교육, 진료, 연구의 조성과 이에 관한 시설의 투자 및 관리, 부속병원의 운영 관리, 지역 사회 보건과 교육, 다른 의료기관과의 유대 강화를 위해 설립되었다.

의료원 제도의 기원은 1961년으로 거슬러 올라간다. 이화여자대학교부속 신촌병원이 1961년 8월에 문을 닫으면서 본교 대학과 의료원의 긴밀한 협조 체제가 요구되었다. 같은 해 11월에는 부속병원 운영위원회가 조직되었고, 당시 재단상무이사였던 서은숙 박사가 의장으로 취임했다. 그러나 해당 기구가 제 기능을 하기에는 어려움이 있었고, 그 결과 1964년 9월 4일 채 3년이 안 된 시점에 운영위원회는 해체되고 말았다.

이후 1970년에 이르러 의무부총장제를 실시하게 되었는데 이때 문병기 교수가 의무부총장에 임명되었고, 1973년 의료원제가 만들어지면서 의료원장직도 맡게 되었다. 이후 1976년부터는 총장이 직접 의료원장직을 겸임하는 이화의료원의 역사가 시작되었다. 1976년 9월 1일 제2대 의료원장에 김옥길 총장, 1979년 9월 1일 제3대 의료원장에 정의숙 총장, 1990년 9월 1일 제4대 의료원장에 윤후정 총장까지 20여 년을 학교의 총장이 의료원장을 겸임해왔다.

그러나 이대동대문병원과 이대목동병원의 양원 체제를 앞둔 시점에 이르렀을 때 의료인 출신 의료원장의 필요성이 대두되었다. 이에 다시금 의료인 출신이 의료원장과 의무부총장을 겸임하게 되었고, 김영명 교수가 의무부총장 겸 의료원장을 역임한 후 현재까지 이어오게 되었다.

이대동대문병원은 의료원 체제로의 전환과 함께 1970년대부터 규모 확장을 위해 다양한 노력을 기울였다. 1973년 9월 29일 총 건축비 5억 원을 투자해 수술실, 분만실, 약국, 물리치료실, 검사실, 기계실 등 최신 설비를 갖춘 병원으로 거듭나고자 중앙진료부를 준공·봉헌했다. 같은 해 12월 11일부터는 외래진찰소를 중앙진료부로 옮긴 후 진료 활동을 시작했는데, 이는 몇 년에 걸친 장기 프로젝트였다.

1971년 10월 15일 병원의 증축 공사 기공식 예배가 그 시작이었다. 지하 4층 지상 5층짜리 중앙진료부(총 2,106.31평)와 지하 1층 지상 4층의 간호사 기숙사(576.77평)에 대한 기공식이었다.

공사 시작 후 1972년 7월 간호사 기숙사가 먼저 준공되어 봉헌하는 행사가 있었다. 이어서 기공식 2년 단인 1973년 9월 중앙진료부의 공사를 마치고 봉헌식을 가졌다. 그로부터 한 달 뒤에는 1958년에 지어진 신관의 개축 공사가 시작되었다. 준공된 중앙진료부에 외래진찰소를 이동 배치했고, 1973년 12월 별도의 공간이었던 외래진찰소가 철거되었다.

1974년 신관 개축 공사가 완료됨에 따라 구관에 있던 모든 부서들이 이동했고 구관건물, 즉 1912년에 지어진 릴리안 해리스 기념병원 건물은 1974년 1월 18일 완전히 철거되었다. 조선 여성 환자의 목숨을 구하고 세상을 떠난 릴리안 해리스 의사 선교사를 기념했고, 일제 시대 때 독립운동을 돕던 공간이기도 했던 건물이 역사 속으로 사라지게 된 것이다.

1 이대동대문병원 중앙진료부와 간호사 기숙사 기공식 기념 예배(1971.10.15)

2 방명록에 서명하는 5대 원장 이기섭 선생

3 이대동대문병원 중앙진료부 준공 봉헌식(1973)

4 1972년경의 이대동대문병원. 공사 중인 중앙진료부 건물 뒤편으로 1958년 준공된 신관이 보인다. '이대부속병원' 간판이 있는 정문을 포함하여 검사실, 강의실, 외래진찰소 등의 건물은 1975년 도시 계획으로 인해 사라지고 지금의 율곡로가 되었다.

구관의 자리에 새롭게 들어설 건물은 지하 1층, 지상 9층 1,462.78평 규모의 병동이었다. 1974년 8월 1일 신축 병등을 위한 기공식이 열렸고, 8월 5일부터 본격적인 공사가 시작되었다. 1975년 9월 19일 동대문-이화동 도로가 신설되는 도시 계획에 따라 대지 930평과 그 위의 지상건물 291.8평을 철거하게 되었는데, 예전에 사용했던 검사실(92평), 강의실(46.6평), 사체실(6평), 사택(36.4평), 흉곽외과(32.1평), 도서실(43.7평), 차고 및 창고(35평)가 포함되었다. 드디어 1975년 10월 15일 신축 병동이 준공되어 봉헌식을 올렸다.

1978년에는 의료원 건축 5개년 계획에 따라 대지를 확보하고, 별관을 위한 건축 계획을 세워 차례로 진행했다. 1981년 7월 신병동(건평 2,145.61평) 및 부속건물(도서관 건물, 건평 140.9평)의 증축이 완공되었다. 이로써 이대동대문병원은 연건평 7,240평에 500병상 규모를 갖춘 대학병원이 되었다.

1983년에는 인접한 교회 건물(건평 268평)을 매입해 전면 개축했으며 주차장 건물(건평 145.45평) 역시 추가로 증축했다. 이 당시 연건평 7,240.4평, 500병상의 동대문병원을 찾는 하루 평균 외래환자 수는 무려 1,200명이었다.[323]

이대동대문병원의 규모가 커지면서 병원을 찾는 환자들도 급격히 늘었다. 1976년 138,918명의 외래환자와 62,018명이었던 입원환자는 1985년 각각 273,052명, 131,538명으로 두 배나 많아졌다. 1980년대의 이대동대문병원은 내과(5), 신경과(1), 외과(2), 산부인과(5), 소아과(4), 정형외과(2), 신경외과(2), 성형외과(2), 흉곽외과(2), 안과(3), 이비인후과(3), 비뇨기과(3), 피부과(5), 정신과(3), 건강관리과, 결핵과(1), 마취과, 방사선과, 임상병리과, 해부병리과, 치과(2), 물리치료과, 응급실 등을 갖추었다(괄호 안의 숫자는 진료실 수를 뜻한다).

또한 위내시경실, 초음파진단실, 폐기능검사실, 심전도검사실, 내분비검사실, 혈액검사실, 뇌파검사실, 자궁암검사실, C-T진단실, 방사성동위원소실, 혈액가스검사실, 청력검사실, 유전학검사실, 육아상담실, 심리검사실(정신), 혈액원, 치과기공실, 암센터, 인공신장투석실, 중환자실, 관상동맥치료실, 중환아실, 광선치료실, 당뇨병크리닉, 방사선치료실, 뇌졸중센터, 대장항문클리닉, 화상치료실 등의 특수진료실에서 다양한 질환으로 병원을 찾는 환자들을 치료했다.

1 철거 중인 이대동대문병원 구관(릴리안 해리스 기념병원) 건물(1974). 이 건물을 철거한 자리에 지하 1층, 지상 9층 규모의 신축 병동이 준공되었다.

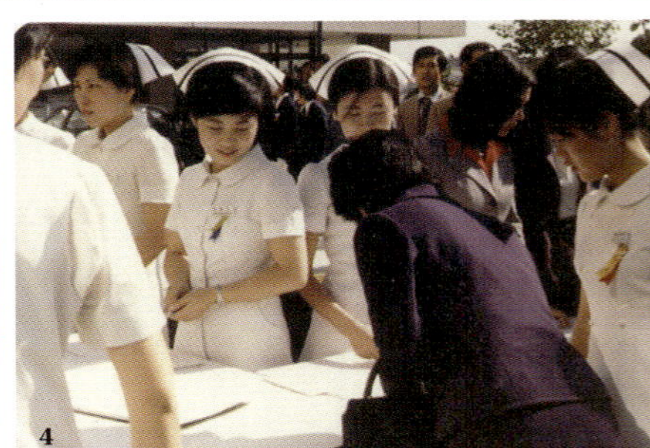

2,3,4 이대동대문병원 신축 병동 준공식(1975.10.15)

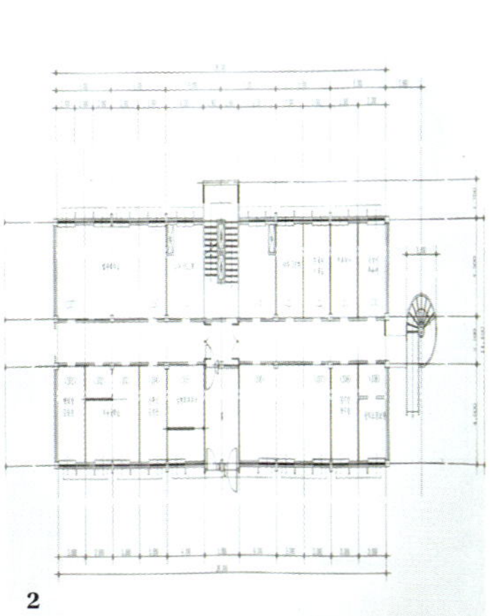

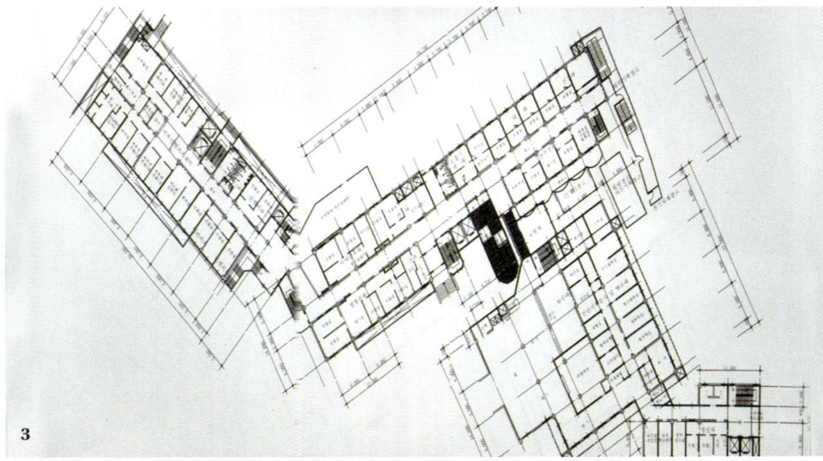

1 1980년대의 이대동대문병원

2,3 간호원 기숙사 건물 단면도(좌)와 이대동대문병원 본 건물 4층 단면드(우)

4,5 신병동 봉헌식(1981.7.1)

최고의 진료를 위한 신의료기기의 도입

이대동대문병원은 1978년 3월에 동위원소실을 개설했다. 같은 해 10월 20일에는 구관 6층에 특수검사실을 설치하고 폐기능 검사, 심음도 검사, 청력 검사 및 혈액가스 분석 등의 기능을 수행했다. 또한 1982년에는 방사선치료실 Radiation Therapy Room을 설치하면서 치료방사선 진료가 시작되었다. 선형가측기, 시뮬레이터, 컴퓨터실로 구성된 특수검사실은 악성종양 치료의 획기적 변혁을 가져왔다.

1985년 컴퓨터가 보급되기 시작하면서 이대동대문병원의 행정 업무도 전산화가 시작되었고, 이러한 변화에 발맞춰 병원 내에 전산실이 설치되었다. 1986년에는 뇌졸중센터, 대장항문클리닉이 선제적으로 개설되기 시작했다. 1988년에는 신병동 5층에 1일 백납치료실이 마련되었고, 같은 해 10월에는 중앙진료부 6층에 체외 충격파 쇄석기실이 신설되면서 비뇨기과의 도약이 시작되었다. 또한 1991년에는 병실 병동 3층에 방사선과 MRI실을 만들면서 최신식 장비를 갖춘 특화 병원으로 거듭났다.

2022년의 상황으로 보면 병원의 현대화를 위한 투자는 굉장히 일반적인 일이지만, 1990년대는 그렇지 않았다. 그런 점에서 이대동대문병원이 1990년대 초 자기공명영상기MRI를 도입한 것은 상당히 획기적인 일이 아닐 수 없었다.

이후로도 이대동대문병원은 생화학 자동분석기, 초음파 영상진단기, 색소레이저치료기, 전자내시경, 뇌유발 전위검사기, 심초음파, 비뇨기과 레이저 치료기, 요 역동학검사기, 배아동결기, 음성분석 장비 및 후두검사기기 등 그 당시 신의료기기에 해당하는 장비들을 지속적으로 도입하며 최고의 의료 서비스를 제공하기 위해 최선을 다했다.

신의료기기 도입과 더불어 이대동대문병원의 의료진은 최신 치료 기술을 현장에 적용하기 위해 최선의 노력을 다했다. 1996년 새로운 심장 수술법으로 환자를 살린 흉부외과 오픈심장팀의 성과가 대표적인 사례이다.

이제까지 심장판막 질환에는 인조판막 시술이 일반적이었지만 이 방법은 혈전 형성의 위험이 있고 항응고제를 평생 먹어야 한다는 단점이 있었다. 이에

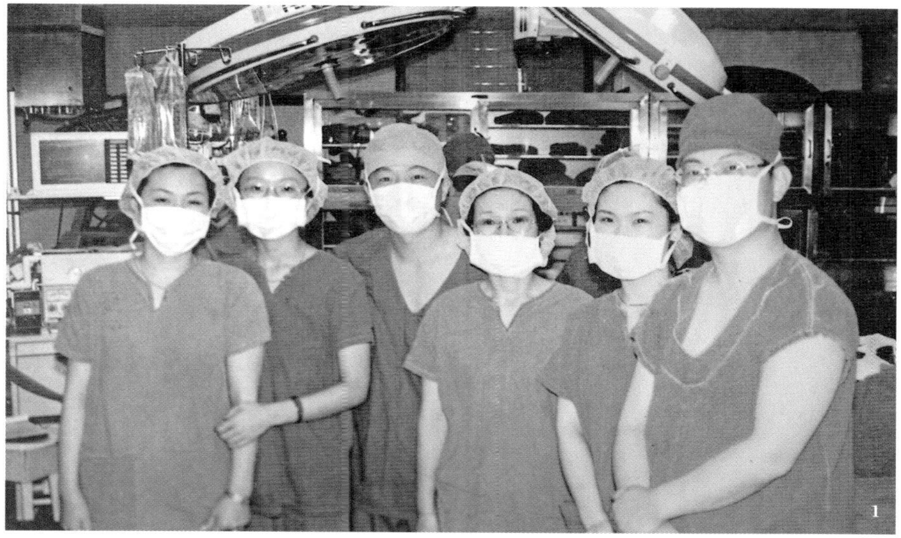

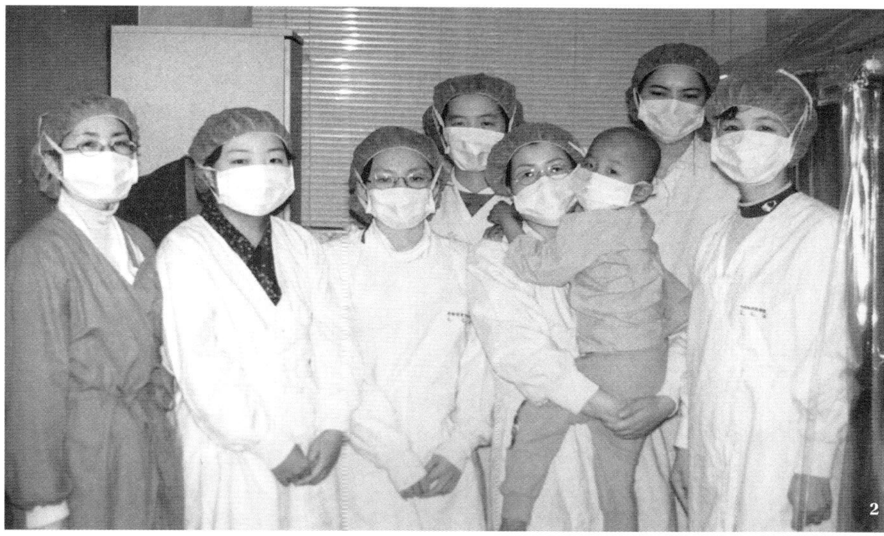

1 삼첨판막 역류증 수술에 성공한 흉부외과 수술팀(1996)

2 자가 말초혈 조혈모세포 이식 수술에 성공한 환아와 의료진의 모습(1997)

의료진은 수술 자체가 어려워 그동안 몇 개 병원에서만 시행했던 판막 성형술을 실시했다. 새로운 건삭 형성 및 판막링을 이용한 삼첨판막 성형술이었다. 결과는 성공적이었고, 그 덕분에 선천성 심장질환에 비해 상대적으로 치료가 더뎠던 성인 심장질환의 치료에도 크게 기여한 계기가 되었다.

의료진의 헌신이 빛을 발한 수술은 또 있었다. 바로 1997년 1월에 실시한 소아과 혈액종양팀의 자가 말초혈 조혈모세포 이식 수술의 성공이다. 당시 다섯 살이었던 여자아이는 급성 골수성 백혈병 진단을 받고 반년 가까이 치료를 받고 있었지만 일반적인 항암 치료보다는 자가 조혈모세포 이식이 더 적합한 상황이었다. 당시 소아과 혈액종양팀의 담당 의사는 한 달 동안 환자의 조혈모세포를 수집하는 한편 무균실 확보가 어렵게 되자 자비로 고가의 무균 침대를 구입해가며 무균실 환경을 만들기 위해 최선의 노력을 기울였다. 그 결과 환아는 무사히 자가 조혈모세포 이식 수술을 마친 후 건강한 모습으로 퇴원할 수 있었다.

위기를 기회로 전환한 이대목동병원과의 통합

이대동대문병원은 1990년대 후반부터 주위 환경의 변화에 적극적으로 대처하지 못하면서 연속적인 위기를 맞게 되었다. 또한 1993년 이대목동병원이 개원하며 이대동대문병원과 양 병원 체제로 운영되어 이대동대문병원에만 추가 투자를 하기에는 다소 어려움이 있었다. 그럼에도 불구하고 동대문병원은 위기를 타개하기 위해 1997년 증축공사를 위한 기공식을 갖기도 했다.

지하 3층, 지상 5층, 연건평 6,710평의 외래동과 300여 대의 지하주차 시설 및 200병상 규모의 증축 계획이었다. 또한 정화조 폐수처리장 확보를 위한 공사도 함께 하려 했으나 안타깝게도 이 공사는 IMF라는 국가 위기 상황과 맞물리면서 실현되지 못하고 오수처리장 공사만 진행되었다.

1998년에는 경영 진단을 실시했지만 획기적인 결론을 내지 못했고, 2000년에는 재단으로부터 20억 원을 지원받아 특화 방안을 실행해보았으나 이

또한 효과를 보지 못했다. 특히 2003년에는 이사회로부터 동대문병원을 정리하자는 방안이 확정되었지만 곧바로 실행되지는 않았고, 2007년에 이르러서야 동대문병원의 정리 방안이 확정되었다.

동대문병원의 위상이 약화될 수밖에 없었던 이유는 크게 네 가지를 들 수 있다. 첫째는 내부 역량을 끌어올리기 위한 투자가 미흡했다. 둘째는 병원 주변의 거주 인구가 급격히 감소했다. 셋째는 동대문병원 근처에 있던 서울대학교 연건동병원, 고려대학교 안암병원, 경희대학교 병원 등과의 경쟁 구도에서 동대문병원만의 장점을 발휘하지 못했다. 마지막 넷째는 문화재인 한양도성과 가까운 지리적 위치 탓에 더 이상의 확장 및 투자가 불가능했다.

이대동대문병원은 이러한 문제들을 해결하기 위해 2003년 인공관절센터를 신설하며 투자를 해보기도 했고, 대학병원 최초로 야간 진료 및 일요일 진료를 실시하는 등 내부적으로 최선의 노력을 기울였다. 하지만 목동병원과의 양 병원 체제에서는 동대문병원만의 투자를 고집할 수 없었다. 결국 다방면의 시도에도 불구하고 투자의 시기와 동력을 상실하게 되었다.

2005년 이대동대문병원 60주년 기념식에서 윤견일 의료원장은 불안정한 경제 상황과 대형 병원의 심화된 경쟁, 미흡한 정부의 의료정책 등 동대문병원이 처한 험난한 고개를 언급한 바 있다.

다행히 위기 속에서도 기회는 있었다. 당시 서울시에서는 서울성곽복원 프로젝트의 일환으로 동대문 및 청계천을 공원화하는 계획을 갖고 있었다. 동대문병원의 정리 결정과 서울시의 도시 계획 사업이 시기상으로 맞아 떨어지면서 동대문병원 부지가 서울시에 적지 않은 금액으로 매각되었다. 이화의료원은 동대문병원의 매각 대금으로 이대서울병원의 부지를 선점할 수 있었다.

결국 120여 년의 역사를 가진 이대동대문병원은 이대목동병원과 통합되면서 역사 속으로 사라지게 되었다. 한 세기를 훌쩍 넘긴 병원이 이 같은 결과를 맞이한 것에 대해 정확한 원인 분석은 물론 전 교직원들의 통렬한 반성이 필요했다.

하지만 모든 것을 잃기만 한 것은 아니었다. 경영난으로 인해 병원이 통폐합되는 과정에서 보여준 교직원들의 고통 분담의 모습은 의료계에 길이 남을 하

1 이대동대문병원 증축 공사를 위한 첫 삽 뜨기 행사 모습(1997.1.16)

2 이대동대문병원 활성화를 위한 한국인공관절센터 개설(2003)

3 이대동대문병원 60주년 기념식에서 격려사를 전하는 윤견일 의료원장(2005)

나의 모델이 되었다. 건물은 폐업 신고로 사라졌지만, 자진해서 퇴직하지 않은 교직원들은 모두가 목동병원으로 통합되었다. 이 과정에서 월급 삭감이나 직위 해제 등을 감수하며 서로가 하나의 팀이라는 것을 확인할 수 있었다.

이때 대두된 난제는 크게 두 가지였다. 첫째 '과연 모든 교직원을 목동병원에서 흡수할 수 있는가?'와 둘째 '만약 흡수한다면 목동병원은 위기에 빠지지 않을 것인가?'였다. 결과적으로 목동병원은 동대문병원의 교직원들을 통합 흡수한 후 처음으로 흑자 전환에 성공했다. 두 가지 난제에 대한 전략을 미리 마련한 덕분이었다.

'제5장 이대목동병원: 새 시대를 열다_1993~'에서 자세히 설명하겠지만, 그 당시 이화의료원은 지금의 서울특별시 서남병원인 양천메디컬센터의 공공의료기관 위탁경영병원으로 선정되며 인력 분산을 효과적으로 실시할 수 있었다.

또한 이대목동병원은 동대문병원과의 통합 후 2009년 국내 최초로 여성암병원을 오픈함으로써 새로운 돌파구를 마련했다. 여성병원에서 시작된 이화의료원이 국내 최초의 여성암병원을 시작한 것은 역사적 방향성이 일관됨을 보여주는 것이기도 하다. 이때 문을 연 여성암병원은 많은 여성암 환자들이 찾는 곳이 되었다. 이대동대문병원이 이대목동병원으로 통합되는 과정은 결코 순탄하지 않았지만 이화의료원 교직원들은 이러한 경험을 통해 위기를 기회로 전환하는 DNA를 발견할 수 있었다.

동대문부인병원 운영권을 둘러싼 이야기

W.F.M.S. 선교사들이 한국에서 철수한 후 이화학당을 위한 재단 기금 마련을 위해 동대문부인병원을 1942년 강익하康益夏, 황온순黃溫順 부부에게 38만 원을 받고 매각했다. 황온순은 1926년 본교 유치사범과를 졸업한 재력 있는 사회사업가였다. 1943년 이화여자전문학교와 이화보육학교가 이 기금을 포함해 재단법인 이화학당을 설립했다. 이후 황온순이 동대문부인병원을 운영했으며 태평양전쟁 말기에 병원 운영이 어려워지자 1945년 3월 (재)이화학당 측에서 다시 이 병원을 150만 원에 매수하기로 했다.

그러나 당시 여러 법규의 제재를 받으면서 곧바로 매매 절차에 접어들지 못한 채 "무상 위탁" 형식으로 병원을 운영하게 되었다. 우선 매매 예약금으로 15만 원을 지불했고, 이후 3년 이내에 매매를 완성하기로 했다.

1946년 1월 30일 매매계약서를 작성하면서 병원 매도 대금을 240만원으로 다시 책정했고, 약정한 지 3년이 지난 1948년 3월 (재)이화학당은 대금 잔액을 지불하고 소유권 이전 등기를 하고자 했다. 그런데 이때 강익하와 황온순이 이 매매의 성립을 부인하고 소유권 이전을 거부함으로써 대법원까지 올라가는 송사로 번지게 되었다.

핵심 쟁점은 해방 이후 화폐제도가 바뀌고 인플레이션이 심해진 상태에서 '일제 강점기의 150만 원을 당시 화폐로 환산한 금액인 1만 5천 환으로 볼 수 있느냐?'였다. 이화학당은 이 소송에서 1957년 5월 23일 대법원 판결을 통해 최종 승소하게 되어 2만4천환을 대금으로 지불하고 매매를 완료했다. 이후 동대문부인병원은 이화여자대학교부속 동대문병원으로 자리를 잡았다.

이대동대문병원의 모습

이대동대문병원의 세쌍둥이 기록들

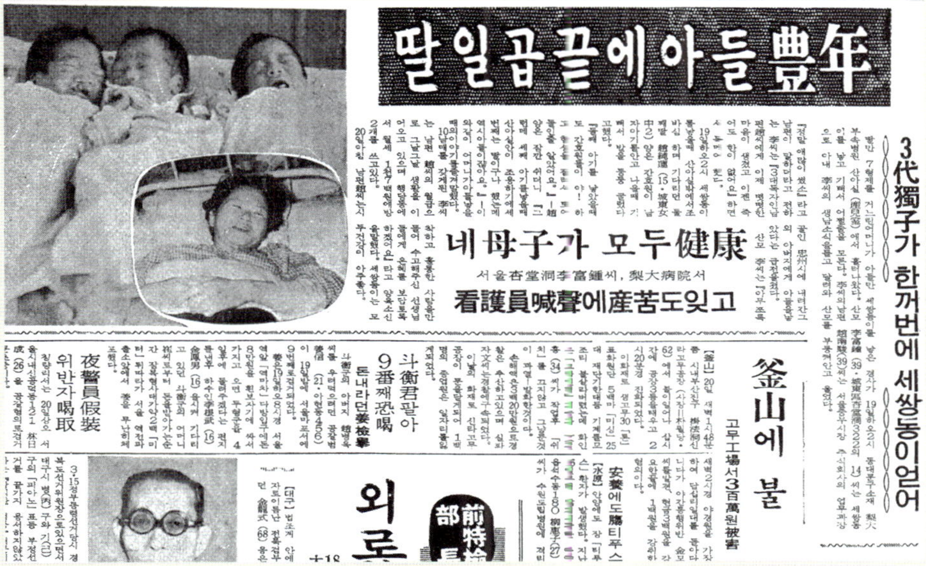
딸일곱끝에아들豊年

3代獨子가 한꺼번에 세쌍동이얻어

네母子가 모두健康

서울杏堂洞李富鍾씨, 梨大病院서

看護員喊聲에産苦도잊고

釜山에 불

고무工場서3百萬원被害

“딸 일곱 끝에 아들 풍년” 1963년 5월 20일자 『경향신문』 기사

지금도 그렇지만, 1960년대에 세쌍둥이는 흔한 일이 아니었다. 그런데 이대동대문병원에서는 종종 세쌍둥이 소식을 들을 수 있었다. 그중 딸만 7명을 두었던 이부종 산모는 아들 세쌍둥이를 낳은 주인공이었다. 그녀는 1963년 5월 20일에 이대동대문병원에서 아들 세쌍둥이를 무사히 출산했다. 3대 독자인 남편의 대를 이을 아들이 없어 그동안 마음을 졸였는데 둘째와 셋째를 낳을 때 간호사들의 반응이 심상치 않아 성별을 확인하기도 전에 아들 세쌍둥이임을 알아차렸다고 한다.[324]

그로부터 2년 뒤 이대동대문병원에서는 또다시 세쌍둥이의 울음소리가 터져 나왔다. 경기도 양평군 개군면 하자포리에 사는 27세의 문정희 산모 역시 이대동대문병원에서 세쌍둥이를 순산했다. 이번에는 첫째와 둘째가 아들, 셋째는 딸이었다. 세쌍둥이가 다른 신생아에 비해 조금 작게 태어났지만 이대동대문병원에 구비되어 있던 인큐베이터에서 곧바로 돌봄이 이루어진 덕분에 산모와 세쌍둥이 모두 무사히 퇴원할 수 있었다.[325]

이대동대문병원
파업 상황에서의 협동과 봉사

1980년대 파업으로 병원 직원들이 지하 식당에서 급식을 책임진 일화가 있는 이대동대문병원 건물(오른쪽)

1980년대 중반쯤 이대동대문병원에서 초기 노조가 만들어질 때 약사로 근무하던 직원이 노조위원장이 되었다. 당시 간호사들은 노조 가입에 부정적이었다.

대부분의 부서가 노조에 가입한 가운데 간호부서장이 간호사들의 노조 가입을 막는다는 소문이 돌았다. 노조는 간호부를 비난하며 "간호부서장 물러나라!" 등의 메시지를 담은 대자보를 병원 곳곳에 붙였고, 간호사들은 노조의 이러한 행동에 분노했다. 시간이 갈수록 노조원들과 간호사들은 서로를 향한 감정의 골이 깊어졌다. 그리고 그 끝은 파업이었다.

그 시절 병원 식당에서 일하는 사람들은 모두 정규직 신분이었다. 식사를 준비하는 조리사들도 파업에 동참하면서 환자들의 식사 준비에 문제가 생겼다. 파업에 동참하지 않은 영양사들과 간호사들, 여자 교수들이 조를 짜서 커다란 가마솥 앞으로 모였다. 식사 당번이 된 이들은 수백 명의 환자들을 위한 밥과 반찬을 준비해 배식했고, 또 다른 팀은 근무가 끝난 후 지하 식당으로 내려가 끝도 없이 쌓인 그릇들을 맨손으로 설거지했다.

지하 식당은 스산했고, 조리대 한쪽에는 여러 개의 커다란 항아리가 놓여 있었다. 나중에 안 사실이지만, 날이 쌀쌀해지는 김장철이 되면 그곳에서 버무려진 수백 포기의 김장 김치가 그 항아리의 주인이 되었다. 그 당시 파업에 동참하지 않았던 영양사·간호사·교수들은 병원 업무하랴, 식당 공백 메우랴 정신없이 바빴지만, 그때의 일들이 이제는 웃으면서 말할 수 있는 무용담이 되었다. 그때를 생각하면 솜씨 좋은 조리사들이 만들어준 식당 밥, 특히 야식과 미역국 맛이 떠오르는 교직원이 꽤 많을 것이다.

뿌리를 찾아 이대동대문병원에 온 미식축구선수 하인스 워드

2006년 2월 제40회 슈퍼볼 MVP 선수로 선정된 하인스 워드는 전 세계적으로 유명한 미식축구선수이다. 그런 그가 2006년 4월 어머니와 함께 한국에 왔고, 한국 일정 중 이대동대문병원을 찾았다. 그의 프로필을 검색해보면 출생이 대한민국으로 나오는데, 대한민국 중에서도 그는 1976년 이대동대문병원에서 태어났다.

하인스 워드의 어머니 김영희 여사는 아들과 함께 찾은 이대동대문병원에서 자신의 출산 주치의였던 유한기 의사를 만났다. 유한기 의사는 그 당시를 떠올리며 보통 아기들보다 월등히 몸집이 컸던 하인스 워드 때문에 어머니가 늦은 밤 제왕절개 수술을 하는 등 고생을 했다고 수술 후일담을 전했다. 김영희 여사 역시 자신이 이용했던 분만실에 들러 감회가 새롭다고 말했다.

연규월 병원장은 하인스 워드 선수에게 출생증명서가 담긴 방문기념 감사패를 전달했다. 하인스 워드가 태어났을 때 찍힌 아기 발 모양의 기록물도 함께 주었다. 하인스 워드는 "자신의 생명이 시작된 곳을 어머니와 함께 찾을 수 있어 감사하다."고 말하며 자신의 등번호가 찍힌 유니폼과 친필 서명을 담은 기념물을 동대문병원에 선물하기도 했다.

어머니와 함께 이대동대문병원을 찾은 하인스 워드 선수 (2006.4)

5장.

이대목동병원

새 시대를 열다

1993~

1. 제2부속병원으로 빠르고 탄탄하게 성장하다

이대목동병원의 탄생

1993년에 문을 연 이대목동병원의 탄생은 이미 10여 년 전인 1982년부터 준비 기간을 거쳤다. 1982년 10월 24일 이화의료원은 제2부속병원 건축사업 계획을 추진하기 위해 서울특별시장에게 목동, 신정동 신시가지 개발지역의 부지 배정을 청원했다. 1983년 1월 구체적인 논의가 이루어지기 시작했고, 그로부터 10년 후인 1993년 10월 6일 이대목동병원이 공식 출범하게 되었다.

이로써 이화의료원은 여러 경쟁 병원을 물리치고 1986년 12월 12일 양천구 목동 911-1번지에 8,646.48평 규모의 신축병원 부지 매입에 성공했다. 이에 따라 건축위원회가 구성되었다. 1990년 11월 28일 정림건축이 설계를 맡고, 현대건설이 시공업체로 선정되었다.

목동병원의 개원 준비는 차근차근 진행되었다. 하지만 첫 삽을 뜨기 전까지의 준비 과정은 만만치 않았다. 이화의대 제6회 졸업생이며 1970년대 이화의대 안과학 교수이자, 1988년 이대동대문병원장이었던 조병채 선생은 자신이 이화의료원장이 된 후 가장 힘들었던 일로 목동병원의 건축과 기금 모금을 꼽을 정도로 그 과정이 순탄치 않았음을 전하기도 했다.

이대목동병원의 건축 계획은 현실적인 재정을 고려해 1차로 250병상을

이대목동병원 전경

지은 후 2차로 250병상을 추가하는 것이었다. 건축 기금 모금으로 많은 사람들이 고민을 하자, 당시 이화여대 이사장이었던 김옥길 선생께서 "그동안 학교를 위해 미국에 거주 중인 동창들에게 모금을 한 적은 없었지만 목동병원을 위해 모금을 해보겠다."는 말로 희망의 불씨를 당겼다.

하지만 기쁨은 잠시였다. 김옥길 선생이 암 진단을 받으면서 병원 신세를 지게 되었기 때문이다. 김옥길 선생은 1990년 4월 칠순 잔치를 하면서도 하객들에게 목동병원 건축에 관해 이야기했다. 김옥길 선생의 동생인 김동길 교수는 "오늘 칠순 생신을 맞은 누님의 동생이 그동안 글을 쓰고 강연해서 모은 돈 1억 원을 누님의 소원인 목동병원 건립에 희사합니다."라고 말하며 1억 원의 수표를 내놓았다. 이대목동병원의 김옥길 홀이 탄생한 순간이었다. 김동길 교수는 이후에도 여러 차례에 걸쳐 병원을 위해 수억 원을 기부했으며, 2022년 10월 5일 세상을 떠나며 김옥길 기념관과 자택까지 이화여대에 기증했다.

김동길 교수의 기부금은 이대목동병원 건축 기금의 종잣돈이 되었다. 이후 동남아시아에서 건축 사업을 하는 이대 졸업생의 부군이 1억 원을 약속했고, LG의 구두회 회장도 선뜻 1억 원을 기부했다. 김옥길 선생께서 돌아가신 후 모인 부의금 1억 원도 고스란히 건축비로 사용되었다.

김옥길 선생은 병문안을 온 현대그룹 정주영 전 회장에게 말했다. "당신네 아산 병원에 갔더니 참 잘 지었습디다. 우리도 목동에 병원을 지으려 하나 여자들뿐이라……" 혀가 굳어 말을 잘하지 못하는 상황이었음에도 김옥길 선생은 사력을 다해 말했다. 그러자 정주영 전 회장이 이렇게 화답했다. "돈이 병원을 짓습니까? 사람이 짓지요. 제가 뚝딱 지어드리겠습니다!"

이로써 이대목동병원은 예산 문제 때문에 1, 2차에 걸쳐 짓기로 했던 계획을 바꿔 500여 병상 규모의 병원을 한 번에 지을 수 있게 되었다. 마지막 순간까지 목동병원을 위해 고민했던 김옥길 선생의 진심이 기적과도 같은 결과를 낳은 것이었다.[326]

곧이어 이대목동병원을 위한 공식 후원회가 조직되었고, 이화의대 동창회를 중심으로 건축 모금 활동이 이어지면서 목동병원의 신축 공사가 본격적인 궤도에 올랐다. 공사가 시작된 후로는 하루가 다르게 병원의 모습이 갖춰졌다.

1 김동길 교수와 함께한 김옥길 선생의 칠순 잔치(1990)

2 김옥길 선생과 정주영 전 현대그룹 회장(1986)

1 이대목동병원 신축 공사 현장(1993)

2 완공된 이대목동병원의 전경(1993)

3 개원 기념사를 하는 정의숙 이화학당 이사장 (1993.10.6)

4 이대목동병원 개원 기념 리셉션(1993.10.6)

1

2

3

4

태동부터 결실을 맺기까지 무려 10년이라는 시간이 걸린 끝에 드디어 1993년 이대목동병원이 완공되었다.

1993년 7월 1일 초대병원장에 김영명 교수가 취임했다. 같은 날 개원 준비팀이 입주했고, 신입 직원 채용을 완료했으며 7월 10일 준공 검사가 끝났다. 7월 30일에는 22개의 진료과목 및 544병상의 병원으로 개설 허가 승인이 완료되었다. 이후 이대목동병원은 어느 정도 준비 기간을 거쳐 9월 9일부터 환자 진료를 시작했다.

1993년 10월 6일 이화여자대학교부속 목동병원이 공식적으로 문을 열었다. 지하 2층, 지상 9층, 544개의 병상 및 의학연구동까지 품은 대지 8,400여 평 규모였다. 제2부속병원 건립을 위한 논의가 시작된 지 약 10년 만의 일이었다.

1993년 4월 22일 서울시 건축상을 수상하기도 한 이대목동병원은 1994년 1월 13일 지정 진료기관으르 승인을 받으며 명실상부 지역 의료는 물론 전국 최고의 의료기관이 되었다. 가까운 곳에 대학병원이 들어서길 기다리던 지역주민들은 이대목동병원의 개원을 반겼다.

첫 진료를 시작한 후 이대목동병원에는 상상 이상으로 많은 환자가 찾아오기 시작했다. 목동병원의 허가병상 수는 544병상이었지만 초기에는 300병상 정도의 환자를 예측하며 인력과 장비를 운용했기 때문에 직원들이 당황한 것도 사실이었다. 그러나 다행히도 이대동대문병원과 양 병원 체제로 운영된 덕분에 동대문병원으로부터 전공의나 전임의 파견을 받을 수 있었다. 목동병원은 개원 초반부터 수많은 환자를 맞으면서도 효율적으로 운영하며 금세 자리를 잡을 수 있었다.

빠른 성장세와 함께 이루어진 확장과 증축

이대목동병원은 가파르게 성장했다. 개원한 지 불과 1년 만에 하루 평균 1,800명의 외래환자와 520명의 입원재원환자, 95%의 병상 가동률을 기록했다. 특히 무처방 전달 시스템OCS이 외래 및 입원 부문에도 적용되었는데, 그 덕분에 진료 전문화 및 과학화를 도모할 수 있었다. 또한 이를 활용한 진료 예약제 실시로 창구의 혼란을 최소화하면서 대기 시간도 대폭 단축되었다. 그 결과 이대목동병원은 1995년 1월 1일 3차의료기관으로 지정되는 성과를 낼 수 있었다. 그 누구도 상상하지 못한 성장 속도였다.

1996년 3월 1일 제2대 목동병원장으로 우복희 교수가 취임한 후 병원의 확장과 증축 등을 위한 공격적인 투자가 이루어졌다. 이러한 투자가 가능했던 동력은 병원을 찾는 환자들이 계속 늘어났기 때문이었다.

1998년 8월에는 450대뿐이었던 협소한 지상 주차장 문제를 해결하기 위해 주차타워를 세웠다. 안양천변 쪽으로 지어진 주차타워는 300대가 늘어난 차량을 소화할 수 있게 되었다. 또한 같은 해부터 장례식장을 직영으로 운영하기 시작하면서 새로운 활로를 모색하기도 했다.

진료를 위한 공간 확충도 지속적으로 이루어졌다. 1998년 5월 27일 상급종합병원의 핵심이기도 한 조혈모세포 이식을 위한 무균실을 오픈했다. 82병동에 무균실 2개를 설치해 2개월 동안 13건의 수술을 성공시켰다. 이 같은 성과는 이대목동병원이 복지부로부터 조혈모세포 이식 실시기관으로 선정되는 결과로 이어졌다. 1998년 9월 24일에는 목동병원의 허가병상 수가 544병상에서 581병상으로 증설되었다. 2000년 4월에는 응급실을 30병상에서 40병상으로 늘렸다. 7월에는 암센터의 증축 및 이전을 실시했고, 유방센터와 비만클리닉을 새롭게 열었다.

2001년 3월에는 입원실의 240병상 확대와 수술실 증설, 방사선과 외부 공간 확장을 위한 병동 증축 공사가 진행되었다. 10~12층에 걸친 3개층 병동 증축 공사 덕분에 2002년 4월 이대목동병원은 240병상을 증설할 수 있었다. 또한 의학관 b관 건물이 생기면서 지하 1~2층의 장례식장, 2층의 치료진료부, 3층의 종합검진센터, 4층의 경영진 사무실로 구성된 별관도 2004년 완성되었다. 이 같은 발전과 함께 이대목동병원은 1995년에 이어 2001년 2월 1일 의료보호 3차의료기관으로 재지정되면서 지역의 중환자 중심병원으로 확실한 역할을 했다.

병원의 규모가 점점 커질수록 병원을 찾는 환자가 더더욱 늘면서 주차 공

1

2

3

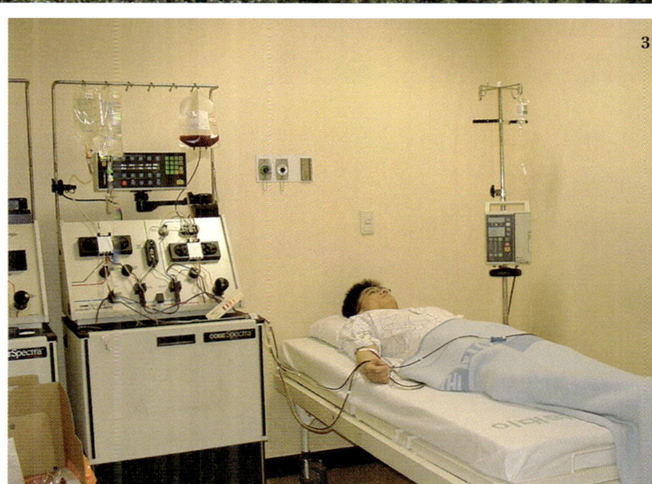

1 직영으로 운영하기 시작한 장례식장

2 본관 왼쪽에 들어선 주차타워.
차량 300대를 추가로 주차할 수 있게 되었다.

3 조혈모세포를 기증하는 모습

1

2

3

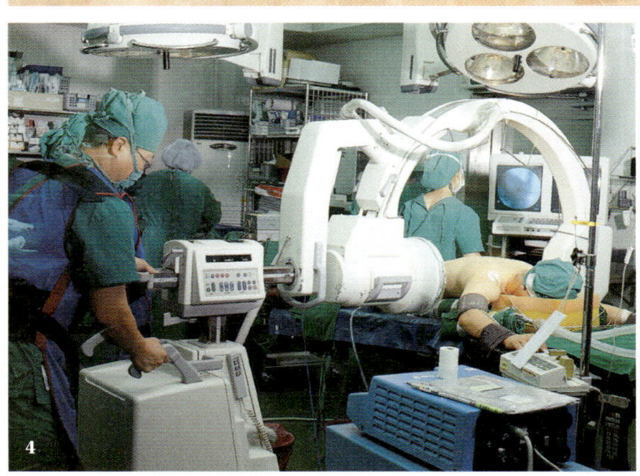
4

1 이대목동병원의 증축 이후 전경

2 별관 조감도

3 이대목동병원 별관 개관식(2004)

4 수술실 증설 이후 진행된 수술 장면

간의 확충이 불가피해졌다. 하루 평균 2,400여 명이나 되는 외래환자를 감당하기 위해 본관 앞에 3층짜리 자주식 주차장을 지으면서 279대를 주차할 수 있는 공간을 추가로 확보하며 병원의 확장에 발을 맞추었다.

최신 장비 도입과 특화센터의 확장

이대목동병원은 건물 증축이라는 하드웨어의 발전뿐 아니라 한 명의 생명이라도 더 살리기 위해서 첨단 진료를 위한 최신 장비의 필요성에 공감하고 이를 위한 노력도 함께 기울였다. 특히 2000년 2월에 개설한 방사선종양학과는 고에너지 선형가속기를 도입하며 암센터의 중추적 역할을 담당했다.

2001년에 도입된 Full PACS(Picture Archiving and Communication System)도 병원 업무의 혁신을 이끌었다. 예전에는 환자의 검사 영상을 필름으로 보관하며 필름을 판에 꽂아야만 해당 자료를 볼 수 있었는데, Full PACS의 도입으로 환자의 검사 영상을 디지털 데이터로 저장하고 전송하며 모니터를 통해 쉽게 볼 수 있게 되었다.

이대목동병원은 또 영상의학과 진단검사의학에 새로운 첨단 진단 장비를 도입했다. 영상의학과는 국내 최초로 전신 촬영이 가능한 MRI, 5mm 크기의 미세암세포 발견 및 뇌신경질환과 심질환 진단을 위한 양전자방출 단층촬영기, 16슬라이스 CT의 추가 도입, 핵의학실의 Dual Head 카메라를 포함한 영상 진단 장비 등을 구비했다.

진단검사의학과는 자동 생화학분석기 등 4가지 첨단 검사 장비 도입으로 전 자동화 시스템의 초석이 마련되어 진료의 질이 향상되었다. 초고속 64 슬라이스 3차원 CT 도입은 검사 시간의 획기적인 단축을 불러왔다. 10초 이내에 각 장기의 부위별 검사가 가능해졌고, 특히 심장혈관과 각종 혈관 및 대장 등 그동안 영상으로 살피기 힘들었던 부위를 3차원 영상으로 해부학 도면처럼 구현할 수 있게 되면서 수준 높은 의료 서비스의 제공이 가능해졌다.

이대목동병원은 최신 장비의 도입과 더불어 여러 특화센터를 확장하고

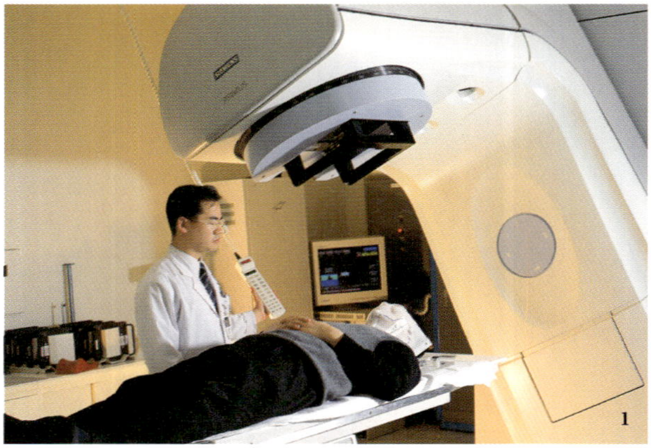

1

2

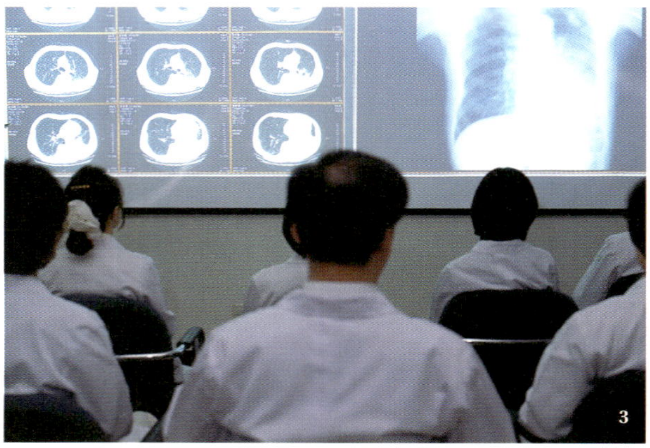

3

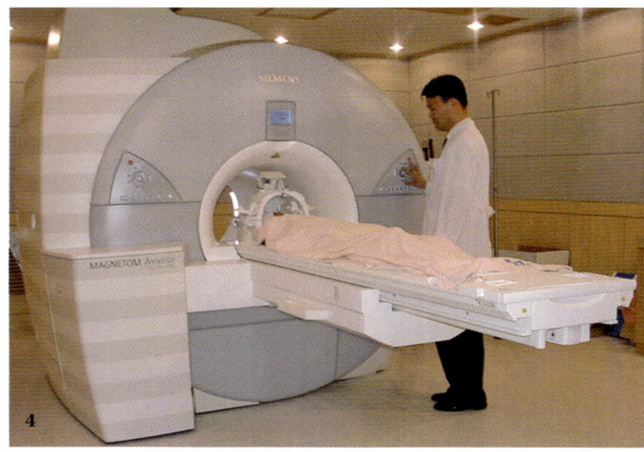

4

1 고에너지 선형가속기의 시험 운영 모습

2 Full-PACS 구축 가동(2001). Full-PACS의 도입으로 환자의 검사 영상을 디지털 데이터로 전송하고 모니터로 확인할 수 있게 되었다.

3 PACS 영상으로 세미나를 진행 중인 의료진(2002)

4 전신 촬영 MRI의 도입(2004)

5 초고속 64 slice 3차원 CT 도입(2006)

5

디지털병원으로 탈바꿈하는 등 병원의 내실을 기하기 위한 노력에도 최선을 다했다.

뇌신경센터 및 뇌졸중 집중치료실은 신경과와 신경외과를 주축으로 이루어졌다. 이대목동병원 본관 2층에 뇌파검사실과 근전도검사실, 뇌혈류검사실 등을 집중 배치함으로써 환자의 동선을 최소화했다. 이 덕분에 빠르고 효율적인 진료가 가능해졌고, 특히 뇌졸중과 같은 뇌혈관질환에 특화된 전문 진료가 이루어졌다.

신장센터 및 인공신장실은 이대목동병원 개원 초기부터 최고의 시설을 자랑하던 곳으로 2000년대에 들어 더 넓은 공간으로 이동하며 더욱 큰 역할을 했다.

산모와 아기 중심의 출산 문화를 조성하기 위해 2002년 8월에 문을 연 모자센터 역시 이대목동병원의 특화센터 중 한 곳이었다. 새로운 르뵈이에 분만법, 모유에 대한 오해 등 산모에게 유익한 콘텐츠를 연재했고, 다양한 주제의 심포지엄을 개최하며 병원의 성장과 발전에 기여했다.

일찌감치 개소한 심장혈관센터는 이대목동병원의 다양한 특수검사를 한 곳에서 받을 수 있도록 새로운 시스템을 구축한 특화센터였다. 서구식 식습관 등 나쁜 생활 습관 때문에 심장질환으로 인한 사망 비중이 높아지자 이화의료원 차원에서 공격적 투자가 필요하다고 판단했던 곳이었다.

이화의대에 치과대학은 없지만 임상치의학대학원이 개설되면서 치의학 석사와 박사도 배출하기 시작했다. 이에 치과진료부인 덴탈센터는 구강안면외과, 교정과, 보철과, 치주과, 송치과, 보존과의 6개과를 모두 오픈하면서 진료 및 교육, 연구의 선두에 서게 되었다.

건강검진센터는 이대목동병원 별관 3층에 300평 규모로 들어섰다. 최신 의료 장비는 물론 쾌적한 진료 환경이 장점이며 검진 이후 진료 연계 서비스에 특화된 센터였다.

소화기센터는 기존의 내시경실을 확장하면서 최신 내시경기기의 도입과 회복실이 추가되었다. 내시경 전문의가 24시간 상주하며 당일 내시경이 가능하고 검진과 치료를 병행할 수 있는 환자 중심의 소화기센터였다.

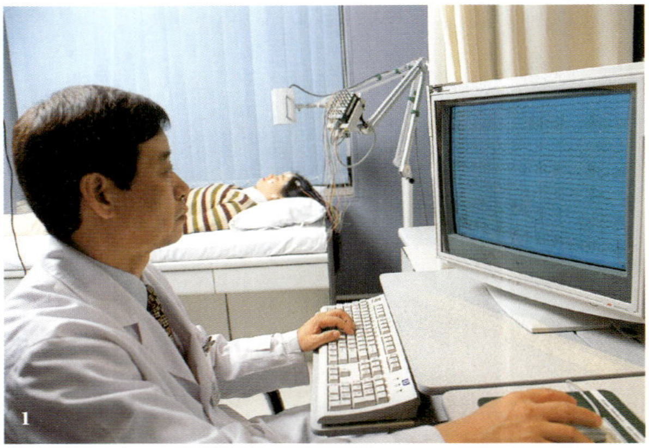

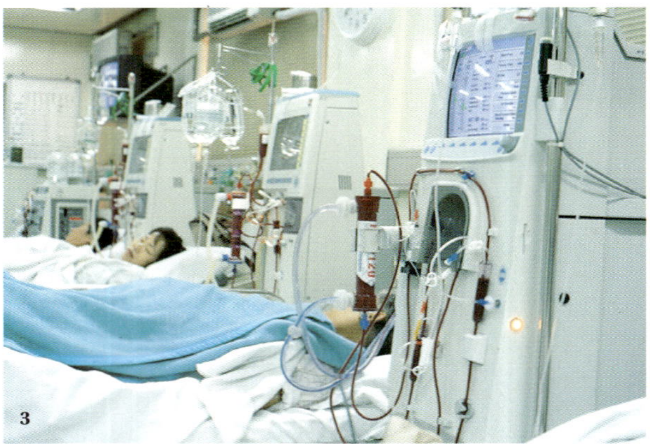

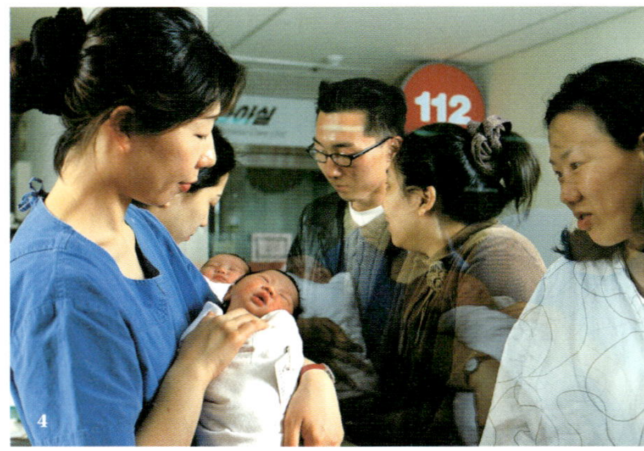

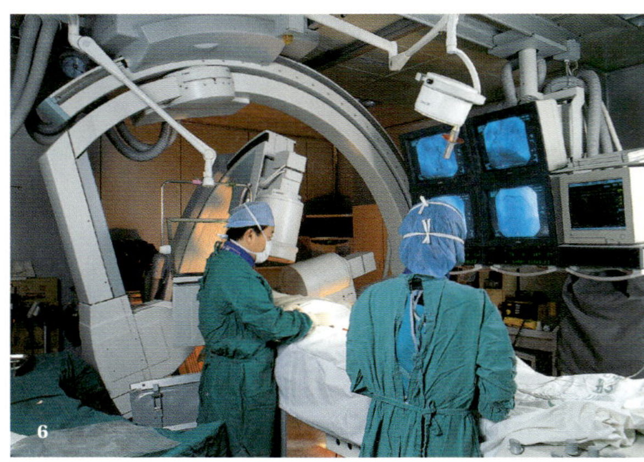

1 본관 2층 뇌신경센터에서 진행된 뇌파 검사

2 본관 8층에 문을 연 뇌졸중 집중치료실

3 인공신장실에서 투석치료를 받는 환자들

4 모자센터에서 산모에게 신생아를 보여주는 모습. 모자센터 개소로 산모와 아기 중심의 출산문화를 조성했다.

5 심장혈관센터 전경. 다양한 특수 검사를 한 곳에서 진행할 수 있는 특화센터로 개소되었다.

6 심혈관 시술을 시행하는 의료진

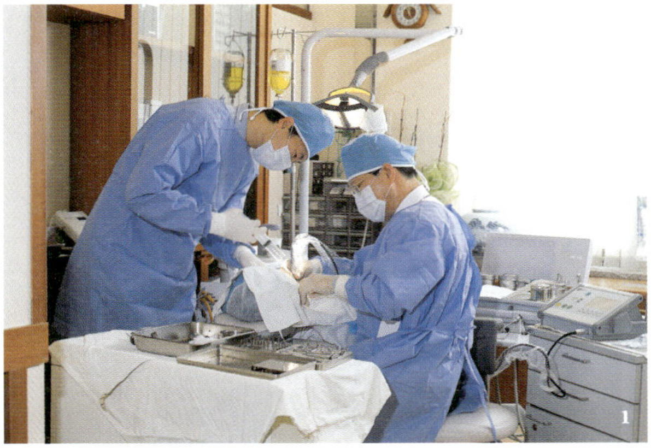

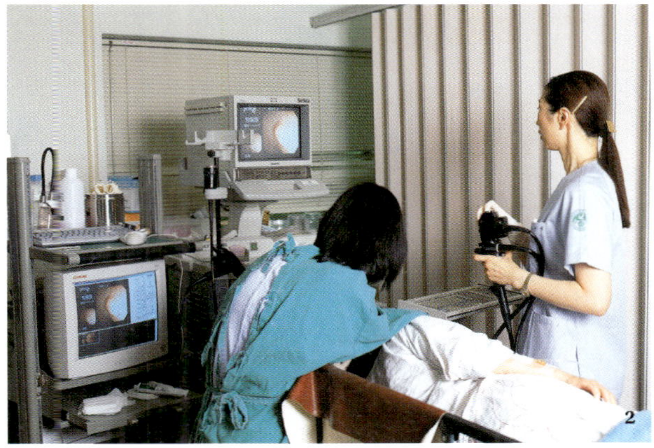

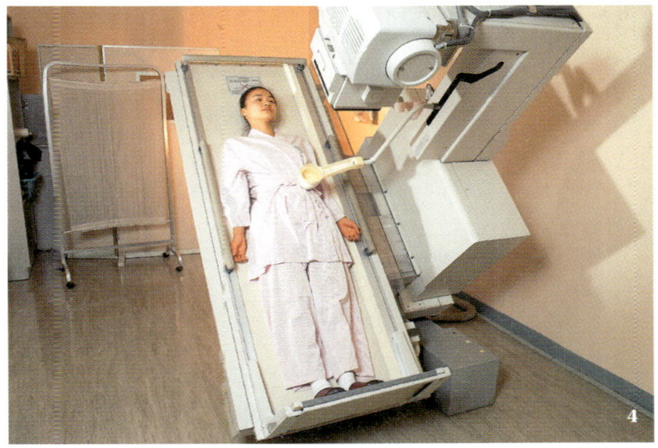

1 치과진료부(덴탈센터) 진료 모습

2 소화기센터 내시경 치료 장면

3 건강검진센터 전경

4 건강검진센터에서 검사받는 모습

5 진료협력센터 창구

6 제1회 지역협력병의원장의 밤 행사(2006.10.25)

또한 환자에 대한 직접진료센터는 아니지만 지역병의원에서 전원되는 환자의 편의를 도모하기 위해 진료협력센터가 마련되었다. 진료협력센터에서는 매년 학술 심포지엄을 개최했고, 연말이면 지역협력병의원장이 모두 모여 지역간 담회와 진료 전달체계를 위한 논의를 했다.

섬김과 나눔의 실천

이대목동병원은 섬김과 나눔을 실천하고자 사랑과 봉사의 정신을 바탕으로 사회공헌 활동에도 열심이었다. 이화해외의료봉사단을 구성해 네팔, 베트남, 캄보디아, 우즈베키스탄, 몽골 등 의료 혜택을 받지 못하는 곳을 방문해 무료로 검진, 진료, 특강 등을 진행해왔다. 해외 현지로 떠나는 의료봉사는 매년 2회에 걸쳐 이루어지는데 그때마다 만나는 해외 환자의 수가 무려 1,000여 명이었다. 이들 환자 중 국내 병원에서 추가 수술이 필요한 경우에는 한국으로 초청해 무료 수술을 실시해왔다.

2004년 2월의 심장병 수술이 대표적인 사례이다. 베트남 하노이로 해외 의료봉사를 갔다가 선천성 심장병을 앓고 있는 어린이 2명을 같은 해 6월 흉부외과 한재진 교수의 초청으로 이대목동병원에서 무료 수술을 해준 바 있다. 당시 12세 밍과 2세 트엉은 건강을 되찾고 가벼운 발걸음으로 베트남에 돌아갈 수 있었다.

이대목동병원은 당장 치료가 필요하지만 형편이 어려운 외국인 심장병 환자들에게도 많은 무료 수술을 실시했다. 2014년에는 국제구호단체인 '기아대책'과 함께 아프리카 말라위 출신의 3세 환자 라자브를 구했다. 좌심실과 우심실 사이에 원인 모를 구멍이 생긴 심실중격결손증을 앓던 라자브는 소아청소년과 손세정 교수와 흉부외과 한재진 교수의 협진으로 무사히 수술을 받을 수 있었다.

이대목동병원은 2018년에도 아프리카 짐바브웨 의료봉사에서 선천성 심장병 개심 수술을 무상으로 진행했다. 흉부외과 서동만 교수와 소아청소년과 손

1 심장병 수술을 받은 베트남 환아들과 의료진(2004)

2 심장병 수술을 받은 말라위 환아와 의료진(2014)

3 짐바브웨 국립의대병원에서 심장병 개심 수술을 진행 중인 흉부외과 서동만 교수(2018)

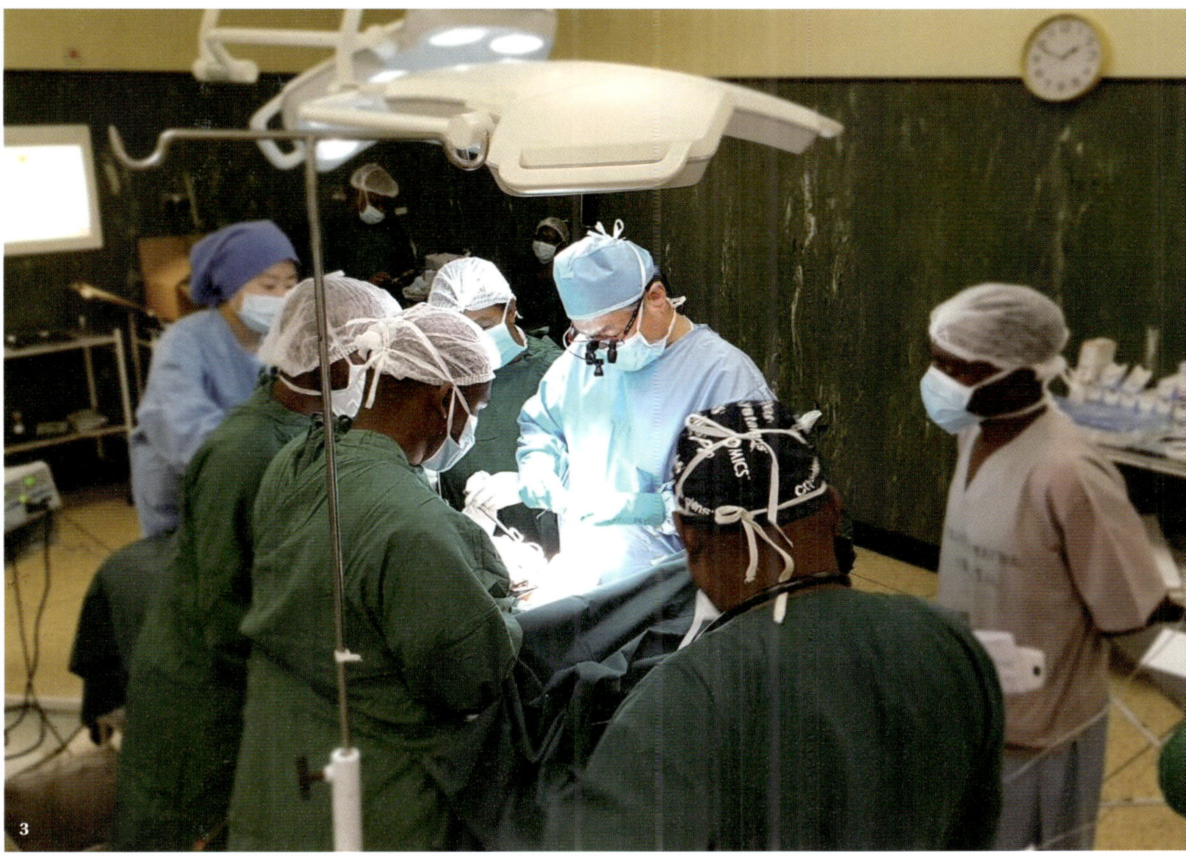

1, 2, 3 이대목동병원의 해외 의료 봉사 현장(캄보디아, 베트남 등)

1

2

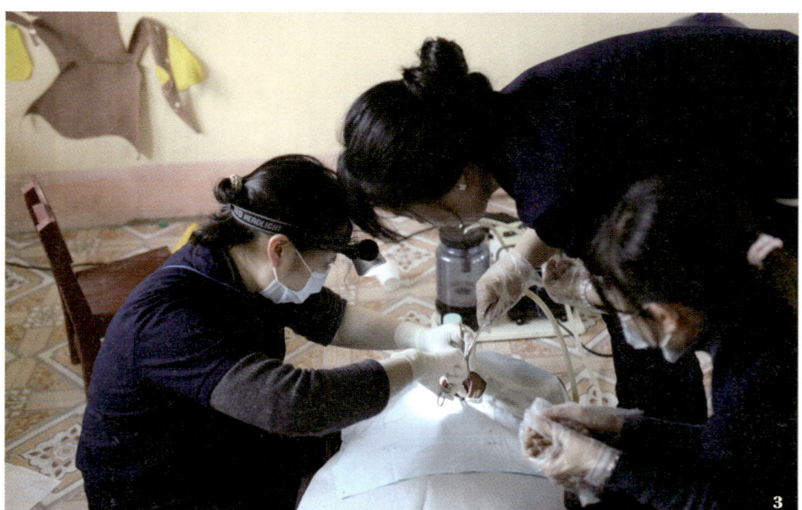

3

세정 교수 등은 짐바브웨 국립의대병원에서 현지 의료진이 참관한 가운데 선천성 심장질환을 앓던 일곱 명의 어린이를 수술했다. 특히 이때는 짐바브웨 국립의대병원 의료진을 한국으로 초청해 의료 연수를 진행하기도 했다.

이대목동병원 성형외과는 수년간 베트남을 방문해 무료 언청이수술을 해왔고, 안과에서는 앞을 못 보던 몽골의 한 소녀를 병원으로 데려와 무료로 각막이식 수술을 실시했다. 이화의료원 교직원들은 이대병원의 시작이 다른 나라의 사랑과 헌신으로 시작되었다는 것을 잘 알고 있다. 그렇기에 의료 취약 지역을 꾸준히 찾아 이미 받은 사랑과 헌신 이상으로 섬김과 나눔을 실천해야 한다는 사명감을 갖고 꾸준히 의료봉사를 해왔다.

이대목동병원은 해외봉사뿐 아니라 국내에 머물고 있는 의료 취약 계층의 외국인들에게도 기꺼이 도움의 손길을 내밀었다. 2002년 산업연수생으로 한국에 와 충남 아산의 한 제과공장에서 일하던 네팔 출신의 21세 포우델도 도움이 필요한 선천성 희귀질환 환자였다. 이대목동병원 비뇨기 전문의 박영요 교수는 요도 하혈로 고통스러워하던 그를 병원으로 데려와 크리스마스이브에 무상 치료를 해주었다. 또한 유전적으로 정상 적혈구가 생성되지 않는 빈혈을 앓고 있던 캄보디아 10세 소년 속지어티 역시 2006년 2월 이대목동병원에서 성주명 교수의 집도 아래 조혈모세포 이식 수술을 무료로 받을 수 있었다. 국민일보와 서울탯줄은행의 후원, 이대목동병원의 봉사가 빛을 발한 수술이었다.

이대목동병원은 국내에서도 다양한 섬김과 나눔을 실천해왔다. 사시 때문에 계속 시력이 나빠지고 친구들을 사귀는 데에도 어려움이 있던 8세 어린이의 사연을 듣고 안과 과장인 임기환 교수가 팔을 걷어붙였다. 당시 '서울SOS어린이마을'에서 보호를 받고 있던 이 어린이 환자는 경제적 어려움 때문에 수술을 받지 못하고 있던 터였다.

2008년 이대목동병원은 토요일 수술 제도를 시행하며 환자들로부터 큰 호응을 얻고 있었는데, 이 어린이 환자는 이 제도의 초창기에 토요일 수술을 받고 월요일에 곧바로 등교할 수 있었다. 수술비는 이대목동병원 교직원들이 2003년부터 월급의 일부를 기부해 조성해온 '이화사랑나눔 기금'에서 사용되었고, 이대목동병원 내에 입점했던 안경점 '금강'에서도 사시 수술 후 필요한 시력

1 사시 수술을 위해 진료를 받고 있는 어린이 환자(2008)

2 양천구치매지원센터 개소식 (2008)

3 강서구치매지원센터 개소식 (2009)

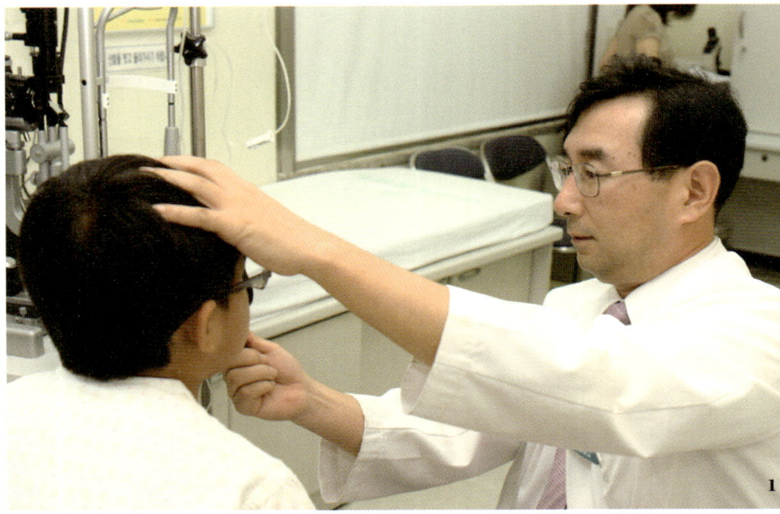

교정용 안경을 후원했다.

이대목동병원은 또 이동 차량과 의료 장비를 갖추고 지역 주민들을 대상으로 무료 건강 강좌, 무료 수술 등의 의료봉사 활동을 비롯해 매년 수해 피해 지역을 찾아 응급 상황을 해결하는 데 앞장서기도 했다. 특히 2000년대 하반기에는 서울근로자건강센터, 양천구치매지원센터(현 양천구치매안심센터), 양천구정신건강복지센터를 위·수탁 운영하며 지역 사회에 봉사했다. 강서구치매지원센터 또한 이대목동병원이 수탁 운영함으로써 서남권의 치매환자 치료에서 공공의료 역할을 수행해왔다.

이 밖에도 기초적인 의료 장비가 부족한 북한 조선적십자병원에 CT 장비를 기증했는데, 북한 주민들에게 실질적 도움을 주는 남북보건의료협력사업의 모범 사례로 평가받기도 했다.

의료기관 상위 10대 우수병원 선정

2003년 이대목동병원은 개원 후 가파른 성장을 거듭하며 의료기관 평가에서 상위 10대 우수병원으로 지정되었다. 환자 중심의 진료 체계를 구축하기 위한 꾸준한 노력과 시설 투자 및 특화센터 등이 평가에 반영된 덕분이었다. 또한 모든 교직원이 환자를 위하는 마음으로 노력한 결과였다.

의료기관 상위 우수병원 선정은 보건복지부 주관으로 전국 대학병원 42곳과 500병상 이상의 종합병원 36곳을 대상으로 4개월에 걸친 평가 끝에 이루어진다. 구체적인 평가 내용으로는 환자의 권리와 편의, 진료 체계, 병동, 영양, 응급, 수술 관리 체계, 약제 등 18개 항목이 있다. 평가 결과에 따라 각 항목별로 A(우수, 충족률 90 이상), B(양호, 70 이상~90 미만), C(보통, 50 이상~70 미만), D(미흡, 50 미만)로 구분되는데 이대목동병원이 2003년 해당 평가에서 10대 우수병원으로 지정된 것이다.

이대목동병원은 병원의 증축과 시설 개선, 첨단 장비 및 특화센터를 위한 투자를 하면서도 환자를 위한 공간 확충에도 노력을 기울였다. 3층 옥상 330여

이대목동병원 야경

평의 빈 공간에 마련한 환자들을 위한 도심 속 쉼터가 바로 그것이었다. 이 쉼터는 서울시의 옥상녹화지원사업의 일환이기도 했지만 목동병원이 주도해서 만든 환자들을 위한 공간이라는 점이 매우 뜻깊다. 이화의료원의 전 교직원들은 한결같이 환자를 위해 매 순간 최선을 다했다. 문을 연 지 얼마 되지 않았던 이대목동병원의 초창기는 모든 면에서 그 어느 때보다 치열하게 노력했던 시기였다.

2. 이대동대문병원과의 통합 후 더 높이 도약하다

한국의 대표 여성친화병원인 이대목동병원

이대목동병원은 2008년 말 이대동대문병원과 통합한 후 한 차원 더 높은 도약을 위해 2009년 국내 최초로 여성암병원을 오픈했다. 국내 유일한 여자의과대학부속병원으로서 그동안 축적해온 교육 및 연구, 진료 노하우를 그 누구보다 잘 살린 덕분이었다. 이에 따라 '이대여성암병원'으로 병원명을 확정 짓고, '여성의 몸과 마음을 가장 잘 아는 병원'이라는 슬로건과 함께 2009년 3월 17일 김승철 교수를 초대 여성암병원장으로 임명하며 개원식을 가졌다.

이대여성암병원은 빠르게 성장했다. 1년 동안 여성암 수술 건수가 급격히 상승했고 입원환자 역시 112%나 증가했다. 대형병원의 쏠림 현상이 심화된 암 분야이지만 특화된 장점을 내세워 선택과 집중을 하면 성공할 수 있다는 하나의 사례가 되었다.

이대여성암병원의 성공 요인 중 하나는 암 진단 후 1주일 이내 수술, 병원 방문 당일 한 공간에서의 진료 및 검사가 이루어지는 원스톱 서비스의 진료 체계가 한몫을 했다. 여성의 특성을 고려한 차별화된 진료 시설과 서비스 역시 성공의 밑거름이 되었다. 이대암병원에서는 아시아에서 두 번째로 도입된 128채널 PET-CT를 비롯해 다빈치로봇, 유방감마스캔, 유연형 자궁내시경, 듀얼플래시

1 국내 최초의 여성암 전문 병원인 이대여성암병원(2009)

2 이대여성암병원 입구

3 이대여성암병원 4층 리셉션

128채널 CT 등을 활용해 첨단 치료에 앞장섰다.

이대목동병원이 한국의 대표 여성친화병원인 또 다른 이유로는 여성만을 위한 여성건진센터의 운영, 여성암 환자 전용 레이디병동, 성인지의학에 바탕을 둔 여성암연구소, 첨단 장비를 활용한 여성암 진단 및 치료 등을 들 수 있다.

이대여성건진센터/건강증진센터는 남성의 건강검진과 분리되어 독립적으로 운영되어왔다. 국내 최초로 시도되는 여성만을 건강검진의 의료진도 모두 여성으로 구성되어 있다. 이러한 선택은 공간과 인력이 두 배로 필요하다는 것을 의미한다. 이대목동병원 의료진은 그 의미를 알면서도 여성건진센터를 실시했다. 그 결과 예약부터 검사, 치료까지 빠르게 진행되는 시스템이 구축된 여성건진센터는 가장 차별화된 서비스를 제공하는 곳이자 이대목동병원을 여성친화병원으로 만드는 데 큰 역할을 하게 되었다. 이곳에서 이루어지는 여성암특화 정밀건강검진 프로그램을 비롯해 미혼 여성을 위한 건강진단, 맞춤형으로 이루어지는 재진 프로그램도 획기적인 시도 중 하나로 평가받았다.

호텔 수준의 시설과 서비스를 제공하는 여성암 환자 전용 레이디병동 또한 환자들의 큰 호응을 얻었다. 이곳에서는 환자별 1:1 맞춤 서비스가 이루어진다. 이 밖에도 '같은 질환이라도 남녀에 따라 치료 방식을 달리한다'라는 슬로건 아래 국내 최초로 성인지의학 협진클리닉이 개설되었다.

이대목동병원은 이미 2000년 7월부터 국내 최초로 유방센터를 설립한 뒤 여성들을 위한 국내 최고의 원스톱 서비스를 제공하며 지속적인 발전을 거듭해왔다. 문병인 교수가 동대문병원에서 목동병원으로 자리를 옮기면서 새로운 전기를 맞이했고, 의료업계 최초로 여성 소비자가 뽑은 좋은 기업 대상 '여성특화병원' 부문에서 연속적으로 수상했다.

유방암 수술은 생존율을 넘어 환자의 남은 삶의 질까지 고려해야 한다. 이를 위해서는 최소한의 유방 절제술과 유방 재건술이 필요하고, 외과의사와 성형외과의사의 팀워크가 정말 중요하다. 수준 높은 숙련도가 요구되는 유방암 수술을 위해 이대여성암병원은 국내외에서 인정받고 있는 최고의 의료진을 확보했고, 진단부터 수술까지 원스톱으로 이루어지는 시스템을 갖추었다.

이대여성암병원을 이끌어가는 또 다른 기관은 환자단체이다. 환자단체의

1 여성건진센터 리셉션

2 여성암 환자 전용 레이디병동

3 여성건진센터 내부(vip룸)

4 2010년 별관 3층 건강증진센터 내에 개설된 성인지의학협진클리닉

열정적인 활동은 환자 자신을 위한 일이기도 하지만, 환자를 치료하는 의료진에게도 초심을 잃지 않게 하는 촉매제이자 큰 힘이 된다. 특히 유방센터의 환자 모임인 이유회는 의료진과 환자가 함께 의지하며 완치를 향해 나아가는 새로운 협력 모델을 제시해주었다. 이유회는 정기적인 모임을 갖고, 암 프로젝트 콘서트를 개최하는 등 환자들 사이의 공감대 형성 및 올바른 정보 공유, 치유 활동을 하며 이대여성암병원의 대표적인 모임이 되었다.

이대여성암병원 차원에서는 여성암 환자의 치료 후 정서적 안정감 및 사회 복귀를 돕기 위해 합창, 미술, 사진 촬영 등 다양한 프로그램을 운영했다. 2018년에는 '메이킹 마이 리틀 포레스트'라는 이름의 미술치료 프로그램을 통해 다양한 미술품을 만들며 치유의 시간을 갖기도 했다. 2019년 10월 14일부터 12월 9일에는 '지금 걷는 길 위에서 만나는 행복'을 주제로 미술치료 교실에서 완성한 작품 전시회를 개최했다.

이대목동병원을 대표하는 이대여성암병원은 지속적인 성장을 거듭하며 2022년 9월 1일 2개월에 걸친 리모델링 공사를 마치고 약 두 배의 규모로 확장되었다. 시설 확충과 함께 유방암 최소 절개와 최소 흉터 수술의 권위자인 안세현 교수가 합류했다. 약 26,000례 이상의 유방암 수술 경험이 있는 안세현 교수는 2014년부터 유두-피부보존 유방절제수술과 동시에 유방복원수술 방법을 국내에 소개해왔다. 이대목동병원의 여성친화병원으로서의 발전은 빼어난 과거의 역사이기도 하지만 미래가 더욱 기대되는 현재진행형이기도 하다.

환자 만족도 1위에 빛나는 이대목동병원

어느 날 36개월의 여자 아기가 여러 응급실을 돌다 이대목동병원 소아응급실을 찾았다. 아기는 배가 아프다고 했고, 아기 엄마는 다른 병원에서 변비로 진단을 받았다며 얼른 치료받기를 원했다. 그러나 당시 소아응급실을 담당했던 소아응급교수의 소견은 달랐다. 아기의 배를 만져보니 단순 변비라고 하기에는 어딘지 이상했다. 검사를 해보니 아기의 배를 아프게 했던 건 콩팥과 요관을 막

1 '메이킹 마이 리틀 포레스트' 미술치료에 참여 중인 이대여성암병원의 환자들(2018)

2 이대여성암병원 미술치료 작품 전시회(2017)

3 이대목동병원 제29주년 개원기념식 및 이대여성암병원 확장 개소식(2022)

4 이대여성암병원 확장 개소식 (2022)

5 리모델링을 마친 이대여성암병원 부인종양센터

고 있던 암 덩어리, 즉 횡문근육종이었다. 당장 콩팥 일부를 절제하며 종양을 제거한 결과 아기는 극적으로 살아날 수 있었다. 소아응급교수가 진단부터 수술까지 한 번에 실시하며 치료 타이밍을 놓치지 않은 덕분이었다.

대학병원 응급실은 인턴, 레지던트, 교수의 3단계를 거치는 게 일반적이다. 환자가 교수를 만나려면 최소 1~2시간을 기다려야 한다는 뜻이다. 그러나 이대목동병원 소아응급실은 성인응급실과 분리한 후 소아청소년과 전문의가 24시간 상주하며 전문적인 진료가 이루어졌다. 응급실을 방문하면 곧바로 전문의를 만나 정확한 진단과 빠른 치료를 동시에 받을 수 있는 시스템이었다. 환자들의 만족도는 높아질 수밖에 없었고, 그 결과 이대목동병원은 보건복지부로부터 차세대 소아응급의료센터에 선정되어 소아과 의사에게 24시간 진료를 받을 수 있는 시스템 및 시설 운영에 독보적인 역할을 했다.

소아응급실과 분리된 응급의료센터의 운영도 마찬가지였다. 이대목동병원은 환자 중심의 병원 운영을 위해 응급의학전문의를 충분히 확보한 후 전문의가 응급의료센터에 24시간 상주하도록 했다. 이 같은 진료 시스템이 가능했던 것은 이대동대문병원과 이대목동병원의 통합으로 동대문병원의 의료 인력이 목동병원에 효율적으로 배치된 덕분이었다. 그 결과 이대목동병원은 환자 우선의 새로운 병원 모델을 구축할 수 있었다.

환자 중심의 경영은 환자로부터 신뢰받는 병원으로 거듭나는 결과를 가져왔다. 응급의료센터는 지역응급의료센터 평가에서 최우수 등급을 획득했고, 428개 응급의료기관을 대상으로 실시한 보건복지부의 평가에서도 최우수 등급인 A를 받으며 응급의료센터의 우수성을 증명했다. 이대목동병원은 치열한 경쟁을 뚫고 보건복지부가 선정한 서남권 권역응급의료센터로 지정되었다. 모든 중증 응급환자의 치료가 가능하고, 대형 재난 발생 시 신속한 의료 지원을 할 수 있는 시스템을 구축한 덕분이었다. 이대목동병원은 응급진료부 산하기관으로 재난의료지원센터를 따로 운영하며 지역 내 응급 의료 종사자에 대한 교육과 훈련도 실시했다.

이대목동병원은 또 2010년 전국 201개 병원을 대상으로 한 급성기 뇌졸중 적정성평가에서 100점 만점을 받았고, 전국 621개 기관 대상의 혈액투석 평

1,2 차세대 소아응급의료센터 개소식(2011)

3 이대목동병원 권역응급의료센터 개소식(2016)

4 권역응급의료센터에 도착한 119 구조대의 모습

1 2011년 보건복지부 인증 상급 의료기관 인증을 획득한 이대목동병원

2 보건복지부 인증 상급 의료기관 현판

가에서도 100점 만점을 받았다. 급성심근경색 평가에서도 1등급을 획득했는데, 이는 전국 상급종합병원을 대상으로 3년 6개월 동안 평가를 실시한 결과였다.

이대목동병원은 환자의 안전 확보와 지속적인 의료 서비스의 질적 향상을 목표로 꾸준히 노력했다. 그 결과 보건복지부가 실시하는 의료기관 인증제 평가에서 우수한 성적으로 인증을 획득할 수 있었다. 글로벌 병원으로 도약하기 위한 국제 인증인 JCI Joint Commission International도 통과하며 해외 환자 유치에 박차를 가했다.

이대목동병원은 뇌졸중센터 JCI CCPC Clinical care program certification까지 획득하게 되었는데, 이는 환자의 안전 확보와 의료 서비스의 질적 향상의 목표를 뇌졸중 분야로까지 확대 적용한 결과였다. 이어 뇌졸중센터는 2014년에 '대한민국 보건의료대상' 국회 보건복지위원장 상을 수상했다. JCI 인증이 환자 진료, 시설, 의료진 등 의료원 전반에 걸친 평가였다면, JCI CCPC는 특정 질환(암, 심부전, 뇌졸중, 급성심근경색 등)에 대한 진료 프로그램과 환자의 치료 결과에 대한 우수성 인증이었다. 뇌졸중 환자의 응급실 방문과 치료, 입원 후의 집중 치료, 검사, 재활, 추후 관리 등 전 과정이 매우 우수한 수준임을 인정받은 것이었다. 이대목동병원의 뇌졸중 진료에 대한 JCI CCPC 획득은 2011년 12월까지 전 세계에서 미국을 제외한 7개 병원만이 획득한 바 있으며 이화의료원은 국내에서 두 번째 인증병원이 되었다.

이대목동병원 뇌졸중센터는 외래진료뿐만 아니라 응급실과 뇌졸중 집중

1 JCI CCPC 심사위원들과 이대목동병원 교직원들(2011).
이대목동병원 뇌졸중센터는 이듬해인 2012년 1월 JCI CCPC 인증을 획득했다.

2 2014년 보건의료대상을 수상한 뇌졸중센터

치료실, 혈관 시술팀 등을 체계적으로 통합해 운영하고 있다. 촌각을 다투는 응급 환자 치료를 위한 ESC Ewha Stroke Code 시스템이 구축되었고 현재도 365일 24시간 가동 체제를 유지하고 있다.

이대목동병원은 보다 획기적인 암 치료를 위해 첨단 장비 도입에도 앞장섰다. 특히 2010년에 도입한 128채널 PET-CT(양전자방출단층촬영기)는 국내 최초, 아시아에서 두 번째로 선보인 첨단장비로 뛰어난 해상도를 자랑했다. 2mm의 작은 암 병변을 구별해낼 수 있어 호흡 조절이 불규칙한 환자까지도 정밀하게 진단할 수 있었다. 또한 2011년에도 국내 최초로 128채널 PET-CT에 첨단영상 구성기법인 IRIS Iterative Reconstruction in Image Space 기술을 도입해 방사선량을 절반으로 줄여 환자들이 더욱 안전하게 진단받을 수 있도록 했다.

같은 해에 암 치료의 속도를 더욱 높이기 위해 최첨단 방사선 암 치료기인 '트릴로지Trilogy'도 본격적인 가동을 시작했다. 트릴로지는 360도 회전이 가능한 첨단 선형가속기로 컴퓨터 단층촬영CBCT를 보면서 암 조직을 정확히 조준한 뒤 주변의 정상 조직 손상 없이 암세포만 집중적으로 죽이는 방사선 치료기기이다. 치료 시간이 대폭 줄어든다는 장점과 함께 종양의 위치와 크기에 따라 방사선량을 조절할 수 있어 환자 맞춤형 치료가 가능한 것이 장점이 있었다.

이대목동병원은 이처럼 환자 중심의 진료 환경 구축과 차별화된 서비스 제공을 위해 노력하며 환자의 신뢰를 얻고 공공기관으로부터 우수한 성적과 좋은 평가를 받았다. 그 결과 2013년에 매경미디어 그룹과 글로벌 컨설팅 그룹인 딜로이트가 실시한 '대한민국 10개 대형 암병원 이용 암환자 설문 조사'에서 환자 만족도 1위를 기록하며 '좋은 암병원'에 선정되었다. 이대목동병원은 만족도, 편의성, 충성도 등 모든 항목에서 골고루 높은 점수를 획득했다. 이대목동병원이 중증질환에 대한 경쟁력을 확보하며 성장해왔음이 증명된 순간이었다.

이외에도 이대목동병원은 2013년 전국의료기관 대장암 적정성 평가에서 1등급 병원으로 평가받으며 대장암 수술 최우수 병원으로 선정되었다. 이것은 전국 275개 병원을 대상으로 한 평가에서 얻은 최고의 성적표였다.

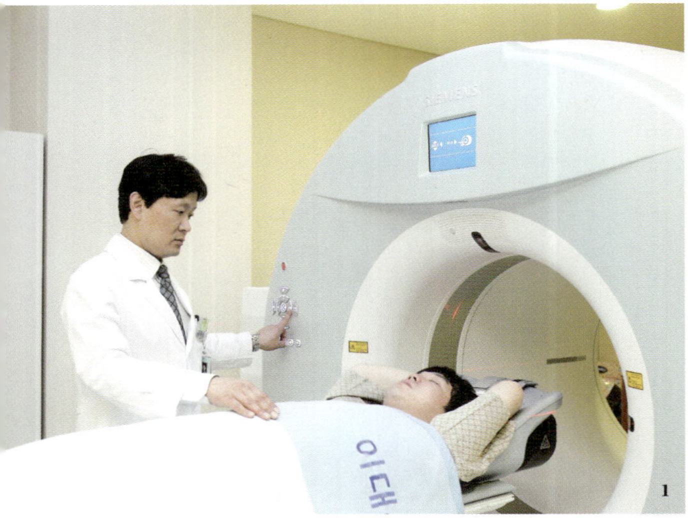

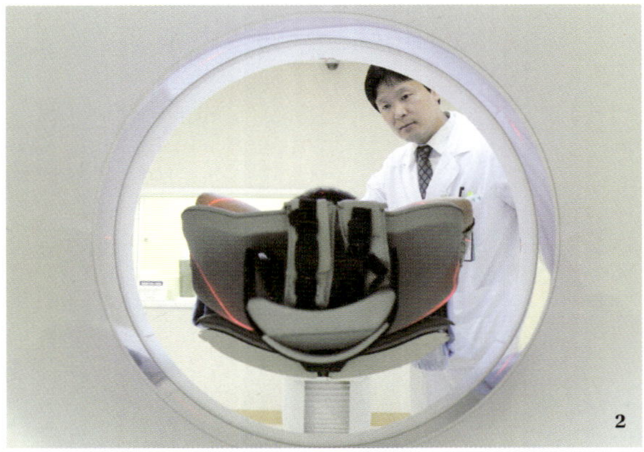

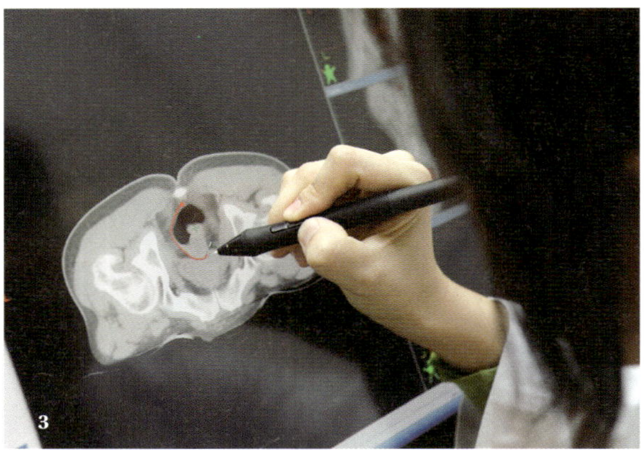

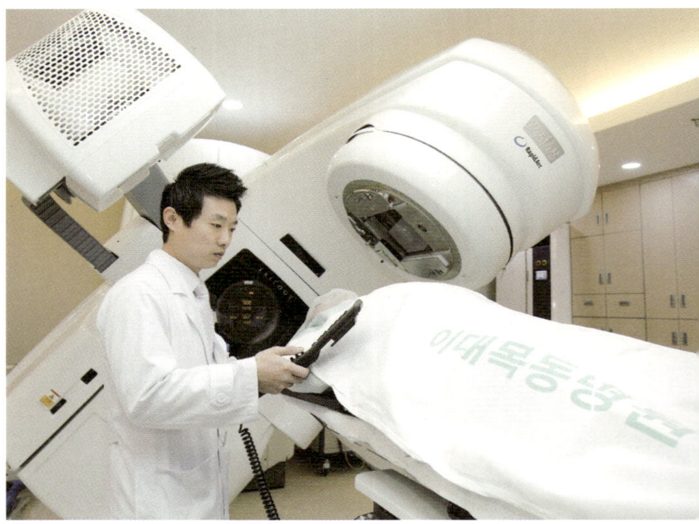

1, 2　국내 최초, 아시아 두 번째로 도입한 128채널 PET-CT(2010)

3, 4　첨단 방사선 암 치료기 트릴로지(2011)

첨단 의학을 선도하는 로봇수술 시대의 개막

이대목동병원은 최신 기기 도입으로 양질의 의료 서비스를 제공하기 위한 노력을 계속했다. 대표적인 예가 2009년 최신 다빈치로봇을 도입하며 로봇수술 시대를 연 것이었다. 로봇수술의 장점은 '정교한 수술, 최소 절개, 출혈과 감염 및 통증의 최소화, 입원 기간의 단축' 등이다.

실제로 이대목동병원은 로봇수술의 원조인 미국에 이어 두 번째, 아시아에서는 최고로 많은 싱글사이트 로봇수술을 실시했다. 싱글사이트 로봇수술은 적어도 세 곳을 절개하는 일반적인 로봇수술과 달리 배꼽 위치에 한 곳만 절개해 수술을 하는 고난도 첨단 수술법이다. 이대목동병원은 2014년 11월부터 싱글사이트 로봇수술을 본격적으로 시작한 후 짧은 시간 동안 300례를 돌파하며 싱글사이트 로봇수술을 선도하게 되었다.

2015년 자궁 근종 진단을 받았지만 바쁜 업무 때문에 치료 시기를 놓쳤던 40대 여성 환자가 있었다. 근종의 크기가 무려 20cm가 되었을 때 배꼽 윗부분까지 압박감을 느끼자 여러 병원을 다니다 이대목동병원을 찾았다. 문혜성 로봇수술센터장은 환자가 미혼임을 고려해 최대한 자궁의 크기를 보존할 수 있는 로봇수술이 적합하다 판단했고, 산부인과 이사라 교수와의 협진으로 거대한 크기의 근종을 제거하는 고난도 산부인과 수술에 성공했다.

이미 이전에도 46개의 근종을 가진 30세 미혼 여성이 같은 수술을 통해 완치되며 로봇수술이 거대 종양뿐 아니라 다수의 종양을 효과적으로 제거하는 데 탁월하다는 것이 입증된 바 있었다. 2015년 3월 이사라 교수는 60대 후반이었던 두 명의 환자를 대상으로 세계 최초로 싱글사이트 로봇수술을 이용한 골반장기탈출증 수술에도 성공했다. 골반장기탈출증 치료에서 세계적 표준으로 인정받고 있는 천골고정술을 시행했는데 환자들은 재발과 합병증 없이 건강한 상태로 일상생활을 할 수 있게 되었다.

시간이 지날수록 대만, 싱가포르 등 아시아 국가에서 싱글사이트 로봇수술 기기를 도입하는 의료기관이 늘어났다. 흉터가 적고 환자의 회복이 빠른 로봇수술에 대한 수요가 높아진 덕분이었다. 대만 부인종양학회에서는 2015년 이

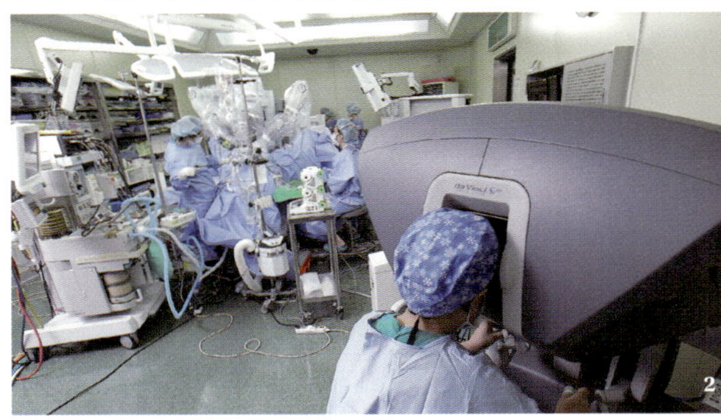

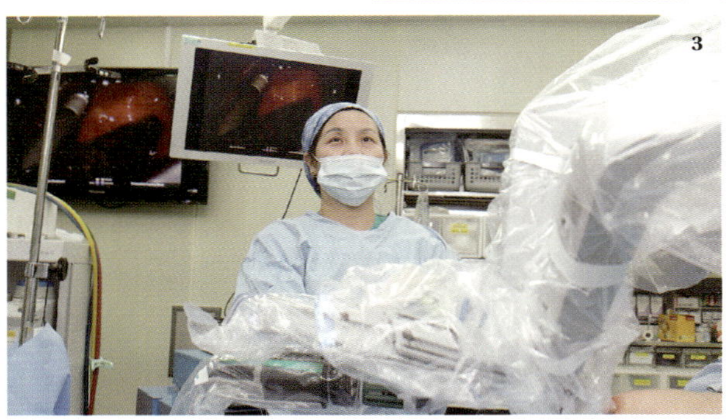

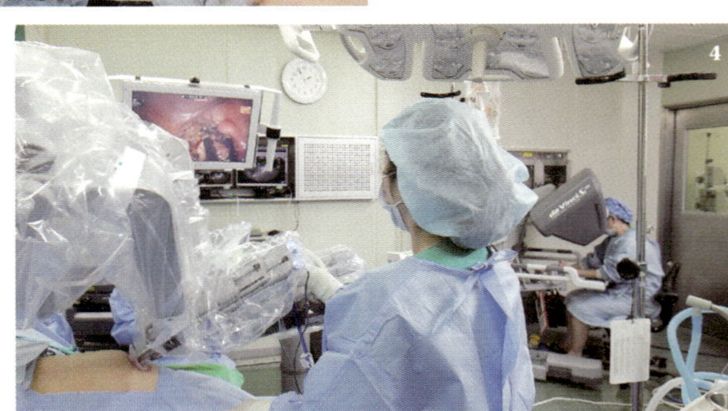

1 로봇수술센터 개소식(2009.12.7)

2, 3, 4
로봇수술센터의 수술실 및 수술 모습

대목동병원 로봇수술센터 문혜성 센터장을 초청해 학술대회를 개최했고, 2016년에는 주변 국가의 전문가들도 초청해 국제학술대회를 열었다.

문혜성 센터장은 이 자리에서 로봇수술의 임상 경험에 대한 특강뿐 아니라 자궁내막에 유착된 자궁근종과 자궁선근종이 복합적으로 생긴 환자를 대상으로 직접 싱글사이트 수술을 집도하며 여러 종양들을 성공적으로 제거했다. 학술대회 참가자들 및 아시아 각국 200여 명의 전문가들이 이 수술을 실시간으로 지켜보며 싱글사이트 로봇수술에 대해 배울 수 있었다.

이대목동병원 로봇수술센터는 이미 예전부터 대만, 중국, 우즈베키스탄 등 아시아 각국의 의료진에게 수술 노하우를 전수해왔다. 문혜성 센터장은 2018년 인튜이티브 컴퍼니에서 전 세계적으로 제한 지정하고 있는 에피센터 멘토 자격을 받아 이대목동병원 에피센터Epicenter를 개설해 에피센터장이 되어 로봇수술을 배우고자 하는 임상의를 대상으로 수술 기법 노하우를 전달했다.

미국, 아시아 등 수많은 해외 전문가 및 국내 전문의들이 이대목동병원 로봇수술센터를 찾아 문혜성 교수로부터 수술 기술을 배우고 갔으며 미국 의료진은 문혜성 교수의 수술 기법에 대해 매우 인상적이었다고 전하기도 했다. 이처럼 이대목동병원의 로봇수술센터는 뛰어난 수술 성과는 물론이고 해외 의료진과의 지속적인 학문 교류에서 매우 중요한 역할을 했다.

성공률 100%에 근접한 이대목동병원의 이식 수술

2013년 겨울 중장년이었던 박성애 씨는 폐렴과 황달, 복수, 심한 간성 혼수로 2주 가까이 중환자실에 입원 중이었다. 이대목동병원 간센터 의료진은 한국장기이식관리센터KONOS의 뇌사자 장기 이식 대기자 명단에 박성애 씨의 이름을 올렸다. 언제 차례가 올지 알 수 없었지만 크리스마스이브에 기적처럼 이식 대상자로 선정되었다. 당장 대전으로 간을 받으러 가야 하는 상황이었다.

1분 1초가 급했지만 당시 KTX는 파업 중이었고 크리스마스이브라 다른 차편을 구하기도 어려웠다. 간센터 홍근 교수팀은 앰뷸런스를 타고 저녁 6시 30

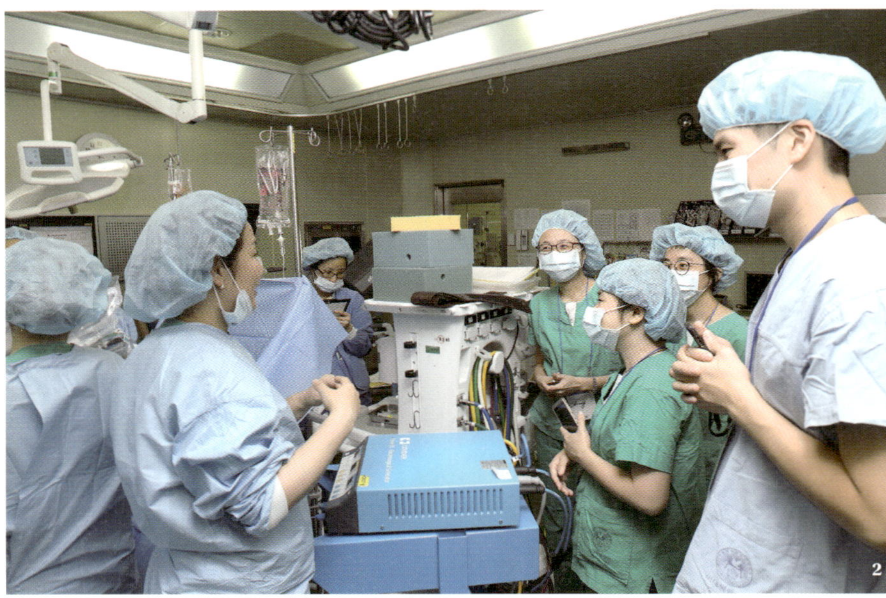

1 대만에서 개최된 싱글사이트 로봇수술 국제학술대회에서 특강 중인 문혜성 센터장(2016)

2 대만 의료진의 문혜성 교수 로봇수술 참관(2015). 문혜성 교수가 로봇수술을 설명하고 있다.

분에 도착해 곧바로 뇌사자의 장기를 얻기 위한 수술을 시작했다. 분할 간이식과 폐, 심장 구득 수술도 이뤄져야 했기에 새벽 한 시가 되어서야 겨우 수술을 마칠 수 있었다.

곧바로 서울로 돌아와 박성애 씨에게 간 이식을 해야 했지만 박성애 씨의 몸 상태가 좋지 않았다. 오랜 투병 생활과 심한 간성 혼수로 의식 회복이 불분명한데다 간문맥에 혈전이 생겨 완전히 막혀버린 것이었다. 간에 혈액을 공급하는 혈관인 간문맥이 혈전으로 막히면 혈전을 제거하거나 신정맥으로부터 혈관을 이어 붙여야 하는 어려운 과정이 필요하다. 혈전 제거 수술 때문에 자칫 간문맥에 손상이 가거나 큰 출혈로 이어질 수 있는 위험한 상황이었다. 이대목동병원 간센터 의료진은 반드시 환자를 살린다는 마음으로 수술에 나섰다. 이현국 교수가 박성애 씨의 아픈 간을 떼어냈고 홍근 교수가 혈전을 제거하고 구해온 간 이식 수술을 진행했다. 뇌사자 발생 24시간 후, 크리스마스 정오를 막 넘긴 무렵이었다.

수술은 성공이었다. 간은 정상적으로 기능했고, 박성애 씨도 의식을 되찾아 인공호흡기를 뗄 수 있었다. 하지만 폐렴이 문제였다. 박성애 씨는 중환자실에서 다시 기도 삽관과 인공호흡기를 사용해야 했고 설상가상으로 급성신부전이 악화되어 투석도 병행했다. 무려 2주 이상 이러한 상황이 이어졌다.

많은 사람들이 고개를 저었지만 이영주 중환자실장과 홍근 교수는 포기하지 않았다. 계속해서 박성애 씨의 상태를 살피고 치료를 이어갔다. 한 달이 조금 지났을 때부터 차츰 폐렴과 신장 기능이 호전되었고 인공호흡기 없이도 숨을 쉴 수 있었다. 간 기능도 정상으로 돌아왔다. 의식을 회복한 박성애 씨는 가족을 알아보고 눈물을 흘렸다.

2013년에 문을 연 이대목동병원 간센터는 뇌사자 장기 이식부터 고도의 기술을 필요로 하는 생체 간 이식까지 100% 성공률을 기록했다. 특히 B형 간염, 간세포암, C형 간염, 알콜성 간경변증, 갑자기 악화된 간이식 환자 등 여러 케이스를 잇달아 성공시켰다.

간 이식은 수술을 잘 마쳤다 하더라도 신속하고 세심한 사후 관리 및 치료가 중요한데, 이대목동병원이 이 분야에 특화되어 있다. 조금만 지체해도 급격

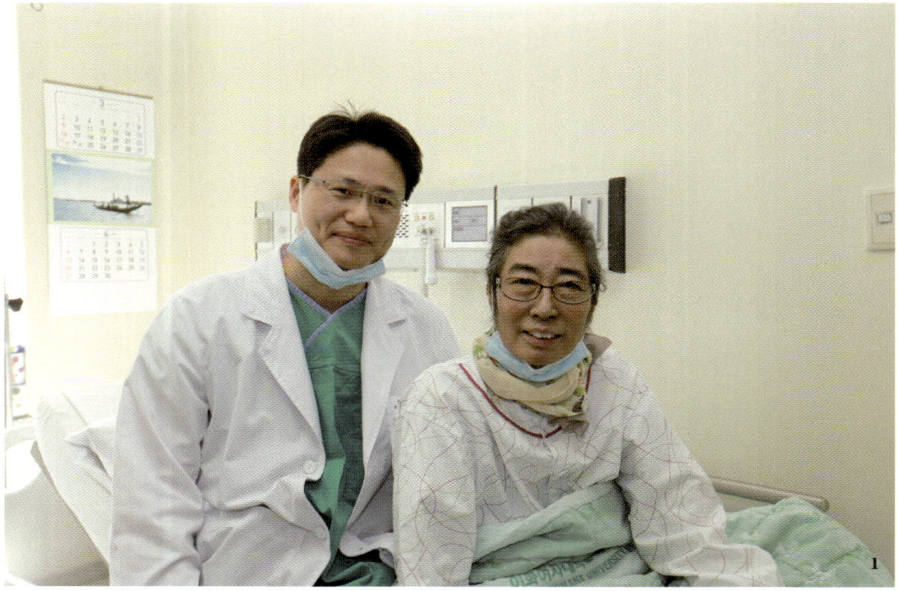

1 이대목동병원 간센터의 홍근 교수(왼쪽)와 간이식 수술을 받은 박성애 씨(2013)

2 이대목동병원에서 첫 심장 이식 수술을 받은 환자와 의료진(2018).
왼쪽부터 흉부외과 김관창 교수와 서동만 교수, 보호자와 환자, 순환기내과 김경진 교수, 흉부외과 박정준 교수이다.

히 악화될 수 있은 상황을 막기 위해 수술 집도의와 중환자의학 전문의가 수술 직후 24시간 동안 대기하는 등 간센터 의료진의 헌신으로 100% 성공률의 역사를 써오고 있다. 2021년에는 간 이식 수술 100례를 달성하는 기념식을 갖기도 했다.

이대목동병원에서는 첫 심장 이식 수술도 성공적으로 이루어졌다. 2018년 11월 초 56세의 한 남자 환자가 급성심근경색으로 이대목동병원을 찾았다. 곧바로 심혈관 중재 시술을 받았지만 기존 혈관 손상 정도가 심해 중환자실에서 에크모를 이용한 집중 치료를 시작했다. 그러나 심장 기능이 회복되지 않아 심장 이식 수술을 받아야 했다.

한국장기이식관리센터KONOS에 이식 대기 등록을 한 후 공여자를 기다렸다. 첫 번째 공여자가 나타났지만, 환자와 체격 차이가 커 수술 후의 위험성이 높아 포기할 수밖에 없었다. 그때 갑자기 환자의 상태가 급격히 나빠지며 가족과 의료진이 긴장하던 중 천만다행히 체격 조건이 잘 맞는 두 번째 공여자가 나타났다.

이대목동병원 심장이식팀은 흉부외과 서동만 교수를 중심으로 수술에 들어갔다. 감염 관리에 심혈을 기울이며 이대목동병원의 첫 번째 심장 이식 수술이 시작된 것이다. 생명 유지 장치를 달고 수술실에 들어간 환자는 어떤 장치도 하지 않은 채 중환자실로 돌아왔고, 순환기내과 김경진 교수의 진료 하에 빠르게 회복하며 일주일 만에 일반 병실로 옮길 수 있었다. 급성심근경색으로 응급실에 온 지 50여 일 만에 건강한 심장으로 집에 돌아가던 날 환자와 환자의 가족, 첫 심장 이식 수술에 성공한 의료진도 모두 감동의 눈물을 흘리지 않을 수 없었다.

환자를 위해서라면 모두가 함께하는 협진 시스템

환자를 살리기 위해서라면 의료진은 과를 가리지 않고 발 벗고 나선다. 의료 협진은 의학계의 화두가 된 지 오래이며 암, 심장병, 부인병 등에서 폭넓게 적용되고 있다.

이러한 협진은 이대목동병원이 자랑하는 의료 서비스 중 하나이다. 특히 2010년 7월 2일 이대목동병원은 위암·대장암 협진센터를 개설하고 본격적인 진료에 들어갔다. 18명의 위암, 대장암 전문 의료진을 비롯해 소화기내과, 영상의학과, 혈액종양내과, 방사선종양학과, 병리과 등 분야별 전문 의료진의 협진 시스템이 마련되었다. 방문 당일 위와 대장 내시경 검사가 가능하고 일주일 내에 수술까지 받을 수 있는 원스톱 서비스가 이루어져 환자들의 빠른 치료에 특화되어 있다.

위암·대장암 협진센터뿐 아니라 이대목동병원 어디에서나 수시로 협진이 이루어진다. 2000년대 중반 심각한 재생불량성 빈혈을 앓던 남자아이도 협진으로 완치된 경우였다. 재생불량성 빈혈은 피를 만들어내는 세포가 없다는 뜻으로 정상적인 골수를 이식해야만 살 수 있다. 조혈모를 이식받기 위해 몸속의 골수를 다 비운 날 어린 환자가 갑자기 복통을 호소했다. 맹장염이었다.

평범한 사람에게 맹장염은 아무것도 아닌 수술이지만 백혈구 수가 0인 남자아이에게는 치명적이었다. 수술을 하자니 아이의 면역력이 문제였고, 그대로 두자니 맹장이 터져 복막염으로 발전할 수 있는 문제였다. 이때 외과의 민석기 교수가 복강경으로 신속하게 맹장을 떼어냈다.

그러나 백혈구가 없는 상황은 이 정도의 수술을 견뎌내지 못했다. 몸속에 침투한 균이 간으로 올라가 엄청나게 큰 농양을 만들었다. 두세 개나 되는 커다란 고름 주머니였다. 마음의 준비를 해야 할 수도 있는 상황에서 영상의학과의 최선영 교수가 나섰다. 무균실에서 수술 없이 농양을 제거했고, 이후 무사히 조혈모세포 이식 수술이 이루어질 수 있었다. 소아청소년과, 외과, 영상의학과의 협진으로 무사히 살아난 어린 환자는 이제 건강한 20대의 청년이 되어 군 입대를 했다.

협진으로 기적을 이룬 일은 또 있었다. 2018년 이대목동병원에서 출산을 한 후 엄마가 된 어느 산모의 이야기이다. 그는 1983년 이대동대문병원에서 신생아 담도폐쇄증 진단을 받고 간문부와 소장을 직접 연결해 담도를 만드는 카사이Kasai 수술을 받았다. 수술은 성공적이었고 그 덕분에 건강한 청소년기를 보냈지만, 대학 졸업 후 직장 생활을 하던 갑자기 간 기능이 나빠지면서 이대목동병원에 입원을 해야 했다.

이미 간경변증이 진행된 데다 식도 정맥류 출혈 등 합병증이 발생해 간 이식이 필요한 상황이었다. 소화기내과에서 치료를 받던 환자를 위해 간센터의 홍근 교수가 나섰다. 간 기증자는 군대에서 갓 제대를 한 남동생이었다. 10시간에 걸친 대수술이었지만 기증자와 수혜자 모두 무사했다.

수술 후 경과가 좋았다. 하지만 퇴원을 앞두고 환자가 갑자기 복통을 호소하기 시작했다. 담즙이 새어 나오는 합병증이었다. 다시 개복 수술을 하기에는 무리가 있었다. 이때 영상의학과 최선영 교수가 담즙이 새는 곳까지 배액관을 거치시키며 수술 없이 위기를 넘길 수 있었다.

이 환자를 위한 협진은 여기서 끝이 아니었다. 2015년 결혼을 한 환자는 2017년부터 임신을 계획했고, 이를 위해 홍근 교수는 산부인과 박미혜 교수에게 협진을 요청했다. 이 협진으로 환자가 복용 중이던 면역억제제 등의 약은 태아에게 독성이 가장 적은 것으로 교체되었고 약의 용량도 줄일 수 있었다. 간 이식 후 임신과 출산 과정은 산모뿐 아니라 태아에게도 위험 요소가 존재하는 만큼 이대목동병원의 의료진은 서로 머리를 맞대고 산모의 출산을 도왔다. 그 결과 2018년 8월 모두가 고대하던 3.5kg의 건강한 아기를 만날 수 있었다. 산모가 신생아였을 당시 담도폐쇄증 치료를 위해 첫 수술을 집도했던 소아외과의 최금자 교수는 2014년에 정년퇴임했음에도 산모의 출산 소식을 듣고 이대목동병원을 찾아 축하해주었다.

가임기의 간 이식 환자가 출산을 하는 것은 흔한 일이 아니다. 평생 복용해야 하는 약과 언제 생길지 모를 합병증 때문에 산모와 태아 모두 항상 위험에 노출되어 있기 때문이다. 이대목동병원의 협진이 빛을 발한 이 산모의 출산은 이러한 위험에도 불구하고 간 이식 환자의 출산이 충분히 가능한 일이라는 것을 확인하는 계기가 되었다.

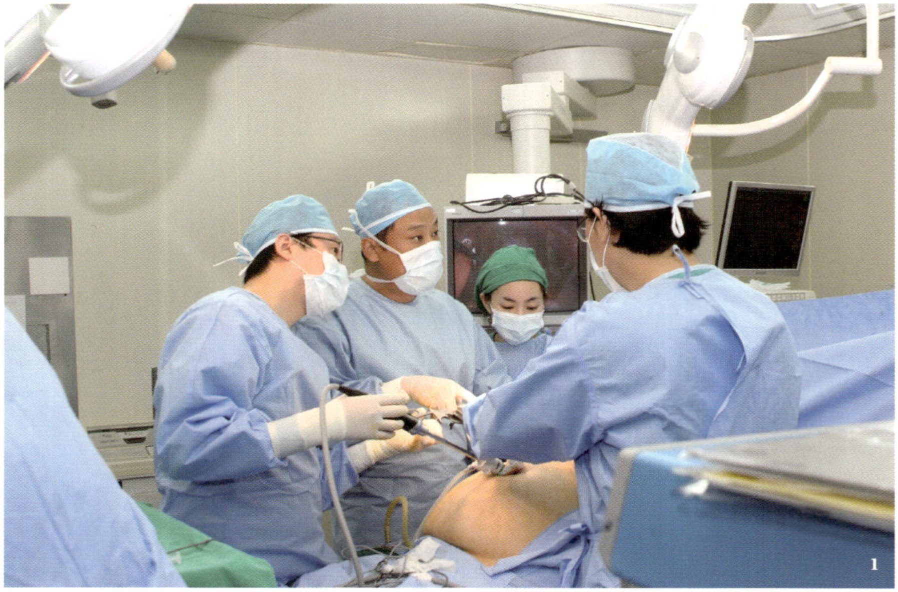

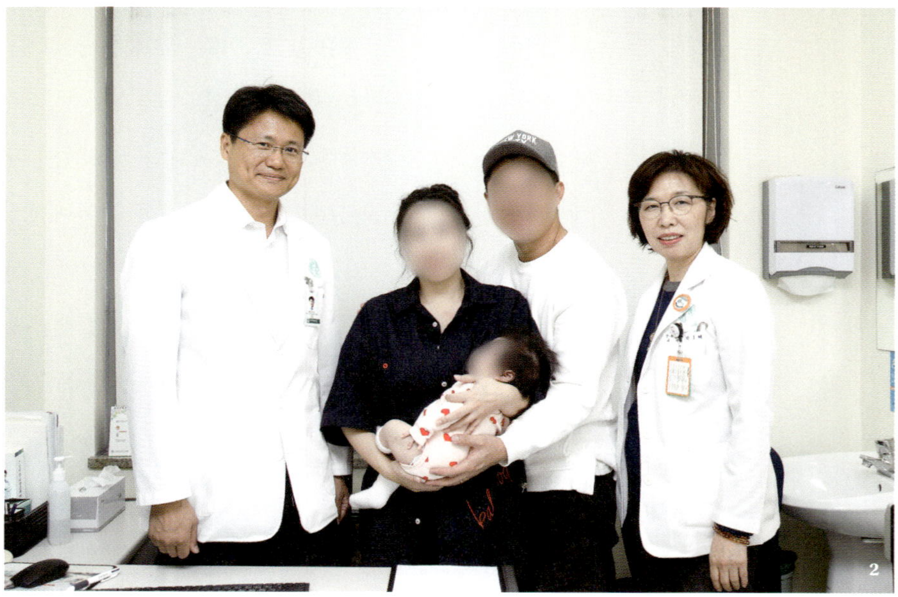

1 위암·대장암 협진센터 이주호 교수의 복강경 수술 모습

2 간 이식 후 출산을 한 산모 가족과 의료진(2018).
왼쪽부터 간센터 홍근 교수, 산모와 아기, 남편, 산부인과 박미혜 교수이다.

세계 최다 수술 건수를 자랑하는 인공방광수술

방광암으로 수술을 받으면 소변 주머니를 차야 하는 때가 있었다. 마음껏 운동을 할 수도 없고, 더운 여름에는 냄새 때문에 외출도 어렵다. 그런데 이러한 불편함을 넘어 소변 주머니를 생활의 위협으로 느끼는 사람들도 있다. 바로 장애인이다.

백내장 때문에 양쪽 눈의 시력을 잃은 52세 남성 환자는 소변 주머니를 달 경우 스스로 교체할 수 없었다. 77세 남성 환자는 과거에 일어난 사고 때문에 양쪽 손목이 절단된 상태라 소변 주머니를 전혀 다룰 수 없었다.

이대목동병원 인공방광센터는 방광암 수술 후 환자의 삶의 질은 물론 장애 등으로 소변 주머니를 사용할 수 없는 환자를 위해 소장의 일정 부분을 새로운 방광으로 만드는 인공방광수술을 실시해왔다. 수술 후에는 정상적으로 소변을 볼 수 있어 앞을 못 보는 환자와 손이 없는 환자 모두 불편함 없는 일상생활로의 복귀가 가능했다. 게다가 인공방광수술은 수술 시간이 짧아진 데다 무수혈 수술까지 가능해져 70대 이상의 고령 환자는 물론 고위험 질환을 가지고 있는 환자들도 얼마든지 수술을 받을 수 있다.

국내 유일의 이대목동병원 인공방광센터는 비뇨의학과, 영상의학과, 감염내과, 병리과, 외과 등 5개과의 의료진이 정기적으로 컨퍼런스를 진행하며 수준 높은 협진 체계를 갖추었다. 국내외 각지에서 인공방광수술을 받기 위해 이대목동병원을 찾았고, 국내를 넘어 세계적으로 인공방광수술을 가장 많이 하는 최고의 센터가 되었다.

이대목동병원은 이처럼 인공방광센터가 쌓아온 비뇨기의학과의 경쟁력을 기반으로 다양한 비뇨기질환들을 한곳에서 협력 진료할 수 있도록 2022년 2월 14일 이대비뇨기병원을 개원했다. 이대비뇨기병원은 세 개의 센터(방광암-인공방광센터, 비뇨기로봇수술센터, 항노화전립선검진센터)와 네 개의 클리닉(배뇨장애클리닉, 결석클리닉, 남성클리닉, 소아비뇨클리닉)으로 이루어졌으며 환자들을 위한 병상 수도 빠르게 늘리고 있다.

인공방광 분야는 이동현 초대병원장이 책임을 맡고 있고, 전립선암 분야

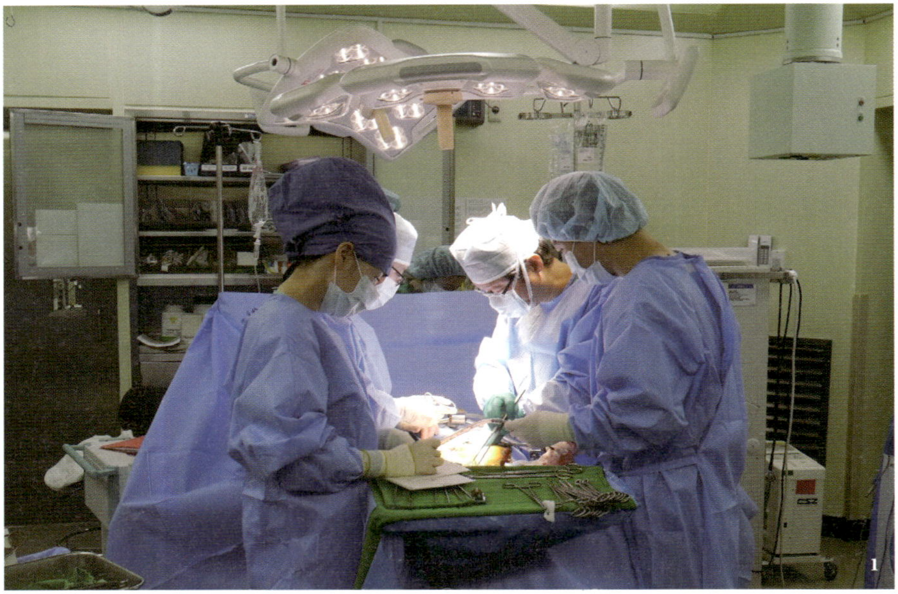

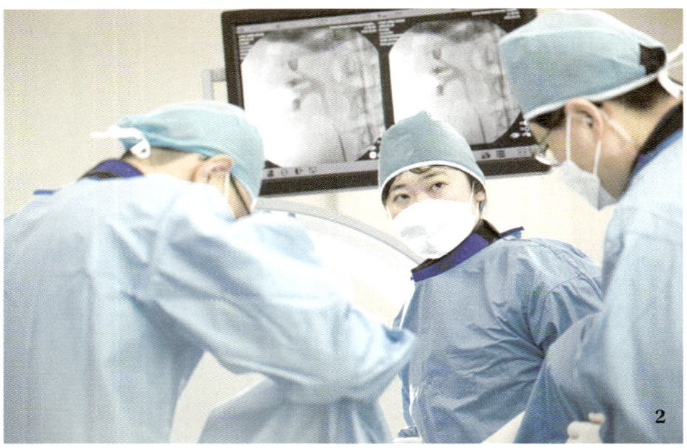

1 인공방광수술 중인 이동현 교수와 인공방광센터 의료진

2 요관 스텐트 삽입 시술 중인 이대비뇨기병원 의료진 (2022).
왼쪽부터 비뇨의학과 류호영 교수, 신정현 교수이다.

3 이대비뇨기병원 개원기념식(2022)

는 김청수 전 서울아산병원 교수가 합류해 진료를 담당하고 있다. 또한 배뇨장애 분야 수술 중 가장 어렵다고 평가되는 인공괄약근 수술에는 신정현 교수와 비뇨기로봇수술 전문가인 김완석, 김명수 고수가 새롭게 합류했다. 이대비뇨기병원은 비뇨기에 어려움을 겪고 있는 환자들에게 정확한 진단은 물론 빠르고 신속한 치료를 제공함으로써 최고난도 환자를 모두 치료할 수 있는 비뇨기 4차병원의 역사를 만들어갈 것이다.

이대목동병원의 또 다른 특화센터

2010년 6월 이대목동병원의 신상진 교수가 프로야구 넥센과 롯데의 경기가 있던 목동 야구장에서 시구를 했다. 넥센 히어로즈 주치의 '히어로즈 닥터'에 선임된 것을 기념하기 위해서였다. 견주 관절 및 스포츠의학 전문가인 신상진 교수는 국내에서 유일하게 어깨질환만을 전문으로 치료하는 이대목동병원 어깨질환센터의 센터장을 맡고 있다.

어깨질환은 비단 스포츠 선수만의 문제가 아니다. 이제는 나이를 가리지 않고 발생하며 점점 환자도 늘고 있다. 이에 따라 어깨질환 치료도 맞춤형 시대로 접어들었다. 이대목동병원 어깨질환센터는 저마다 원인은 다르지만 삶의 질을 크게 떨어뜨리는 이 질환을 최대한 비수술로 치료한다. 수술이 불가피한 경우에는 절개 부위를 최소화해 관절내시경 수술로 진행하는 덕분에 입원 기간도 아주 짧다. 수술 후 전문 간호사가 빠른 퇴원과 통증 관리를 적극적으로 돕는 시스템을 갖추면서 국내 최고의 특화센터가 되었다. 또한 재활의학, 영상의학, 마취통증의학과와의 협진을 통해 환자 맞춤 재활 프로그램이 제공되는 치유 센터로 나날이 성장 중이다.

이대목동병원의 또 다른 특화센터는 2012년에 문을 연 수면센터이다. 수면장애로 고통을 겪는 환자가 점점 많아지면서 2012년 2,500여 명, 2013년 3,500여 명, 2014년 4,300여 명 등 매년 수면센터를 찾는 환자들이 늘고 있다.

잠이 부족하면 면역기능이 떨어지고 우울증, 불안증 등 정신질환에도 노

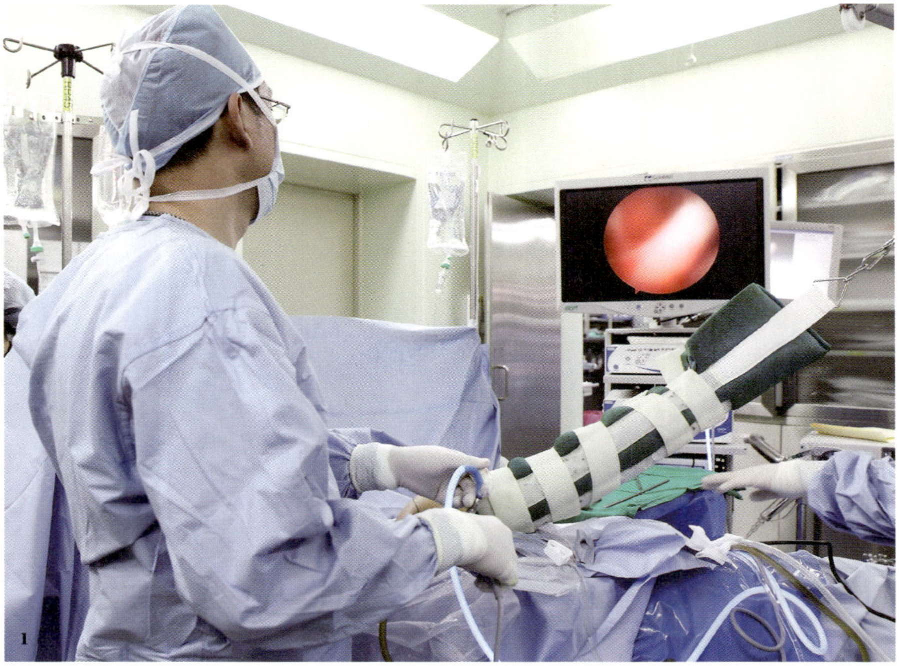

1 어깨질환센터 신상진 센터장의 수술 모습

2 어깨질환센터 개소식(2012.3.16)

수면다원검사 결과를 판독 중인 이향운 교수와 수면센터 의료진(2021)

출되며 자율신경계 이상으로 소화기계질환, 심혈관계질환, 내분비계질환 등 각종 질병에 걸리기 쉽기 때문에 수면센터는 건강의 기본이 되는 특화센터이기도 하다. 이곳에서는 신경과, 정신건강의학과, 이비인후과, 치과 등 여러 전문의들이 협진을 통해 종합적으로 수면 상태를 진단한 후 환자 맞춤형 치료법을 제공하며 수면장애 환자들이 하루 빨리 건강한 일상으로 돌아갈 수 있도록 돕고 있다.

환자를 생각하며 연구하는 병원

이대목동병원은 항상 환자들에게 최상의 진료를 제공하고자 최선의 노력을 해왔다. 최상의 진료를 위해서는 의학 연구가 필수적이다. 이대목동병원은 2008년 별관 5층에 83평 규모의 전용 공간과 220평 규모의 공동 연구 공간을 확보한 후 성인지임상시험센터를 설립했다. 역학통계 전문교수와 연구 인력 포함 총 22명의 전문 인력이 임상 시험에 투입되었고, 초대 소장으로는 소아청소년과 김경효 교수가 임명되었다.

성인지임상시험센터는 남성과 여성에 따른 약물반응 및 부작용의 차이를 연구하는 성인지적 임상 시험 기술 개발에 앞장서며 여성질환 임상 연구의 허브가 되었다. 이를 위해 신약을 포함한 각종 의약품과 의료기기의 효능 및 안전성 평가, 병리생태학적 연구가 이루어졌다.

이대목동병원은 또 기초 임상 연구의 세계적 경쟁력을 확보하고 보건의료 산업에서의 구심체 역할을 수행하기 위해 2012년 이화융합의학연구원을 개원했다. 이화융합의학연구원은 기초·임상 의학연구 역량을 글로벌 수준으로 끌어올리고 이를 기반으로 진료 고도화와 환자의 치료 만족도를 높이는 데 크게 기여했다. 또한 기초 연구와 임상 연구의 유기적인 협력 체제를 구축하고 연구개발 생산성을 극대화하는 플랫폼을 마련했다. 이대목동병원은 이화융합의학연구원을 통해 연구 중심 병원으로 한 단계 도약할 수 있었다.

당시 김승철 이화융합의학연구원장은 이화융합의학연구원이 국내 보건의료산업 발전에 기여하기 위해 연구 역량 강화가 전제되어야 한다는 인식에서 출발했다고 밝힌 바 있다. 김승철 원장의 말처럼 이화융합의학연구원은 기초 연구와 임상에서 축적한 지식을 기반으로 연구원에서 성공적인 성과물을 만들고 이를 다시 진료에 적용하는 선순환 구조를 만들 수 있었다.

새로운 연구를 위해 지속적으로 노력한 이대목동병원은 2012년 5월 보건복지부 지정 '희귀질환 중개연구센터'와 2012년 6월 1일 '여성암 정복 특성화 연구센터'에 연이어 선정되었다. 이를 통해 희귀 난치성 신경계 질환 정복을 위한 다양한 조기 진단법과 환자 맞춤형 치료 약물 개발, 여성암 조기 예측 진단의 상용화 및 맞춤 치료법 개발, 여성암 연구를 위한 인력 양성에 힘써왔다.

이대목동병원은 연구 활성화를 위해 해외로도 눈을 돌려 중국, 일본 등과 국제심포지엄을 가졌다. 국제 협력 강화를 위해 2012년 12월에는 미숙아를 후유증 없이 잘 치료하는 병원으로 유명한 일본 동경여자의과대학과 국제심포지엄을 개최했다. 중국의 양주대학부속 슈베이병원과는 암환자 치료 관련 국제 심포지엄을 열었다. 이처럼 주기적인 국제심포지엄 개최는 국제협력 연구뿐 아니라 이화의료원의 연구 역량 강화에도 큰 도움이 되었다.

2017년에는 이화융합의학연구원 줄기세포재생의학연구소에서 희귀병이자 난치병인 부갑상선기능저하증의 치료를 위해 줄기세포 치료 연구를 시작했다. 버려지는 편도선을 다시 보물로 발견한 이비인후과 김한수 교수는 줄기세포

1 성인지임상시험센터 개소식(2008)

2 이화융합의학연구원 개원식(2012)

3 희귀질환 중개연구센터 개소식(2012)

4 여성암 정복 특성화 연구센터 개소식(2012)

가 인체의 각 신경, 조직, 장기 등으로 분화되어 체내 손상 부위를 치료하는 효과가 있다고 생각했고, 줄기세포를 이용해 부갑상선을 재생해 이식하는 주제로 대형 과제에 선정되었다. 편도줄기세포 연구를 국내 최초로 시작한 이화의료원은 관련 논문, 특허, 기술 이전 등에서 세계 최고의 수준을 자랑하게 되었다.

2019년부터는 '이화여대-이화의대-이화의료원'이 주축이 되어 산·학·연·병이 함께하는 첨단 융복합 클러스터 사업에 나섰다. 의료원 및 양 병원(이대목동병원, 이대서울병원) 산하 연구원의 중장기 발전 계획 수립, 양 병원 연구원과 본교(산하협력단), 기업이 연계된 산학협력을 추진하는 것이었다. 이를 위해 목동병원 의학관 2개 층을 이화첨단융복합 메디클러스터 산학협력관으로 마련했다. 이곳에서 산·학·연·병 연계 연구는 물론 인력 양성까지 한꺼번에 진행하는 연구진흥단이 탄생했고, 입주 기업들과의 협업 또한 활발히 이루어졌다. 이로써 첨단 융복합 헬스케어 기술개발허브(R&BD HUB)가 구축되었고, ㈜아이큐어비앤피 등 열한 개의 벤처 기업이 입주해 공동 연구를 진행하고 있다.

2021년에는 이화첨단융복합 메디클러스터의 핵심인 최첨단 동물실험실을 전면 리모델링한 후 확장 개소하기도 했다. 3개월간 15억 원을 들여 151㎡ 규모의 동물실험실 전체가 새롭게 태어난 것이다. 예전에는 의료원 내 교직원 및 연구원들이 주로 사용했지만 이제는 의료원 내 중소 및 벤처기업도 이용할 수 있다. 동물실험실에서 이루어진 글로벌 수준의 연구 개발 성과는 이화첨단융복합 메디클러스터의 보건 의료 패러다임과 바이오 헬스산업의 변화를 주도하는 데 핵심적인 역할을 하고 있다. 또한 글로벌 헬스케어 및 보건의료산업의 국제적인 허브로 도약하는 목표에 한 걸음 더 가까워지고 있는 중이다.

이대목동병원의 감염병 특화 개방형 실험실 또한 아주 중요한 부분을 차지하고 있다. 보건산업 분야에서 훌륭한 창업 아이템을 보유한 기업들이 사업화 지원을 받고 병원 연계를 통한 생태계를 구축하는 것은 물론 임상 연계까지 마련하기 위해 애쓰고 있다. 이대목동병원은 현재 이화첨단융복합 메디헬스케어 클러스터를 기반으로 감염병 제어에 특화된 내외부 병원 인프라와 임상 관련 핵심 기술을 보유한 상태에서 산학협력관 입주 기업들과 협업하고 있다. 지난 2022년 5월에는 참여기업 투자설명회를 개최한 후 기업들의 투자 유치에 성공

1 동경여자의과대학과 개최한 국제심포지엄(2012)

2 줄기세포재생의학연구소의 김한수 부소장(왼쪽)과 조인수 소장(오른쪽)의 모습

3 이화의료원 관계자들과 입주 기업인들의 업무 협약식(2020)

4 이화의료원 산학협력관 개소식(2020)

1

2

3

1 중동지역 환자 유치를 위한 이화의료원과 UAE 보건부 및 아부다비 보건청 대표단의 협약식(2011)

2 몽골에서 의료 봉사 중인 백남선 이대여성암병원장(2011)

3 몽골국립암센터 및 몽골국립암재단과 이화의료원의 진료 협약 체결식(2011)

했고, 보다 다양한 프로그램을 통해 참여 기업들에게 더 많은 투자 기회 및 지원이 이루어지도록 나설 계획이다.

국제 진료를 위한 이대목동병원의 도전

여성암 치료, 여성건강검진 등 여성질환 분야를 집중적으로 육성해온 이화의료원은 UAE 보건부 및 아부다비 보건청 대표단의 방한을 계기로 중동지역 환자 유치에 본격적으로 나서게 되었다. 이슬람 문화의 특성상 남성의 여성 진료가 어려운 현실을 생각하면 이화의료원이 가장 경쟁력이 있을 것이라는 판단으로 적극 나서게 된 것이었다.

이러한 노력은 아부다비 보건청과 여성암 환자의 송출 계약으로 이어졌다. 해당 계약을 통해 UAE 지역의 여성 암환자 유치가 본격화되었고, 중동지역에 대한 보건의료 협력 기반이 강화되는 결과를 가져왔다.

몽골 또한 이화의료원의 우수한 의료를 알릴 수 있는 최적의 국가였다. 2011년 몽골 영부인 초청으로 일주일 동안 백남선 이대여성암병원장이 의료봉사활동을 다녀왔다. 이를 계기로 몽골 국립암센터와 포괄적 업무 협조를 위한 양해각서를 체결하며 효과적인 암 환자 치료에 대한 기반을 마련하게 되었다.

러시아의 의료 시장을 공략하기 위한 노력도 있었다. 백남선 이대여성암병원장과 심기남 국제협력실장 등으로 구성된 해외 환자 유치 대표단은 2014년 3월 29일부터 4월 3일까지 하바롭스크, 블라디보스토크, 우수리스크 등지를 방문해 러시아 환자 유치를 위한 다각적 마케팅 활동과 함께 이화의료원의 선진 의료 기술을 전파한 바 있다.

이대목동병원은 이대동대문병원의 인력을 어떻게 흡수했는가?

2008년에 폐업 신고를 한 이대동대문병원과 1993년에 문을 연 이대목동병원은 약 15년 동안 양 병원 체제로 운영되었다. 하지만 2000년에 접어들면서 동대문병원의 적자는 지속적으로 늘어갔고, 경영난을 해결할 마땅한 전략이 없었다. 경제적 논리로만 보자면 동대문병원은 2008년보다 더 일찍 문을 닫는 게 합리적이었지만, 1892년 볼드윈 진료소로부터 시작된 동대문병원의 존폐를 쉽게 결정할 수는 없었다.

이 문제를 해결하기 위해 당시 서현숙 의료원장은 목동병원 경영진, 중간관리자 80여 명과 함께 이화의료원의 특성화 전략을 위한 워크숍을 진행했고, 이화의료원 장기발전위원회를 두었으며 경영컨설팅을 받고 그 내용을 공유했다. 그 결과는 이대동대문병원과 이대목동병원의 통합 및 최적의 인력 재배치였다.

동대문병원의 인력은 결코 적은 수가 아니었고, 목동병원의 인력은 부족한 상황이 아니었다. 동대문병원의 인력이 목동병원에 흡수되기 위해서는 새로운 돌파구가 필요했다. 그렇지 않다면 목동병원의 경영 역시 위험해질 수 있었다.

새로운 돌파구는 서울특별시가 설립하는 시립양천메디컬센터(현 서울특별시 서남병원)의 수탁 운영자로 선정되는 것이었다. 다행히 이화의료원은 2007년 양천메디컬센터의 위탁병원으로 결정되었고, 지하 3층, 지상 7층, 350여 병상 규모의 양천메디컬센터에 동대문병원의 인력을 효율적으로 배치할 수 있었다.

이화의료원의 서울특별시립 양천메디컬센터 수탁 운영은 모두에게 도움이 되는 윈윈 전략이었다. 이화의료원 입장에서는 동대문병원과 목동병원의 통합 후 동대문병원의 인력을 재배치할 수 있는 굉장히 효과적인 타이밍이었고, 양천메디컬센터 입장에서도 의료기관 상위 10대 우수병원에 선정될 정도로 병원 운영에 탁월한 이화의료원이 새로 개원하는 병원을 맡는 것에 신뢰가 갔을 것이다. 지역 주민들 역시 집 근처에 새로 생긴 병원에서 대학병원급의 진료를 받을 수 있다는 기대감이 높았다. 곧바로 서울특별시립 양천메디컬센터의 새 병원 기획단이 꾸려졌다. 기획단장에 최경규 신경과 교수, 부단장에 고영도 정형외과 교수가 임명되었다. 2011년 5월 27일 정식 개원한 양천메디컬센터는 유권 초대 병원장의 지휘 아래 333병상, 8개의 진료과가 갖춰진 병원으로 시작할 수 있었다. 2011년 7월부터는 건강보험공단의 건강검진도 시작되었고, 같은 해 8월에는 인공신장실이 문을 여는 등 최신 시설을 갖추고 최고의 진료를 제공하는 병원으로 금세 자리매김했다.

이후 2대 병원장에 김준식 정형외과 교수가, 3대 병원장에 조영주 내과 교수가 역임하다가 2017년에 이화의료원의 위탁 운영이 종료되었다. 이화의료원은 양천메디컬센터를 운영하는 7년 동안 양천메디컬센터의 의료진과 이대목동병원 의료진 사이의 효과적인 진료 전달 체계를 구축했고, 인력 재배치의 효율성에 대해 파악할 수 있었다. 그 덕분에 양천메디컬센터의 위탁 운영이 끝난 후 한층 성장한 이대목동병원에 동대문병원의 원래 의료진을 모두 성공적으로 흡수할 수 있었다.

서울특별시립 양천메디컬센터
(현 서울특별시 서남병원)

이화의료원의 초석을 마련한 선각자들을 위한 기념식

2009년은 이화학당과 이화의료원의 전신인 보구녀관을 설립한 스크랜튼 대부인의 서거 100주년이었다. 이를 기념하는 뜻깊은 행사가 이화여자대학교 본교에서 진행되었다.

스크랜트 대부인 서거 100주기를 앞두고 이화여자대학교에서는 스크랜튼 대부인의 후손 찾기 작업을 지속해왔다. 그러나 윌리엄 스크랜튼이 딸만 4명을 두어 결혼 후 모두 남편의 성을 따르게 되었는지 후손을 찾기가 쉽지 않았다. 그러던 중 2009년 2월 미국 코네티컷주에 사는 스크랜튼 연구가 엘렌 스완슨Ellen Swanson 박사가 스크랜튼의 후손을 찾았다는 연락을 이화여대에 해왔다. 이같은 스완슨 박사의 도움으로 이화여대는 스크랜튼 대부인의 4대손(샐리 게일 부부, 토마스 데이비스 부부, 밴 패튼 부부)과 5대손(줄리아 패튼, 폴 애딩턴) 여덟 명을 서거 100주기 기념행사에 초청할 수 있었다.

2009년 10월 6일에 열린 스크랜튼 후손 기자간담회에서 이들은 할머니께서 123년 전 한국을 향한 꿈을 꾸고 그 꿈을 실현하기 위해 일생을 바쳐 열매를 거뒀던 것처럼 이화여자대학교 학생들도 꿈을 품고 도전하고 이루는 것이 할머니의 바람일 것이라는 메시지를 전했다. 후손들은 7일 이화여대 대강당에서 진행된 서거 100주기 추모예배에 참석했으며, 서거 기념 당일인 8일에는 양화진 외국인선교사묘원에 위치한 스크랜튼 대부인의 묘역을 방문했다.

스크랜튼 대부인은 이화학당을 세운 큰 선생님이기도 했지만 조선 여성들의 진료권을 위해 이 땅에 처음으로 여성병원을 세운 공헌자이기도 하다. 그분의 뜻대로 이제 한국 여성들은 여성친화병원으로 거듭난 이화의료원에서 언제든 최고의 진료를 받을 수 있게 되었고, 이화의대 및 이화의료원 출신의 수많은 여성 의료인들이 탄생했다. 스크랜튼 대부인이 뿌린 씨앗은 서거 100년이 지난 후에도 무럭무럭 자라 울창한 숲을 이루었다.

이화의료원의 숲을 말할 때에는 조선 최초의 여의사를 만들고 한국 여성들의 의학 교육에 크게 기여한 로제타 홀도 빼놓을 수 없다. 평생에 가까운 시간 동안 한국 여성들을 치료하고 한국 여성들이 의료인으로 성장하는 데 애쓴 로제타 홀, 평양에서 의료 활동과 선교 활동에 헌신했던 로제타 홀의 남편 윌리엄 홀, 부모님에 이어 아내와 함께 한국에서 부부 의사 선교사로 활약한 셔우드 홀 부부 모두 이화의료원이 잊지 말아야 할 선각자들이다. 이에 2015년 9월 15일에는 이화의료선교회와 이화여자대학교 의과대학, 이화의료원이 주최한 로제타 셔우드 홀 기념특강이 이대목동병원에서 개최되었다. 이 자리에는 로제타 홀의 유일한 증손자 클리포드 킹과 그의 6촌 라인위버 메시나가 함께해 더욱 뜻깊은 시간이 되었다.

1 스크랜튼 서거 100주기 연합 추모예배(2009).
이 예배에는 이화여대는 물론 이화여고, 동대문·상동·아현교회 등 123년 전 스크랜튼 대부인이 씨앗을 뿌린 학교와 교회 관계자 2,000여 명이 참석해 그녀를 추모했다.

2 로제타 홀의 선교사역 기념 특강 단체사진(2015.9.15)

6장.

이대서울병원

더 높은 곳을 향해 비상하다

2019~

1. 새로운 이대서울병원이 탄생하다

이대서울병원이 문을 열기까지

2013년 8월 14일 이순남 의료원장과 유권 목동병원장의 취임식 및 서현숙 의료원장과 김광호 목동병원장의 이임식이 열렸다. 이순남 신임 의료원장은 취임사에서 "새로운 성장 돌파구가 필요하다."고 말했다. '새로운 성장 돌파구'는 제2병원을 뜻했다. 이대목동병원이 2013년 10월 21일 '건립후원자 초청의 밤' 행사를 개최한 것도 강서구 마곡지구에 지어질 제2부속병원과 의과대학 건립에 최선을 다하겠다는 다짐이었다.

제2병원에 대한 구상은 이미 2008년 이대동대문병원이 문을 닫고 동대문병원의 부지가 서울시에 수용되었을 때부터 시작되었다. 이화의료원은 제2병원 건립의 필요성을 지속적으로 느껴왔다. 이에 따라 새 병원 부지 선정을 위해 서울 및 수도권 50여 곳의 기초 평가를 실시했고, 그 결과 마곡지구가 최종 선정되었다.

이화의료원은 2012년 강서구 마곡지구 제2부속병원 건립에 대한 마스터플랜을 수립하고 2013년부터 설계 작업에 들어갔다. 1,000병상 이상의 대규모 첨단 국제병원으로 거듭날 이대서울병원이 본격적으로 태동한 순간이었다.

이화여자대학교는 2015년 11월 23일 이화의료원의 새 병원 및 의과대학

1

2

3

4

5

1, 2 이대서울병원 부지

3 제2부속병원 완공을 위해 힘을 모은 이화의료원 경영진

4 이대서울병원 착공식(2015)

5 이대서울병원 조감도

착공식을 거행했다. 제2병원을 위한 소망이 드디어 실현된 순간이었다.

새 병원을 꾸리기 위해서는 진료과목의 구성과 진료에 필요한 인력 계획을 수립해야 했다. 이화의료원장을 위원장으로 하는 의료분과위원회가 만들어졌다. 위원회는 운영, 건축, 진료, 정보 등 네 개 분야 총 25명으로 구성되었고, 2016년 5월부터 9월까지 총 다섯 차례의 회의를 통해 새 병원 인력 구성 및 건축 진행 사항, 차세대 의료정보 시스템 선정, 보구녀관 복원 사업, 새 병원 병원명 결정 등을 추진했다. 이때 새 병원의 이름이 이대서울병원으로 결정되었다.

이대서울병원은 지하 5층, 지상 10층의 1,014병상 규모였고, 의과대학은 지하 5층, 지상 12층 규모로 대림산업주식회사가 시공을 맡았다. 드디어 새 병원의 모습이 완성되며 운영 시점이 임박해졌다.

편욱범 초대 병원장을 포함한 이대서울병원준비위원단(교수 15명, 간호사 5명, 행정직 36명 포함)은 2019년 1월부터 이대서울병원으로 이동해 현장 준비에 돌입했고, 330병상으로 오픈 준비를 했다. 병상 수는 2019년 6월 476병상, 2020년 4월 653병상, 2020년 11월 747병상, 2022년 2월 877병상(코로나19 거점병원 171병상 포함)으로 점점 늘려나갔다.

2019년 1월 2일 류동열 신장내과 교수가 첫 환자의 진료를 보았다. 2월 7일 드디어 143명의 의사직 포함 약 1,000여 명의 교직원들이 병원 업무를 시작했다. 본격적 진료를 시작한 것은 2월 7일부터였지만, 이대서울병원의 개원식은 그보다 늦은 5월 23일에 열렸다. 1층 북문 광장에서 열린 개원식은 그동안 도움을 주었던 동창회 임원들 및 사회 인사들을 초청해 진행되었다.

첫 개원기념식 이후 2020년 1주년, 2021년 2주년 개원기념식은 코로나19의 여파로 지하 2층 대강당에서 전시회를 여는 것으로 갈음했다. 2022년 3주년 개원기념식은 4층의 힐링가든에서 진행되었다.

1 이대서울병원 개원식 (2019)

2 이대서울병원 개원 1주년 기념 헌혈행사(2020)

3 이대서울병원 개원 3주년 기념식(2022)

이대서울병원에 복원한 보구녀관

이화의료원은 이화의료원의 뿌리이자 모두가 기억해야 할 공간인 보구녀관 복원 사업에 돌입했다. 이를 위해 2016년 5월 18일 '보구녀관 추진위원회'를 구성하고 1차 회의를 진행했다. 6월 16일과 7월 25일 차례로 회의가 이루어졌고, 8월 31일 '보구녀관의 성공적 복원을 위한 워크숍'이 개최되었다.

보구녀관 추진위원회는 해당 워크숍에서 보다 구체적으로 보구녀관 복원을 위한 논의를 했다. 여인석 연대의대 교수가 '한국 근대의료와 보구녀관'을, 이화의대 권복규 교수가 '보구녀관의 설립 과정과 진료'를, 이화여대 간호대 강윤희 교수가 '보구녀관에서의 간호교육'을 각각 발제했다. 워크숍 이후 보구녀관의 초기 역사에 대한 자료가 매우 부족하다는 공통된 의견을 바탕으로 '보구녀관 초기 역사 고증사업'이 시작되었고, 권복규 교수가 연구의 책임을 맡아 보구녀관 초기 역사를 고증하는 프로젝트를 수행하며 2018년 3월 '최종보고서'를 제출했다.

보구녀관 추진위원회는 보구녀관 복원 연구를 진행하던 중 기존에 알려진 '보구여관保救女館'의 한자 표기에 대해 심도 깊은 논의를 했다. 2017년 3월 '보구녀관 명칭 표기에 대한 간담회'를 개최하며 '보구녀관普救女館'이 옳다고 판단한

보구녀관 고증 복원을 위한 워크숍(2016)

1

2

1 눈 오는 날의 보구녀관 전경. 보구녀관은 2019 대한민국 한옥 공모전 '올해의 한옥상'에 선정되었다.

2,3 옛 진료실, 약국 등을 재현해 당시 정취를 느낄 수 있는 보구녀관의 내부 모습.

3

후 이화여자대학교에서 발행하는 모든 공식 문서에 변경된 명칭을 사용하게 되었다.

또한 2017년 5월 22일 1차 실무회의를 통해 보구녀관의 건축 관련 계획이 결정되었고, 보구녀관은 2018년 10월 이대서울병원과 함께 새로 단장한 한옥으로 기본적인 공사를 끝마쳤다. 이후 2019년 가을까지 이화여대 미대 강애란 교수의 도움으로 내부 전시물을 구비하고 입간판과 안내문을 세우는 등 전시관의 다양한 기능을 수행할 수 있게 되었다.

보구녀관은 2020년 9월 초대 보구녀관장으로 김영주 교수를 임명하면서 본격적인 운영이 시작되었다. 평일 오전 10시부터 오후 4시까지 이화의료원 교직원뿐 아니라 지역 사회 및 환자들에게 개방되어 많은 사람들이 찾는 이대서울병원의 랜드마크가 되었다. 또한 이화의료원의 상징성이 있는 장소로서 공식적인 행사 등 업무적으로도 중요한 역할을 하고 있다.

강서구 마곡지구의 랜드마크가 된 이대서울병원과 이화의료원의 상징인 보구녀관은 나란히 건축상을 수상하기도 했다. 보구녀관은 2019년 10월 11일 2019 대한민국 한옥공모전 '올해의 한옥상'에 선정되었고, 2019년 12월 28일에는 이대서울병원이 '한국건축문화대상 우수상'을 수상했다. 또한 2020년 10월 16일에는 이화여자대학교 의과대학, 이대서울병원이 제38회 서울시 건축대상 최우수상에 이름을 올렸다.

중환자 치료에 특화된 이대서울병원

이대서울병원은 전공의가 별로 없어 교수들이 힘든 병원이다. 골수 검사나 폐에 고인 물을 빼는 등의 진료 단계부터 전부 교수가 나서야 했다. 그러나 환자 입장에서는 환영할 만한 상황이 아닐 수 없었다. 뇌졸중 등의 중증 질환으로 급히 응급실에 와도 인턴, 레지던트를 거치지 않고 곧장 교수를 만나 진단부터 치료까지 한두 시간이면 끝낼 수 있었기 때문이다.

처음 이대서울병원을 개원할 때만 해도 목동병원과 가까운 위치 탓에 환

1, 2 이대서울병원 내부.
세상에서 가장 아름다운 병원을 추구하고 있는 이대서울병원은 미디어 아트(영상), 아트큐브(전시공간) 등을 통해 지속적으로 예술 작품을 전시해 환자와 보호자는 물론 교직원들에게 힐링을 제공하고 있다.

자들이 분산될 수도 있다는 우려가 있었지만, 이처럼 교수가 응급, 외래, 입원, 수술 등을 다 하는 병원으로 자리매김하면서 골든타임을 놓치면 안 되는 중환자 치료에 특히 강점을 보였다. 게다가 이대목동병원과 환자의 진료 정보를 공유하는 덕분에 목동병원의 환자를 전원할 때에도 복잡한 서류 작업 없이 오로지 환자 치료에만 전념할 수 있었다.

2020년 11월 11일에 개소한 조혈모세포이식실에서 처음으로 진행했던 청소년 조혈모세포 이식 수술도 중환자를 빠르게 살린 경우였다. 평소 건강했던 10대 남학생이 갑자기 주저앉아 걷지 못하는 하반신 마비 증상으로 이대서울병원을 찾았다. 소아청소년과 유은선 교수는 곧바로 검사를 실시해 악성버킷림프종 4기임을 밝혀냈다. 흉추를 침범한 종양에 의해 척수가 압박되어 하반신이 마비되었던 것이다.

유은선 교수는 다약제 병합 항암화학요법과 표적항암제를 사용해 종양을 80% 크기로 감소시켰고, 추가 항암 치료 후 조혈모세포 이식을 진행해 생착에도 성공했다. 빠른 종양의 확산 속도 때문에 환자의 상태가 위험했지만 그만큼 빠른 치료로 환자는 건강하게 집으로 돌아갈 수 있었다.

2020년 11월 4일에 문을 연 신생아중환자실도 이대서울병원의 강점을 살린 곳이다. 신생아 중환자는 중환자 중에서도 정말 심각한 중증인 경우가 대부분이다. 그래서 신생아중환자실은 인력도 많이 필요해 모든 병원이 갖추기 힘든 특화센터이다. 이대서울병원은 증환자 치료에 특화된 만큼 신생아 중환자 역시 안전하게 진료를 받을 수 있도록 노력하고 있다. 이러한 노력이 인정을 받으면서 2021년 11월 1,000건 이상의 분만을 기록하며 많은 산모들이 찾는 병원이 되었다.

이대서울병원은 또 암과 심뇌혈관질환, 장기 이식 등 고난이도 중증질환 치료를 위한 연구를 특화 육성하는 것은 물론 첨단 국제진료센터와 프리미엄 건강증진센터도 운영하고 있다. 최첨단 장비 및 최신식 시설을 갖추기 위해 CT, MRI 등 의료 장비를 최고 사양으로 맞추었고 로봇센터, 스마트 수술실 등 스마트 의료를 목표로 하드웨어 및 소프트웨어를 모두 업그레이드하며 환자 진료에 적용하고 있다. 특히 임상통합상황실에서는 실시간으로 환자를 모니터할 수 있

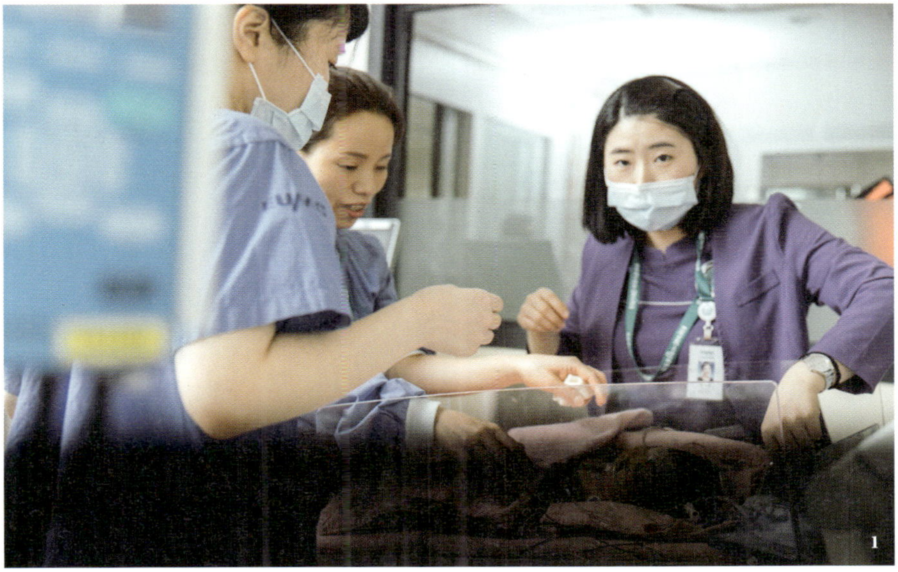

1

2

1 신생아중환자실에서 환아를 돌보는 간호사들(2019)

2 철저한 감염 관리로 신생아 중환자 치료에 앞장서고 있는 모아센터/신생아중환자실 확장 오픈식 (2021)

1 스마트 수술실에서 외과 수술을 진행 중인 민석기 교수

2 환자의 실시간 모니터링이 가능한 임상통합상황실

3 한승호 첨단의생명원구원장의 융복합연구 관련 줌 강연(2021).
이화의료원은 2022년 10월 이화의료아카데미를 신설해 VR 기술을 활용한 의료교육과 메디컬 콘텐츠 제작에 나서고 있다.

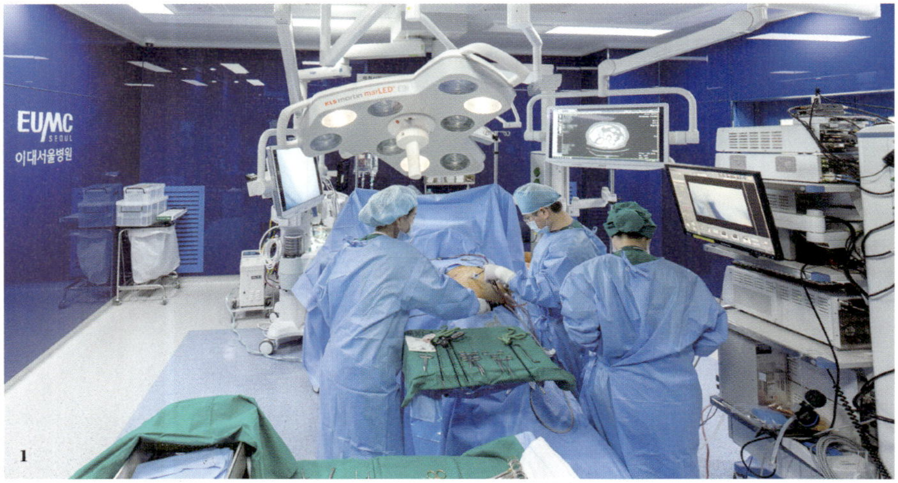

1

2

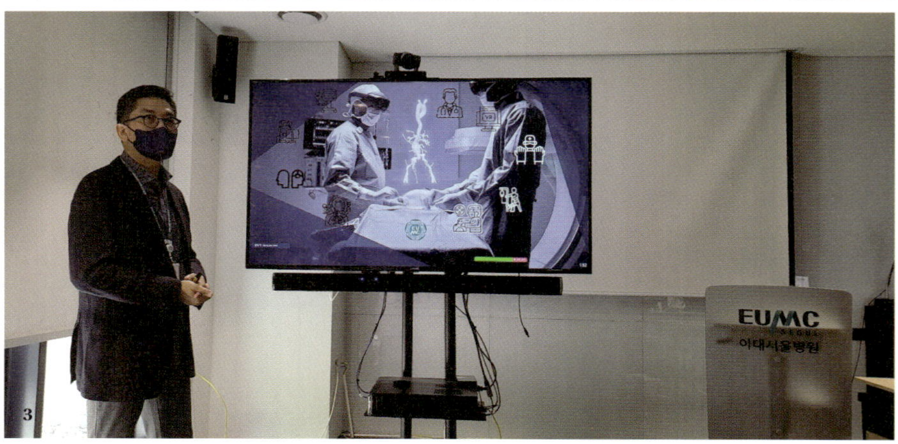

3

어 환자를 이중으로 보호할 수 있는 시스템을 갖추었다.

이대서울병원은 2020년 6월 10일 웰에이징센터를 개소하며 서울병원만의 특화된 의료 서비스를 선보이기도 했다. 2020년 12월에는 8병상의 웰스테이 VIP병동을 개소해 쾌적하고 특별한 의료 서비스도 제공한다.

또한 이대서울병원은 연구하는 병원이 되기 위해 첨단의생명연구원을 개설하고 기존 이화의료원의 첨단의생명원구원 사업 및 부속연구소의 지속적인 지원을 위해 노력하고 있다. 여기에 더해 기술사업화를 통한 연구 생태계 정립, 정밀의료센터와 스마트의료센터를 중심으로 한 새로운 진료 및 연구 활성화, 이화 첨단 융복합 메디클러스터를 통한 산·학·연·병 사업 추진에도 힘쓰고 있다. 미래에 필요한 헬스케어는 교육, 연구, 진료, 사업이 유기적으로 연결되는 융복합의 시대이기 때문이다.

이 밖에도 이대서울병원은 당일 진료 및 검사를 위한 원스톱 서비스와 외국인 전용 원무 창고 개설 등 국제 수준의 의료 서비스를 제공 중이다. 또한 김포공항 및 인천국제공항, 송도국제신도시 등과 가까운 지리적 이점을 살려 동북아 국제의료허브 의료기관으로서 전 세계를 대상으로 하는 의학 교류에도 적극 나설 예정이다.

2. 코로나19의 한가운데서 최선을 다해 헌신하다

숨은 영웅들의 활약이 빛난 코로나19 선별진료소

이대서울병원은 코로나19 초기부터 선별진료소를 운영했다. 이대서울병원 옆 공용주차장으로 이용되고 있는 곳에서 운영된 드라이브 스루drive-through 형식의 선별진료소였다. 코로나19 발생 초창기였던 2020년 3월부터 2021년 4월까지 서울시 선별진료소 중 이대서울병원의 선별진료소가 가장 마지막까지 운영되며 강서구뿐 아니라 서울 시민들에게 많은 도움을 주었다.

선별진료소가 남긴 수치를 보면 선별진료소 운영 한 달 만에 선별진료소 방문 환자 및 누적 검사 건수는 2,000건 이상, 총 검사 1만 6,929건에 달했다. 이러한 숫자의 이면에는 선별진료소에서 헌신한 작은 영웅들이 존재했다. 코로나19 의심 환자를 최전선에서 만나는 장소이니만큼 이들을 체계적으로 진료하고 지역 사회의 전파를 선제적으로 막기 위한 강서구청의 지원이 있었고 이대서울병원 의료진, 총무, 원무, 미화, 보안 등 병원 구성원 모두가 용감한 영웅들이었다.

이러한 노력들에 감사하는 마음을 전하는 손길도 이어졌다. 선별진료소에서 땀 한 방울 제대로 닦지 못하는 이들을 위해 생수, 손세정제, 도시락과 간식 등이 전해졌다. 비대면이 일상이 되고 서로의 체온을 나눌 수 없는 거리두기의 연속이었지만 따뜻한 마음만은 계속 이어진 1년여간의 시간이었다.

특히 선별진료소의 숨은 영웅 중에는 안내와 접수요원으로 활약했던 취업준비생 전지영 씨의 활약이 두드러졌다. 26세였던 전지영 씨는 코로나19의 위험성에 전 세계가 두려움에 떨던 2020년 3월 초부터 이대서울병원 선별진료소에서 구슬땀을 흘렸다.

코로나19를 종식시키는 데 조금이라도 힘을 보탤 수 있다면 망설이지 말라던 부모님의 조언도 전지영 씨에게 용기를 주었다. 전지영 씨는 방호복을 입고 유증상자를 마주할 때마다 그들의 발걸음이 코로나19 확산 저지에 도움이 된다는 생각이 들어 감사하고 뿌듯했다고 했다. 선별진료소를 찾는 모든 사람들이 확진이 아니길, 확진이더라도 하루빨리 회복해 집으로 돌아가길 기도했다. 친구들을 만나 일상을 보내고 싶은 마음도 굴뚝같았지만 최대한 사람간의 접촉을 피하며 선별진료소에서 오랫동안 헌신했다. 이대서울병원의 선별진료소는 이처럼 숨은 영웅들이 마지막까지 최선의 노력을 다하며 제 역할을 훌륭히 마무리할 수 있었다.

대학병원 최초 코로나19 거점병원이 된 이대서울병원

골수 이식을 위한 공여자가 코로나19에 걸렸던 적이 있다. 골수 이식을 받으려는 수혜자는 이미 몸속의 골수를 다 비운 상태라 당장의 골수 이식 수술이 시작되어야 하는 상황이었다. 이처럼 급박한 상황에서 코로나19에 걸린 공여자는 일주일 동안 격리되어야 할까?

이대서울병원에서는 이런 문제를 얼마든지 감당할 수 있었다. 코로나19 거점병원이 되면서 실제로 코토나19에 걸린 골수 공여자를 격리 병동으로 옮겨 무사히 골수 이식 수술을 진행했다. 코로나19에 걸린 신장 투석 환자, 지금 당장 출산을 해야 하는 코로나19에 걸린 산모 등도 전부 이대서울병원에서 치료를 받았다.

이 모든 것이 가능했던 이유는 이대서울병원의 특화된 설계 덕분이기도 했다. 이대서울병원은 처음 설계 단계부터 감염병 예방을 위한 기능이 고려되었

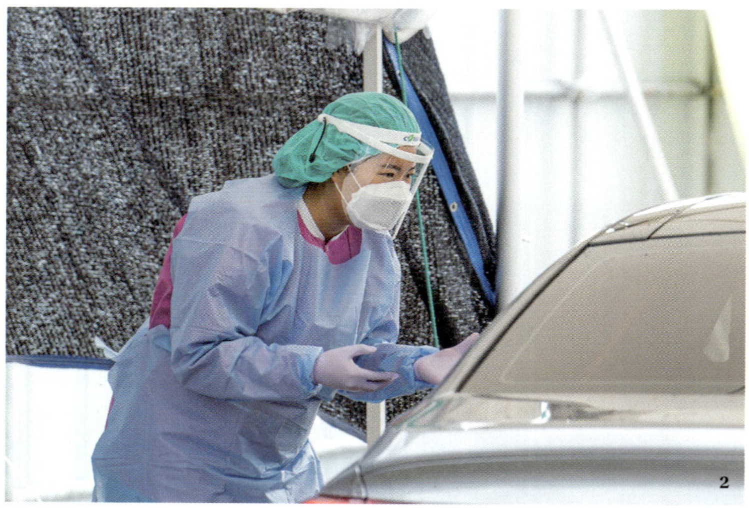

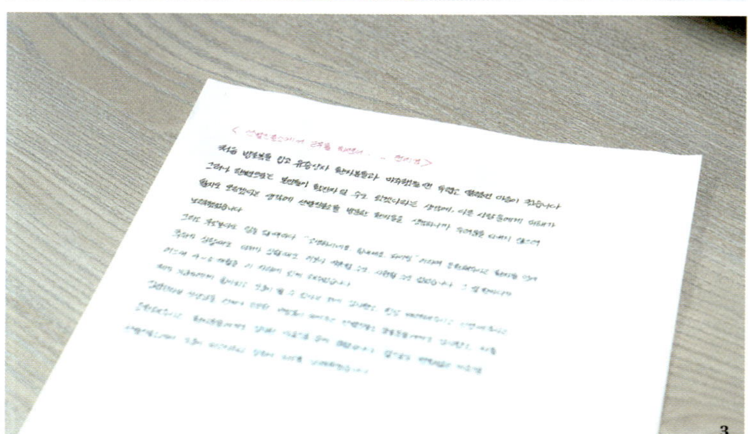

1 이대서울병원이 운영한 코로나19 선별진료소 풍경. 이대서울병원 코로나19 선별진료소는 2020년 3월 서울시 최초로 개소했고, 2021년 4월 종료할 때까지 서울시 선별진료소 중 최장기로 운영되었다.

2 선별진료소에서 안내와 접수요원으로 구슬땀을 흘린 전지영 씨의 근무 모습

3 코로나19 환자들의 일상 회복을 기원한 전지영 씨의 손 편지

다. 공항과 병원이 가깝게 위치한다는 것은 전쟁이나 감염병 발생 등 국가 재난 상황에 대비해야 한다는 뜻이었기 때문이다.

이를 위해 국내 최초로 3인실을 기준병실로 만들고, 중환자실을 모두 준무균실에 해당하는 1인실로 설계했다. 이렇게 되면 다른 병원들과 달리 3인실을 이용해도 건강보험의 적용을 받을 수 있고, 상급 병실료를 내지 않아도 된다. 이대서울병원 기준병실인 3인실의 병상 당 면적은 의료법상 기준보다 1.5배 이상 넓을 뿐 아니라 국내 아홉 개 대형병원의 기준병실 병상당 면적과 비교해도 가장 넓다. 또한 호흡기 감염 등을 예방하기 위해 공조 시스템을 분리해 음압을 따로 달아 국제 기준에 부합하는 음압 격리 병동을 갖추었고, 응급의료센터 내에도 음압 격리실을 운영하고 있었다.

이러한 병원의 특화된 구조 덕분에 이대서울병원은 2021년 코로나19 거점병원으로 지정되었을 때 곧바로 효율적인 병실 운영이 가능했다. 코로나 거점병원의 대학병원 지정은 이대서울병원이 최초였다. 이대서울병원은 171병상을 중증, 준중증, 중등병상으로 운영했다.

2021년 12월 24일에는 문재인 전 대통령이 이대서울병원을 방문했다. 이대서울병원의 선별진료소 운영 및 코로나19 거점병원 지정이 신생병원으로서 전 직원들에게 결코 쉽지 않은 일이기에 감사와 격려의 메시지를 전하기 위함이었다. 이대서울병원의 직원들 모두는 보구녀관 정신을 이어받은 역할을 기꺼이 받아들이며 의연하고 훌륭한 모습을 보여주었다.

코로나19와 같은 팬데믹 상황이 또 다시 닥친다 해도 이화의료원 전 직원은 가장 먼저 발 벗고 나서며 기꺼이 도움의 손길을 내밀 것이다. 그것이 보구녀관에서 헌신한 모든 이들이 보여준 희생정신이었고, 이화의료원이 135년 동안 지켜온 소중한 가치이기 때문이다. 이화의료원은 앞으로도 이러한 선각자들의 발자취를 계속 이어가며 의미 있는 역사들을 만들어갈 것이다.

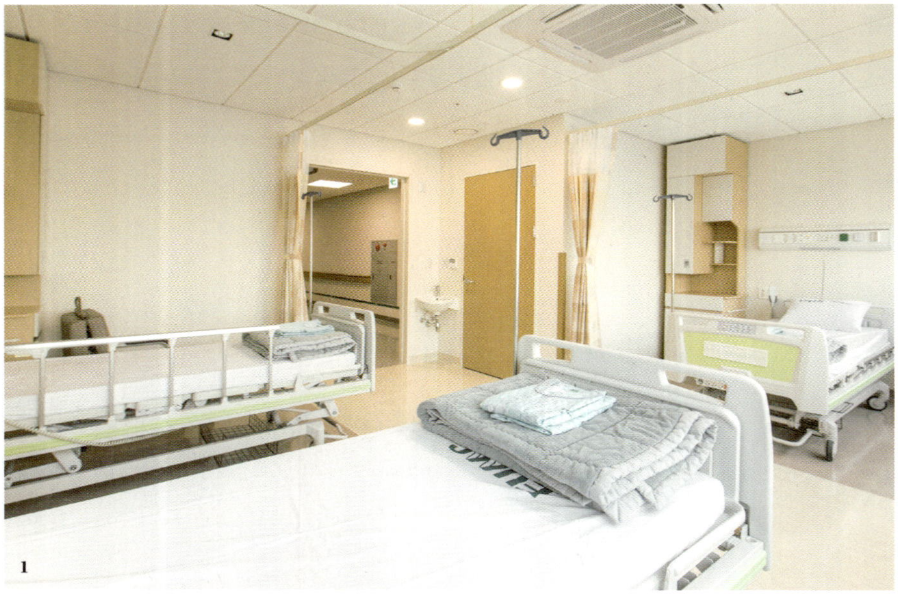

1

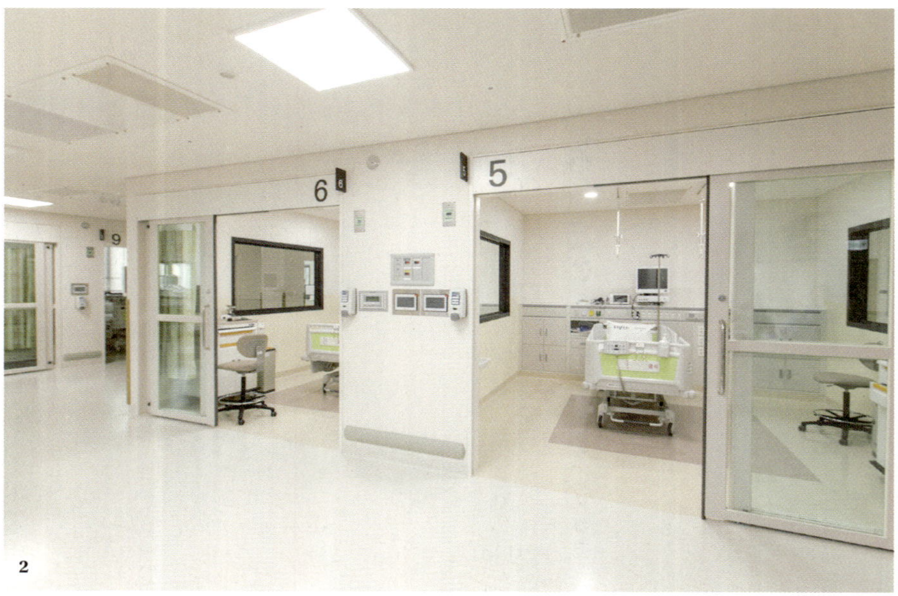

2

1 국내 대학병원 최초로 3인실을 기준 병실로 운영하고 있는 이대서울병원의 3인실 모습

2 이대서울병원 중환자실(전 1인실).
이대서울병원은 국내 대학병원 최초로 모든 중환자실을 1인실로 운영하고 있다.

1

2

1 코로나19 환자 전담치료 병동을 개설한 이대서울병원(2022).
이대서울병원은 서울 소재 대학병원 최초로 코로나19 거점병원으로 지정되었다.

2 코로나19 거점병원인 이대서울병원을 방문한 문재인 전 대통령(2021)

병원과 예술이 만난 수요음악회와 아트큐브

이대목동병원은 개원 10주년이 지났을 때 환자들을 위한 공간으로 3층 옥상에 330여 평의 도심 속 공원 쉼터를 만들었다. 병원은 치료를 받으러 오는 곳이기도 하지만 환자들이 병원에 머무는 동안 마음 편히 쉴 수 있는 공간이 되길 바랐기 때문이다.

이대서울병원 역시 환자들을 위한 휴식 공간에 대해 고민했고, 그 고민의 결과물로 병원과 예술이 자연스럽게 어울리도록 했다. 그중 하나가 바로 '수요음악회'였다. 이대서울병원은 2019년 5월 23일 정식 개원식을 앞두고 5월 8일 낮 12시 20분 '소노르 트리오'의 공연을 시작으로 매주 수요일 점심시간마다 수요음악회를 열었다.

환자들은 병원을 오가며 수요일마다 즐거운 마음으로 음악회를 감상할 수 있었다. 하지만 안타깝게도 코로나19가 지속되면서 수요음악회는 잠정 중단될 수밖에 없었다.

이대서울병원은 환자들을 위해 또 다른 문화 예술 공간을 제공했다. 바로 환자들이 쉽게 오갈 수 있는 탁트인 '아트큐브'에서 언제든 예술 작품을 감상할 수 있도록 한 것이다. 아트큐브는 2019년 2월 첫 전시회를 시작으로 여러 유명 작가들의 작품을 유치해온 개방형 전시 공간이다. 2021년 8월에는 지하 2층에 "스페이스 B2"를 마련해 제2의 아트큐브를 운영 중이다.

아트큐브에서는 전시회를 마치면 작가들의 대표 작품을 기증 받아 서울병원 곳곳에 전시를 한다. 대표적으로 김홍식 작가의 작품 3점과 이화학당 출신의 동대문부인병원 의사이자 독립운동가였던 현덕신 선생의 손자 최영훈 전 조선대 미대 학장의 작품이 1층 메인 스트리트에 전시 중이다.

이대서울병원의 아트 프로젝트는 환자와 보호자들을 위로하는 공간으로서의 역할을 수행하기 위한 노력의 일환이다. 환자의 마음에 작은 위로가 닿을 수 있다면, 환자의 입가에 잠시 미소가 머물 수 있다면 치유의 속도가 조금이라도 빨라질 수 있다는 희망을 품고 있기 때문이다. 앞으로도 이대서울병원은 더 많은 예술 프로젝트를 통해 환자와 보호자에게 다가갈 계획들을 세우고 있다.

1 가곡오케스트라 단원들의 수요음악회 공연 모습

2 이대서울병원 수요음악회 공연 모습

3 환자와 보호자는 물론 교직원들에게 힐링을 선사하고 있는 이대서울병원 아트큐브 전경

슬기로운 의사들의 추억

tvN 드라마 <슬기로운 의사생활> 시즌 1의 간담췌외과 부교수인 이익준(조정석 배우)은 5월 5일 늦은 밤 장기를 구득하러 온 다른 병원의 의료진에게 10분만 기다려달라고 말한 뒤 수술을 자정 이후로 미룬다. 환자의 자녀가 어린이날마다 돌아가신 아빠 때문에 울면서 보내게 할 수는 없다는 이유였다. 이익준 교수는 그렇게 5월 6일 새벽 환자의 사망 선고를 한다.

드라마 속에선 의사가 제안했지만 실제로는 환자의 보호자가 요청을 했었다. 이 경험을 한 사람은 이대목동병원의 간담췌외과 홍근 교수이다. 1년에 70건 가까이 다른 병원으로 장기를 구득하러 다니던 시절, 빠른 속도가 가장 중요하다고 생각했던 그에게 이 경험은 다시 의사로서의 초심을 다잡게 만든 계기가 되었다.

의사는 질병을 치료하지만 그 과정에서 환자와 환자 가족의 마음을 배려해야 한다는 홍근 교수의 말은 tvN 드라마 <슬기로운 의사생활> 시즌 1, 2로 탄생했고, 이 드라마는 2020년 봄과 2021년 여름에 시청자들의 큰 사랑을 받았다. 이대서울병원에서 많은 촬영이 이루어졌던 이 드라마는 의사들의 삶뿐 아니라 환자와 환자의 가족들까지 솔직하고 내밀한 인간적인 이야기를 다뤘다는 점에서 큰 의미를 남겼다. 여주인공이었던 전미도 배우는 드라마가 끝난 뒤 이화의료원의 홍보대사로 임명되기도 했고, 드라마 제작진은 이대서울병원에 기부를 하기도 했다.

드라마 <슬기로운 의사생활> 이전에도 이대서울병원과 인연을 맺은 의학 드라마는 또 있었다. 바로 2019년 7월부터 9월까지 SBS에서 방송된 <의사요한>이었다. 이대서울병원 간호부에서는 <의사요한>의 주요 출연진을 대상으로 수술실 내에서 이루어지는 의료진의 역할 및 수술 동선 등을 교육하기도 했다.

삶과 죽음의 경계에서 사람과 사람이 만나는 곳이 병원이라는 것을 잘 보여준 의학 드라마는 선한 영향력을 전파했다. <슬기로운 의사생활> 드라마가 방영된 이후 장기, 인체 조직 기증 희망자가 무려 54%나 증가했고, 드라마가 끝난 밤사이 온라인 장기 기증 서약이 한꺼번에 400건 정도 올라온 적도 있었다.

이처럼 의사들의 이야기를 담은 드라마를 통해 이대서울병원은 따뜻한 영향력을 경험함과 동시에 또 하나의 소중한 추억을 남길 수 있었다.

1

2

1 드라마 <슬기로운 의사생활>에서 열연한 전미도 배우의 이화의료원 명예홍보대사 기념식.
2021년 9월 17일 이대서울병원 내 소재한 보구녀관에서 개최되었다.

2 드라마 <슬기로운 의사생활> 제작진이 2021년 11월 장기이식센터에 발전기금을 후원하며 촬영한 기념사진.
사진 가운데에 있는 홍근 교수가 조정석 배우의 롤모델로, 드라마 기획 단계부터 장기 이식 관련 자문을 제공했다.

연도	내용
1885.	미국 북감리교 의료선교사 윌리엄 스크랜튼이 정동에 자택을 개조해 민간 진료 시작, 이후 자택 인근 현 정동제일교회 예배당 자리에 병원 단독 건물 구입
1886.	고종이 스크랜튼의 병원에 시병원(施病院)이라는 이름 하사
1886. 5.	윌리엄 스크랜튼과 그의 어머니인 이화학당 창설자 메리 스크랜튼 여사가 "남자들이 경영하는 병원에 여자들이 갈 수 없는 한국의 전통적인 관습"을 들어 미 감리교선교부 여자 외국선교회(Womans Foreign Missionary Society)에 부인병원 설립기금과 여의사 파견을 요청
1887. 10. 31.	여의사 메타 하워드의 도착과 함께 정동 시병원 별채에 부인병원을 창설하고 초대 병원장으로 취임
1888. 12.	고종이 부인병원에 보구녀관(普救女館)이라는 명명(命名) 하사
1889.	과로로 본국으로 돌아간 메타 하워드의 뒤를 이어 윌리엄 스크랜튼과 맥길이 보구녀관 2대 병원장을 맡아 진료 담당
1890.	보구녀관 3대 병원장에 로제타 셔우드 취임, 여성의학 교육을 위해 이화학당 학생 5명에게 의학 교육 개시
1892.	동대문에 보구녀관 분원인 볼드윈 진료소 설치
1893.	보구녀관 4대 병원장에 메리 커틀러 취임
1897. 11.	보구녀관 5대 병원장에 릴리안 해리스 취임
1899. 9.	보구녀관 6대 병원장에 엠마 언스버거 취임
1901. 6.	보구녀관 7대 병원장에 박에스더 취임
1903. 3.	보구녀관 8대 병원장에 메리 커틀러 재취임
1903. 12.	보구녀관 간호원양성학교 설립, 초대 간호원장에 마가렛 에드먼즈 취임
1909. 3.	보구녀관 9대 병원장에 엠마 언스버거 재취임
1912.	보구녀관 10대 병원장에 아만다 힐만 취임
1912. 9.	보구녀관 간호원양성학교를 신축한 릴리안 해리스 기념병원으로 이전
1912.	릴리안 해리스 기념병원 환자 진료 개시
1913.	정동 보구녀관이 릴리안 해리스 기념병원(Lillian Harris Memorial Hospital)으로 통합, 초대 병원장에 메리 스튜어트 취임
1916.	릴리안 해리스 기념병원 무료분만사업 실시

1918.	한국 최초의 국내파 여의사 안수경, 김영흥 릴리안 해리스 기념병원 근무 시작
1922.	릴리안 해리스 기념병원 2대 병원장에 로제타 홀 취임
1927.	릴리안 해리스 기념병원 3대 병원장에 버니타 블록 취임
1930.	릴리안 해리스 기념병원이 산부인과만 전담하는 동대문부인병원(East Gate Woman Hospital)으로 개편·개칭
1933.	동대문부인병원 간호원양성학교 폐교
1935.	동대문부인병원 4대 병원장에 안수경 취임
1936. 12. 10.	동대문부인병원 경성탁아소 개설
1942.	동대문부인병원이 강익하·황온순에게 매각
1945. 3.	(재)이화학당 동대문부인병원 매수
1945. 4.	초대 병원장에 이상옥 교수 취임
1945. 10.	이화여자전문학교에 행림원(杏林院)을 두고 그 안에 의학과와 약학과 설치
1945. 12.	동대문부인병원이 의학과 실습병원이 되며 이화여자대학교부속 동대문병원으로 개칭
1946. 1.	제2대 병원장에 손창환 교수 부임
1947. 4.	제3대 병원장에 박용락 교수 취임
1947. 9.	행림원 의학과를 의학부로 승격하고 의학부에 본과와 예과 개설 행림원 내 간호후생과 개설
1949. 1.	병원이 화재로 반소되었으나 동년 3월에 수리 복구함(1958년 신관 완공 후 의과대학 부속 동대문병원 구관으로 불리움)
1950. 5.	간호후생과가 간호교육학부로 증설 개칭되며 초대 학과장에 이정애 교수 취임
1950. 6.	이화여자대학교대학원 의학과 신설
1951. 3.	학제 변경으로 행림원은 의약대학으로 개편되고 의학과, 간호교육학과, 약학과를 둠
1952. 3.	의약대학장 대리에 이세규 교수 취임 제4대 병원장에 정진욱 교수 취임
1952. 8. 1.	한국전쟁으로 피난지인 부산시 대청동에 이화힐링센터를 건립하고 이세규 교수 취임
1953. 10.	부산 이화힐링센터 서울 환도
1954. 4. 13.	의약대학을 의과대학과 약학대학으로 분리, 초대 의과대학장에 이세규 교수 취임
1954. 4.	제5대 이대동대문병원장에 이기섭 교수 취임하고 각과 설치 의과대학부속신촌병원(신촌병원) 낙성 및 초대 병원장에 오현관 교수 취임
1955. 2. 26.	한국 최초로 의과대학에 간호학과 신설, 과장에 이영복 교수 취임
1955. 3.	이대부속신촌병원 제2대 병원장에 유승환 교수 취임
1956.	이대동대문병원, 국내 최초로 인큐베이터 및 청력검사기 도입
1956. 8.	이대부속신촌병원 제3대 병원장에 김효규 교수 취임
1957. 3.	의과대학부속 동대문병원(동대문병원) 신관(778.22평, 관리부 및 구관) 착공
1957. 12.	이대동대문병원, 국내 최초로 심전기 도입

1958. 5.	이대부속신촌병원 결핵병동 완공
1958.11.26.	이대동대문병원 신관 낙성식
1958. 12. 1.	이대동대문병원 신관(지상5층, 778.22평) 준공
1960.	이대동대문병원, 간호 마취사 양성소 운영
1960. 9.	제6대 이대동대문병원장에 장철 교수 취임
1961.8.	이대부속신촌병원 폐쇄 후 이대동대문병원과 통합
1961. 9.	구 동구여상 건물(1973.12.30. 철거된 외래진찰소)과 대지 매입해 외래진찰소용으로 개축 공사 착수
1961. 11. 1.	이대동대문병원 발전 위해 운영위원회를 조직하고 서은숙 교수(당시 상무이사) 의장으로 취임
1962. 3.	제7대 병원장에 윤해병 교수 취임
1964. 9. 4.	이대동대문병원 운영위원회 해체
1966. 1. 19.	허가 병상 수를 150병상으로 함
1968. 12. 26.	의과대학 내 간호학과가 간호대학으로 독립하여 임상간호학과와 보건간호학과를 두고 각 과 학생 정원을 50명씩 책정해 교육 실시 간호대학 초대학장에 이영복 교수 취임
1970. 4. 1.	본교 직제 개편으로 의무부총장제 신설, 초대 의무부총장에 문병기 교수 취임
1970. 4.	한남동 산8-1 소재 이화의료원 신축 대지 매입(38,618평)
1970. 5.	제8대 병원장에 이명수 교수 취임
1971. 9. 25.	흉곽내과, 교수실 및 도서실 등 가건물(71평) 낙성
1971. 10. 1.	흉곽내과, 교수실, 강의실 및 도서실 등 구건물 철거
1971. 10. 15.	간호원 기숙사(지하1층, 지상4층:576.77평), 중앙진료부(지하4층, 지상5층:2,106.31평) 신축 기공식
1971. 12. 31.	간호대학 임상간호학과, 보건간호학과를 단일학과로 통합하고 학생정원을 60명으로 조정
1972. 7. 7.	간호원 기숙사 준공 봉헌
1973. 3. 1.	의료원 발족 및 초대 의료원장에 문병기 의무부총장 취임(겸임)
1973. 4. 1.	신경정신과 병동 마련해 20개 병상 개원
1973. 5. 1.	제9대 병원장에 강신명 교수 취임
1973. 7.	신경외과 개설
1973. 9. 29.	중앙진료부 준공 봉헌
1973. 10. 16.	이대동대문병원 신관(관리부 및 구관) 보수공사 착수
1973. 11. 7.	건강관리과 개설
1973. 11. 17.	외래진찰소를 중앙진료부로 이동 진료 착수
1973. 12. 15.	치과 개설
1973. 12. 30.	외래진찰소 철거
1974. 1. 1.	의료사회사업과 개설

1974. 1. 5.	신관 보수공사 완료
1974. 1. 16.	이대동대문병원 구관에 있던 부서 신관으로 이동
1974. 1. 18.	이대동대문병원 구관 건물 철거(~26일)
1974. 8. 1.	병동 기공식 거행
1974. 8. 5.	병동 공사 착공(지하1층, 지상9층:1,462.73평)
1975. 9. 19.	도시 계획(동대문-이화동 도로 신설)으로 대지 930평과 위 지상건물 291.8평 철거
1975. 10. 15.	병동 준공 봉헌
1976. 4. 21.	허가 병상 수를 150병상에서 250병상으로 증설
1976. 5. 1.	10대 병원장에 박이갑 교수 취임
1976. 9. 1.	제2대 의료원장에 김옥길 총장 겸임
1976. 12. 23.	이화의료원 원보 창간호 발행
1977. 7. 19.	중앙진료부에 외래 출입구 설치
1977. 10. 5.	1972년 9월 1일부터 서울특별시 종로구 보건소와 합동으로 운영해오던 동숭동 '합동 새마을 진료소'를 약정기간 만료로 폐쇄
1978. 3. 27.	동위원소실 개설
1978. 10. 20.	구관 6층에 특수검사실 설치하고 폐기능, 심음도/청력 검사, 혈액가스 분석 등의 기능 수행
1979. 2. 4.	신병동 신축공사 착공(지하1층, 지상8층:1722.67평)
1979. 3. 2.	성형외과 개설
1979. 3. 3.	허가병상 수를 250병상에서 300병상으로 증설
1979. 9. 1.	제3대 의료원장에 정의숙 총장 겸임
1980. 7.	인공신장실 개소 충신교회 건물 인수(연건평 278평)
1980. 12. 3.	자동교환설비 증설 및 구내 인입선 매몰
1980. 12.12.	물탱크 및 부속건물 건축공사 기공(물탱크 규모:850톤 저장용, 부속건물:연건평 140평)
1980. 12.31.	폐수 처리 설비공사 실시
1981. 7. 1.	신병동, 물탱크 및 부속건물(도서관, 강의실) 준공 봉헌 신병동 준공과 동시 이화로쪽으로 본원 진입로 추가 개통
1981. 8. 8.	허가 병상 수를 300병상에서 450병상으로 증설, 해부병리과 개설 흉곽내과를 결핵과로 명칭 변경
1982. 1.	정신과, 결핵과, 내과, 성형외과를 구관 4층으로 이전
1982. 1. 27.	병동 8층(이비인후과, 성형외과, 피부과) 오픈
1982. 1. 28.	소아과 병동을 신병동 7층으로 이전
1982. 2. 23.	육아상담실을 소아과 외래와 통합해 중앙진료부 5층으로 이전
1982. 3. 6.	방사선치료실(Radiation Therapy Room) 설치 및 진료 개시

1982. 4. 5.	외래약국과 병실약국 분리, 각각 중앙진료부 4층, 5층에 설치
1982. 11. 1.	강원도립 영월병원과 자매결연 체결
1983. 10. 24.	제2부속병원 건축 사업 계획을 추진하기 위해 서울특별시장에게 목동, 신정동 신시가지 개발지역의 부지 배정 청원
1984. 8. 1.	전산과 발족
1985. 3. 12.	전산과 시설(VAX/VMS 11-750)을 중앙진료부 8층에 설치하고 전산화 업무 개시
1985. 7. 1.	중앙진료부 현관 증축(종전 63.5평에서 102.8평) 공사 완공
1986. 3. 3.	흉곽외과 진료 개시
1986. 9. 12.	뇌졸중센터(신병동 5층 12병상:54평) 신설
1986. 11. 11.	대장항문 클리닉센터(중앙진료부 4층:9.7평) 신설
1986. 12. 12.	목동 신축병원 부지 매입 계약 체결(양천구 목동 911-1번지 8,646.48평:28,533.4㎡)
1987. 11. 30.	목동 신축병원 개설 허가 승인(470병상):서울시 의약 31211-2733호
1988. 5. 1.	백납치료실(신병동 5층:3평) 신설
1988. 8. 1.	분만실 개수 현대화
1988. 9. 1.	제11대 병원장에 조병채 교수 취임
1988. 10. 1.	체외 충격파 쇄석기실(중앙진료부 6층:11평) 신설
1989. 8. 15.	전화교환대 기계식에서 전자식으로 교체
1989. 12. 29.	목동 신축병원 건축 허가 승인(서울시 건축허가 번호 110번) 목동 신축병원 착공계 신고(서울시 건축지도과)
1990. 9. 1.	제4대 이화의료원장에 윤후정 총장 겸임
1990. 11. 8.	목동 신축병원 공사 계약(현대건설)
1990. 11. 28.	목동 신축병원 기공식
1991. 8. 1.	전화교환 방식을 DID System으로 전환
1991. 9. 1.	제12대 병원장에 우복희 교수 취임
1991. 12. 14.	방사선과 MRI실을 신병동 3층에 신설하고 업무 개시
1992. 2. 1.	종합건강검진실(구관 5층:13.05평) 신설
1992. 2. 19.	허가 병상 수를 450병상에서 482병상으로 증설
1992. 9. 30.	신용협동조합 창립총회 개최
1992. 12. 1.	제5대 이화여자대학교 의무부총장 겸 의료원장에 김영명 교수 취임
1993. 7. 1.	초대 이대목동병원장에 김영명 교수 취임 이대동대문병원 제3차 진료기관으로 지정 이대목동병원 개원준비팀 입주 및 신입직원 채용 완료
1993. 7. 6.	이대동대문병원 가정의학과 개설
1993. 7. 10.	이대목동병원 준공검사 완료

1993. 7. 30.	이대목동병원 의료기관 개설허가 승인 완료(허가 병상 544병상)
1993. 8. 4.	이대동대문병원 명칭을 이화여자대학교 의과대학 부속 병원에서 이화여자대학교 의과대학 부속 동대문병원으로 변경
1993. 9. 9.	이대목동병원 진료 개시
1993. 9. 16.	이대동대문병원 신병동 11층 병실화 공사 준공
1993. 10. 6.	이대목동병원 개원식 개최
1993. 10. 26.	이대동대문병원 종합건강검진센터 확장 준공
1993. 11. 3.	이대동대문병원 진료과목 변경 (방사선과를 진단방사선과와 치료방사선과로, 신경정신과를 정신과와 신경과로 과목 변경)
1994. 1. 13.	이대목동병원 지정 진료기관 승인
1994. 3. 8.	이대동대문병원 재활의학과 개설
1994. 4. 22.	이대목동병원 서울시 건축상 수상
1994. 5. 1.	이대동대문병원 대학병원 최초로 야간 및 일요일 진료 실시
1994. 5. 14.	이대동대문병원 허가 병상 수를 482병상에서 521병상으로 증설
1995. 1. 1.	이대목동병원 3차 진료기관으로 지정
1995. 1. 23.	이대동대문병원 한국기독교 환경대책협의회 제정 '제1회 환경대청상' 생활환경(의료)부문 금상 수상
1995. 7. 4.	이대동대문병원 말기신부전증 환자에 신장 이식수술 성공
1996. 3. 1.	제13대 이대동대문병원장에 왕진만 교수 취임 제6대 이화의료원장 겸 제2대 이대목동병원장에 우복희 교수 취임
1996. 8. 1.	제6대 이화여자대학교 의무부총장에 우복희 교수 취임
1997. 1. 16.	이대동대문병원 외래동 증축 기공식
1998. 4. 28.	이대목동병원 주차타워 준공
1998. 5. 19.	제14대 이대동대문병원장에 최용만 교수 취임
1998. 5. 27.	이대목동병원 조혈모세포이식 환자 전용 무균실 개소
1998. 6. 5.	이대동대문병원 야간 ARS 무인전화 교환 시스템 설치
1998. 9. 24.	이대목동병원 허가 병상 수를 544병상에서 581병상으로 증설
1998. 12. 17.	이대동대문병원 조직적 합성(H.L.A)검사실 개소
1999. 2. 1.	제7대 이화의료원장 겸 제3대 이대목동병원장에 우복희 교수 연임
1999. 2. 10.	이대목동병원 DRG 지불 제도 시범사업 참여
1999. 3. 16.	이대목동병원 대한의사협회로부터 '뇌사판정 및 장기이식' 적합병원 판정
1999. 5.	이대동대문병원 뇌졸중센터, 물리치료실 확장 이전
1999. 6. 1.	이대목동병원 중환자실을 20병상에서 40병상으로 증축
1999. 7.	이대목동병원에 기자실 설치
1999. 7. 1.	이대동대문병원 병동 OCS 가동

1999. 7. 12.	이대동대문병원 야간진료 확대 실시
1999. 7. 26.	이대목동병원 허가 병상 수를 581병상에서 600병상으로 증설
1999. 8. 1.	제7대 이화여자대학교 의무부총장에 우복희 교수 연임
1999. 8. 21.	이대동대문병원 대장항문 클리닉 확장 이전
1999. 10. 18.	이대동대문병원 진료의뢰센터 개소
1999. 12. 10.	보건복지부로부터 Y2K 문제 해결 인증서 교부 및 적합 통보
1999. 12. 24.	이대동대문병원 서울대병원과 협력진료 협약 체결
1999. 12. 28.	새천년 이화비전 선포
2000. 1.	이대목동병원 협력·지원병원 진료의뢰센터, 심장혈관센터 개소
2000. 1. 20.	이대동대문병원 장기이식연구소 개소
2000. 2. 18.	이화의료원 웹사이트 구축
2000. 3. 1.	이화의료원 홍보과, 이대목동병원 보험과 신설
2000. 4.	이대목동병원 응급실 30병상에서 40병상으로 증축
2000. 5.	이대목동병원 산부인과 유전검사실 개소
2000. 7.	이대목동병원 암센터 증축 이전, 이대목동병원 유방센터 및 비만 클리닉 개소
2000. 8. 1.	이화의료원 기획조정실에 적정진료실 신설
2000. 10. 1.	이대동대문병원 2차 진료기관으로 전환
2000. 12. 29.	이대동대문병원 허가 병상 수를 521병상에서 403병상으로 축소
2001. 2. 1.	이대목동병원 의료보호 3차 진료기관 지정
2001. 3.	이대목동병원 병동 증축 공사 착공
2001. 3. 1.	이화의료원 사무국 신설
2001. 4.	이대목동병원 2002 한일 월드컵 협력병원 지정
2001. 4. 24.	의과대학 6, 7층 부분 증축 공사 완공
2001. 8. 1.	제15대 이대동대문병원장에 윤견일 교수 취임
2001. 9. 3.	이대동대문병원 소화기센터 진료 개시
2001. 9. 24.	이대목동병원 국내 의료업계 최초로 HP Super Dome 전산 시스템 도입 가동
2001. 10. 30.	이대동대문병원 피부·성형외과센터 진료 개시
2001. 12.	이대목동병원 Full PACS 도입 가동
2002. 2. 1.	제8대 이화여자대학교 의무부총장 겸 의료원장에 우복희 교수 연임 제4대 이대목동병원장에 박영요 교수 취임
2002. 8. 7.	이대목동병원 모자센터 개소
2002. 8. 10.	이대목동병원 인공신장실 확장 이전
2002. 9. 16.	이대목동병원 병리과 확장 이전

2002. 11. 1.	이대목동병원 뇌신경센터 개소 이대목동병원 수술실 증축 완료(9실→14실)
2002. 12. 1.	이대목동병원 Dual Head 감마카메라 도입 가동
2002. 12. 16.	이대목동병원 16 슬라이드 CT 도입 가동
2003. 2. 13.	이대목동병원 증축 개소식
2003. 3.	이대목동병원 유방센터 확장
2003. 5. 23.	이대목동병원 그룹웨어 정식 오픈
2003. 8. 14.	제9대 이화여자대학교 의무부총장 겸 의료원장에 윤견일 교수 취임
2003. 8.	이대목동병원 자주식 주차장 완공
2003. 9. 19.	제16대 이대동대문병원장에 연규월 교수 취임
2003. 10. 1.	이대동대문병원 치과 외래 새단장 오픈
2003. 11. 1.	이대동대문병원 인공관절센터 개설(25병상 증설)
2003. 12. 1.	이대목동병원 PET(양전자 방출 단층촬영기) 도입 가동
2004. 4. 4.	이대동대문병원 비뇨기과 체외충격파 쇄석기(ESWL) 도입 가동
2004. 4. 30.	이대동대문병원 종합건강검진센터, 병동 7~8층 새단장
2004. 6. 26.	이대목동병원 전신촬영 MRI 도입
2004. 7. 15.	이대목동병원 초고속 선도망(KOREN) 개통
2004. 10.	이대동대문병원 4슬라이스 MDCT 도입
2004. 10. 8.	이대동대문병원 Full-PACS 구축 가동
2004. 10. 10.	이대동대문병원 진단방사선과 확장 이전
2004. 12. 9.	이대목동병원 별관 개관
2005. 1. 14.	이대목동병원 치과진료부(Dental Center) 개소
2005. 1. 18.	이대동대문병원 장례식장 새롭게 단장
2005. 2. 1.	제5대 이대목동병원장에 서현숙 교수 취임
2005. 2.	이대동대문병원 채혈실 새단장 오픈
2005. 2. 18.	이대목동병원 건강증진센터 개소
2005. 3. 9.	이대목동병원 소아응급실 확장 개소
2005. 4. 14.	이대목동병원 의료기관 평가 상위 10대 우수병원 선정
2005. 6. 30.	이대목동병원 소화기센터 오픈
2005. 7. 5.	이대목동병원 신장센터 확장
2005. 7. 25.	이대동대문병원 방사선과 감마 스펙트 가동
2005. 8. 1.	제10대 이화여자대학교 의무부총장 겸 의료원장에 윤견일 교수 연임 제17대 이대동대문병원장에 연규월 교수 연임
2005. 8.	이대동대문병원 외국인 전용 진료실 신설

2005. 9. 8.	이대목동병원 인터넷 진료의뢰 시스템(Refer System) 오픈
2006. 1. 9.	이대목동병원 초고속 64 슬라이스(Slice) CT 도입
2006. 4.	이대동대문병원 전국의료기관평가 최상위 4대 병원 선정
2006. 9.	이화의료원 U-hospital 협력 조인식
2006. 10	이대목동병원, '제1회 지역 협력 병의원장의 밤' 개최
2006. 11.	이대목동병원 BAM/RFID(혈액재고 관리 및 입원실 온도/습도 관리 데모 룸) 구축
2007. 2.	제6대 이대목동병원장에 서현숙 교수 연임
2007. 8.	제11대 이화여자대학교 의무부총장 겸 의료원장에 서현숙 교수 취임 제7대 이대목동병원장에 김양우 교수 취임, 제18대 이대동대문병원장에 심봉석 교수 취임
2007. 9.	이대목동병원 '고객 중심 안내 시스템' 구축 복약 상담실 신설, 진료협력센터 확장 이전
2007. 10.	이대목동병원, 디지털 X-ray 촬영기 및 디지털 혈관조영장치 도입 가동 이화의료원, 2007 여성 소비자가 뽑은 좋은 기업 대상 '여성 특화병원' 부문 수상 이화의료원, 우림건설과 상암 카이저 팰리스 클래식 진료 지정병원 협약 체결
2007. 11.	이대목동병원, 자기공명 영상장치 3T MRI 도입 가동
2007. 12.	이대목동병원, 환자와 보호자 위한 옥상정원 '이화쉼터' 개설 이화의료원, 서울특별시 양천메디컬센터 민간 위탁기관으로 선정
2008. 2.	이대목동병원 이화임상시험센터 설립
2008. 3.	이대목동병원 의료기기 임상시험 실시 기관 선정
2008. 4.	이대목동병원 국내 최초 토요일 전문의 진료 및 정규 수술 개시 이대목동병원 여성 소비자가 뽑은 품질·서비스 1위 '여성암 전문병원' 부문 선정
2008. 5.	이대목동병원 '제1회 세계인의 날' 단체 부문 최고상(국무총리상) 수상 이대목동병원 2007 의료기관 서비스 평가 최우수 등급(All A) 획득
2008. 6.	이대목동병원 지역 응급의료센터 평가, 최우수 등급(A) 획득
2008. 9. 30.	이대동대문병원 폐업 신고 완료
2008. 10.	이대목동병원 여성 소비자가 뽑은 좋은 기업 대상 '여성특화병원' 부문 2년 연속 수상
2008. 12.	이대목동병원 급성심근경색증·제왕절개분만 우수기관 선정 이대목동병원 보건복지가족부 종합전문요양기관 평가에서 3차 진료기관 재선정
2009. 2.	이대목동병원 최신 첨단 유방 감마스캔 도입
2009. 3. 2.	국내 종합전문요양기관 최초 이대여성암전문병원 개원 국내 종합전문요양기관 최초 여성건진센터 개소 국내 최초 이대여성암연구소 설립
2009. 3. 6.	이대목동병원 서울시 소방재난본부와 진료지정병원 협약 체결
2009. 3. 18.	양천구 정신보건센터 수탁 운영 협약 체결
2009. 6.	이화의료원, 여성소비자가 뽑은 품질·서비스 1위 '여성암전문병원' 부문 수상

2009. 8. 1.	제12대 이화여자대학교 의무부총장 겸 의료원장에 서현숙 교수 연임 제8대 이대목동병원장에 김승철 교수 취임
2009. 8. 12.	이화의료원, 강서구 치매지원센터 수탁 운영 협약 체결
2009. 9.	이대여성암병원, 자궁근선종 클리닉 개설
2009. 9. 25.	이화의료원, '서비스 경영대상' 종합병원 부문 대상 수상
2009. 10. 28.	이화의료원, 최신 첨단 '온열암치료기' 도입
2009. 11.	이화의료원, '로봇수술센터' 개소
2009. 11. 20.	이대여성암병원, '여성 소비자가 뽑은 좋은 기업 대상' 3년 연속 수상
2009. 12. 7.	이대목동병원, 4층 병동공사에 따른 병상 축소 운영(867→794병상)
2009. 12. 9.	이화의료원, 강서구치매지원센터 개소
2009. 12.	이대여성암병원, 갑상선 고주파 치료 클리닉 개설
2010. 1. 25.	이대여성암병원, 방사성 요오드 치료 위한 '핵의학 클리닉' 개설
2010. 2. 19.	이대여성암병원, '2010 소비자가 뽑은 가장 신뢰하는 브랜드 대상' 수상
2010. 2. 22.	이대목동병원, 4층 공사완료에 따른 병상 증설 운영 (794→857병상)
2010. 3. 2.	이대목동병원 레이디병동 오픈 및 모자센터 리모델링 오픈 이대목동병원 허가 병상 수를 857병상으로 증설
2010. 3. 3.	이대목동병원 뇌졸중센터 개소
2010. 3. 24.	이대목동병원 2010 결핵예방의 날 보건복지부 장관 기관 표창
2010. 4. 1.	이대목동병원 이화아카데미 개설 및 교육과정 진행
2010. 5. 14.	이화의료원, '여성소비자가 뽑은 품질·서비스 1위' 3년 연속 수상
2010. 7. 2.	이대목동병원 위·대장암협진센터 오픈
2010. 8. 18.	이대목동병원 성인지의학 협진클리닉 개설
2010. 9. 14.	이대목동병원 위·대장암협진센터 메디컬코리아 대상 수상
2010. 10.	이대목동병원 128채널 PET-CT 및 128채널 듀얼 CT 도입
2011. 2. 9.	이대목동병원 보건복지부 주관 국내 의료기관 인증 획득
2011. 3. 24.	이대여성암병원, 대한민국 글로벌 의료서비스 대상 수상
2011. 4. 11.	이대목동병원 차세대 응급실 모델 구축 시범 사업자 선정
2011. 4. 14.	이대여성암병원 2011 '브랜드 스타' 선정 이대목동병원 암 환우를 위한 '희망텃밭' 조성
2011. 4. 29.	2011 여성이 뽑은 최고의 명품 대상 '여성암센터 부문' 수상
2011. 5. 19.	이대목동병원 국제진료소 개소
2011. 5. 27.	이화의료원 운영 시립양천메디컬센터(현 서울특별시 서남병원) 개원
2011. 7. 14.	이화의료원 JCI 국제의료기관 인증 획득

2011. 8. 1.	제13대 이화여자대학교 의무부총장 겸 의료원장에 서현숙 교수 연임 제9대 이대목동병원장에 김광호 교수 취임
2011. 11. 24.	이대목동병원 위암·대장암협진센터, '메디컬코리아 대상' 2년 연속 수상
2011. 12. 14.	이화의료원, 서울대병원과 협력병원 협약 체결
2011. 12. 23.	이화의료원 새 병원 제2부속병원 건립 부지 확정(서울 강서구 마곡 도시개발지구 내)
2011. 12. 29.	이화의료원, 최첨단 방사선 암 치료기 '트릴로지(Trilogy)' 가동
2012. 1. 17.	이대여성암병원, '2012 소비자가 뽑은 가장 신뢰하는 브랜드 대상' 수상
2012. 1. 19.	이대목동병원 뇌졸중센터, 국제의료기관 인증(JCI CCPC) 획득
2012. 2. 6.	이화의료원, 카자흐스탄 마시모프 헬스센터와 MOU 체결
2012. 3. 1.	이화융합의학연구원 개원
2012. 3. 14.	이화의료원, 주한 베트남 대사관과 MOU 체결
2012. 3. 16.	이대목동병원, 어깨질환센터 개소
2012. 4. 3.	이화의료원, 주한 몽골 대사관과 MOU 체결
2012. 5. 10.	여성암정복특성화연구센터, 보건복지부 '병원 특성화 연구센터 지원사업' 선정
2012. 5. 22.	이대목동병원, 보건복지부 건강보험심사평가원 위암·대장암 수술 성과 평가 1등급 획득
2012. 5. 23.	신경계 희귀질환 중개연구센터, 보건복지부, '희귀질환 연구센터 지원사업' 선정
2012. 5. 29.	이화의료원 새 병원 마스터플랜 수립 용역 시행
2012. 10. 25.	이대목동병원, 뇌졸중 전문 치료실 인증 획득
2012. 10. 31.	이화의료원, 최첨단 '디지털 3차원 맘모그라피' 도입
2012. 11. 1.	이대목동병원, 우수내시경실 인증 획득
2012. 11. 6.	이대목동병원, 수면센터 개소
2012. 11. 15.	이화의료원, 중국 양주대학부속 슈베이병원과 MOU 체결
2012. 12. 27.	이화의료원, 한국이민재단과 외국인환자 유치 협약 체결
2012. 12. 28.	이대목동병원, 보건복지부 대장암 진료 평가 최우수 병원 선정
2013. 2. 1.	이화의료원, 재중국 한국인회와 진료 협약 체결
2013. 2. 18.	이화의료원 새 병원 마스터플랜 수립 용역 종료
2013. 3. 26.	이대여성암병원, 유방암 수술 건수 국내 5위 달성
2013. 5. 15.	이화의료원, 중국 양주대학부속 슈베이병원과 국제 심포지엄 개최
2013. 5. 22.	이대여성암병원, '여성이 뽑은 최고의 명품 대상' 암센터 부문 5년 연속 수상
2013. 6. 19.	이대목동병원, 환자 만족도 1위로 '좋은 암병원' 선정
2013. 7. 15.	이대목동병원, 심평원 혈액투석 적정성 평가 결과 '1등급' 획득
2013. 8. 1.	제14대 이화여자대학교 의무부총장 겸 의료원장에 이순남 교수 취임 제10대 이대목동병원장에 유권 교수 취임

2013. 9. 12.	이대목동병원, 한국장기기증원과 장기기증 활성화 업무협약 체결
2013. 10. 8.	이화의료원, 국내 최초 이른둥이 지원 이화도담도담지원센터 개원
2013. 10. 11.	이화의료원, 여성암 정복 국제 심포지엄 개최
2013. 11. 30.	이화의료원, 여성건강 국제 심포지엄 개최
2013. 12. 13.	이대목동병원 간센터, '2013 메디컬코리아 대상' 수상
2013. 12. 18.	이화의료원, 캄보디아 헤브론 병원과 MOU 체결
2013. 12. 20.	이화의료원 새 병원 제2부속병원 설계안 확정
2013. 12. 23.	이대목동병원, 심평원 중증 질환 적정성 평가 유방암·대장암·급성심근경색증 1등급 획득
2013. 12. 26.	이대여성암병원, '2013 한국창조경영브랜드' 대상 수상
2014. 1. 14.	이대여성암병원, '2014 소비자가 뽑은 신뢰하는 브랜드' 대상 수상
2014. 1. 17.	이화의료원, 중국 정주시 인민해방군 153병원과 MOU 체결
2014. 2. 11.	이대목동병원, 임상시험기관 평가 'A' 등급 획득
2014. 2. 21.	이화의료원, 서울특별시 강서구와 「의료문화관광벨트 조성 및 지역특화발전특구」 지정을 위한 협약 체결
2014. 4. 14.	이화의료원 새 병원 및 의과대학 설계안 발표
2014. 4. 24.	이대목동병원, 특수건강진단실·국가건강검진실 개소
2014. 5.	이대여성암정복특성화연구센터 2014 보건복지부 질환 극복 기술개발 연구과제 2단계 사업 개시
2014. 5. 22.	이화의료원, '여성이 뽑은 최고의 명품 대상' 암센터 부문 6년 연속 수상
2014. 5. 19.	이대목동병원, 호스피스실 개소
2014. 5. 29.	이대목동병원, 급성기 뇌졸중 적정성 평가 1등급 획득
2014. 6. 20.	이화의료원, 'JCI 재인증' 성공
2014. 7. 9.	이대목동병원 뇌졸중센터, '대한민국 보건의료대상' 국회 보건복지위원장상 수상
2014. 7. 15.	이화의료원, 김포국제공항의원 개소
2014. 7. 17.	이화의료원, '2014 몽골 의료봉사단' 발대식 개최
2014. 8. 27.	서울특별시 서남병원 재수탁협약 체결
2014. 9. 1.	이화인재개발센터 설립
2014. 10. 29.	이화의료원·중국 양쪼우 슈베이병원, 제3회 국제 심포지엄 개최
2014. 10. 30.	이화의료원, 베트남 빈멕 국제병원과 협력 의향서(LOI) 체결
2014. 11.	이대목동병원, 법무부장관 지정 외국인 환자 우수 유치기관 선정
2014. 11. 1.	이대목동병원 교정과, 대한치과교정학회 최우수상 수상
2014. 11. 5.	이대여성암병원, '여성 소비자가 뽑은 좋은 기업 대상' 수상
2014. 11. 8.	이대목동병원, 토요일 진료 및 수술 확대 실시
2014. 11. 17.	이대목동병원, 온열암 국제 심포지엄 개최
2014. 12. 3.	이대목동병원, '제19회 소비자의 날' 대통령 표창 수상

2014. 12. 10.	이대목동병원, 유방암 적정성 평가 2년 연속 1등급 획득
2014. 12. 10.	이대목동병원, 수련병원 최고 자격 획득
2014. 12. 18.	이대목동병원 간센터, '2014메디컬 코리아 대상' 2년 연속 수상
2014. 12. 23.	이대목동병원, '폐암·대장암 적정성 평가' 1등급 획득
2015. 1. 16.	이화의료원 새 병원 및 의과대학 건축 개시 기념 예배 개최
2015. 1. 20.	이대여성암병원, '2015 소비자가 뽑은 신뢰하는 브랜드 대상' 수상
2015. 1. 27.	이화의료원, '2015 소비자 선정 최고의 브랜드 대상' 종합병원부문 2년 연속 수상
2015. 2. 5.	이대목동병원 '청소년 아름다움' 주치의사업 협약식 개최
2015. 3. 26.	이화의료원, 식품의약품안전처장 표창 수상
2015. 4. 8.	이대목동병원, 한국산업기술시험원과 MOU 체결
2015. 4. 9.	이대목동병원, 메디컬코리아 글로벌 헬스케어 해외환자 유치 부문 보건복지부 장관상 수상
2015. 4. 27.	이화의료원, '이화의료원 발전후원회' 출범
2015. 4. 30.	이화의료원, 국립중앙의료원과 MOU 체결
2015. 5. 20.	이대여성암병원, '여성이 뽑은 최고의 명품 대상' 암센터 부문 7년 연속 수상 이대여성건진센터/건강증진센터, '여성이 뽑은 최고의 명품 대상' 건강증진센터 부문 2년 연속 수상
2015. 5. 28.	이화의료원, 2015 노사 파트너십 프로그램 지원 업체 선정에 따른 '건강병원 선포식' 개최
2015. 6. 26.	이대여성건진센터/건강증진센터, 코리아 헤럴드 주관 'Best Brand of 2015' 대상 수상
2015. 7. 16.	이대목동병원, 염증성장질환센터 개소
2015. 7. 20.	이화해외의료봉사단, 몽골 의료봉사 활동
2015. 8. 1.	제15대 이화여자대학교 의무부총장 겸 의료원장에 김승철 교수 취임 제11대 이대목동병원장에 유경하 교수 취임
2015. 8. 2.	이화해외의료봉사단, 우즈베키스탄 의료봉사 활동
2015. 8. 4.	이대목동병원 간호부, 이화 간호봉사 발대식 개최
2015. 9. 2.	이대여성암병원, '2015 대한민국 보건의료대상' 종합대상 보건복지부 장관상 수상 이대목동병원 수면센터, '2015 대한민국 보건의료대상' 국회 보건복지위원장상 수상
2015. 9. 4.	이화여자대학교 의과대학 창립 70주년 기념행사 개최
2015. 9. 15.	이대목동병원 소화기내시경실·건강증진센터, '2015년 우수내시경실' 인증 획득 로제타 홀 여사 후손, 이대목동병원 방문
2015. 10. 1.	이대목동병원 심장혈관센터, 부정맥 클리닉 개소
2015. 11. 2.	이대여성암병원 부인종양센터, '2015 좋은 기업 대상' 수상
2015. 11. 6.	이대목동병원, 육아방송과 업무협약 체결
2015. 11. 11.	이대목동병원, 국내 유일 '방광암/인공방광센터' 개소
2015. 11. 16.	이화의료원, AIA생명과 함께 여성암 환우 지원 황교안 국무총리, 메르스 사태 모범 대처 이대목동병원 방문

2015. 11. 19.	이대목동병원, 양천구청과 직업 체험 업무협약 체결
2015. 11. 20.	이대목동병원, 보건복지부 급성기 뇌졸중 적정성 평가 6회 연속 1등급 획득 이화의료원, '2015 한국PR대상' 이미지 PR 부문 최우수상 수상
2015. 11. 23.	이화의료원 새 병원 및 의과대학 착공식 개최
2015. 11. 26.	이대목동병원, 양천소방서와 업무협약 체결
2015. 12. 9.	이대목동병원 방광암/인공방광센터, 메드컬코리아 대상 수상
2015. 12. 17.	이대목동병원, 콩팥건강클리닉 개소
2015. 12. 22.	이대목동병원, 한국인체조직기증원과 협약 체결
2015. 12. 23.	이대목동병원, 서울특별시 서남권 권역응급의료센터 지정
2015. 12. 30.	이대목동병원, 장기이식센터 개소
2016. 1.	이화해외의료봉사단, 2016 캄보디아·베트남 의료봉사 활동
2016. 1. 11.	이대목동병원, 위암 적정성 평가 1등급 획득 이대목동병원, 폐암 적정성 평가 2년 연속 1등급 획득
2016. 1. 25.	이대목동병원, 건강장수클리닉 개소
2016. 1. 27.	이대목동병원 산부인과, 싱글사이트 로봇수술 국내 최다 200건 기록
2016. 1. 28.	이화의료원, '2016 소비자 선정 최고의 브랜드 대상' 종합병원 부문 3년 연속 수상
2016. 1. 29.	이대여성암병원, '여성암 심포지엄' 개최
2016. 2. 2.	이대목동병원, 보건복지부 폐렴 적정성 평가 1등급 획득
2016. 2. 4.	이대목동병원, 말초신경수술센터 개소
2016. 2. 5.	정진엽 보건복지부 장관, 설 연휴 응급의료체계 점검 위해 이대목동병원 방문
2016. 2. 17.	이대목동병원, 하지중증외상센터 개소
2016. 2. 25.	이화의료원 KC대학교 상호 협력 교류 협약
2016. 2. 26.	이화의료원 병원계 유일 '2015 노사 파트너십 프로그램 지원 사업 우수 사례' 선정
2016. 3. 4.	이대목동병원, 모바일 결제 시스템 개발 협약식 개최
2016. 3. 9.	이대목동병원, 턱얼굴심미센터 개소
2016. 3. 19.	이대목동병원, 유방암 적정성 평가 3년 연속 1등급 획득
2016. 3. 23.	이대목동병원, 고도비만수술센터 개소
2016. 4. 12.	이대목동병원, 4년 연속 대장암 적정성 평가 1등급 획득
2016. 5. 1.	이대목동병원, 연구부 신설
2016. 5. 3.	이대목동병원, 파킨슨센터 개소
2016. 5. 25.	이대여성암병원, '여성이 뽑은 최고의 명품 대상' 암센터 부문 8년 연속 수상 이대목동병원 장기이식센터, '여성이 뽑은 최고의 명품 대상' 특성화센터 부문 수상
2016. 6. 16.	이화의료원, 제2의 도약 위한 뉴비전 선포식 개최
2016. 7. 1.	이대목동병원, 보건복지부 지정 서울 서남권 권역응급의료센터 개소

2016. 7. 5.	이화의료원, CS 비전 선포식 개최
2016. 7. 18.	이대목동병원, 몽골 국립모자병원과 MOU 체결
2016. 8. 22.	이화의료원, 녹십자랩셀과 편도유래 줄기세포 치료제 공동 연구 협약
2016. 8. 23.	이대목동병원, 암환자 성재활센터 개소 이화사랑나눔 봉사단 발대식
2016. 8. 27.	이대목동병원, 개원의와 함께하는 로봇수술 심포지엄 개최
2016. 8. 31.	이화의료원, 보구녀관 복원을 위한 워크숍 개최
2016. 9. 1.	이대목동병원, 러시아 태평양국립의과대학과 학술 교류 업무협약 체결 응급중환자진료과 신설
2016. 9. 12.	이대목동병원, 양천소방서와 업무협약 체결
2016. 9. 19.	이화의료원, 한국다중문화예술진흥원과 업무협약 체결
2016. 9. 21.	이대목동병원 심장혈관센터, 대한민국 보건의료대상 국회 보건복지위원장상 수상
2016. 9. 23.	이화의료원, 몽골 국립모자병원과 원격의료 서비스 협력 계약 체결
2016. 9. 28.	이화의료원, 이화의료기술경영아카데미 교육과정 개설
2016. 10. 4.	이대목동병원, 연구중심병원 추진단 발대식 개최
2016. 10. 8.	드니 무퀘게 서울 평화상 수상자, 이화의료원 방문
2016. 10. 12.	이대목동병원, 충주의료원과 진료협력 협약
2016. 10. 15.	이화의료원, 이화몽골의료봉사단 초이발산시 의료봉사 활동(~21일)
2016. 10. 19.	이대목동병원, 홍성의료원과 진료협력 협약 이대여성암병원, 재발성부인암센터 개소
2016. 11. 14.	이대목동병원, 청주의료원 진료협력 협약
2016. 11. 22.	이대목동병원, 가임력보존센터, 조산예방치료센터, 태아치료센터 개소
2016. 11. 24.	이대목동병원, 메디컬코리아 대상 보건복지부 장관상 수상
2016. 12. 1.	이대목동병원, 간호·간병 통합 서비스 병동 운영 개시
2017. 1.	이화의료원 해외의료봉사단, 캄보디아·베트남 해외 의료 봉사
2017. 1. 2.	이화의료원, 존중의료 선포식 개최
2017. 1. 16.	이대목동병원, 경기도의료원 이천병원 진료협력 협약
2017. 1. 24.	이화의료원, '2017 소비자 선정 최고의 브랜드 대상' 종합병원 부문 4년 연속 수상
2017. 2. 6.	이대목동병원, 투석혈관통로센터 개소
2017. 2. 9.	이화의료원, LG-이화가 함께 하는 환경 심포지엄 개최
2017. 2. 20.	이대목동병원, 입원전담전문의제도 시범사업 병원 선정
2017. 2. 28.	이대목동병원, 고위험 산모·신생아 통합치료센터 지정 기관 선정
2017. 3. 15.	이화의료원, 삼성서울병원과 유전체 연구 상호 협력을 위한 협약 체결

2017. 3. 16.	이화의료원, 대한적십자사와 헌혈 활성화 업무협약 체결 이대목동병원, 보건복지부 위암 적정성 평가 1등급 획득
2017. 4. 3.	이대목동병원, 노인의학센터 개소
2017. 4. 4.	이대목동병원, 척추센터 개소
2017. 4. 6.	이화의료원, '한화-이화가 함께하는 생명 수호 심포지엄' 개최
2017. 4.10.	이대목동병원, 의학유전학센터 개소 이대목동병원, 폐암 적정성 평가 3년 연속 1등급 획득
2017. 4. 25.	서울 서남권 권역응급의료센터-응급의료센터 의료협약 체결 및 간담회 개최
2017. 4. 26.	이화의료원, 이화로제타홀 의료선교센터 개소
2017. 5.	이대목동병원, 5년 연속 대장암 적정성 평가 1등급 획득 이대목동병원, 유방암 적정성 평가 4년 연속 1등급 획득 이대목동병원, 폐렴 적정성 평가 1등급 획득 이대목동병원, 수술의 예방적 항생제 적정성 평가 1등급 획득
2017. 5. 10.	이대목동병원, 제주대병원과 협력병원 협약 체결
2017. 5. 24.	이화의료원, 희년의료공제회 진료 지정병원 협약 체결
2017. 5. 26.	이화여자대학교 의과대학·의학전문대학원, 보구녀관 130주년 기념 학술 심포지엄 개최
2017. 5. 30.	이화융합의학연구원, 2017 국제 심포지엄 개최
2017. 5. 30.	이화의료원, 씨젠의료재단과 업무협약 체결
2017. 6. 1.	이화줄기세포재생의학연구소, 줄기세포 심포지엄 개최
2017. 6. 29.	이대목동병원 위·대장센터, 2017 의료소비자만족 대상 수상
2017. 7. 4.	이대목동병원, 이화백혈병센터 개소
2017. 7. 12.	이화의료원, (사)한국이주민건강협회 희망의 친구들과 업무협약 체결 이대목동병원, 서울 서남권역 응급의료신터 간담회 개최
2017. 7. 17.	이화의료원, 몽골의료 봉사 발대식 개최
2017. 8. 1.	제16대 이화여자대학교 의무부총장 겸 의료원장 심봉석 교수 취임 제12대 이대목동병원장 정혜원 교수 취임 병문안객 통제 시스템 가동
2017. 8. 22.	이대목동병원, 악안면초음파센터 개소
2017. 9. 18.	이대목동병원, 2017 대한민국 보건의료대상 수상
2017. 10. 29.	이화의료원, 이대서울병원 성공적 건립을 위한 조수미 콘서트 개최
2017. 11. 2.	이화의료원, 보구녀관 설립 130주년 기념 태교 음악회 개최
2017. 11. 14.	이대목동병원, 서울 서남권역 응급의료신터 간담회 개최
2017. 11. 17.	이화의료원, 이른둥이 양육 환경 개선을 위한 정책 세미나 개최
2017. 11. 29.	이화의료원, 유한킴벌리와 호흡기 건강 캠페인 행사 이대목동병원, 로봇수술센터, 메디컬코리아 대상 수상
2017. 12. 13.	이대목동병원, 관상동맥우회술 1등급 획득

2018. 1. 23.	이화의료원, 운영특별위원회 위원장 김광호 교수 임명
2018. 2. 1.	이대목동병원, 차세대 EMR System 운영
2018. 3. 7.	이대목동병원, (사)한국기업혁신진흥원과 업무협약 체결
2018. 3. 8.	第17대 이화여자대학교 의무부총장 겸 의료원장에 문병인 교수 취임 第13대 이대목동병원장에 한종인 교수 취임
2018. 3. 20.	이대여성암병원, (사)한국대강소기업상생협회와 업무협약 체결
2018. 4. 23.	이대목동병원, 상급종합병원 지정 신청 자진 철회
2018. 4. 24.	이대목동병원, 우즈베키스탄 국립아동병원 운영 자문
2018. 4. 28.	이화의료원, 중국 쓰옌시 타이허병원과 교류 협력 협약
2018. 5. 30.	이대목동병원, 국내 최초 골반장기탈출증 로봇수술 100례 돌파
2018. 5. 31.	이대목동병원, 급성기뇌졸중 적정성 평가 최고 등급 획득
2018. 6. 8.	이대목동병원, 4대암 적정성 평가 1등급 획득
2018. 6. 19.	이화의료원, '이화 미라클 건강검진 캠페인' 진행
2018. 6. 20.	이화의료원, 중국 타이허병원 교류협력단과 의료분야 교류 협력 회의 개최
2018. 6. 21.	이화의료원, 이화 감염교육·연구센터 개소 기념 국제 심포지엄 개최
2018. 6. 26.	이대여성암병원, 올림푸스한국과 여성암 환우 위한 사진 교육 진행
2018. 7. 2.	이대목동병원, 아프리카 말라위 대양간호대학 학장 초청 방문
2018. 7. 5.	이화의료원, 이화 감염교육·연구센터 개소
2018. 7. 17.	이대목동병원, '간이식 환우들과의 산행' 사진전 개최
2018. 7. 19.	이화의료원, 강서구청과 '특구 및 지역경제 활성화 협약식' 개최
2018. 7. 20.	이화의료원, 몽골 의료 취약지에서 의료 봉사
2018. 7. 26.	이화의료원, 2018 우즈베키스탄 이화해외의료봉사단 발대식
2018. 7. 31.	이대목동병원, 공공보건의료 의사직 임상 교육 사업자로 선정
2018. 8. 3.	이대목동병원, 뷰노와 공동개발한 AI 기반 의료용 음성 인식 소프트웨어 상용화
2018. 8. 20.	이화의료원, 사회공헌부 신설
2018. 8. 23.	이대목동병원, 중환자실 적정성 평가 1등급 획득
2018. 8. 27.	이화의료원, 일자리 창출 및 취업 지원 서비스 제공 업무협약 체결
2018. 9. 18.	이대목동병원, 인공방광센터 '대한민국 보건의료대상' 수상
2018. 9. 20.	이대목동병원, 서울 서남권역 권역응급의료센터 재지정
2018. 9. 21.	이화의료원, 세계 소녀건강 학술경영대회 및 국제학술대회 개최
2018. 10. 16.	이화의료원, 재생의약 치료제 개발 관련 업무 협약
2018. 10. 18.	이대목동병원, 이화치과 60주년 기념 학술대회 개최
2018. 10. 29.	이대목동병원, 호스피스실 우수 교육자료 기관 선정

2018. 11. 13.	이화의료원, 의과대학 및 이대서울병원 준공 기념 행사
2018. 12. 10.	이화의료원, GE헬스케어와 스마트 병원 구축을 위한 MOU 체결
2018. 12. 14.	이대목동병원, 첫 심장 이식 수술 성공
2019. 1. 2.	이화의료원, 뉴 HI 선포식 개최
2019. 1. 8.	이대서울병원, 올림푸스한국과 스마트 수술실 구축 협약
2019. 1. 17.	초대 이대서울병원장 편욱범 교수 취임
2019. 1. 23.	이대목동병원, 환자 편의 중심 통합형 스마트 병원 모바일 플랫폼 오픈
2019. 1. 29.	이대목동병원, 로봇수술센터 로봇수술 2,000례 돌파
2019. 2. 7.	이대서울병원, 이대서울병원 개원기념 행사
2019. 2. 13.	이화의료원, 로보케어와 공동 연구 업무협약 체결
2019. 2. 19.	이대목동병원, 국내 최초 LG U+'스마트 수면병실' 오픈
2019. 2. 20.	이대서울병원, 갤러리'아트큐브' 첫 전시회 개최
2019. 4.	이대목동병원, 우즈베키스탄 국립아동병원 운영 자문
2019. 4. 15.	이대목동병원, 치매 예방 위한 로봇인지치료센터 개소
2019. 4. 16.	이대목동병원 융합의학연구원, 제1회 코어랩 심포지엄 개최
2019. 4. 18.	이화의료원, 한국미혼모가족협회와 업무협약 체결
2019. 5. 15.	이대서울병원, 서울특별시 서남병원과 협력병원 협약 체결 이대서울병원, 대한적십자사와 헌혈 활성화 업무협약 체결
2019. 5. 23.	이대서울병원 정식 개원
2019. 5. 27.	이대서울병원 국제진료센터 개소
2019. 6.	이대목동병원, 수술 예방적 항생제 사용평가 1등급
2019. 6. 3.	이대서울병원, 미즈메디병원과 협력병원 협약
2019. 7. 1.	이화여자대학교와 이화의료원, 콩고 판지병원과 업무협약 체결 이화의료원, 원목실이 의료원 직제로 새롭게 출범
2019. 7. 5.	이화의료원, 서울특별시 강서양천교육지원청과 업무협약 체결
2019. 7. 6.	이화의료원, 제6차 로봇수술센터 심포지엄 개최
2019. 7. 16.	이화의료원, '마곡 M-밸리 이화 메디테크 비즈 교류회' 개최
2019. 7. 21.	이화의료원, 몽골 의료 취약지에서 의료 봉사(~28일)
2019. 7. 24.	이화의료원, 제1공수특전여단과 업무협약 체결
2019. 7. 29.	이화의료원, (주)헤링스와 업무협약 체결
2019. 8. 8.	이대목동병원, CJ헬로 양천방송과 업무협약 체결
2019. 8. 14.	이대서울병원, 신한카드 후원 어린이 도서관 개관
2019. 9. 2.	이화의료원, ㈜팜스빌과 업무협약 체결

2019. 9. 23.	이대목동병원, 양천구약사회와 종합건강검진 업무협약 체결
2019. 9. 26.	이대서울병원, '2019 대한민국 보건의료대상' 보건복지부 장관상 수상
2019. 10.	이대목동병원 뇌졸중센터, 대한뇌졸중학회 인증 획득
2019. 10. 2.	이대서울병원, 개원 후 첫 신장 이식 수술 성공
2019. 10. 5.	이화의료원, 중환자의학 심포지엄 개최
2019. 10. 31.	이화의료원, 보구녀관 132주년 기념 비전 세미나 개최
2019. 11. 11.	이화의료원, 웰스바이오(주)와 업무 제휴 협약
2019. 12. 4.	이화의료원, ㈜옵티메드와 첨단 일회용 대장내시경 공동 개발 협약
2019. 12. 5.	이화의료원, 강서양천유치원연합회와 업무협약 체결 이화의료원, 의료건강 사회공헌대상 종합병원 부문 수상
2019. 12. 12.	이화의료원, ㈜쓰리빅스와 공동 연구 업무협약 체결
2019. 12. 14.	이대서울병원 어깨질환센터, 국제 심포지엄 개최
2020. 1. 1.	이대서울병원, 지역응급의료센터 지정
2020. 1. 9.	이대서울병원, 2020 고객감동경영대상 전문 서비스 병원 부문 대상 수상
2020. 1. 15.	이대목동병원, 특수건강진단기관 평가 최고 등급 'S등급' 획득
2020. 1. 30.	이대목동병원, 2020 소비자 선정 최고의 브랜드 대상 종합병원부문 대상 수상 이대서울병원 웰니스 건강증진센터, 대방건설과 프로골프 선수단 건강관리 업무협약 체결
2020. 2. 1.	제18대 이화여자대학교 의무부총장 겸 의료원장에 유경하 교수 취임 제14대 이대목동병원장에 유재두 교수 취임 제2대 이대서울병원장에 임수미 교수 취임
2020. 3. 5.	이대서울병원, 서울특별시 강서구청과 코로나19 드라이브 스루 및 도보용 선별진료소 운영
2020. 4. 1.	이대여성암병원장에 문병인 교수 취임
2020. 4. 8.	이화의료원, 한국의료기기산업협회와 업무협약 체결
2020. 5.	이대서울병원, 뇌졸중 집중치료실 개소
2020. 5. 15.	이대서울병원, 간호·간병 통합서비스 병동 개소
2020. 5. 27.	이화의료원, ㈜라파스와 업무협약 체결
2020. 5. 29.	이화의료원, LG전자와 업무제휴 협약
2020. 6. 5.	이화의료원, 대한민국 렌탈사랑 협동조합-㈜아이파트너스그룹과 업무제휴 협약
2020. 6. 10.	이대서울병원, 웰에이징센터 개소
2020. 6. 10.	이화의료원, 50플러스코리안과 업무협약 체결
2020. 7.	이대목동병원, KT와 함께 우즈베키스탄 HIS 사업 진출
2020. 7. 1.	이대목동병원 병동 리뉴얼 및 신규 병동 개소식 개최
2020. 7. 7.	이화의료원, 산학협력관 개소 및 공동 업무협약 체결
2020. 7. 9.	이대서울병원 장례식장, 글로벌 헬스케어 대상 수상

2020. 7. 16.	이대목동병원 가족암케어센터 개소
2020. 7. 21.	이대서울병원, 보건복지부 '보건의료 데이터 중심병원' 선정
2020. 7. 21.	이화의료원, 서울시 아토피·천식 교육정보센터와 업무협약 체결
2020. 7. 23.	이화의료원, 한국신약개발연구조합과 업무협약 체결
2020. 7. 29.	이화의료원, 강서양천환경운동연합과 업무협약 체결
2020. 8.	이대서울병원, 비뇨의학과 SP 다빈치 수술 100례 달성
2020. 8. 1.	이대목동병원 한국유방건강재단 '유전자검사비 지원 사업' 협력 병원 선정
2020. 8. 3.	이대목동병원, 이화건강검진센터 개소
2020. 9. 1.	초대 보구녀관장에 김영주 교수 취임
2020. 9. 4.	이대목동병원, 여성질환과 마이크로바이옴 심포지엄 개최
2020. 10.	이대서울병원 산부인과, 다빈치 SP 로봇수술 500례 돌파
2020. 10. 16.	이화여자대학교 의과대학, 이대서울병원 제 38회 서울시 건축대상 최우수상 수상
2020. 10. 20.	이화의료원, 솔메딕스와 업무협약 체결
2020. 10. 30.	이화의료원, 보구녀관 설립 133주년 기념식 개최
2020. 11. 4.	이대서울병원, 신생아중환자실 개소
2020. 11. 11.	이대서울병원, 조혈모세포이식실 개소
2020. 11. 18.	이화의료원, (주)에이조스바이오와 업무협약 체결
2020. 11. 19.	이대목동병원, 아시아 최초로 태아 알코올 증후군 예방 연구소 개소
2020. 11. 27.	이화의료원, 코오롱인더스트리(주)와 업무협약 체결
2020. 11. 30.	이화의료원, 양천구청, 서울에너지공사, LG전자와 친환경 에너지 병원 조성 업무협약 체결
2020. 12.	이화의료원, 중환자실 적정성 평가 1등급 획득 이대서울병원, 지역응급의료센터 평가 서울·전국 1위 이대서울병원 '우수내시경실' 인증 획득 이대목동병원 상급종합병원 지정
2021. 1.	이대서울병원, 500번째 분만 달성 이대서울병원, 표면 유도 마커리스 방사선 치료 보조기기 국내 첫 도입
2021. 3. 8.	이화의료원, 의료진 대상 코로나19 백신 접종 실시
2021. 3. 16.	이화의료원, 메디헬프라인, 대한의료데이터협회와 업무협약 체결
2021. 4. 9.	이대서울병원, CT-MRI촬영실 확장 운영
2021. 4. 14.	이대서울병원 모아센터, 이전 VIP실 개조해 확장 개소
2021. 5.	이대서울병원, 2021년 의료데이터 중심병원 지원사업 연속 선정 이대목동병원, 이대서울병원 '유방암·위암 적정성 평가' 1등급 획득
2021. 5. 18.	이화의료원-(주)지아이셀, 바이오헬스 산업 육성 위해 업무제휴 협약
2021. 5. 27.	이대서울병원, 65~74세 일반인 대상 코로나19 백신접종 시작

2021. 6. 1.	이화의료원, 코어라인소프트와 업무협약 체결
2021. 6. 23.	이화의료원, 한국로날드맥도날드하우스와 공동사회공헌사업 업무협약 체결
2021. 6. 28.	이대서울병원, 의료 솔루션 기업 비플러스랩과 업무협약 체결
2021. 7. 1.	이대서울병원, 경피적 대동맥판막삽입(TAVI)술 시술기관 승인
2021. 7. 27.	이화의료원, 케이웨더와 업무협약 체결 이화의료원, 바스그룹·나누리의료재단과 정밀의료 플랫폼 구축 업무협약 체결
2021. 8.	이대서울병원 장례식장, 글로벌 헬스케어 대상 수상 이대목동병원·이대서울병원, 건강보험심사평가원 관상동맥우회술 적정성평가 1등급 획득
2021. 9.	배우 전미도, 이화의료원 명예홍보대사 위촉
2021. 9. 24.	이대서울병원, 이원다이애그노믹스와 유전체 공동연구 위한 업무협약 체결
2021. 10.	의학전문기자 이진한, 이화의료원 명예홍보대사 위촉 이화의료원, 미 뉴스위크지 '2022 세계 최고의 전문병원' 평가에서 3개 분야 선정(소아청소년과 61위, 신경과 85위, 정형외과 93위)
2021. 11. 12.	제1회 이화의료원 산·학·연·병 네트워크 데이 개최
2021. 12. 7.	이대서울병원 모아센터 1,000번째 분만 달성 이화의료원, 바디프렌드와 업무협약 체결
2021. 12. 24.	이대서울병원, '코로나19 거점전담병원' 지정 문재인 대통령, 서울 소재 대학병원 최초로 코로나19 거점전담병원 지정된 이대서울병원 방문
2021. 12. 30.	이대서울병원, '2020년 응급의료기관 평가' A등급
2022. 1. 20.	이화의료원, (주)티에스바이오와 업무협약 체결
2022. 1. 26.	이화의료원, (주)큐브바이오와 공동기술개발 계약 체결
2022. 2. 1.	제19대 이화여자대학교 의무부총장 겸 의료원장에 유경하 교수 연임 제15대 이대목동병원장에 유재두 교수 연임 제3대 이대서울병원장에 임수미 교수 연임
2022. 2. 3.	이대서울병원, 코로나19 환자 전담치료 병동 개설
2022. 2. 14.	이대비뇨기병원 개원 제1대 이대비뇨기병원장에 이동현 교수 취임
2022. 3.	이화의료원, 미 뉴스위크 선정 국내병원 '22위→13위'로 급상승
2022. 3. 17.	이대서울병원, 성남시 의료 빅데이터 플랫폼 구축·운영사업 참여
2022. 3. 23.	이대서울병원, 신생아중환자실 감염격리병동 오픈
2022. 4.	이대서울병원, 아르테미스 전립선 조직검사 100례 달성 이화의료원, 심방세동 시술 '냉동 풍선 절제술' 100례 달성
2022. 4. 13.	이대서울병원, 체계적 의료서비스 '재관류치료 뇌졸중센터' 인증 획득
2022. 5.	이대서울병원, 의료데이터 중심병원 지원사업 3년 연속 선정
2022. 5. 23.	이대서울병원, 이화의료원 135주년 기념 최영훈 초대전 개최(~7/17)
2022. 6.	이대목동병원·이대서울병원 심평원 마취 적정성 평가 1등급 획득

2022. 6. 8.	이대서울병원, 부정맥 시술실 개소 이화의료원, 해피문데이와 업무협약 체결
2022. 7.	이대서울병원, 로봇 단일공 대장수술 100례 달성
2022. 7. 4.	이대서울병원, 첫진료 라운지 개소
2022. 7. 5.	이화의료원, 이화 바이오 코어 연구소 개소
2022. 7. 21.	이대목동병원, 소아청소년과 외래 이전 개소
2022. 7. 22.	이대목동병원, 심평원 창립 22주년 기념 감사패 수상
2022. 7. 23.	이화의료원, 제7차 로봇수술 심포지엄 개최
2022. 8.	이화의료원, 급성기뇌졸중 적정성 평가 '1등급' 획득
2022. 8. 1.	이대여성암병원, 유방암·갑상선암센터 분리로 진료 특성화
2022. 8. 4.	이화의료원, 미주한인상공회의소 총연합회와 MOU 체결 리투아니아 경제혁신부 차관, 이대목동병원 방문
2022. 8. 23.	이화의료원, 롯데건설과 시니어타운 의료서비스 MOU
2022. 8. 26.	이화의료원, 해피문데이와 '펨테크 컨소시엄' 공식 출범
2022. 9. 1.	이대여성암병원, 기존 별관 4층에서 별관 5층까지 확대 운영
2022. 9. 5.	이대서울병원, 어린이 환경건강 클리닉 운영 시작
2022. 9. 14.	이대서울병원, 소변건강연구소 개소식 개최
2022. 10. 21.	이화의료원, 제1회 탁구대회 개최
2022. 10. 24.	이화의료원, 보구녀관 설립 135주년 기념식 개최 이화의료원 역사모형동산 제막 이화의료원, 이대서울병원 아트큐브에서 '보구녀관 1887부터 이화의료원 2022까지' 기념 특별전 개최 이화의료원, 이화의료아카데미 개소

1 「Heathen Woman's Friend」(1886.4), p. 249: 이덕주, 『스크랜턴: 어머니와 아들의 조선 선교 이야기』(2015), 공옥출판사, p. 149 재인용.

2 「The Korean Repository Ⅲ-1」, pp. 3~4; 이배용 · 이현진, 『스크랜튼』(2009), 이화여자대학교출판문화원, p. 42 재인용.

3 「Annual Report of Missionary Society of the Methodist Episcopal Church」(1886), pp. 47~48.

4 W. C. Barclay, 『History of Methodist Missions, Part Two: The Methodist Episcopal Church』(1845~1939), 『New York: The Board of Missions of the Methodist Church』(1957), p. 742: 이덕주, 『스크랜턴: 어머니와 아들의 조선 선교 이야기』(2015), 공옥출판사, p. 84 참조.

5 「The Korean Mission Field」 30-7(1934), pp. 154~155; 최혜정, 『큰 별 되어 조선을 비추다』(2015), 초이스북, pp. 24~26 참조.

6 박경진, 「한국 교회사 6: 조선의 마케도니아인 이수정」, 『감리교 뉴스』(2012.11.15).

7 Mary Ishm, 「Ventures」(1936), p. 264.

8 최혜정, 『큰 별 되어 조선을 비추다』(2015), 초이스북, p. 33.

9 M. F. Scranton, "Woman's Work in Korea", 「The Korean Repository Ⅲ-1」(1896), p. 2; 이배용·이현진, 『스크랜튼』(2009), 이화여자대학교출판문화원, pp. 18~19 재인용.

10 1807년에 인가를 받은 이 학교는 1860년부터 Columbia College와 연계했고, 1891년에 완전히 통합되어 현재 콜롬비아대학교 바젤로스의과대학Vagelos College of Physicians and Surgeons이 되었다.

11 W. A. Noble, 「Pioneers of Korea」, 『Within the Gate』 C. Sauer ed.,. The Korean Methodist News Service, Seoul, 1934, p. 28; 최혜정, 『큰 별 되어 조선을 비추다』(2015), 초이스북, p. 50 재인용.

12 기독교 대한감리회, 『한국감리교회사』(1975), pp. 168~169: 이배용 · 이현진, 『스크랜튼』(2009), 이화여자대학교출판문화원, p. 82 재인용.

13 「Annual Report of Missionary Society of the Methodist Episcopal Church」(1886), p. 272.

14 기독교 대한감리회 상동교회, 『상동교회를 중심으로 활동한 나라와 교회를 빛낸 이들』(1988), p. 22; 이배용 · 이현진, 『스크랜튼』(2009), 이화여자대학교출판문화원, p. 82 참조.

15 김정동, 『고종황제가 사랑한 정동과 덕수궁』(2013), 발언, p. 150.

16 서울역사박물관, 『100년 전 선교사, 서울을 기록하다』(2021), p. 245.

17 『Alumnae of the Woman's Medical College of Chicago』, Northwestern University(1896), Chicago: H. G. Gulter Pub, pp. 143~144.

18 Mary M. Cutler, "Medical Work, Seoul", 「Annual Reports of the Korea Woman's Conference of the Methodist Episcopal Church」(1918).

19 Lillias Sterling Horton, "Letters from the Front", 「Woman's Work」(1888.7), pp. 182~183.

20 Mary M. Cutler & Margaret J. Edmunds, "Po Ku Nyu Koan", 「Po Ku Nyu Koan Report with Addenda, Seoul」(1906).

21 Meta Howard, "The W.F.M.S. Hospital in Seoul, Korea", 「Heathen Woman's Friend」(1890.1), pp. 171~172.

22 「16th Annual Report of the Woman's Foreign Missionary Society of the Methodist Episcopal Church」(1885), pp. 47~48; 이화100년사 편찬위원회, 『이화 100년사』, pp. 42~43 재인용.

23 Rosetta Sherwood Hall, "Woman's Work in the Methodist Episcopal Mission in Korea", 「Gospel in All Lands」(1893.4), pp. 109~111.

24 「Annual Report of the Woman's Foreign Missionary Society of the Methodist Episcopal Church」(1889), p. 68; 이덕주·하희정, 『마가렛 에드먼즈와 이정애』(2019), 이화여자대학교출판문화원, p. 81 참조.

25 William B. Scranton, "More Medical Workers Needed in Korea", 「Gospel in All Lands」(1890.9), p. 429: 이덕주·하희정, 『마가렛 에드먼즈와 이정애』(2019), 이화여자대학교출판문화원, p. 82 재인용.

26 박정희, 『닥터 로제타 홀』(2015), 다산초당, p. 151.

27 박정희, 『닥터 로제타 홀』(2015), 다산초당, pp. 166~168.

28 셔우드 홀, 『닥터 홀의 조선 회상』(2020), 좋은씨앗, p. 79.

29 Mary M. Cutler, "Po Ku Nyu Koan or Seoul Women's Hospital and Dispensary", 「The Korean Work of the Woman's Foreign Missionary Society of the Methodist Episcopal Church」(1897~1898), pp. 29~34.

30 Mary M. Cutler, "Po Ku Nyu Koan", 「1st Annual Meeting of the Woman's Conference of the Methodist Episcopal Church」(1899.5), pp. 23~32.

31 Mary M. Cutler, "Po Ku Nyu Koan or Seoul Women's Hospital and Dispensary", 「Reports Presented to the 14th Annual Meeting of the Methodist Episcopal Church」(1898), pp. 29~34.

32 Mary M. Cutler, "Medical Work Po Ku Nyu Koan, Seoul", 「Official Minutes of the 16th Annual Meeting, Korea Mission, Methodist Episcopal Church」(1900.5), pp. 66~72.

33 Mary M. Cutler, "Medical Work Po Ku Nyu Koan, Seoul", 「Official Minutes of the 16th Annual Meeting, Korea Mission, Methodist Episcopal Church」(1900.5), pp. 66~72.

34 「誠心普救」, 『제국신문』(1904.11.24); 백옥경, 「한국 근대 초 의료선교사 메리 커틀러(Mary M. Cutler, 1865~1948)의 진료활동과 여성의학교육」, 『여성과 역사』 35(2021.12), p. 270 재인용.

35 박정희, 『닥터 로제타 홀』(2015), 다산초당, p. 164.

36 Mary M. Cutler, "Po Ku Nyu Koan", 「1st Annual Meeting of the Woman's Conference of the Methodist Episcopal Church」(1899.5), pp. 23~32.

37 옥성득, 『한국간호역사자료집 I』(2011), 대한간호협회, p. 548.

38 Lillian Harris, M. D, "Boldwin Dispensary, Seoul", 「Official Minutes of the 16th Annual Meeting, Korea Mission, Methodist Episcopal Church」(1900.5), pp. 66~72.

39 Lillian Harris, M. D, "Boldwin Dispensary, Seoul", 「Official Minutes of the 16th Annual Meeting, Korea Mission, Methodist Episcopal Church」(1900.5), pp. 66~72.

40 David H. Moore, "Lillan A. Harris, M.D.", 「Woman's Missionary Friend」(1902.9), pp. 317~318.

41 옥성득, 『한국간호역사자료집 I』(2011), 대한간호협회, p. 555.

42 Mary M. Cutler, "Medical Work Po Ku Nyu Koan, Seoul", 「Official Minutes of the 16th Annual Meeting, Korea Mission, Methodist Episcopal Church」(1900.5), pp.66~72.

43 Emma Ernsberger, "Report Ⅳ - Woman's Hospital and Dispensary, Chong Dong, Seoul", 「3rd Annual Report of the Korea Woman's Missionary Conference of the Methodist Episcopal Church」(1901.5), pp.6~13.

44 마가렛 에드먼즈 간호원장에 관한 자세한 내용은 '제2장 3. 조선 최초의 간호원양성학교가 문을 열다'에서 확인할 수 있다.

45 Emma Ernsberger, "Report Ⅳ-Baldwin Dispensary and Chapel, East Gate", 「4th Annual Report of the Korea Woman's Missionary Conference of the Methodist Episcopal Church」(1902.5), pp.6~7, 14~18.

46 Emma Ernsberger, "Baldwin Dispensary and Evangelistic Work, East Gate", 「Reports Read at the 6th Annual Session of the Korea Woman's Conference of the Methodist Episcopal Church」(1904.4), pp.7~17.

47 Emma Ernsberger, "Baldwin Dispensary and Evangelistic Work", 「Reports Read at the 10th Annual Session of the Korea Woman's Conference of the Methodist Episcopal Church」(1908.3), pp.15~20.

48 박정희, 『닥터 로제타 홀』(2015), 다산초당, p.184.

49 이덕주·하희정, 『마가렛 에드먼즈와 이정애』(2019), 이화여자대학교출판문화원, p.108.

50 이덕주·하희정, 『마가렛 에드먼즈와 이정애』(2019), 이화여자대학교출판문화원, pp.107~108.

51 Rosetta Sherwood Hall, "Woman's Medical Work, Seoul, Korea", 「Chinese Recorder and Missionary Journal」(1893.9), pp.403~408.

52 Rosetta Sherwood Hall, "Woman's Medical Work, Seoul, Korea", 「Chinese Recorder and Missionary Journal」(1893.9), pp.403~408.

53 윤정란, 「구한말 기독교 여성의 삶과 여성교육운동」, 『여성과 역사』 제11집(2009), p175: 박정희, 『닥터 로제타 홀』(2015), 다산초당, p.193 참조.

54 로제타 홀, 『로제타 홀 일기 3』(2016), 양화진문화원, p.96.

55 이방원, 『박에스더』(2018), 이화여자대학교출판문화원, p.53.

56 로제타 홀, 『로제타 홀 일기 4』(2016), 양화진문화원, p.33.

57 박정희, 『닥터 로제타 홀』(2015), 다산초당, pp.211~213.

58 이방원, 『박에스더』(2018), 이화여자대학교출판문화원, p.56.

59 "The Story of the First Korean woman Doctor", 「The Gospel in All Lands」(1899.6), p.268; 고춘섭, 『하늘과 땅 사이에서: 순원 신의경 권사 전기』(2001), 금영문화사, p.61 참조.

60 박혜선, 『김점동 조선의 별이 된 최초의 여의사』(2011), 청어람 미디어, p.71: 최혜정, 『큰 별 되어 조선을 비추다』(2015), 초이스북, p.140 참조.

61 Esther K. Pak, "Report Ⅲ - Chong Dong Dispensary, Seoul", 「4th Annual Report of the Korea Woman's Missionary Conference of the Methodist Episcopal Church」(1902.5), pp.6~7, 14~18.

62 Esther K. Pak, "Chong Dong Dispensary, Seoul", 「5th Annual Session of the Korea Woman's Conference of the Methodist Episcopal Church」(1903.5), pp.13~14, 29~31.

63 Rosetta Sherwood Hall's letter to Miss Rothweiler(1911.4.20).

64 Rosetta Sherwood Hall, "Woman's Medical Work, Seoul, Korea", 「Chinese Recorder and Missionary Journal」(1893.9), pp.403~408.

65 장춘식, 『인물로 보는 선교 이야기』(2016), 올리브나무, p.120.

66 옥성득, 『한국간호역사자료집 I』(2011), 대한간호협회, p.473.

67 백옥경, 「한국 근대 초 의료선교사 메리 커틀러(Mary M. Cutler, 1865~1948)의 진료활동과 여성의학교육」, 『여성과 역사』 35(2021.12), pp.272~273.

68 「Woman's Missionary Friend」(1901.1); 백옥경, 「한국 근대 초 의료선교사 메리 커틀러(Mary M. Cutler, 1865~1948)의 진료활동과 여성의학교육」, 『여성과 역사』 35(2021.12), p.274 재인용.

69 「Woman's Missionary Friend」(1901.7); 백옥경, 「한국 근대 초 의료선교사 메리 커틀러(Mary M. Cutler, 1865~1948)의 진료활동과 여성의학교육」, 『여성과 역사』 35(2021.12), p.274 참조.

70 Mary M. Cutler, "Chong Dong Dispensary, Seoul", 「5th Annual Session of the Korea Woman's Conference of the Methodist Episcopal Church」(1903.5), pp.13~14, 29~31.

71 백옥경, 「한국 근대 초 의료선교사 메리 커틀러(Mary M. Cutler, 1865~1948)의 진료활동과 여성의학교육」, 『여성과 역사』 35(2021.12), p.276, 71번 각주 참조.

72 백옥경, 「한국 근대 초 의료선교사 메리 커틀러(Mary M. Cutler, 1865~1948)의 진료활동과 여성의학교육」, 『여성과 역사』 35(2021.12), p.277, 72번 각주 참조.

73 백옥경, 「한국 근대 초 의료선교사 메리 커틀러(Mary M. Cutler, 1865~1948)의 진료활동과 여성의학교육」, 『여성과 역사』 35(2021.12), p.277.

74 Margaret J. Edmunds, "Po Ku Nyo Kwan Hospital", 「Woman's Missionary Friend」(1904.2), p.56.

75 옥성득, 『한국간호역사자료집 I』(2011), 대한간호협회, p.741.

76 Mary M. Cutler & Margaret J. Edmunds, "Po Ku Nyo Kwan. Hospital, Dispensary and Nurses Training School", 「Reports Read at the 6th Annual Session of the Korea Woman's Conference of the Methodist Episcopal Church」(1904.4), pp.7~17.

77 "간호의 역사를 찾아서", 「이화의료원 뉴스레터」(2021.4.7).

78 Mary M. Cutler, "Po Ku Nyo Kwan", 「Reports Read at the 10th Annual Session of the Korea Woman's Conference of the Methodist Episcopal Church」(1908.3), pp.15~20.

79 옥성득, 『한국간호역사자료집 I』(2011), 대한간호협회, p.479.

80 Margaret J. Edmunds, "Training School for Nurses", 「Reports Read at the 9th Annual Session of the Korea Woman's Conference of the Methodist Episcopal Church」(1907.6), pp.13~28.

81 Mary M. Cutler, "Po Ku Nyo Kwan or Seoul Women's Hospital and Dispensary", 「Reports Presented to the 14th Annual Meeting of the Korea Mission of the Methodist Episcopal Church」(1898), pp.29~34.

82 Margaret J. Edmunds, "Training Native Nurses", 「Korea Mission Field」(1906.8), pp.154~155.

83 옥성득, 『한국간호역사자료집 I』(2011), 대한간호협회, p.601.

84 "Report VI: Baldwin Dispensary and Chapel, East Gate", 「4th Annual Report of the Korea Woman's Missionary Conference of the Methodist Episcopal Church」(1902.5), p.17.

85 1912년까지 운영되던 보구녀관을 대신해 W.F.M.S.가 동대문에 새로 지은 여성병원이다.

86 옥성득, 『한국간호역사자료집 I』(2011), 대한간호협회, pp.608~609.

87 Margaret J. Edmunds, "Training School for Nurses", 「Reports Read at the 9th Annual Session of the Korea Woman's Conference of the Methodist Episcopal Church」(1907.6), pp.13~28.

88 Mary M. Cutler, “Po Ku Nyo Kwan”, 「Reports Read at the 10th Annual Session of the Korea Woman’s Conference of the Methodist Episcopal Church」(1908.3), pp. 15~20.

89 Alta I. Morrison, “Nurses’ Training School”, 「Report of Po Ku Nyo Kwan at Korean Woman’s Conference, Seoul」(1910.5).

90 Margaret J. Edmunds, “Training School for Nurses”, 「Reports Read at the 9th Annual Session of the Korea Woman’s Conference of the Methodist Episcopal Church」(1907.6), pp. 13~28.

91 Margaret J. Edmunds, “Training School for Nurses”, 「Reports Read at the 9th Annual Session of the Korea Woman’s Conference of the Methodist Episcopal Church」(1907.6), pp. 13~28.

92 Alta I. Morrison, “Nurses’ Training School”, 「Report of Po Ku Nyo Kwan at Korean Woman’s Conference, Seoul」(1910.5).

93 Alta I. Morrison, “Nurses’ Training School, Seoul”, 「11st Annual Report of the Korea Woman’s Conference of the Methodist Episcopal Church」(1909.6).

94 Mary M. Cutler & Margaret J. Edmunds, “Po Ku Nyo Kwan”, 「Po Ku Nyo Kwan Report with Addenda, Seoul」(1906).

95 Alta I. Morrison, “Nurses’ Training School”, 「Report of Po Ku Nyo Kwan at Korean Woman’s Conference, Seoul」(1910.5).

96 Mary M. Cutler, “Po Ku Nyo Kwan(Hospital, Dispensary, snd Training School for Nurses”, 「13rd Annual Report of the Korea Woman’s Conference of the Methodist Episcopal Church」(1911.6), pp. 26~33.

97 「북감리회한국선교회연회보고서」(1905~1910).

98 옥성득, 『한국간호역사자료집 I』(2011), 대한간호협회, p. 393.

99 「보구여관과 그 안에 있는 간호원 양성학교」, 『가정잡지』 1-4(1906.9), pp. 31~32; 옥성득, 『한국간호역사자료집 I』(2011), 대한간호협회, p. 654 재인용.

100 Mary M. Cutler & Margaret J. Edmunds, “Po Ku Nyo Kwan”, 「Po Ku Nyo Kwan Report with Addenda, Seoul」(1906).

101 George H. Johns, “The Capping of Nurses”, 「Korea Mission Field Ⅲ-4」(1907.4), pp. 49~50.

102 George H. Johns, “The Capping of Nurses”, 「Korea Mission Field Ⅲ-4」(1907.4), pp. 49~50.

103 George H. Johns, “The Capping of Nurses”, 「Korea Mission Field Ⅲ-4」(1907.4), pp. 49~50.

104 Mary M. Cutler, 「Report of Po Ku Nyo Kwan at Korean Woman’s Conference, Seoul」(1910.5).

105 옥성득, 『한국간호역사자료집 I』(2011), 대한간호협회, p. 594.

106 Naomi A. Anderson, “Report of Nurses’ Training School”, 「Annual Reports of the Korea Woman’s Conference of the Methodist Episcopal Church of the Methodist Episcopal Church」(1912).

107 Rosetta Sherwood, “Medical Work for Women in Korea”, 「Missionary Review of the World」(1892), p. 58.

108 Rosetta Sherwood Hall, “Woman’s Work in the Methodist Episcopal Mission in Korea”, 「Gospel in All Lands」(1893.4), pp. 109~111.

109 Rosetta Sherwood Hall, “Notes from Korea”, 「Gospel in All Lands」(1893.4), p. 191.

110 Emma Ernsberger, “Report Ⅵ - Baldwin Dispensary and Chapel, East Gate”, 4th Annual Report of the Korea Woman’s Missionary Conference of the Methodist Episcopal Church」(1902.5), pp. 6~7.

111 이덕주, 『스크랜턴: 어머니와 아들의 조선 선교 이야기』(2015), 공옥출판사, pp.306~307.

112 W. B. Scranton's letter to Dr. A. B. Leonard(1892.12.21): 이덕주, 『스크랜턴: 어머니와 아들의 조선 선교 이야기』(2015), 공옥출판사, p.307 재인용.

113 로제타 홀, 『로제타 홀 일기 4』(2016), 양화진문화원, p.99.

114 이덕주, 『스크랜턴: 어머니와 아들의 조선 선교 이야기』(2015), 공옥출판사, pp.307~308.

115 Stephen L. Baldwin, "Korea", 「Christian Advocate」(1898.3), pp.513~514.

116 Emma Ernsberger, "Report Ⅳ - Woman's Hospital and Dispensary, Chong Dong, Seoul", 「3rd Annual Report of the Korea Woman's Missionary Conference of the Methodist Episcopal Church」(1901.5), pp.6~13.

117 Emma Ernsberger, "Baldwin Dispensary and Evangelistic Work, East Gate", 「Reports Read at the 6th Annual Session of the Korea Woman's Conference of the Methodist Episcopal Church」(1904.4), pp.7~17.

118 Mary M. Cutler & Margaret J. Edmunds, "Po Ku Nyu Koan", 「Po Ku Nyu Koan Report with Addenda, Seoul」(1906).

119 Rosetta Sherwood Hall, "Woman's Hospital of Extended Grace, Pyeng Yang", 「Annual Reports of the Korea Woman's Conference of the Methodist Episcopal Church」(1912).

120 Amanda F. Hillman, "Chong Dong Dispensary, and Medical Work in Ewha Haktang, Seoul", 「Annual Reports of the Korea Woman's Conference of the Methodist Episcopal Church」(1912).

121 Amanda F. Hillman, "Chong Dong Dispensary, and Medical Work in Ewha Haktang, Seoul", 「Annual Reports of the Korea Woman's Conference of the Methodist Episcopal Church」(1912).

122 Amanda F. Hillman, "Chong Dong Dispensary, and Medical Work in Ewha Haktang, Seoul", 「Annual Reports of the Korea Woman's Conference of the Methodist Episcopal Church」(1912).

123 "米國女醫 딱터-힐만 氏의 經營에 依한 梨花學堂內附屬普救病院은 一年 三千六白人 一日約十八人의 施療를 한다더라.", 「매일신보」(1913.7.11).

124 Dennis Nguyen, 『Chansuna Chom Soon Kim: A Korean Adoptee in 1914』, https://www.aiisf.org/immigrant-voices/stories-by-author/1029-chansuna-chom-soon-kima-korean-adoptee-in-1914/

125 이화여자고등학교, 「정동 이화여고 심슨기념관 수리보고서」(2011).

126 박정희, 『닥터 로제타 홀』(2015), 다산초당, p.399.

127 문화재청, "「로제타 홀 한글 점자 교재」 문화재 등록" 보도자료(2022.1.5) 참조.

128 "평양 맹아대회", 「매일신보」(1914.3.18.); "지방통신: 평안남도, 교육대회", 「매일신보」(1914.8.16.); "지방통신: 평안남도, 맹아개최" 「매일신보」(1914.8.18.) 참조.

129 고춘섭, 『연동교회 애국지사 16인 열전』(2009), 대한예수교장로회연동교회, p.362; 이방원, 『박에스더』(2018), 이화여자대학교출판문화원, pp.18~20 참조.

130 이방원, 『박에스더』(2018), 이화여자대학교출판문화원, pp.21~23.

131 옥성득, 『한국간호역사자료집 I』(2011), 대한간호협회, p.620.

132 Margaret J. Edmunds, 『Pioneer Nursing』(1907.8.23).

133 Esther L. Shields, "Nursing in Mission Stations Work in Korea", 「American Journal of Nursing 8-5」(1908.2), pp.368~371.

134 Oliver R. Avison, 『구한말 40여 년의 풍경』, 대구대학교출판부.

135 Mary M. Cutler & Margaret J. Edmunds, "Po Ku Nyu Koan", 「Po Ku Nyu Koan Report with Addenda, Seoul」(1906).

136 Mary M. Cutler & Margaret J. Edmunds, "Po Ku Nyu Koan", 「Po Ku Nyu Koan Report with Addenda, Seoul」(1906).

137 Mary M. Cutler & Margaret J. Edmunds, "Po Ku Nyu Koan", 「Po Ku Nyu Koan Report with Addenda, Seoul」(1906).

138 Louisa C. Rothweiler, "Our Work in Korea", 「Woman's Missionary Friend」(1909.5), p. 156.

139 Emma Ernsberger, "Baldwin Dispensary and Evangelistic Work", 「Report Read at the 9th Annual Session of the Korea Woman's Conference of the Methodist Episcopal Church」(1907.6), pp. 13~28.

140 엘리자베스 키스 · 엘스펫 키스 로버트슨 스콧, 『영국화가 엘리자베스 키스의 올드 코리아』(2020), 책과함께, p. 67.

141 미네르바 구타펠, 『조선의 소녀 옥분이』(2009), 살림출판사, p. 27.

142 Rosetta Sherwood Hall & Mary M. Cutler, "Koang Hyoe Nyo Won(Woman's Hospital of Extended Grace)", 「Annual Reports of the Korea Woman's Conference of the Methodist Episcopal Church」(1913).

143 Rosetta Sherwood Hall & Mary M. Cutler, "Medical Report of Pyeng Yang Hospital", 「Annual Reports of the Korea Woman's Conference of the Methodist Episcopal Church」(1915).

144 Mary M. Cutler & Margaret J. Edmunds, "Po Ku Nyu Koan - Hospital, Dispensary and Nurses' Training School, Seoul", 「Report of Po Ku Nyu Koan and Baldwin Dispensary Seoul」(1905).

145 Mary M. Cutler & Margaret J. Edmunds, "Po Ku Nyu Koan", 「Po Ku Nyu Koan Report with Addenda, Seoul」(1906).

146 Mary M. Cutler, "Po Ku Nyu Koan", 「Reports Read at the 9th Annual Session of the Korea Woman's Conference of the Methodist Episcopal Church」(1907.6), pp. 13~28.

147 Emma Ernsberger, "Baldwin Dispensary", 「Annual Report of the Korea Woman's Conference of the Methodist Episcopal Church」(1906), p. 31; 황미숙, 『내한 미국감리교회 선교사들의 사회복지사업 1885~1960년』(2020), 동연, pp. 46~47 참조.

148 「Woman's Missionary Friend」(1908.1), p. 16.

149 William Scranton, 「Annual Report of the Misionary society of the Methodist Episcopal Church」(1887): 황미숙, 『내한 미국감리교회 선교사들의 사회복지사업 1885~1960년』(2020), 동연, pp. 42~43 재인용.

150 『주본(奏本)』 (奎 17703) 143책 053a~055b.

151 Mary M. Cutler, "Po Ku Nyo Kwan(Hospital, Dispensary, snd Training School for Nurses)", 「13rd Annual Report of the Korea Woman's Conference of the Methodist Episcopal Church」(1911.6), pp. 26~33.

152 「The Korea Mission Field」(1913.7), p. 1.

153 Mary S. Stewart, "Lillian Harris Memorial Hospital and Baldwin Dispensary", 「Annual Reports of the Korea Woman's Conference of the Methodist Episcopal Church」(1912).

154 옥성득, 『한국간호역사자료집 II』(2017), 대한간호협회, p. 370.

155 Naomi A. Anderson, "Report of Nurses' Training School", 「Annual Reports of the Korea Woman's Conference of the Methodist Episcopal Church」(1912).

156 Naomi A. Anderson, "Report of Nurses' Training School", 「Annual Reports of the Korea Woman's Conference of the Methodist Episcopal Church」(1912).

157 Mary S. Stewart, "East Gate Medical Work, Seoul(Lillian Harris Memorial Hospital and Baldwin Dispensary)", 「Annual Reports of the Korea Woman's Conference of the Methodist Episcopal Church」(1914).

158 Mary S. Stewart & Naomi A. Anderson, "Medical Report of Lillian Harris Memorial Hospital", 「Annual Reports of the Korea Woman's Conference of the Methodist Episcopal Church」(1915).

159 엘리자베스 키스 · 엘스펫 키스 로버트슨 스콧, 『영국화가 엘리자베스 키스의 올드 코리아』(2020), 책과함께, p.72.

160 Mary S. Stewart & Naomi A. Anderson, "Medical Report of Lillian Harris Memorial Hospital", 「Annual Reports of the Korea Woman's Conference of the Methodist Episcopal Church」(1915).

161 Mary S. Stewart & Elizabeth S. Roberts, "Medical Work at East Gate Hospital, Seoul", 「Annual Reports of the Korea Woman's Conference of the Methodist Episcopal Church」(1916).

162 Mary S. Stewart & Naomi A. Anderson, "Medical Report of Lillian Harris Memorial Hospital", 「Annual Reports of the Korea Woman's Conference of the Methodist Episcopal Church」(1915).

163 Mary S. Stewart & Elizabeth S. Roberts, "Medical Work at East Gate Hospital, Seoul", 「Annual Reports of the Korea Woman's Conference of the Methodist Episcopal Church」(1916).

164 Mary S. Stewart & Naomi A. Anderson, "Medical Report of Lillian Harris Memorial Hospital", 「Annual Reports of the Korea Woman's Conference of the Methodist Episcopal Church」(1915).

165 먼 미국 땅의 식품 기업인 웰치가 어떤 인연으로 한국의 릴리안 해리스 기념병원에 기부를 했는지에 관해서는 추가 연구가 필요하다.

166 Sue Hopkins, "A Day with Dr. Stewart at East Gate Hospital", 「Woman's Missionary Friend」(1918.3), pp.76~78.

167 Naomi A. Anderson & Elizabeth S. Roberts, "Seoul Medical Report", 「Annual Reports of the Korea Woman's Conference of the Methodist Episcopal Church」(1917).

168 『조선간호부회보』 제13호(1929), p.23.

169 정충량, 『이화 80년사』(1967), 이화여자대학교출판부, p.565.

170 Rosetta Sherwood Hall, "Foreign Medical Women in Korea", 「Journal of the American Medical Women's Association」(1950.10), pp.404~405.

171 백옥경, 「한국 근대 초 의료선교사 메리 커틀러(Mary M. Cutler, 1865~1948)의 진료활동과 여성의학교육」, 『여성과 역사』 35(2021.12), p.281.

172 Rosetta Sherwood Hall, "Woman's Hospital of Extended Grace, Pyeng Yang", 「Annual Reports of the Korea Woman's Conference of the Methodist Episcopal Church of the Methodist Episcopal Church」(1912).

173 Rosetta Sherwood Hall & Mary M. Cutler, "Koang Hyoe Nyo Won(Woman's Hospital of Extended Grace)", 「Annual Reports of the Korea Woman's Conference of the Methodist Episcopal Church」(1913).

174 박정희, 『로제타 셔우드 홀』(2018), 키아츠, p.169.

175 Rosetta Sherwood Hall & Mary M. Cutler, "Koang Hyoe Nyo Won(Woman's Hospital of Extended Grace)", 「Annual Reports of the Korea Woman's Conference of the Methodist Episcopal Church」(1913).

176 이영아, 「최초의 '국내파' 여성의사 안수경, 김영흥, 김해지 연구」, 『의사학』 30-1(2021), p.114.

177 이영아, 「최초의 '국내파' 여성의사 안수경, 김영흥, 김해지 연구」, 『의사학』 30-1(2021), p.116.

178 Mary M. Cutler, "Medical Work, Seoul", 「Annual Reports of the Korea Woman's Conference of the Methodist Episcopal Church」(1918).

179 이영아, 「최초의 '국내파' 여성의사 안수경, 김영흥, 김해지 연구」, 『의사학』 30-1(2021), pp. 120~121.

180 Mary M. Cutler, "Woman's Hospital of Extended Grace and Medical Education for Korean Women", 「Annual Reports of the Korea Woman's Conference of the Methodist Episcopal Church」(1918).

181 이영아, 「최초의 '국내파' 여성의사 안수경, 김영흥, 김해지 연구」, 『의사학』 30-1(2021), p. 124.

182 「첫길에압장선이들 (6) 수녀가티숨어잇서 병자를구원하는 동대문부인병원의사 안수경양」, 『조선일보』(1924.11.28).

183 "Report of the Lillan Harris Memorial Hospital - Little Stories of the Work", 「27th Annual Report of the Korea Woman's Conference of the Methodist Episcopal Church」(1925), p. 54.

184 이영아, 「최초의 '국내파' 여성의사 안수경, 김영흥, 김해지 연구」, 『의사학』 30-1(2021), p. 129.

185 「新進女流의 氣焰(十二) 迷信과 衛生思想; 병자에게 약은 아니스고 푸닥거리만 함을 금하라(女醫, 安壽敬女史談)(肖)」, 『동아일보』(1921.3.5).

186 「職業十五年에보고들은世態人情; (下)」, 『동아일보』(1935.04.07): 이영아, 「최초의 '국내파' 여성의사 안수경, 김영흥, 김해지 연구」, 『의사학』 30-1(2021), p. 130 참조.

187 「職業十五年에보고들은世態人情; (上)」, 『동아일보』(1935.4.7).

188 이영아, 「최초의 '국내파' 여성의사 안수경, 김영흥, 김해지 연구」, 『의사학』 30-1(2021), p. 136.

189 「직업에 첫거름 이 봄에 졸업하는 이 둘」, 『동아일보』(1925.3.20).

190 「의전청강생」, 『조선일보』(1926.3.26).

191 "해내海內 해외海外에 헛허저 있는 조선여의사 평판기評判記", 「별건곤別乾坤」 제5호(1927.3): 서울대학교병원 병원역사문화센터, 『사진과 함께 보는 한국 근현대 의료문화사 1879-1960』(2013), 웅진지식하우스, p. 192 재인용.

192 이영아, 「최초의 '국내파' 여성의사 안수경, 김영흥, 김해지 연구」, 『의사학』 30-1(2021), p. 137.

193 박정희, 『로제타 셔우드 홀』(2018), 키아츠, p. 169.

194 김성은, 「로제타 홀의 조선여의사 양성」, 『한국기독교와 역사(27)』(2007), p. 18.

195 "독립부인회 남상은 혈성단 애국부인회", 「매일신보」(1919.12.19): 옥성득, 『한국간호역사자료집 II』(2017), 대한간호협회, p. 450 참조.

196 「萬里異域學窓에서 畢業한朝鮮秀才」, 『동아일보』(1929.7.27).

197 최은경, 「일제강점기 조선 여자 의사들의 활동-도쿄여자의학전문학교 졸업 4인을 중심으로」, 『코기토』 80(2016.8), p. 290.

198 최은경, 「일제강점기 조선 여자 의사들의 활동-도쿄여자의학전문학교 졸업 4인을 중심으로」, 『코기토』 80(2016.8), p. 304.

199 박정희, 『로제타 셔우드 홀』(2018), 키아츠, pp. 171~172.

200 최은경, 「일제강점기 조선 여자 의사들의 활동-도쿄여자의학전문학교 졸업 4인을 중심으로」, 『코기토』 80(2016.8), pp. 304~305.

201 김성은, 「로제타 홀의 조선여의사 양성」, 『한국기독교와 역사(27)』(2007), pp. 5~43.

202 「여의전인가원 학무국에 회부」, 『조선일보』(1938.1.13); 「대동공전과 여의전 인가결제는 완료」, 『조선일보』(1938.2.19)

203 기창덕, 『한국근대의학교육사』(1995), 아카데미아, pp. 317~326.

204 Naomi A. Anderson & Elizabeth S. Roberts, "Seoul Medical Report", 「Annual Reports of the Korea Woman's

Conference of the Methodist Episcopal Church」(1917).

205 C. A. Sauer, 『Within the Gate』(1934), pp. 95~99.

206 김폴린, 『주님이 함께한 90년』, 보이스사, p. 128.

207 「두번째女醫師 金龍喜씨」, 『동아일보』(1988.2.16).

208 정구충, 『한국의학의 개척자』(1985), 동방도서, p. 425; 김성은, 「로제타 홀의 조선여의사 양성」, 『한국기독교와 역사(27)』(2007), p. 30 참조.

209 Naomi A. Anderson, "Report of Nurses' Training School", 「Annual Reports of the Korea Woman's Conference of the Methodist Episcopal Church of the Methodist Episcopal Church」(1912).

210 Naomi A. Anderson, "The Lillian Harris Memorial Hospital and The Nurses Training School", 「Annual Reports of the Korea Woman's Conference of the Methodist Episcopal Church」(1914).

211 Naomi A. Anderson, "The Lillian Harris Memorial Hospital and The Nurses Training School", 「Annual Reports of the Korea Woman's Conference of the Methodist Episcopal Church」(1914).

212 Mary S. Stewart & Naomi A. Anderson, "Medical Report of Lillian Harris Memorial Hospital", 「Annual Reports of the Korea Woman's Conference of the Methodist Episcopal Church」(1915).

213 Naomi A. Anderson & Elizabeth S. Roberts, "Seoul Medical Report", 「Annual Reports of the Korea Woman's Conference of the Methodist Episcopal Church」(1917).

214 Mary S. Stewart & Naomi A. Anderson, "East Gate Medical Work", 「Annual Reports of the Korea Woman's Conference of the Methodist Episcopal Church」(1916).

215 「學生의깃븐날」, 『동아일보』(1924.3.23).

216 「조선 녀성이 가진 여러 직업 (13) 약제사」, 『조선일보』(1926.5.26).

217 김은신, 『이것이 한국최초』(1996), 삼문, pp. 24~26.

218 「여약제사 인생을 구제」, 『조선일보』(1928.1.1).

219 「처음으로 졸업한 여자 약학생 두 명」, 『조선일보』(1925.3.22).

220 「여맹인을 위하야 강습소 개설 계획」, 『조선일보』(1925.2.28).

221 「조선 녀성이 가진 여러 직업 (14) 타이피스트」, 『조선일보』(1926.5.28).

222 Naomi A. Anderson, "The Lillian Harris Memorial Hospital and The Nurses Training School", 「Annual Reports of the Korea Woman's Conference of the Methodist Episcopal Church」(1914).

223 「조선 녀성이 가진 여러 직업 (15) 안마」, 『조선일보』(1926.5.29).

224 「첫길에 압장선 이들 (4) 육톄의 병과 정신의 병을 다 치료, 여자긔독청년회장 현덕신녀사」, 『조선일보』, (1924.11.26).

225 「빈부와 의료기관」, 『동아일보』(1926.1.6).

226 "잊지 말아야 할 이름, 현덕신: 조선 여성을 위해 의사가 된 독립운동가", 「이화의료원 뉴스레터」(2021.7.22).

227 「평남대동서에서 청년 십삼 명 검거」, 『동아일보』(1925.6.3).

228 강영심, 『독립운동가 간호사 74인』(2021), 대한간호협회, p. 157.

229 추영수, 『구원의 횃불』(1971), 중앙여자중고등학교.

230 대한간호협회, 『독립운동가 간호사 74인』(2021), p. 177.

231 이꽃메, 「한신광: 한국 근대의 산파이자 간호부로서의 삶」, 『의사학』 15-1(2006), p. 108.

232 이꽃메, 「한신광: 한국 근대의 산파이자 간호부로서의 삶」, 『의사학』 15-1(2006), pp. 108~109.

233 대한간호협회, 『독립운동가 간호사 74인』(2021), p. 270.

234 대한간호협회, 『독립운동가 간호사 74인』(2021), p. 272.

235 대한간호협회, 『독립운동가 간호사 74인』(2021), p. 273.

236 "최초의 간호사, 여의사, 그리고 독립운동가의 아내, '복업'이었던 운명을 개척한 여장부, 이그레이스", 「이화의료원 뉴스레터」(2021.9.27).

237 이영아, 「최초의 '국내파' 여성의사 안수경, 김영흥, 김해지 연구」, 『의사학』 30-1(2021), p. 128.

238 「조선일보독자부인봉도단」, 『조선일보』(1926.6.8); 이영아, 「최초의 '국내파' 여성의사 안수경, 김영흥, 김해지 연구」, 『의사학』 30-1(2021), p. 128 재인용.

239 「부인봉도단주의사항」, 『조선일보』(1926.6.10); 이영아, 「최초의 '국내파' 여성의사 안수경, 김영흥, 김해지 연구」, 『의사학』 30-1(2021), p. 129 재인용.

240 대한간호협회, 『독립운동가 간호사 74인』(2021), p. 17, pp. 129~353.

241 「열사의 후예들(6) 김상옥의사의 미망인 정여사」, 『동아일보』(1959.11.28).

242 엘리자베스 키스·엘스펫 키스 로버트슨 스콧, 『영국화가 엘리자베스 키스의 올드 코리아』(2020), 책과함께, pp. 68~69.

243 엘리자베스 키스·엘스펫 키스 로버트슨 스콧, 『영국화가 엘리자베스 키스의 올드 코리아』(2020), 책과함께, pp. 161~167.

244 엘리자베스 키스·엘스펫 키스 로버트슨 스콧, 『영국화가 엘리자베스 키스의 올드 코리아』(2020), 책과함께, p. 219.

245 Mary S. Stewart & Naomi A. Anderson, "East Gate Medical Work", 「Annual Reports of the Korea Woman's Conference of the Methodist Episcopal Church」(1916).

246 플로렌스 J. 머레이, 『내가 사랑한 조선』(2009), 두란노, p. 100.

247 플로렌스 J. 머레이, 『내가 사랑한 조선』(2009), 두란노, p. 59, p. 83, p. 126.

248 Oliver R. Avison, 『구한말비록(舊韓末秘錄)(상)』(1984), 대구대학교출판부, pp. 116~117: 황미숙, 『내한 미국감리교회 선교사들의 사회복지사업(1885~1960)』(2020), 동연, p. 108 참조.

249 Mary S. Stewart & Naomi A. Anderson, "Medical Report of Lillian Harris Memorial Hospital", 「Annual Reports of the Korea Woman's Conference of the Methodist Episcopal Church」(1915).

250 Mary S. Stewart & Elizabeth S. Roberts, "Medical Work at East Gate Hospital, Seoul", 「Annual Reports of the Korea Woman's Conference of the Methodist Episcopal Church」(1916).

251 Naomi A. Anderson & Elizabeth S. Roberts, "Seoul Medical Report", 「Annual Reports of the Korea Woman's Conference of the Methodist Episcopal Church」(1917).

252 옥성득, 『한국간호역사자료집 II』(2017), 대한간호협회, p. 624.

253 Naomi A. Anderson & Elizabeth S. Roberts, "Seoul Medical Report", 「Annual Reports of the Korea Woman's Conference of the Methodist Episcopal Church」(1917).

254 Naomi A. Anderson & Elizabeth S. Roberts, "Seoul Medical Report", 「Annual Reports of the Korea Woman's Conference of the Methodist Episcopal Church」(1917).

255 황미숙, 『내한 미국감리교회 선교사들의 사회복지사업(1885~1960)』(2020), 동연, pp. 101~102.

256 황미숙, 『내한 미국감리교회 선교사들의 사회복지사업 1885~1960)』(2020), 동연, p. 115.

257 이방원, 「보구여관 간호원양성소(1903~1933)의 설립과 운영」, 『의사학』 20-2(2011), pp. 376~377.

258 이꽃메, 「한신광: 한국 근대의 산파이자 간호부로서의 삶」, 『의사학』 15-1(2006), pp. 110~111.

259 Edwards, "Letter to Howell"(1924.2.9): 『태화기독교사회복지관의 역사』(1924), p. 179; 황미숙, 『내한 미국감리교회 선교사들의 사회복지사업(1885~1960)』(2020), 동연, pp. 118~119 재인용에서 재인용.

260 「유아를 위해 생긴 태화관의 진찰소」, 『동아일보』(1924.1.25).

261 황미숙, 『내한 미국감리교회 선교사들의 사회복지사업 1885~1960)』(2020), 동연, p. 125.

262 플로렌스 J. 머레이, 『내가 사랑한 조선』(2009), 두란노, p. 37.

263 황미숙, 『내한 미국감리교회 선교사들의 사회복지사업 1885~1960)』(2020), 동연, pp. 118~119.

264 Elma T. Rosenberger, "Seoul Social Evangelistic Center - Report of the Public Health Work", 「27th Annual Report of the Korea Woman's Conference of the Methodist Episcopal Church」(1925), p. 60.

265 「졸업도 한달밧게 구직하는이를 위하야 (7)」, 『동아일보』(1925.3.18).

266 「의약간의 강연」, 『조선일보』(1923.6.14).

267 이꽃메, 「한신광: 한국 근대의 산파이자 간호부로서의 삶」, 『의사학』 15-1(2006), p. 111.

268 Elma T. Rosenberger, "Seoul Social Evangelistic Center - Report of the Public Health Work", 「27th Annual Report of the Korea Woman's Conference of the Methodist Episcopal Church」(1925), p. 60.

269 Mayme Rogers, "Eight Babes a day", 「Annual Report of the Korea Woman's Conference of the Methodist Episcopal Church」(1924); 황미숙, 『내한 미국감리교회 선교사들의 사회복지사업(1885~1960)』(2020), 동연, p. 126 참조.

270 Elma T. Rosenberger, "Seoul Social Evangelistic Center - Report of the Public Health Work", 「27th Annual Report of the Korea Woman's Conference of the Methodist Episcopal Church」(1925), p. 60.

271 Wagner, "The Center", 「The Korea Mission Field」(1927), p. 60: 황미숙, 『내한 미국감리교회 선교사들의 사회복지사업(1885~1960)』(2020), 동연, p. 127 참조.

272 Wagner, "The Center", 「The Korea Mission Field」(1927), p. 49: 황미숙, 『내한 미국감리교회 선교사들의 사회복지사업(1885~1960)』(2020), 동연, p. 127 참조.

273 Elma T. Rosenberger, "The Baby Show at the Seoul Evangelistic Center", 「Annual Report of the Korea Woman's Conference of the Methodist Episcopal Church」(1924): 황미숙, 『내한 미국감리교회 선교사들의 사회복지사업(1885~1960)』(2020), 동연, pp. 127~128 참조.

274 「태화녀자진찰소 건강아동진단」, 『동아일보』(1927.06.04).

275 "Baby Show, The Seoul Social Evangelistic Center", 「Fifth Years of Light」(1938), p. 31; 황미숙, 『내한 미국감리교회 선교사들의 사회복지사업(1885~1960)』(2020), 동연, p. 129 참조.

276 황미숙, 『내한 미국감리교회 선교사들의 사회복지사업(1885~1960)』(2020), 동연, p. 131.

277 Elma T. Rosenberger, "The Seoul Child Welfare Union Social Evangelistic Center", 「32nd Annual Report of the Korea Woman's Conference of the Methodist Episcopal Church」(1930), pp. 46~47.

278 황미숙, 『내한 미국감리교회 선교사들의 사회복지사업(1885~1960)』(2020), 동연, pp. 132~133.

279 "Public Health and Child Welfare Work in Seoul" 「Fifth Years of Light」(1938), p. 32: 황미숙, 『내한 미국감리교회 선교사들의 사회복지사업(1885~1960)』(2020), 동연, p. 134 참조.

280 황미숙, 『내한 미국감리교회 선교사들의 사회복지사업(1885~1960)』(2020), 동연, p. 163, p. 166.

281 「The Korea Missions Year Book」(1928), p. 48: 황미숙, 『내한 미국감리교회 선교사들의 사회복지사업(1885~1960)』(2020), 동연, p. 171 참조.

282 황미숙, 『내한 미국감리교회 선교사들의 사회복지사업(1885~1960)』(2020), 동연, p. 172.

283 황미숙, 『내한 미국감리교회 선교사들의 사회복지사업(1885~1960)』(2020), 동연, pp. 174~176.

284 "Public Health and Infant Welfare Centers Kongju", 「Fifty Years of Light」(1938), pp. 72~74: 황미숙, 『내한 미국감리교회 선교사들의 사회복지사업(1885~1960)』(2020), 동연, p. 175 참조.

285 "京城托兒所차저, 서울의 고마운 施設들", 『삼천리』제10권 제1호 (1938.01.01), p. 33: 황미숙, 『내한 미국감리교회 선교사들의 사회복지사업(1885~1960)』(2020), 동연, p. 176 참조.

286 「동대문병원탁아소방문기」, 『조선일보』(1938.4.6).

287 「광명의 집을 차저서」, 『조선일보』(1939.6.9).

288 김영수, 「해외여선교회(W.F.M.S.)의 서울지역 의료사업: 동대문부인병원을 중심으로」, 『이화사학연구』제62집(2021), pp. 220~222.

289 「韓夫人과同伴 申東起氏還鄕」, 『동아일보』(1929.2.20) / 「韓小濟女史 全州서開業」, 『조선일보』(1929.4.30) / 「직업부인을 위한 탁아소의 앞길」, 『동아일보』(1938.1.4).

290 「직업부인을 위한 탁아소의 앞길 탁아소 주치의 한소제」, 『동아일보』(1938.1.4).

291 한국여자의사회, 『선각자들의 魂을 되살리다』(2020), p. 246.

292 Elma T. Rosenberger, "Public Health and Baby Welfare Work"「31st Annual Report of the Korea Woman's Conference of the Methodist Episcopal Church」(1929), p. 59: 황미숙, 『내한 미국감리교회 선교사들의 사회복지사업(1885~1960)』(2020), 동연, p. 199 재인용.

293 황미숙, 『내한 미국감리교회 선교사들의 사회복지사업(1885~1960)』(2020), 동연, p. 198.

294 이덕주, 『태화기독교사회복지관의 역사: 1921~1993』, 서울: 태화기독교사회복지관: 황미숙, 『내한 미국감리교회 선교사들의 사회복지사업(1885~1960)』(2020), 동연, p. 199 참조.

295 황미숙, 『내한 미국감리교회 선교사들의 사회복지사업(1885~1960)』(2020), 동연, p. 199.

296 「27th Annual Reports of the Korea Woman's Conference of the Methodist Episcopal Church」(1925): 백옥경, 「한국 근대 초 의료선교사 메리 커틀러(Mary M. Cutler, 1865~1948)의 진료활동과 여성의학교육」, 『여성과 역사』 35(2021.12), p. 285 참조.

297 "Year Book", 「Woman's Foreign Missionary Society of the Methodist Episcopal Church 67th Annual Report」(1936): 백옥경, 「한국 근대 초 의료선교사 메리 커틀러(Mary M. Cutler, 1865~1948)의 진료활동과 여성의학교육」, 『여성과 역사』 35(2021.12), p. 285 참조.

298 백옥경, 「한국 근대 초 의료선교사 메리 커틀러(Mary M. Cutler, 1865~1948)의 진료활동과 여성의학교육」, 『여성과 역사』 35(2021.12), p. 285.

299 백옥경, 「한국 근대 초 의료선교사 메리 커틀러(Mary M. Cutler, 1865~1948)의 진료활동과 여성의학교육」, 『여성과 역사』 35(2021.12), p. 286.

300 Mary M. Cutler, "Traveling Health Education and Christian Dispencery", 「28th Annual Reports of the Korea Woman's Conference of the Methodist Episcopal Church」(1926), p. 45.

301 Mary M. Cutler, "Traveling Dispencery and Health Education", 「31st Annual Reports of the Korea Woman's Conference of the Methodist Episcopal Church」(1929), p. 38.

302 Mary M. Cutler, “Traveling Health Education and Christian Dispencery”, 「28th Annual Reports of the Korea Woman's Conference of the Methodist Episcopal Church」(1926), p. 45.

303 Naomi A. Anderson, “Report of Nurses' Training School”, 「Annual Reports of the Korea Woman's Conference of the Methodist Episcopal Church of the Methodist Episcopal Church」(1912).

304 Amanda F. Hillman, “Chong Dong Dispensary, and Medical Work in Ewha Haktang, Seoul”, 「Annual Reports of the Korea Woman's Conference of the Methodist Episcopal Church」(1912).

305 B. W. Billings, Mrs. C. D. Morris, Miss Olive F. Pye 「Annual Report of the Korea Woman's Conference of the Methodist Episcopal Church」(1921), pp. 23~26.

306 '옥성득 교수의 한국기독교역사' 블로그, https://blog.naver.com/1000oaks/ 220730667245

307 셔우드 홀, 『닥터 홀의 조선 회상』(2020), 좋은씨앗, p. 660.

308 정충량, 『이화 80년사』(1967), 이화여자대학교출판부, p. 565.

309 서울대학교병원 병원역사문화센터, 『사진과 함께 보는 한국 근현대 의료문화사 1879-1960』(2013), 웅진지식하우스, p. 318.

310 “아름다운 동행”, 「이의동창회보」 제44호, p. 7.

311 이화여자대학교 의과대학 60년사 편찬위원회, 『이화여자대학교 의과대학 60년사: 1945~2005』(2005), 이화여자대학교 의과대학, p. 14.

312 「눈 뜨게 된 눈먼 세孤兒(고아) 大關嶺(대관령) 넘은「仁術(인술)」의 사랑」, 『동아일보』(1962.3.9).

313 이정애 선생은 일본의 교육 및 행정 간섭이 심해졌을 때 모교인 이화의 기숙사 사감으로 부임해 기숙사 학생들과 교직원들의 건강을 담당하는 한편 조선간호협회장 자격으로 영국에서 개최된 국제간호사대회에 참석해 국위 선양에 앞장서기도 했다.

314 이영복 선생은 이화여자고등보통학교과 세브란스간호학교 졸업, 호주 멜버른로얄병원간호학교 수학 후 진주배돈병원, 대구동산병원(간호원장), UN 민사원호처, 보건사회부의정국에서 임상실무와 행정을 두루 경험한 이력이 있다.

315 손경춘 선생은 이화전문 문과, 동경 성누가간호학교를 졸업하고 미네소타대학 보건학 수료 후 미군정 보건사업국과 국립보건소 보건간호부장을 역임한 바 있다.

316 김경환, 「3. 신촌에도 병원이」, 『梨花의 뒤안길에서』(1982), pp. 17~19.

317 「대한늬우스」(1958.11.26).

318 김경환, 「13. 부인병원에서 종합병원으로」, 『梨花의 뒤안길에서』(1982), p. 51.

319 서울역사박물관, 『연지·효제 새문화의 언덕』(2020).

320 「早産兒人工(조산아인공)으로養育(양육)」, 『조선일보』 1956.1.11).

321 「“귀먹어리”의尺度判別(척도판별) 梨大(이대)에“聽力檢査機(청력검사기)”」, 『조선일보』(1956.6.28).

322 「“心臟鼓動(심장고동)도 볼 수 있고” TV裝置(장치)의 聽診鏡(청진경)처음導入(도입)」, 『경향신문』(1957.12.19).

323 이화100년사편찬위원회, 『이화 100년사』(1994), 이화여자대학교출판부.

324 「딸 일곱 끝에 아들 풍년」, 『경향신문』(1963.5.20).

325 「세雙童(쌍동)이 順産(순산) 두 아들에 딸 하나」, 『경향신문』(1965.2.23).

326 “아름다운 동행”, 「이의동창회보」 제50호, p. 6.

사진 목록 및 출처

54	W.F.M.S.의 선교사들	1899	「THE STORY of the Woman's Foreign Missionary Society of the methodist episcopal church」
55	제물포항의 풍경	1890	『닥터 로제타 홀』 / 다산북스
57	이화학당에 모인 감리교 선교사들	1893	이화역사관

2장. 보구녀관 _ 조선 여성들을 위한 진료 활동과 교육을 시작하다(1887~1912)

61	보구녀관의 부엌	1889	Library of the University of Michigan
61	보구녀관의 대기 환자들	1908	GCAH
63	로제타 셔우드	연도 미상	GCAH
65	보구녀관 창틀에 앉아 있는 로제타 셔우드와 병원 직원 및 환자들	1890	옥성득
67	메리 커틀러	연도 미상	GCAH
69	보구녀관 내부 수리를 위한 여름휴가를 앞두고 모인 보구녀관 직원 및 환자들	1911	Annual Report of Korea Woman's Conference, 1911
70	릴리안 해리스	연도 미상	GCAH
72	엠마 언스버거	연도 미상	GCAH
74	검은색 옷을 입고 보구녀관 앞에 서 있는 엠마 언스버거	1905	이화역사관
79	로제타의 마이 걸스	1894	『닥터 로제타 홀』/다산북스
82	어린 시절의 김점동	1890	양화진문화원
82	박에스더와 박여선 부부	1893	양화진문화원
84	박에스더 부부와 로제타 홀 가족	1895	양화진문화원
84	미국 유학 시절의 박에스더	1890년대	이화역사관
84	볼티모어 서부 로렌 파크 공동묘지에 있는 박여선의 묘비	2018	박대성
85	박에스더의 귀국을 알리는 『신학월보』 기사	1900	이화역사관
87	여자교육회와 여자산업회로부터 메달을 받은 박에스더	1909	GCAH
87	언니 신마리아의 집에 머물던 박에스더	1909	『큰 별 되어 조선을 비추다』/이화여고 총동창회
90	엘라 루이스	연도 미상	GCAH
93	간호원양성학교의 초창기 학생들	1905	GCAH
93	보구녀관의 모자 입원실 풍경	1908	GCAH
95	마가렛 에드먼즈	연도 미상	이화역사관
95	에드먼즈가 만든 간호원복을 입은 간호원양성학교 학생들	1907	GCAH
96	『젼톄공용문답(全體功用問答)』	1899	이화역사관
96	클라라 웍스 쇼의 『Textbook of Nursing』	1882, 1892	이화간호과학연구소
96	에드먼즈가 한글로 만든 『간호교과셔 샹권』	1908	동은의학박물관
96	로버트 해리슨과 마가렛 해리슨 부부	1908	이화역사관
98	조선 최초의 졸업간호원인 이그레이스와 김마르다	1908	GCAH
100	광혜여원에서 수술을 하고 있는 로제타 홀과 환자의 머리맡에 앉아 수술을 돕는 이그레이스	1911	GCAH
100	『조선총독부 관보』(大正 662호, 1914.10.15)에 실린 이그레이스의 2905번 의생 면허	1914	옥성득
102	평양 광혜여원의 간호원과 환자들	1914	GCAH

102	해리슨 부인(마가렛 에드먼즈)과 자녀들, 메리 커틀러, 김마르다와 양자	1920	이화간호과학연구소
105	보구녀관 간호원양성학교 학생들과 교사들	1907	GCAH
105	보구녀관의 아침 기도 및 성경 공부 모습	1908	GCAH
107	『간호교과셔 하권』	1910	옥성득
109	『가뎡잡지』 1906년 9월호에 실린 보구녀관 간호원양성학교 관련 기사	1906	한국기독교역사박물관
111	이그레이스와 김마르다의 제1회 예모식	1906	이화역사관
111	보구녀관 간호원양성학교 제2회 예모식 및 이그레이스, 이하영 목사의 결혼식	1907	GCAH
112	보구녀관 마당에서 열린 2대 보구녀관 간호원장 알타 모리슨의 송별연	1910	GCAH
112	알타 모리슨	연도 미상	GCAH
112	나오미 앤더슨	연도 미상	GCAH
116	동대문 선교지구의 풍경	1890년대	GCAH
116	볼드윈 진료소의 모습들	1890년대	GCAH
120	건축 중인 릴리안 해리스 기념병원	1909	GCAH
121	서울특별시에서 설치한 보구녀관 터의 표지석	2016	대한간호협회
123	광혜여원에서 진료 중인 로제타 홀	1898	GCAH
123	로제타 홀과 평양맹학교 졸업생들	1915	GCAH
123	평양맹학교의 로제타 홀과 조수들	1900년대	GCAH
125	신마리아	연도 미상	이화역사관
125	신의경	연도 미상	이화역사관
125	세브란스병원 간호원양성소 제1회 졸업생 김배세	1910	이화역사관
127	남대문전투 후 한국군 병영을 점령한 일본군	1907	옥성득
127	『대한매일신보』 기사(1907.08.04)	1907	국립중앙도서관
129	스크랜튼 홈 전경	1899	Cornell University Library
131	조선에서 가장 행복한 소녀 옥분이와 옥분이가 직접 쓴 감사의 편지	1900년대	『조선의 소녀 옥분이』(살림출판사, 2008)/ 한국문학번역원
131	로제타 홀, 메리 커틀러와 함께 평양으로 간 옥분이	1912년경	GCAH
132	메리 커틀러와 메리 사	1900	GCAH
133	메리 커틀러의 가족사진	1900년대	그랜드 래피즈 공립박물관
133	맨 왼쪽에 서 있는 메리 사	1907	GCAH
133	메리 커틀러가 한국에서 수집한 그림 '광대'	연도 미상	그랜드 래피즈 공립박물관
133	메리 커틀러가 한국에서 수집한 그림 '산신'	연도 미상	그랜드 래피즈 공립박물관
133	메리 커틀러가 한국에서 수집한 인형	연도 미상	그랜드 래피즈 공립박물관

3장. 릴리안 해리스 기념병원(동대문부인병원) _ 더 낮은 곳에서 섬기다(1912~1945)

137	W.F.M.S. 선교사들	1910	GCAH
139	동대문 안 언덕에 자리 잡은 릴리안 해리스 기념병원	1913	GCAH
139	언덕 위의 릴리안 해리스 기념병원	1913년경	GCAH
139	메리 스튜어트 병원장	연도 미상	GCAH

140	홍인문 옆을 지나는 고종 국장 행렬과 뒷편에 보이는 릴리안 해리스 기념병원	1919	서울역사박물관
141	나오미 앤더슨	연도 미상	ancestry.com
145	릴리안 해리스 기념병원의 의료진	1910년대	GCAH
145	릴리안 해리스 기념병원의 한국식 앰뷸런스	1917	옥성득
146	릴리안 해리스 기념병원의 의료진 및 직원들	1915	옥성득
146	W.F.M.S.의 의사 선교사들	연도 미상	「Fifty Years of Light」
148	버니타 블록	연도 미상	GCAH
149	버니타 블록과 영변 유아진료소의 직원 및 환자들	1935	GCAH
153	경성의전을 졸업한 김영흥, 김해지, 안수경	1918	「The Korea Mission Field」, 1918.6
153	김해지, 김영흥, 안수경의 졸업 기념사진	1918	「Twentieth annual report of the Korea Woman's Conference of the methodist episcopal church」, 1918.6
155	동대문부인병원에서 태어난 아기들과 안수경 의사	1926	GCAH
155	안수경에 대한 1924년 11월 28일자 『조선일보』 기사	1924	조선일보
155	제왕절개로 출산한 산모와 안수경 의사	1926	GCAH
158	경성의전 청강생 김영실, 윤보명, 고수선	1921	서울대학교병원 의학역사문화원
158	1925년 3월 20일자 『동아일보』 기사 속 고수선, 윤보명	1925	동아일보
158	1926년 3월 26일자 『조선일보』 기사 속 강기경, 김미재, 이영실	1926	조선일보
161	동경여자의학전문학교 졸업 기념사진	1921	이화의료원(최영훈 기증)
163	로제타 홀의 회갑연	1926	GCAH
163	로제타 홀 회갑 기념 여의사 단체 사진	1926	GCAH
165	로제타 홀이 설립한 조선여자의학강습소 학생들	1932	GCAH
165	경성여자의학강습소 학생들과 교직원들	1933	GCAH
168	동대문부인병원의 의료진과 병원에서 태어난 아기들	1925	GCAH
170	제4회 졸업생 이희망과 그녀에게 졸업장을 건네는 메리 커틀러	1913	대한간호협회
170	릴리안 해리스 기념병원의 간호원들	1912	옥성득
170	간호원양성학교 제5회 졸업식 모습	1914	GCAH
172	인형과 블록을 가지고 노는 환아	연도 미상	GCAH
172	시각 장애아를 돌보는 동대문부인병원 간호원	연도 미상	GCAH
177	일본 유학 시절의 현덕신	1920년경	이화의료원(최영훈 기증)
177	동경여자의학전문학교 교복을 입은 현덕신	1921	이화의료원(최영훈 기증)
177	최원순과 현덕신의 결혼사진	1923	이화의료원(최영훈 기증)
177	동대문부인병원에서 일하던 시절의 현덕신 의사	1920년대	이화의료원(최영훈 기증)
179	김태복의 경찰 조사 관련 기록	1919	국가기록원
179	"평남대동서에서 청년 십삼 명 검거" 1925년 6월 3일자 『동아일보』 기사	1925	동아일보
182	국립대전현충원 독립유공자 제4묘역에 있는 박원경의 묘	연도 미상	대한간호협회
185	진남포에서 3·1운동을 주도한 혐의로 체포되었던 당시의 이하영 목사	1919	삼일학원/수원박물관
185	이하영 목사와 이그레이스 부부	1907	GCAH
192	일주일 동안 태어난 아기들을 안고 있는 동대문부인병원 간호원들	1920년대	GCAH

192	엘리자베스 로버츠	1916	ancestry.com
192	릴리안 해리스 기념병원에서 태어난 아기들과 의료진	1920년대	GCAH
194	엠마 로젠버거	연도 미상	GCAH
194	한신광	1973	경향신문
197	동대문부인병원 여의사들의 위생 강연 풍경	1920년대	GCAH
197	동대문여자보통학교에서 위생 포스터를 가리키는 간호원들	1928	「Health Poster Exhibit of Girls Day Schools, Woman's Missionary Friend」, 1929
197	1925년 3월 18일자 『동아일보』 기사 속 한신광	1925	동아일보
198	동대문부인병원에서 태어난 아기들	1930년경	「Fifty Years of Light」
198	아기를 씻기고 입히는 태화여자관의 시연 모습	1927	GCAH
200	제1회 아기건강대회 풍경	1924	「Fifty Years of Light」
200	아기건강대회에서 아기의 체중을 기록 중인 로젠버거	1928	옥성득
200	1927년 수상 아동들	1927	GCAH
200	1928년 1등 수상 아기	1928	옥성득
203	경성탁아소 전경	1937	옥성득
203	경성탁아소 보건간호강습회	1937	대한간호협회
204	1939년 6월 9일자 『조선일보』 기사 속 경성탁아소의 모습	1939	조선일보
204	경성탁아소의 아이들	연도 미상	「Fifty Years of Light」
206	국제간호협의회(ICN) 참석을 위해 출발하기 전 한국간호부회 대표들	1929	옥성득
206	영유아 보건진료소 자모회	1930	대한간호협회
209	메리 커틀러의 순회 진료소 차량	1925년경	GCAH
209	순회진료소의 내부 모습	1925년경	GCAH
209	광혜여원의 차고에서 순회 진료소를 준비하는 조수들	1920년대	GCAH
211	북장로회 언더우드 목사	연도 미상	연세대학교 기록관
211	북장로회 평양 지부 베어드 부인	연도 미상	옥성득
213	어머니 로제타 홀과 아들 셔우드 홀	1933	이화의료원(최영훈 기증)
213	동대문부인병원에서 태어난 아기들과 의료진	1935	GCAH

4장. 이대동대문병원 _ 전문의료기관으로 도약하다(1945~2008)

217	이화의대가 시작된 이대 신촌캠퍼스 본관	연도 미상	이화역사관
217	부산 피난교사에 수업을 들으러 가는 학생들	1951	이화역사관
217	이화여대의 부산 피난교사 앞에 모여 있는 학생들	1951	이화역사관
219	이화의대 제1회 졸업생 기념사진	1954	이자형
219	제1회 졸업생 동창 모임	1956	이자형
219	이화의대 제1회 졸업생 사은회	1954	이자형
221	조교로 근무하던 권분이 선생이 이화의대 지도교수들과 함께 찍은 사진	1958	이화의료원(권분이 기증)
221	권분이 선생의 인턴 수료 증명서	1952	이화의료원(권분이 기증)
221	권분이 선생의 전임 강사 임명장	1957	이화의료원(권분이 기증)
221	권분이 선생의 인사발령장	1975	이화의료원(권분이 기증)

221	권분이 선생의 후원으로 베트남 언청이 무료 수술 봉사에 나선 이화의대	연도 미상	이화의료원(권분이 기증)
222	박사학위 수여식에서의 반헌경 선생	1963	이화여자대학교
222	반헌경 박사가 사용했던 수술 도구	연도 미상	이화의료원
222	반헌경 박사의 서명이 담긴 수술 도구 케이스	연도 미상	이화의료원
223	하와이 퀸즈대학 졸업식에서의 이정애 교수	1928	이화역사관
224	의과대학 간호학과 초창기 교수진	1960	이자형
224	과학관에서 모형을 활용해 실습 중인 학생들	1960년경	이자형
224	가상 환자의 병실 간호 실습 중인 간호대학 학생들	1968	이자형
224	모자보건소	1970년경	이자형
226	이화여대 중강당에서 거행된 제1회 가관식에서 축사를 하는 김활란 총장	1956	이자형
226	제1회 가관식에서 학생에게 캡을 씌워주는 이영복 학과장	1956	이자형
226	제2회 가관식을 마친 2회 학생들과 이들을 축하하는 1회 선배들(김경희, 최옥희)	1957	이자형
226	제1회 간호메달 수여식에서 메달을 달아주고 있는 김옥길 총장과 한옥주 졸업예정자	1975	이자형
228	1954년 설립된 이대부속신촌병원 본관	1960년대	이화의료원
228	이대부속신촌병원 소아진료	1950년대	이화여자대학교
228	이대부속신촌병원 신생아실	1950년대	이화여자대학교
228	이대부속신촌병원 대기실	1950년대	이화여자대학교
229	이대부속신촌병원 별관 오프닝 기념식	1958	이화여자대학교
230	공사 중인 이대동대문병원 신관의 모습	1958	이화여자대학교
231	이대동대문병원 낙성식	1958	국가기록원
231	신축 병원 앞에 모인 의료진과 직원들	1958	국가기록원
231	낙성식에 참여한 다수의 사회 인사들	1958	국가기록원
231	공사 중인 이대 동대문병원 신관 앞 제2외래진찰소와 제2강의실(좌측)과 완성된 건물 전경(우측)	1958	이화의료원
233	1970년대 초반의 이대동대문병원	1970년경	이화의료원
233	이대동대문병원 제2외래진찰소	1960년경	이화의료원
233	이대동대문병원 검사실	1960년경	이화의료원
233	이대동대문병원 간호원숙소(학생기숙사)	1960년경	이화의료원
235	인턴 수료증 교부대장	1953	이화의료원
235	인턴 표창장 발급 대장	1959	이화의료원
235	조교 교수 직원명부	1964	이화의료원
237	이대동대문병원 산부인과 교수와 전공의, 간호사들	1964	이화의료원
237	이화의대 졸업생 사은회	1972	이화의료원
237	1970년대 이대동대문병원에 있던 인큐베이터에서 신생아를 돌보는 간호사들	1972	이화의료원
237	복강경으로 여성 피임 수술 실기 수련을 하는 모습	1973	이화의료원
239	간호 마취사 양성소 수료증 교부 원부	1960	이화의료원
239	간호 마취사 양성과정에 지원하는 김설중, 이유순의 간호사의 이력서와 추천서	1960	이화의료원

244	이대동대문병원 중앙진료부와 간호사 기숙사 기공식 기념 예배	1971	이화의료원
244	방명록에 서명하는 5대 원장 이기섭 선생	1971	이화의료원
244	이대동대문병원 중앙진료부 준공 봉헌식	1973	이화의료원
244	1972년경의 이대동대문병원	1970년대	이화의료원
246	철거 중인 이대동대문병원 구관(릴리안 해리스 기념병원) 건물	1974	이화의료원
246	이대동대문병원 신축 병동 준공식	1975	이화의료원
247	1980년대의 이대동대문병원	1980년대	이화의료원
247	간호원 기숙사 건물 단면도와 이대동대문병원 본 건물 4층 단면도	연도 미상	이화의료원
247	신병동 봉헌식	1981	이화의료원
249	삼첨판막 역류증 수술에 성공한 흉부외과 수술팀	1996	이화의료원
249	자가 말초혈 조혈모세포 이식 수술에 성공한 환아와 의료진의 모습	1997	이화의료원
252	이대동대문병원 증축 공사를 위한 첫 삽 뜨기 행사 모습	1997	이화의료원
252	이대동대문병원 활성화를 위한 한국인공관절센터 개설	2003	이화의료원
252	이대동대문병원 60주년 기념식에서 격려사를 전하는 윤견일 의료원장	2005	이화의료원
254	이대동대문병원의 모습	1972	이화의료원
255	"딸 일곱 끝에 아들 풍년" 1963년 5월 20일자 『경향신문』 기사	1963	경향신문
256	1980년대 파업으로 병원 직원들이 지하 식당에서 급식을 책임진 일화가 있는 이대동대문병원 건물(오른쪽)	1980년대	이화의료원
257	어머니와 함께 이대동대문병원을 찾은 하인스 워드 선수	2006	이화의료원

5장. 이대목동병원 _ 새 시대를 열다(1993~)

261	이대목동병원 전경	연도 미상	이화의료원
263	김동길 교수와 함께한 김옥길 선생의 칠순 잔치	1990	이화의료원
263	김옥길 선생과 정주영 전 현대그룹 회장	1986	이화의료원
264	이대목동병원 신축 공사 현장	1993	이화의료원
264	완공된 이대목동병원의 전경	1993	이화의료원
264	개원 기념사를 하는 정의숙 이화학당 이사장	1993	이화의료원
264	이대목동병원 개원 기념 리셉션	1993	이화의료원
267	직영으로 운영하기 시작한 장례식장	2000년대	이화의료원
267	본관 왼쪽에 들어선 주차타워	1998	이화의료원
267	조혈모세포를 기증하는 모습	2004	이화의료원
268	이대목동병원의 증축 이후 전경	2002년경	이화의료원
268	별관 조감도	연도 미상	이화의료원
268	이대목동병원 별관 개관식	2004	이화의료원
268	수술실 증설 이후 진행된 수술 장면	2001	이화의료원
270	고에너지 선형가속기의 시험 운영 모습	2000	이화의료원
270	Full-PACS 구축 가동	2001	이화의료원
270	PACS 영상으로 세미나를 진행 중인 의료진	2002	이화의료원
270	전신 촬영 MRI의 도입	2004	이화의료원
270	초고속 64 slice 3차원 CT 도입	2006	지멘스

272	본관 2층 뇌신경센터에서 진행된 뇌파 검사	2002	이화의료원
272	본관 8층에 문을 연 뇌졸중 집중치료실	2000년대	이화의료원
272	인공신장실에서 투석치료를 받는 환자들	2002	이화의료원
272	모자센터에서 산모에게 신생아를 보여주는 모습	2002	이화의료원
272	심장혈관센터 전경	2000년대	이화의료원
272	심혈관 시술을 시행하는 의료진	2002	이화의료원
273	치과진료부(덴탈센터) 진료 모습	2002	이화의료원
273	소화기센터 내시경 치료 장면	2002	이화의료원
273	건강검진센터 전경	2002	이화의료원
273	건강검진센터에서 검사받는 모습	2002	이화의료원
273	진료협력센터 창구	2000년대	이화의료원
273	제1회 지역협력병의원장의 밤 행사	2006	이화의료원
275	심장병 수술을 받은 베트남 환아들과 의료진	2004	이화의료원
275	심장병 수술을 받은 말라위 환아와 의료진	2014	이화의료원
275	짐바브웨 국립의대병원에서 심장병 개심 수술을 진행 중인 흉부외과 서동만 교수	2018	이화의료원
276	이대목동병원의 해외 의료 봉사 현장(캄보디아, 베트남 등)	2010년대	이화의료원
278	사시 수술을 위해 진료를 받고 있는 어린이 환자	2008	이화의료원
278	양천구치매지원센터 개소식	2008	이화의료원
278	강서구치매지원센터 개소식	2009	이화의료원
280	이대목동병원 야경	2019	이화의료원
282	국내 최초의 여성암 전문 병원인 이대여성암병원	2009	이화의료원
282	이대여성암병원 입구	2009	이화의료원
282	이대여성암병원 4층 리셉션	2009	이화의료원
284	여성건진센터 리셉션	2009	이화의료원
284	여성암 환자 전용 레이디병동	2010년경	이화의료원
284	여성건진센터 내부(vip룸)	2010년경	이화의료원
284	2010년 별관 3층 건강증진센터 내에 개설된 성인지의학협진클리닉	2010	이화의료원
286	'메이킹 마이 리틀 포레스트' 미술치료에 참여 중인 이대여성암병원의 환자들	2018	이화의료원
286	이대여성암병원 미술치료 작품 전시회	2017	이화의료원
286	이대목동병원 제29주년 개원기념식 및 이대여성암병원 확장 개소식	2022	이화의료원
286	이대여성암병원 확장 개소식	2022	이화의료원
286	리모델링을 마친 이대여성암병원 부인종양센터	2022	이화의료원
288	차세대 소아응급의료센터 개소식	2011	이화의료원
288	이대목동병원 권역응급의료센터 개소식	2016	이화의료원
288	권역응급의료센터에 도착한 119 구조대의 모습	2016	이화의료원
289	2011년 보건복지부 인증 상급 의료기관 인증을 획득한 이대목동병원	2011	이화의료원
289	보건복지부 인증 상급 의료기관 현판	2011	이화의료원
290	JCI CCPC 심사위원들과 이대목동병원 교직원들	2011	이화의료원
290	2014년 보건의료대상을 수상한 뇌졸중센터	2014	이화의료원
292	국내 최초, 아시아 두 번째로 도입한 128채널 PET-CT	2010	이화의료원

292	첨단 방사선 암 치료기 트릴로지	2011	이화의료원
294	로봇수술센터 개소식	2009	이화의료원
294	로봇수술센터의 수술실 및 수술 모습	2010년대	이화의료원
296	대만에서 개최된 싱글사이트 로봇수술 국제학술대회에서 특강 중인 문혜성 센터장	2016	이화의료원
296	대만 의료진의 문혜성 교수 로봇수술 참관	2015	이화의료원
298	이대목동병원 간센터의 홍근 교수와 간이식 수술을 받은 박성애 씨	2013	이화의료원
298	이대목동병원에서 첫 심장 이식 수술을 받은 환자와 의료진	2018	이화의료원
302	위암·대장암 협진센터 이주호 교수의 복강경 수술 모습	2010년대	이화의료원
302	간 이식 후 출산을 한 산모 가족과 의료진	2018	이화의료원
304	인공방광수술 중인 이동현 교수와 인공방광센터 의료진	2021	이화의료원
304	요관 스텐트 삽입 시술 중인 이대비뇨기병원 의료진	2022	이화의료원
304	이대비뇨기병원 개원기념식	2022	이화의료원
306	어깨질환센터 신상진 센터장의 수술 모습	2010년대	이화의료원
306	어깨질환센터 개소식	2012	이화의료원
307	수면다원검사 결과를 판독 중인 이향운 교수와 수면센터 의료진	2021	이화의료원
309	성인지임상시험센터 개소식	2008	이화의료원
309	이화융합의학연구원 개원식	2012	이화의료원
309	희귀질환 중개연구센터 개소식	2012	이화의료원
309	여성암 정복 특성화 연구센터 개소식	2012	이화의료원
311	동경여자의과대학과 개최한 국제심포지엄	2012	이화의료원
311	줄기세포재생의학연구소의 김한수 부소장과 조인수 소장의 모습	2017	이화의료원
311	이화의료원 관계자들과 입주 기업인들의 업무 협약식	2020	이화의료원
311	이화의료원 산학협력관 개소식	2020	이화의료원
312	중동지역 환자 유치를 위한 이화의료원과 UAE 보건부 및 아부다비 보건청 대표단의 협약식	2011	이화의료원
312	몽골에서 의료 봉사 중인 백남선 이대여성암병원장	2011	이화의료원
312	몽골국립암센터 및 몽골국립암재단과 이화의료원의 진료 협약 체결식	2011	이화의료원
315	서울특별시립 양천메디컬센터(현 서울특별시 서남병원)	2010년대	서울특별시 서남병원
317	스크랜튼 서거 100주기 연합 추모예배	2009	이화여자대학교
317	로제타 홀의 선교사역 기념 특강 단체사진	2015	이화의료원

6장. 이대서울병원 _ 더 높은 곳을 향해 비상하다(2019~)

321	이대서울병원 부지	2012	이화의료원
321	제2부속병원 완공을 위해 힘을 모은 이화의료원 경영진	2012	이화의료원
321	이대서울병원 착공식	2015	이화의료원
321	이대서울병원 조감도	연도 미상	이화의료원
323	이대서울병원 개원식	2019	이화의료원
323	이대서울병원 개원 1주년 기념 헌혈행사	2020	이화의료원
323	이대서울병원 개원 3주년 기념식	2022	이화의료원

324	보구녀관 고증복원을 위한 워크숍	2016	이화의료원
325	눈 오는 날의 보구녀관 전경	2019	이화의료원
325	옛 진료실, 약국 등을 재현해 당시 정취를 느낄 수 있는 보구녀관의 내부 모습	2020	이화의료원
327	이대서울병원 내부	2019	이화의료원
329	신생아중환자실에서 환아를 돌보는 간호사들	2019	이화의료원
329	철저한 감염 관리로 신생아 중환자 치료에 앞장서고 있는 모아센터/신생아중환자실 확장 오픈식	2021	이화의료원
330	스마트 수술실에서 외과 수술을 진행중인 민석기 교수	2019	이화의료원
330	환자의 실시간 모니터링이 가능한 임상통합상황실	2019	이화의료원
330	한승호 첨단의생명원구원장의 융복합연구 관련 줌 강연	2021	이화의료원
334	이대서울병원이 운영한 코로나19 선별진료소 풍경	2020	이화의료원
334	선별진료소에서 안내와 접수요원으로 구슬땀을 흘린 전지영 씨의 근무 모습	2020	이화의료원
334	코로나19 환자들의 일상 회복을 기원한 전지영 씨의 손 편지	2020	이화의료원
336	국내 대학병원 최초로 3인실을 기준 병실로 운영하고 있는 이대서울병원의 3인실 모습	2019	이화의료원
336	이대서울병원 중환자실(전 1인실)	2019	이화의료원
337	코로나19 환자 전담치료 병동을 개설한 이대서울병원	2022	이화의료원
337	코로나19 거점병원인 이대서울병원을 방문한 문재인 전 대통령	2021	대통령 기록관
339	가곡오케스트라 단원들의 수요음악회 공연 모습	2019	이화의료원
339	이대서울병원 수요음악회 공연 모습	2019	이화의료원
339	환자와 보호자는 물론 교직원들에게 힐링을 선사하고 있는 이대서울병원 아트큐브 전경	2019	이화의료원
341	드라마 <슬기로운 의사생활>에서 열연한 전미도 배우의 이화의료원 명예홍보대사 기념식	2021	이화의료원
341	드라마 <슬기로운 의사생활> 제작진이 2021년 11월 장기이식센터에 발전기금을 후원하며 촬영한 기념사진	2021	이화의료원

단행본

강영심(2021), 『독립운동가 간호사 74인』, 대한간호협회.

고춘섭(2009), 『연동교회 애국지사 16인 열전』, 서울: 대한예수교장로회연동교회.

______(2001), 『하늘과 땅 사이에서: 순원 신의경 권사 전기』, 금영문화사.

구타펠, 미네르바(2009), 『조선의 소녀 옥분이』, ㈜살림출판사.

기독교 대한감리회 상동교회(1988), 『상동교회를 중심으로 활동한 나라와 교회를 빛낸 이들』.

기독교 대한감리회(1975), 『한국감리교회사』.

기창덕(1995), 『한국근대의학교육사』, 아카데미아.

김경환(1982), 『梨花의 뒤안길에서』.

김은신(1996), 『이것이 한국최초』, 삼문.

김정동(2013), 『고종황제가 사랑한 정동과 덕수궁』, 도서출판 발언.

김폴린, 『주님이 함께한 90년』, 보이스사.

노스웨스턴대학교(1896), 『Alumnae of the Woman's Medical College of Chicago』, Chicago: H. G. Gulter Pub.

메리이, 플로렌스(2009), 『내가 사랑한 조선』, 두란노.

박정희(2015), 『닥터 로제타 홀』, 다산초당.

______(2018), 『로제타 셔우드 홀』, 키아츠.

박혜선(2011), 『김점동 조선의 별이 된 최초의 여의사』, 청어람 미디어.

서울대학교 규장각, 『주본(湊本)』.

서울대학교병원 병원역사문화센터(2013), 『사진과 함께 보는 한국 근현대 의료문화사 1879-1960』, 웅진지식하우스.

서울역사박물관(2021), 『100년 전 선교사, 서울을 기록하다』.

______(2020), 『연지 · 효제 새문화의 언덕』.

에비슨, 올리버(2006), 『구한말 40여 년의 풍경』, 대구대학교출판부.

______(1984), 『구한말비록(舊韓末秘錄)(상)』, 대구대학교출판부.

옥성득(2011), 『한국간호역사자료집 Ⅰ』, 대한간호협회.

______(2017), 『한국간호역사자료집 Ⅱ』, 대한간호협회.

이덕주 · 하희정(2019), 『마가렛 에드먼즈와 이정애』, 이화여자대학교출판문화원.

이덕주(2015), 『스크랜턴: 어머니와 아들의 조선 선교 이야기』, 공옥출판사.

_______(1993), 『태화기독교사회복지관의 역사: 1921~1993』, 서울: 태화기독교사회복지관.

이방원(2018), 『박에스더』, 이화여자대학교출판문화원.

이배용 · 이현진(2009), 『스크랜튼』, 이화여자대학교출판문화원.

이화100년사 편찬위원회(1994), 『이화 100년사』, 이화여자대학교출판부.

이화80년사 편찬위원회(1967), 『이화 80년사』, 이화여자대학교출판부.

이화여자대학교 의과대학 60년사 편찬위원회(2005), 『이화여자대학교 의과대학 60년사』, 이화여자대학교출판부.

장춘식(2016), 『인물로 보는 선교 이야기』, 올리브나무.

정구충(1985), 『한국의학의 개척자』, 동방도서.

최혜정(2015), 『큰 별 되어 조선을 비추다』, 초이스북.

추영수(1971), 『구원의 횃불』, 서울: 중앙여자중고등학교.

키스, 엘리자베스 · 스콧, 엘스펫 로버트슨(2020), 『영국화가 엘리자베스 키스의 올드 코리아』, 책과함께.

(사)한국여자의사회(2020), 『선각자들의 魂을 되살리다』.

홀, 로제타 셔우드(2016), 『로제타 홀 일기 3』, 양화진문화원.

_______(2016), 『로제타 홀 일기 4』, 양화진문화원.

홀, 셔우드(2020), 『닥터 홀의 조선 회상』, 좋은씨앗.

황미숙(2020), 『내한 미국감리교회 선교사들의 사회복지사업 1885~1960년』, 동연.

간행물

「가정잡지」 1-4(1906.9), "보구여관과 그 안에 있는 간호원 양성학교".

「별건곤(別乾坤)」 제5호(1927.3), "해내海內 해외海外에 헛허저 있는 조선여의사 평판기 評判記".

「북감리회한국선교회연회보고서」(1905~1910).

「삼천리」 제10권 제1호 (1938.1.1), "京城托兒所차저, 서울의 고마운 施設들".

「이의동창회보」 제44호, "아름다운 동행".

「이의동창회보」 제50호, "아름다운 동행".

「이화의료원 뉴스레터」(2021.4.7), "간호의 역사를 찾아서".

「이화의료원 뉴스레터」(2021.7.22), "잊지 말아야 할 이름, 현덕신: 조선 여성을 위해 의사가 된 독립운동가".

「이화의료원 뉴스레터」(2021.9.27), "최초의 간호사, 여의사, 그리고 독립운동가의 아내, '복업'이었던 운명을 개척한 여장부, 이그레이스".

「조선간호부회보」 제13호(1929).

문화재청(2022.1.5), "로제타 홀 한글 점자 교재", 「문화재 등록」.

박경진(2012.11.15), 「한국 교회사 6」, 『감리교 뉴스』.

이화여자고등학교(2011), 「정동 이화여고 심슨기념관 수리보고서」.

Baldwin, Stephen L.(1898.3), "Korea", 「Christian Advocate」.

Barclay, W. C.(1957), 『History of Methodist Missions, Part Two: The Methodist Episcopal Church』

(1845~1939), 『New York: The Board of Missions of yhe Methodist Church』.

Edmunds, Margaret J.(1906.8), "Training Native Nurses", 「Korea Mission Field」.

______(1907.8.23), 『Pioneer Nursing』.

Edwards(1924.2.9), "Letter to Howell".

Ernsberger, Emma(1906), "Baldwin Dispensary", 「Annual Report of the Korea Woman's Conference of the Methodist Episcopal Church」.

Hall, Rosetta Sherwood(1893.4), "Woman's Work in the Methodist Episcopal Mission in Korea", 「Gospel in All Lands」.

______(1893.9), "Woman's Medical Work, Seoul, Korea", 「Chinese Recorder and Missionary Journal」.

______(1911.4.20), Letter to Miss Rothweiler.

______(1950.10), "Foreign Medical Women in Korea", 「Journal of the American Medical Women's Association」.

Hopkins, Sue(1918.3), "A Day with Dr. Stewart at East Gate Hospital", 「Woman's Missionary Friend」.

Horton, Lillias Sterling(1888.7), "Letters from the Front", 「Woman's Work」.

Howard, Meta(1890.1), "The W.F.M.S. Hospital in Seoul, Korea,", 「Heathen Woman's Friend」.

Ishm, Mary(1936), 「Ventures」.

Johns, George H.(1907.4), "The Capping of Nurses", 「Korea Mission Field Ⅲ-4」.

Moore, David H.,(1902.9) "Lillan A. Harris, M.D.", 「Woman's Missionary Friend」.

Noble, W. A.(1934), 「Pioneers of Korea」, 『Within the Gate』 C. Sauer ed.,. The Korean Methodist News Service, Seoul.

Rogers, Mayme(1924), "Eight Babes a day", 「Annual Report of the Korea Woman's Conference of the Methodist Episcopal Church」.

Rosenberger, Elma T.(1924), "The Baby Show at the Seoul Evangelistic Center", 「Annual Report of the Korea Woman's Conference of the Methodist Episcopal Church」.

______(1929), "Public Health and Baby Welfare Work"「31st Annual Report of the Korea Woman's Conference of the Methodist Episcopal Church」.

Rothweiler, Louisa C.(1909.5), "Our Work in Korea", 「Woman's Missionary Friend」.

Sauer, C. A.(1934), 『Within the Gate』.

Scranton, Mary. F.(1896), "Woman's Work in Korea", 「The Korean Repository Ⅲ-1」.

Scranton, William B.(1892.12.21), W. B. Scranton's letter to Dr. A. B. Leonard.

______(1887), 「Annual Report of the Misionary society of the Methodist Episcopal Church」.

Sherwood, Rosetta(1892), "Medical Work for Women in Korea", 「Missionary Review of the World」.

Shields, Esther L.(1908.2), "Nursing in Mission Stations Work in Korea", 「American Journal of Nursing 8-5」.

Wagner(1927), "The Center", 「The Korea Mission Field」.

"Baby Show, The Seoul Social Evangelistic Center", 「Fifth Years of Light」(1938).
"Public Health and Child Welfare Work in Seoul", 「Fifth Years of Light」(1938).
"Public Health and Infant Welfare Centers Kongju", 「Fifty Years of Light」(1938).
"The Story of the First Korean woman Doctor", 「The Gospel in All Lands」(1899.6).
"Year Book", 「Woman's Foreign Missionary Society of the Methodist Episcopal Church 67th Annual Report」(1936).
「16th Annual Report of the Woman's Foreign Missionary Society of the Methodist Episcopal Church」(1885).
「27th Annual Reports of the Korea Woman's Conference of the Methodist Episcopal Church」.
「Annual Report of Missionary Society of the Methodist Episcopal Church」(1886).
「Annual Report of the Woman's Foreign Missionary Society of the Methodist Episcopal Church」(1889).
「Heathen Woman's Friend」(1886.4).
「The Korea Mission Field」(1913.7).
「The Korea Missions Year Book」(1928).
「The Korea Mission Field」 30-7(1934).
「The Korea Mission Field」 30-7(1934).
「The Korean Repository Ⅲ-1」.
「Woman's Missionary Friend」(1901.1).
「Woman's Missionary Friend」(1901.7).
「Woman's Missionary Friend」(1908.1).

논문

김성은(2007), 「로제타 홀의 조선여의사 양성」, 『한국기독교와 역사(27)』.
김영수(2021), 「해외여선교회(W.F.M.S.)의 서울지역 의료사업: 동대문부인병원을 중심으로」, 『이화사학연구』 제62집.
백옥경(2021.12), 「한국 근대 초 의료선교사 메리 커틀러(Mary M. Cutler, 1865~1948)의 진료활동과 여성의학교육」, 『여성과 역사』 35.
윤정란(2009), 「구한말 기독교 여성의 삶과 여성교육운동」, 『여성과 역사』 제11집.
이꽃메(2006), 「한신광: 한국 근대의 산파이자 간호부로서의 삶」, 『의사학』 15-1.
이방원(2011), 「보구여관 간호원양성소(1903~1933)의 설립과 운영」, 『의사학』 20-2.
이영아(2021), 「최초의 '국내파' 여성의사 안수경, 김영흥, 김해지 연구」, 『의사학』 30-1.
최은경(2016.8), 「일제강점기 조선 여자 의사들의 활동: 도쿄여자의학전문학교 졸업 4인을 중심으로」, 『코기토』 80.

신문

『경향신문』(1957.12.19), 「"心臟鼓動(심장고동)도 볼 수 있고" TV裝置(장치)의 聽診鏡(청진경)처음導入(도입)」.
『경향신문』(1963.5.20), 「딸 일곱 끝에 아들 풍년」.

『경향신문』(1965.2.23), 「세雙童(쌍동)이 順産(순산) 두 아들에 딸 하나」.

『동아일보』(1921.3.5), 「新進女流의 氣焰(十二) 迷信과 衛生思想; 병자에게 약은 아니스고 푸닥거리만 함을 금하라(女醫, 安壽敬女史談)(肖)」.

『동아일보』(1924.1.25), 「유아를 위해 생긴 태화관의 진찰소」.

『동아일보』(1924.3.23), 「學生의깃분날」.

『동아일보』(1925.3.18), 「졸업도 한달밧게 구직하는이를 위하야 (7)」.

『동아일보』(1925.3.20), 「직업에 첫거름 이 봄에 졸업하는 이 둘」.

『동아일보』(1925.6.3), 「평남대동서에서 청년 십삼 명 검거」.

『동아일보』(1926.1.6), 「빈부와 의료기관」.

『동아일보』(1927.6.4), 「태화녀자진찰소 건강아동진단」.

『동아일보』(1929.2.20), 「韓夫人과同伴 申東起氏還鄕」.

『동아일보』(1929.7.27), 「萬里異域學窓에서 畢業한朝鮮秀才」.

『동아일보』(1935.4.7), 「職業十五年에보고들은世態人情; (上)」.

『동아일보』(1935.4.7), 「職業十五年에보고들은世態人情; (下)」.

『동아일보』(1938.1.4), 「직업부인을 위한 탁아소의 앞길 탁아소 주치의 한소제」.

『동아일보』(1959.11.28), 「열사의 후예들(6) 김상옥의사의 미망인 정여사」.

『동아일보』(1962.3.9), 「눈 뜨게 된 눈먼 세孤兒(고아) 大關嶺(대관령) 넘은「仁術(인술)」의 사랑」.

『동아일보』(1988.2.16), 「두번째女醫師 金龍喜씨」.

『매일신보』(1913.7.11), 「米國女醫 딱터-힐만 氏의 經營에 依한 梨花學堂內附屬普救病院은 一年 三千六白人 一日約十八人의 施療를 한다더라」.

『매일신보」(1914.3.18)』, 「평앙 맹아대회」.

『매일신보」(1914.8.16)』, 「지방통신: 평안남도, 교육대회」.

『매일신보」(1914.8.18)』, 「지방통신: 평안남도, 맹아개최」.

『매일신보」(1919.12.19)』, 「독립부인회 남상은 혈성단 애국부인회」.

『제국신문』(1904.11.24), 「誠心普救」.

『조선일보』(1923.6.14), 「의약간의 강연」.

『조선일보』, (1924.11.26), 「첫길에 압장선 이들 (4) 육톄의 병과 정신의 병을 다 치료, 여자긔독청년회장 현덕신녀사」.

『조선일보』(1924.11.28), 「첫길에압장선이들 (6) 수녀가티숨어잇서 병자를구원하는 동대문부인병원의사 안수경양」.

『조선일보』(1925.2.28), 「여맹인을 위하야 강습소 개설 계획」.

『조선일보』(1926.3.22), 「처음으로 졸업한 여자 약학생 두 명」.

『조선일보』(1926.3.26), 「의전청강생」.

『조선일보』(1926.5.26), 「조선 녀성이 가진 여러 직업 (13) 약제사」.

『조선일보』(1926.5.28), 「조선 녀성이 가진 여러 직업 (14) 타이피스트」.

『조선일보』(1926.6.8), 「조선일보독자부인봉도단」.

『조선일보』(1926.5.29), 「조선 녀성이 가진 여러 직업 (15) 안마」.

『조선일보』(1926.6.10), 「부인봉도단주의사항」.

『조선일보』(1928.1.1), 「여약제사 인생을 구제」.

『조선일보』(1929.4.30), 「韓小濟女史 全州서開業」.

『조선일보』(1938.1.13), 「여의전인가원 학무국에 회부」.

『조선일보』(1938.2.19), 「대동공전과 여의전 인가결제는 완료」.

『조선일보』(1938.4.6), 「동대문병원탁아소방문기」.

『조선일보』(1939.6.9), 「광명의 짐을 차저서」.

『조선일보』(1956.1.11), 「早産兒人工(조산아인공)으로養育(양육)」.

『조선일보』(1956.6.28), 「"귀먹어리"의尺度判別(척도판별) 梨大(이대)에"聽力檢査機(청력검사기)"」.

W.F.M.S. 보고서

Anderson, Naomi A. & Roberts, Elizabeth S.(1917), "Seoul Medical Report", 「Annual Reports of the Korea Woman's Conference of the Methodist Episcopal Church」.

Anderson, Naomi A.(1912), "Report of Nurses' Training School", 「Annual Reports of the Korea Woman's Conference of the Methodist Episcopal Church of the Methodist Episcopal Church」.

_______(1914), "The Lillian Harris Memorial Hospital and The Nurses Training School", 「Annual Reports of the Korea Woman's Conference of the Methodist Episcopal Church」.

Billings, B. W. & Mrs. C. D. Morris & Pye, Olive F.(1921), 「Annual Report of the Korea Woman's Conference of the Methodist Episcopal Church」.

Cutler, Mary M. & Edmunds, Margaret J.(1904.4), "Po Ku Nyo Kwan. Hospital, Dispensary and Nurses Training School", 「Reports Read at the 6th Annual Session of the Korea Woman's Conference of the Methodist Episcopal Church」.

_______(1905), "Po Ku Nyu Koan-Hospital, Dispensary and Nurses' Training School, Seoul", 「Report of Po Ku Nyu Koan and Baldwin Dispensary Seoul」.

_______(1906), "Po Ku Nyu Koan", 「Po Ku Nyu Koan Report with Addenda, Seoul」.

Cutler, Mary M.(1897~1898), "Po Ku Nyu Koan or Seoul Women's Hospital and Dispensary", 「The Korean Work of the Woman's Foreign Missionary Society of the Methodist Episcopal Church」.

_______(1898), "Po Ku Nyo Kwan or Seoul Women's Hospital and Dispensary", 「Reports Presented to the 14th Annual Meeting of the Korea Mission of the Methodist Episcopal Church」.

_______(1899.5), "Po Ku Nyu Koan", 「1st Annual Meeting of the Woman's Conference of the Methodist Episcopal Church」.

_______(1900.5), "Medical Work Po Ku Nyu Koan, Seoul", 「Official Minutes of the 16th Annual Meeting, Korea Mission, Methodist Episcopal Church」.

_______(1907.6), “Po Ku Nyu Koan”, 「Reports Read at the 9th Annual Session of the Korea Woman's Conference of the Methodist Episcopal Church」.

_______(1908.3), “Po Ku Nyo Kwan”, 「Reports Read at the 10th Annual Session of the Korea Woman's Conference of the Methodist Episcopal Church」.

_______(1910.5), 「Report of Po Ku Nyo Kwan at Korean Woman's Conference, Seoul」.

_______(1911.6), “Po Ku Nyo Kwan(Hospital, Dispensary, snd Training School for Nurses”, 「13rd Annual Report of the Korea Woman's Conference of the Methodist Episcopal Church」.

_______(1918), “Medical Work, Seoul”, 「Annual Reports of the Korea Woman's Conference of the Methodist Episcopal Church」.

_______(1918), “Woman's Hospital of Extended Grace and Medical Education for Korean Women”, 「Annual Reports of the Korea Woman's Conference of the Methodist Episcopal Church」.

_______(1926), “Traveling Health Education and Christian Dispencery”, 「28th Annual Reports of the Korea Woman's Conference of the Methodist Episcopal Church」.

_______(1929), “Traveling Dispencery and Health Education”, 「31st Annual Reports of the Korea Woman's Conference of the Methodist Episcopal Church」.

Edmunds, Margaret J.(1904.2), “Po Ku Nyo Kwan Hospital”, 「Woman's Missionary Friend」.

_______(1907.6), “Training School for Nurses”, 「Reports Read at the 9th Annual Session of the Korea Woman's Conference of the Methodist Episcopal Church」.

Ernsberger, Emma(1901.5), “Report Ⅳ-Woman's Hospital and Dispensary, Chong Dong, Seoul”, 「3rd Annual Report of the Korea Woman's Missionary Conference of the Methodist Episcopal Church」.

_______(1902.5), “Report Ⅳ-Baldwin Dispensary and Chapel, East Gate”, 「4th Annual Report of the Korea Woman's Missionary Conference of the Methodist Episcopal Church」.

_______(1904.4), “Baldwin Dispensary and Evangelistic Work, East Gate”, 「Reports Read at the 6th Annual Session of the Korea Woman's Conference of the Methodist Episcopal Church」.

_______(1907.6), “Baldwin Dispensary and Evangelistic Work”, 「Report Read at the 9th Annual Session of the Korea Woman's Conference of the Methodist Episcopal Church」.

_______(1908.3), “Baldwin Dispensary and Evangelistic Work”, 「Reports Read at the 10th Annual Session of the Korea Woman's Conference of the Methodist Episcopal Church」.

Hall, Rosetta Sherwood & Cutler, Mary M.(1913), “Koang Hyoe Nyo Won(Woman's Hospital of Extended Grace)”, 「Annual Reports of the Korea Woman's Conference of the Methodist Episcopal Church」.

_______(1915), “Medical Report of Pyeng Yang Hospital”, 「Annual Reports of the Korea Woman's Conference of the Methodist Episcopal Church」.

Hall, Rosetta Sherwood(1912), “Woman's Hospital of Extended Grace, Pyeng Yang”「Annual Reports of the Korea Woman's Conference of the Methodist Episcopal Church」.

Harris, Lillian,(1900.5), "Boldwin Dispensary, Seoul", 「Official Minutes of the 16th Annual Meeting, Korea Mission, Methodist Episcopal Church」.

Hillman, Amanda F.(1912), "Chong Dong Dispensary, and Medical Work in Ewha Haktang, Seoul", 「Annual Reports of the Korea Woman's Conference of the Methodist Episcopal Church」.

Morrison, Alta I.(1909.6), "Nurses' Training School, Seoul", 「11st Annual Report of the Korea Woman's Conference of the Methodist Episcopal Church」.

______(1910.5), "Nurses' Training School", 「Report of Po Ku Nyo Kwan at Korean Woman's Conference, Seoul」.

Pak, Esther K.(1902.5), "Report Ⅲ-Chong Dong Dispensary, Seoul", 「4th Annual Report of the Korea Woman's Missionary Conference of the Methodist Episcopal Church」.

______(1903.5), "Chong Dong Dispensary, Seoul", 「5th Annual Session of the Korea Woman's Conference of the Methodist Episcopal Church」.

Rosenberger, Elma T.(1925), "Seoul Social Evangelistic Center: Report of the Public Health Work", 「27th Annual Report of the Korea Woman's Conference of the Methodist Episcopal Church」.

______(1930), "The Seoul Child Welfare Union Social Evangelistic Center", 「32nd Annual Report of the Korea Woman's Conference of the Methodist Episcopal Church」.

Stewart, Mary S. & Anderson, Naomi A.(1915), "Medical Report of Lillian Harris Memorial Hospital", 「Annual Reports of the Korea Woman's Conference of the Methodist Episcopal Church」.

______(1916), "East Gate Medical Work", 「Annual Reports of the Korea Woman's Conference of the Methodist Episcopal Church」.

Stewart, Mary S. & Roberts, Elizabeth S.(1916), "Medical Work at East Gate Hospital, Seoul", 「Annual Reports of the Korea Woman's Conference of the Methodist Episcopal Church」.

Stewart, Mary S.(1912), "Lillian Harris Memorial Hospital and Baldwin Dispensary", 「Annual Reports of the Korea Woman's Conference of the Methodist Episcopal Church」.

______(1914), "East Gate Medical Work, Seoul(Lillian Harris Memorial Hospital and Baldwin Dispensary)", 「Annual Reports of the Korea Woman's Conference of the Methodist Episcopal Church」.

"Report Ⅵ-Baldwin Dispensary and Chapel, East Gate", 「4th Annual Report of the Korea Woman's Missionary Conference of the Methodist Episcopal Church」(1902.5).

"Report of the Lillan Harris Memorial Hospital: Little Stories of the Work", 「27th Annual Report of the Korea Woman's Conference of the Methodist Episcopal Church」(1925).

편집 후기

이화의료원 역사편찬위원회는 2021년 4월 28일 킥오프미팅을 시작으로 2년 가까운 시간 동안 135년의 긴 역사를 정리했습니다. 미국 감리교 여성해외선교회의 연례보고서 번역을 한 것이 엊그제 같은데 보구녀관의 뜨거웠던 두 번의 여름이 지나는 동안 한 권의 책이 탄생했습니다. 135년 동안 이화의료원의 굽이굽이 어려운 순간마다 보호해주시고 이끌어 주셔서 여기까지 오게 하신 하나님께 깊은 감사를 올려드립니다. 이화의료원 역사편찬위원회 간사, 보구녀관 초대관장 _ 김영주

이화의료원을 세우고 지켜주신 스승님들의 기록을 오래도록 읽지 않은 채로 지내다가 이화 100년을 맞이하며 포쇄하듯 마주했던 이화의료인의 교육사를 찾은 기쁨은 더할 나위 없었습니다. 이화의료원 135년을 맞이하며 이화의료원 역사편찬위원회에서 보낸 시간은 스승님들께 더 가까이 다가갔던 시간이었습니다. 스승님들의 신앙과 이웃 사랑의 진정한 가치를 전한다는 마음에 참 행복했습니다. 이화여대 간호대학 명예교수 _ 이자형

역사는 현재의 눈으로 과거를 비추며 미래를 내다보는 거울이라지요. 135년의 시간을 거슬러 뿌리를 찾아가는 여정은 실로 가슴 벅찬 일이었습니다. 숨겨졌던 귀한 역사가 동시대를 살아가는 모든 이에게 뜨거운 울림을 주고 '이화인'에게는 정체성을 재확인하고 자부심을 갖게 되는 계기가 될 것이라 믿습니다. 이화의료원 역사편찬위원회 일원으로 함께했음은 개인적으로도 큰 영광이었습니다. 이화여대 의과대학 동창회 수석부회장 _ 임선영

『이화 의료 이야기』의 출간을 감사드립니다. 강의 등으로 편찬위원회에 잘 참석하지 못한 저로서는 여기에 이름을 올릴 자격도 없습니다만, 이렇게 훌륭한 책이 나온 것은 참여하신 여러 선생님들의 2년여에 걸친 노고, 특히 이 프로젝트를 이끌어주신 유경하 의료원장님의 열정과 리더십 덕분이라 생각합니다. 이 소중한 책이 앞으로 계속 이어질 이화의료원의 역사에 중요한 초석이 되기를 기원합니다. 이화여대 의과대학 교수 _ 권복규

이화의 묻혀 있었던 거대한 역사와 희생을 알게 해주신 모든 분들께 감사드립니다. 이분들이 걸어오셨던 역사에 우리들의 걸음도 입혀질 것을 생각하니 더욱 반성하게 되고 깊은 결의를 느끼게 됩니다. 6장 이대서울병원 부분에 필요한 내용을 정리하면서 역사를 위해 지금부터 잘 보관해야겠다는 생각을 하게 됩니다. 그리고 100년쯤 후 역사에서 큰 역할을 했다고 기록될 수 있도록 지금 같이하는 모든 교직원분들과 함께 135년 전의 선배님들과 같은 마음으로 열과 성의를 다하겠습니다. 이대서울병원장_임수미

10년 이상 아나운서로 활동하며 수많은 사람들을 인터뷰해왔고, 10년 넘게 작가로 살며 숱한 자료들을 접해왔지만 이화의료원의 첫 문을 연 보구녀관의 선각자들은 이번에 처음 알게 되었습니다. 이 책을 쓰는 내내 반드시 알아야 할 이야기를 모르고 살아왔다는 것이 안타까웠고 이제라도 알게 되어 감사했습니다. 이 감동적인 이야기가 많은 분들께 닿기를 소망합니다. 작가 _ 정은길

어린 딸을 잃고도 미처 입히지 못한 아이의 옷을 팔아 아동 전문 병원을 세웠던 로제타 홀 선생님, 일제 강점기 서슬퍼런 시절에도 흔들리지 않고 굳세게 동대문부인병원을 지킨 메리 스튜어트 선생님, 조선 여성들을 구하겠다는 일념으로 일제 강점기 시절 독립운동에 앞장선 현덕신 선생님. 잠시나마 그들의 삶을 배우고 공감할 수 있어 영광이었습니다. 매주 수요일마다 보구녀관에서 함께 KWC 원서를 번역하고 100년 전 자료를 찾으며 이화의 가치를 공부한 시간을 영원히 기억하겠습니다. 前 이화의료원 홍보전략팀 홍보파트장 _ 김유림

책을 만들며 이화의료원의 135년 역사를 모두 훑어볼 수 있었습니다. 그 과정에서 묻혀 있던 역사들을 발굴해내고, 또 잘못 알고 있던 사실들을 바로잡으며 의료원 역사 전체를 다듬고 정리하게 됐습니다. 모름지기 미래로 나아가려면 과거를 알아야 하지요. 조금 늦게 합류했지만 의미 있는 프로젝트에 함께하게 되어 기쁩니다. 이 책이 앞으로 이화의료원의 발전에 많은 도움이 되었으면 합니다. 이화의료원 홍보전략팀 _ 박세련